L’économie a-t-elle un sens ?

Philippe VADJOUX

L'économie a-t-elle un sens ?

Essai

L'Harmattan

Du même auteur

Enfants de Floréal, Éditions In Octavo,
1ère édition en 2006, réédité en 2008 .

5-7, rue de l'Ecole-Polytechnique, 75005 Paris

http://www.harmattan.fr
diffusion.harmattan@wanadoo.fr

ISBN : 978-2-343-07479-5
EAN : 9782343074795

« Tu trouveras le bonheur dans la connaissance »

Proverbe Maya

Sommaire

Introduction. La bourse ou la vie ?... 9

1ère Partie. Comment sommes-nous devenus capitalistes ? ..21

Chapitre 1-1. Le capitalisme est « naturel » 24

Chapitre 1-2. Le capitalisme est « efficace » 34

Chapitre 1-3. Le capitalisme est mondial 73

2ème Partie. Pourquoi vouloir dépasser le système?............103

Chapitre 2-1. Les crises du capitalisme 104

Chapitre 2-2. Les contradictions sociales 130

Chapitre 2-3. Le péril environnemental 151

3ème Partie. Vers une économie du vivant ?.........................171

Chapitre 3-1. Le ressort : l'initiative... 175

Chapitre 3-2. La finalité : le développement durable et humain................208

Chapitre 3-3. Le cadre : le marché hybride et l'intérêt général 239

Conclusion. Perspectives... 301

1- Le triomphe de l'oligarchie 304

2- Le réformisme 321

3- Au-delà du capitalisme... 326

Introduction. La bourse ou la vie ?

« La politique c'est d'aller à l'idéal, sans oublier le réel ». Jean Jaurès.

*

Imaginons (furtivement) que nous vivons dans une vraie démocratie…

Notre rôle de citoyen ne se limite plus à élire, de temps à autre, des chefs pour nous représenter et nous diriger.

Notre rôle de consommateur ne se réduit plus à choisir des produits, multiples mais souvent identiques, qui ont été définis ailleurs.

Notre fonction de travailleur ne se résume pas à atteindre des objectifs qui ont été décidés sans notre participation.

Dans cette Utopia, la démocratie doit être l'expression de la souveraineté collective. Nous décidons nous même de l'évolution de notre société, de ses priorités, de ses politiques, de ses actions.

Nous repensons les termes du Contrat social.

Nous nous interrogeons alors sur le sens de l'économie. A quoi sert-elle ? Qui sert-elle ?

La plupart des gens ne s'y trompent d'ailleurs pas. Leur souhait serait une « économie au service de l'homme ! » Cette formule si populaire, si évidente, si spontanée est peut-être floue, mais elle est essentielle, révolutionnaire, dans la mesure où elle remet l'économie sur ses pieds, en posant la question même de sa finalité.

Mais ces mêmes gens ajouteront bien souvent avec fatalité « aujourd'hui c'est l'argent qui décide de tout… ».

Cette question de la bourse ou de la vie mérite bien d'être posée car elle sert de révélateur.

Faut-il continuer de privilégier la production de marchandises, l'incitation à la consommation, l'impératif du profit, quel qu'en soit le prix pour la vie des hommes et l'équilibre de la planète ?

Faut-il au contraire privilégier le développement humain (santé, éducation, culture, sécurité, biens communs, recherche, etc.), définir l'utilité des biens et des services et respecter l'environnement ?

Quelles sont nos priorités ? Quelles sont les conditions du bonheur ? Renouveler sa voiture tous les ans ou bénéficier d'un bon système de santé ?

Ces deux objectifs de la bourse ou de la vie sont-ils réconciliés grâce au mécanisme du marché ou sont-ils divergents ? Sommes-nous consultés sur les grandes orientations, sur la finalité de notre économie ?

Nous, citoyens, sommes-nous maîtres de notre destin ou ne sommes-nous que des sujets, des instruments ?

La démocratie serait-elle devenue « un simple chapitre dans un manuel de droit » ? (Alain Touraine).

Ce dessaisissement, cette dépossession du citoyen ne seraient-ils pas la cause majeure du désintérêt de nombre d'électeurs pour la chose publique ?

Une vraie démocratie, au contraire, devrait être vivante, en mouvement et ouvrir de nouvelles conquêtes, de nouvelles participations.

Alors poursuivons notre interrogation : pourquoi ne sommes-nous pas consultés sur l'essentiel ?

*

La première explication paraît évidente : le système en place n'autorise pas le citoyen à débattre de sujets aussi importants. Les affaires seront traitées au niveau le plus élevé, par des personnes autorisées.

Certes, ce n'est pas rien de vivre dans un pays où l'on peut voter librement, où l'opposition peut s'exprimer, où nos droits sont respectés.

Mais ce n'est pas tout.

Une démocratie limitée à la désignation de représentants et à la défense de libertés individuelles n'est pas vraiment l'expression de la souveraineté collective.

Les idées originelles de la démocratie athénienne (depuis la réforme de Solon, 595 avant JC) visaient à empêcher que le peuple se fasse voler son pouvoir, grâce à la rotation des charges. Pour Aristote : « On ne peut bien commander si l'on n'a pas bien obéi ».

La pensée des Lumières remit d'abord en cause l'absolutisme royal (John Locke, Montesquieu) mais voulut aussi rendre la souveraineté au peuple (J.J. Rousseau). La volonté générale devait s'imposer à l'exécutif.

Cette conception de la démocratie était peut-être idéale, théorique mais la réalité en est très éloignée. Aujourd'hui, le citoyen éprouve l'impression que le pouvoir est confié à un conglomérat d'hommes politiques professionnels, d'hommes d'affaires puissants et d'experts, de cabinets, de lobbies qui assurent l'entregent. C'est ce pouvoir considéré comme opaque qui prendrait toutes les grandes décisions, sans véritable débat de souveraineté.

Le citoyen se sent alors dépossédé. Au mieux, selon le philosophe américain, John Dewey (1859-1952), le moment décisif de la démocratie n'est pas le vote mais le débat qui parfois le précède. Au pire, le citoyen se replie sur la défense de ses libertés individuelles, de ses intérêts corporatistes et ne participe plus à la vie publique.

Ainsi la question des grands choix, des finalités n'est pas posée. Or c'est bien cela que l'on oublie le plus de nos jours.

Inventer des instruments de plus en plus sophistiqués pour améliorer les calculs, les rendements, la productivité etc. n'est pas une fin en soi. Qu'importe d'aller toujours plus vite si la route choisie est mauvaise.

Le débat sur la finalité de notre économie n'est donc pas ouvert aux citoyens. D'ailleurs, il serait même inutile, trop complexe.

Le discours dominant nous enseigne chaque jour que l'on ne peut dépenser que ce que l'on gagne. Le secteur dit « économique » serait productif et le secteur dit « social » serait dépensier. Point de wagon sans locomotive.

Cette assertion repose sur une hypocrisie. Le ressort du système capitaliste est le profit. Le profit se réalise dans l'activité marchande. Il faut donc privilégier, développer ce secteur, même au-delà de toute utilité réelle. La consommation de biens marchands doit primer même si elle se fait aux dépens de la qualité de la vie et de l'environnement.

En outre, cette vision traditionnelle du développement humain, perçu comme une charge, est-elle toujours pertinente ?

Les économistes (depuis Colin Clark) ont classé historiquement les phases du développement, d'abord l'agriculture et les mines (secteur primaire) puis l'industrie (secondaire), enfin les services du commerce, des transports, de la banque, de l'administration (tertiaire). Et si le développement humain et social, la recherche, la connaissance, l'information nous faisaient entrer dans une quatrième ère (dite « cognitive ») ?

De même, les économistes et les comptables ont décidé que le capital était la source de vie d'une entreprise et devait être inscrit en haut du bilan dans le marbre. En revanche, le travail apparaît comme une charge dans le compte d'exploitation, un compte annuel, variable, précaire. Or dans la réalité, les travailleurs ne représentent-ils pas une expérience, une compétence, un atout, donc une « valeur » pour l'entreprise ? La réalité montre d'ailleurs que les actionnaires sont plus « volages » que les salariés.

Enfin, dans une vision plus globale, il faut relever que la production de marchandises se réalise par des prélèvements d'énergies, de minerais, de ressources qui sont précieuses. La production permet des bénéfices, pourtant elle ne constitue pas uniquement un « actif », elle présente aussi un « passif », elle se heurte à des limites naturelles d'épuisement des ressources et de multiplication des pollutions et des déchets. Or la comptabilité patrimoniale traditionnelle ne mesure pas véritablement ces passifs, ces « externalités négatives » pour l'homme et la planète.

A l'inverse, le développement humain est beaucoup plus « propre » et quasi infini. C'est un investissement vers une civilisation cognitive fondée sur l'être humain, sa formation, sa culture, sa capacité créatrice, ses facultés de recherche, ses facilités de communication.

Les ressources d'un pays (revenus, recettes fiscales, devises) dépendront-elles toujours de la production de véhicules, de vêtements ou viendront-elles de plus en plus des brevets, de la recherche scientifique, des capacités sanitaires, des formations universitaires, des productions artistiques, des logiciels et outils informatiques etc. ?

Mais le citoyen est soumis à un mode de pensée rigide. Tout est déterminé par l'argent. Or l'argent n'est pas synonyme d'utilité sociale. Une entreprise peut réaliser de gros profits en polluant l'air, la terre ou l'eau, en commercialisant des médicaments dangereux, en fabriquant des objets inutiles, en trichant sur la comptabilité, en esquivant le fisc, en délocalisant, en ruinant des familles et des régions... Certes le profit est élevé mais la charge finale pèsera sur le pays. Un négociant dans l'agro-industrie peut gagner beaucoup d'argent, souvent au détriment des producteurs. A l'inverse, un chercheur ne disposant que d'un revenu modéré peut être essentiel à l'avenir d'une entreprise, d'une collectivité.

La boussole de l'argent a joué un rôle incontestable dans le dynamisme du capitalisme mais c'est une boussole trop limitée, trop partielle, trop biaisée pour répondre à la véritable question : telle activité est-elle utile à la société ?

Prenons l'exemple de la santé[1]. Des instituts de recherche, des hôpitaux etc. s'efforcent de soigner des malades et de trouver les causes des maladies afin de les faire disparaître. Imaginons que la santé des habitants soit totalement livrée à des entreprises privées. La santé constitue alors un marché, qui doit permettre de dégager des bénéfices. Soigner des malades, les traiter, les hospitaliser débouche sur un chiffre d'affaires et un profit. En revanche, éradiquer une maladie serait détruire ce marché, supprimer toute chance de profits ultérieurs. Le risque serait une entente entre groupes dominants pour faire perdurer la maladie et conserver le marché…

Une société humaine est extrêmement variée, ses activités sont diverses : vie affective, culturelle, créatrice, productrice, commerciale etc. Comment peut-on réduire toutes ces activités à un seul objectif, un seul étalon de mesure : l'argent ? Une telle société risque de se replier sur une cette obsession, la « marchandisation », sans véritable progrès de civilisation.

Le débat de société qui permettrait aux citoyens d'ouvrir de nouveaux champs de réflexion, d'exprimer des choix, ne peut avoir lieu. Le système en dispose autrement.

*

Pourtant une seconde explication, à l'absence de débat démocratique sur la finalité de l'économie, peut être avancée. C'est une hypothèse plus subtile, plus troublante.

En effet, le débat n'a pas lieu dans la réalité, mais il n'est pas véritablement interdit, il est même entrouvert par le jeu politique. Pourquoi les gens ne s'en saisissent-ils pas ?

---

[1] Cf. Le consultant Dino Bendiab

Dans son for intérieur, l'individu serait le siège de la contradiction. Il souhaiterait sans doute que le développement humain soit mieux pris en compte et que l'économie marchande soit moins envahissante, moins polluante, mais il est soumis à un système de pensée. L'économie marchande rapporte de l'argent, même lorsqu'elle est coûteuse pour la planète et la société. Le développement humain serait une charge, même s'il constitue un investissement et préfigure la société de demain. Face à la mondialisation, à la crise, il faut parer au plus pressé, il faut sauver nos entreprises, nos emplois.

Le citoyen n'ose pas envisager des formules radicales face à une discipline économique considérée comme complexe, alors il s'autocensure.

Et s'il y avait même plus ? Comme une sorte d'adhésion confuse au système existant.

Peut-on nier que l'être humain aspire à la possession, qui confère aussi le pouvoir ?

En français, le mot « richesse » vient du francique-germanique « riki » qui signifie puissant… En anglais, le mot de la richesse « wealth » combine l'abondance, le bien « well » et la santé « health ». Le latin « prosper » comprend ce qui est propice, favorable, heureux donc prospère.

C'est dire que le concept de richesse est large, diffus et qu'il est puissamment inscrit au fond de nous-même depuis des millénaires.

L'objet possédé est d'abord reconnu pour son utilité (objet de cuisine, de travail etc.), l'objet est aussi apprécié pour sa rareté, sa beauté (un bijou, une voiture de luxe). Au-delà de l'utilité propre, l'objet procure ce plaisir esthétique, physique, palpable (laisser glisser sa main sur un jouet coloré, un vêtement soyeux, un meuble lisse…).

Ce goût pour l'objet n'est pas propre à la culture occidentale matérielle et capitaliste. Comment oublier le visage rayonnant de ce vieux paysan javanais troquant sur un marché sa vieille houe (certes authentique mais incommode et biscornue) contre un outil chinois fonctionnel et agrémenté de motifs colorés ? Que dire de ce jeune Sénoufo auquel les parents avaient offert un cyclomoteur étincelant et qui allait se lancer sur les pistes de latérite du nord de la Côte d'Ivoire pour découvrir des localités dont la famille ignorait même les noms ? Ne pas croire non plus que le boubou serait une sorte de vêtement folklorique figé. Les « Mama Benz » (commerçantes ambulantes) de Cotonou comme les jeunes femmes de Niamey cherchent sur les marchés les nombreux coloris, motifs ou confections qui vont faire la mode.

L'objet procure la satisfaction d'un bien utile, puis le plaisir de la propriété et enfin le goût du pouvoir. En quelque sorte l'individu déborde de lui-même grâce à l'objet, il conquiert. L'objet traduit la réussite, la séduction, c'est le marqueur social du possédant. Tel type d'objet exprime ma propre personnalité, ma réussite. Le philosophe Yves Michaud relève que les maisons de luxe empruntent savamment les termes du sacré. Un magasin devient un « temple » du luxe, un couturier devient un « créateur », un produit phare devient une « icône », « un mythe », incitant à la « vénération »…

Le consommateur cherche d'abord à satisfaire un besoin à travers l'objet, puis il s'identifie à l'objet qui devient alors un objet de représentation et enfin il tend à se soumettre à l'objet, de façon compulsive, en réponse aux pressions sociales, aux modes etc.

Aujourd'hui les modes technologiques sont venues s'ajouter aux modes traditionnelles, la pression est de plus en plus forte et les décideurs observent les consommateurs et les guident (publicité, neuro marketing, Internet etc.). Le consommateur devient à la fois maître et esclave.

Karl Marx avait bien compris cette contradiction. Il écrit des pages fougueuses sur les progrès technologiques et économiques réalisés par le système capitaliste sur les décombres de l'époque féodale. Mais ce n'est qu'une phase. Si le travail est père de la richesse, la nature en est la mère. Or le capitalisme dévore la nature, exploite le travailleur et réduit le consommateur au « fétichisme » de l'objet.

J.M. Keynes distinguait déjà les besoins absolus qui sont permanents et les besoins relatifs qui sont artificiels mais qui nous procurent une sensation de supériorité vis-à-vis de nos semblables (cf. « Lettre à mes petits-enfants », 1931).

Dans les années 1960, de nombreux penseurs ont analysé les contradictions de la société de consommation et les risques qu'elle faisait courir à l'être humain et à la planète. Les jeunes de Mai 68 ont été l'expression de cette alerte.

Progressivement, la contradiction s'installe au fond de chaque individu. L'homo-économicus est à la fois un travailleur qui va défendre son emploi et son salaire contre l'employeur, c'est aussi un consommateur satisfait de voir baisser les prix des produits (grâce aux délocalisations), c'est enfin un épargnant avisé qui va chercher les meilleurs placements financiers (souvent obtenus par l'écrasement des salaires).

Faut-il voir une schizophrénie entre le citoyen qui serait lucide et le consommateur qui serait compulsif ?

Ou faut-il plutôt discerner une sorte de « pacte faustien » entre l'homme moderne et le pouvoir en place : « je renonce à exercer pleinement mon rôle de citoyen, à condition de profiter au mieux de la société de consommation… ».

N'est-ce pas cette forme de pacte que la classe ouvrière a passé au cours des Trente glorieuses en abandonnant les idéaux du Grand Soir au profit de conquêtes matérielles et salariales ?

Ainsi la contradiction entre le citoyen raisonnable qui choisirait le développement humain, l'intérêt général, la protection de l'environnement et le consommateur qui privilégierait la consommation marchande, l'intérêt personnel, l'obsession de l'argent, résiderait peut-être au fond de nous-même. Nous serions devenus, peu ou prou, consciemment ou non, des « capitalistes ».

*

Cette question radicale de la bourse ou la vie nous permet de prendre conscience des choix et des contradictions.

Soit l'économie capitaliste est le meilleur système possible ou en tout cas le moins mauvais. Il est alors inutile de contester sa finalité, le profit, et il convient d'en accepter ses postulats. Le consommateur serait un être rationnel, animé exclusivement par son intérêt. Le capitaliste serait certes cupide (greedy) mais son esprit d'entreprise et son sens de l'anticipation profiteraient à tous. Les marchés efficients s'équilibreraient naturellement et fixeraient de façon optimale le meilleur prix, le meilleur taux d'intérêt et le meilleur salaire… (cf. école historique américaine dite du « consensus » de W.W. Rostow). Il suffirait alors de spécialiser la recherche en compartiments étroits et d'apporter des améliorations ponctuelles grâce aux techniques financières et aux mathématiques. C'est ce qui a été fait depuis quelques décennies…

Soit le système capitaliste est un système dynamique mais qui est injuste et réducteur pour l'être humain, aveugle et destructeur pour la planète. Il ne fonctionnerait pas dans l'équilibre mais au contraire dans le désordre : crises à répétition, spéculations, chômage, précarité, délocalisations, optimisation fiscale, paradis fiscaux, déficits publics, accroissement des inégalités, produits de moins en moins durables (obsolescence programmée) et parfois même dangereux (scandales sanitaires), contrats léonins, consommateurs asservis, gâchis, déchets, pollutions, productivisme, dérèglement climatique etc.

Or l'économie ne relève pas de lois naturelles, impérieuses, elle n'est pas soumise à la loi de la gravité, elle s'inscrit dans les autres sciences sociales, elle dépend de la volonté des hommes. Bien des économistes contemporains constatent que les politiques économiques résultent des choix idéologiques de l'époque[1].

Prenons un exemple. Les politiques actionnariales (ou de l'offre) conduites actuellement constituent une sorte d'apothéose du capitalisme. Le capital pour le capital. La priorité de notre époque ne serait-elle pas plutôt de lutter contre le chômage ? Lancer des investissements dans les secteurs d'avenir, promouvoir de nouvelles formes d'entreprises plus solidaires, inciter les entreprises traditionnelles à recruter du personnel pour créer de nouvelles activités ou dégager les services et les postes surchargés ? De tels objectifs seraient-ils si inconvenants ?

Le système économique n'est pas figé, il dépend de nous.

Mais alors, comment réformer ce système capitaliste, comment le transformer, le dépasser s'il est inscrit au fond de nous-même ?

Cette économie n'est pas une simple dictature de colonels, elle domine le monde, elle est partout, y compris en nous.

Une telle complexité a probablement été omise par les mouvements révolutionnaires qui ont cru que l'on pouvait simplement abattre le capitalisme comme on prenait la Bastille ou le Palais des Tsars. Or l'histoire nous a montré que les avant-gardes révolutionnaires, les chefs prométhéens, les révolutions brutales pouvaient faire rêver mais débouchaient trop souvent sur des tyrannies puis des contre-révolutions. Par ailleurs, le peuple doit-il nécessairement s'en remettre à une avant-garde ?

La mutation n'est donc pas chose si aisée.

Les sociétés humaines, comme toutes les sociétés biologiques, ont besoin de temps et d'intelligence pour évoluer durablement.

La vision réductrice de l'être humain dans le système capitaliste, (un être cupide, intéressé, égoïste etc.) a été contestée par de nombreux chercheurs et

---

[1] Cf. Albert Hirschman, André Gorz, Paul Sweezy, Joseph Stiglitz, Paul Krugman etc.

heureusement l'homo économicus est habité par bien d'autres ressorts : générosité, sentiments, moralité, imagination, imitation etc.[1]

Toutefois, il faut avoir la lucidité de reconnaître que les ressorts de l'égoïsme, de « l'appât du gain », ont effectivement conduit les hommes à travailler et entreprendre, à épargner et investir, à chercher et inventer… Est-on sûr qu'un système plus vertueux fondé sur la solidarité, les biens communs, la défense de l'environnement serait finalement plus efficace ?

D'ailleurs, si une transformation de l'économie est possible, elle n'échapperait pas à de nouvelles contraintes, cohérences, logiques.

La recherche du progrès ne se ferait pas nécessairement sur un lit de roses.

A l'inverse, il serait illusoire de croire que le système capitaliste se transformera de lui-même, que les puissants renonceront à leur domination financière, idéologique, médiatique, c'est tout un ensemble qui est en cause.

Comment être à la fois ambitieux et réaliste ?

Nous nous aventurons sur un chemin étroit qui relie l'être humain au système économique.

La crise démocratique que vivent notamment la plupart des grands pays occidentaux résulte peut-être d'un assèchement, d'un rétrécissement de la démocratie. Pourquoi débattre ou voter si les décisions sont prises ailleurs ? La solution à la crise démocratique résiderait alors dans plus de démocratie.

De même, la solution à la crise économique pourrait venir d'initiatives, d'expérimentations, de nouveaux modèles d'organisation et de production.

Essayons d'être des « défricheurs », comme nous y invite Edgar Morin.

*

Il n'est pas question, ici, de faire un travail d'érudition, ni d'écrire un manuel d'histoire économique.

Notre projet est d'identifier les lignes de force qui font évoluer les sociétés.

---

[1] Cf. travaux de M. Mauss, J. Elster, I. Illitch etc.

Il s'agit d'analyser la logique et les contradictions du système capitaliste et leur influence sur les individus.

Mais il s'agit aussi de recenser, d'étudier les innovations, les expériences, les idées qui permettront d'esquisser de façon cohérente un monde nouveau, un monde possible. Donner un sens à l'économie en la réconciliant avec l'être humain et avec la nature.

Seule, une vision « holistique », ouvrant l'économie aux autres sciences sociales, peut dégager les grands axes d'évolution. L'objectif n'est pas de présenter un monde idéal, accompli, mais plutôt de proposer une orientation, une dynamique.

Notre démarche consistera à répondre à trois questions qui s'imbriquent :

- Comment sommes-nous devenus capitalistes ?
- Pourquoi vouloir dépasser ce système ?
- Une économie du vivant est-elle possible?

Ce voyage dans le passé et l'avenir est peut-être aussi un voyage au fond de nous-même.

1ère Partie

Comment sommes-nous devenus capitalistes ?

Nous nous sommes risqués à avancer que le système économique n'était pas véritablement au service de l'homme mais plutôt au service du profit. Le système capitaliste serait en quelque sorte « unidimensionnel » : sa seule finalité, son seul ressort serait de produire de l'argent, même au mépris de l'être humain ou de la nature.

Au cours des siècles, bien des citoyens se sont révoltés et ont lutté contre ces injustices, cette vision restrictive et ont cherché à promouvoir d'autres systèmes.

Pourtant le capitalisme tend à s'imposer à l'échelle mondiale et de façon globale. Les résistances demeurent locales, limitées.

Comment expliquer une telle victoire, aussi bien économique, qu'idéologique ?

Mais d'abord, qu'est-ce que le capitalisme[1] ?

Le mot « capital » remonte au Moyen-Âge, le terme « capitaliste » apparait au XVIIIe siècle, K. Marx décrira le « mode de production capitaliste » et Louis Blanc utilisera le mot « capitalisme » comme appropriation privée du capital, mais c'est Werner Sombart qui popularisera ce terme avec son ouvrage « Der Moderne Kapitalismus » (1902).

En Europe, le système capitaliste s'est développé à partir de l'économie de marché, dès la seconde partie du Moyen-Âge, par l'alliance d'une riche bourgeoisie et d'un Etat qui la soutient (Hollande, Angleterre etc.) mais il trouve sa maturité aux XVIIIe et XIXe siècles avec la séparation du capital et du travail. Karl Marx analysera le « rapport de production » entre les

---

[1] « Système économique et social fondé sur la propriété privée des moyens de production et d'échange » est la définition du Larousse alors que le Robert sous-tend une opposition sociale : « régime économique et social dans lequel les capitaux, source de revenu, n'appartiennent pas, en règle générale, à ceux qui les mettent en œuvre par leur propre travail ».

capitalistes qui détiennent les moyens de production (terres, fabriques, usines etc.) et les prolétaires qui apportent leur force de travail.

Fernand Braudel conduira une étude approfondie, à la fois historique, géographique, sociologique : « Civilisation matérielle, économie et capitalisme » (1979) sur la période 1400-1800, pour distinguer un empilement de trois étages. Au ras du sol, la « civilisation matérielle » des travaux, principalement ruraux. Au-dessus, une « économie de l'échange », de l'offre et de la demande. Enfin, en haut, le « capitalisme », lieu de pouvoir et de contrôle des grands négociants, des milieux d'affaires qui organisent les marchés à l'échelle de « l'économie-monde », avec des centres de gravité qui se déplacent en fonction de leurs intérêts : Gènes, Venise, Bruges, Amsterdam, Londres, New York…

Il faut en effet distinguer l'économie de marché qui permettrait l'échange sur une base théoriquement égalitaire entre producteurs et consommateurs et le contrôle de ce système par une puissance supérieure qui confisquerait le système pour l'élargir, le développer à son profit (cf. « L'histoire du capitalisme », Michel Beaud, Seuil).

Le profit peut prendre toutes les formes : retour sur investissement, intérêt du capital, plus-value sur le travail, spéculation etc. Son champ d'action est la société marchande, celle-ci doit être privilégiée et s'étendre sans cesse. Par exemple, la terre était considérée comme un bien commun au même titre que l'air ou l'eau. Elle sera parcellisée, privatisée pour en permettre une exploitation marchande.

Prenons un exemple concret, une expression ancienne, pour illustrer cette marchandisation : « qui dort, dîne ». Traditionnellement, le nomade, le voyageur, l'étranger devait bénéficier d'une certaine hospitalité, par exemple l'autorisation de coucher sur un tas de paille dans une grange. Le développement des auberges au Moyen-Âge en Europe conduisit les aubergistes à imposer le dîner payant aux voyageurs qui voulaient dormir…

Au fil des siècles, la marchandisation de la société s'élargit et le concept même de capital va « s'enrichir » : aux biens matériels (terres, immeubles, équipements etc.) s'ajouteront au XIXe siècle les actions, les créances, puis dès l'aube du XXe siècle, les actifs immatériels, les droits de propriété intellectuelle, les marques etc.

D'autres régions du monde ont conçu une économie de marché performante. La Chine, sous la dynastie des Song, a connu de grandes innovations technologiques (agronomie, machines à filer, navigation au long cours) et l'essor du marché intérieur. Mais les grands possédants étaient tenus à distance du pouvoir politique.

Nous avons ainsi assisté en Occident à la naissance et au développement d'un système capitaliste qui s'est greffé sur l'économie de marché pour devenir un système global. Système global dans la mesure où il est fondé sur la conquête des marchés extérieurs. Système global aussi qui a élargi son champ d'activité de la production de marchandises, au négoce de l'argent, au commerce des hommes, puis à toutes les activités humaines.

Pour accomplir une telle transformation, le système capitaliste s'est paré de vertus, au fil des siècles. Ses origines anciennes feraient de lui un système « naturel » et serait l'œuvre de Dieu, au même titre que la monarchie. Puis il fut dit que c'était son « efficacité », sa capacité à s'adapter et à se développer qui justifierait sa supériorité. Enfin la mondialisation en cours viendrait parachever l'édifice et couronner une idéologie dominante.

Examinons ces différents arguments, ces différentes époques, pour vérifier si la marche du capitalisme était inexorable ou si d'autres voies pouvaient être envisagées.

Chapitre 1-1. *Le capitalisme est « naturel »*

« L'homme et un loup pour l'homme ». Thomas Hobbes.

*

Les faits. L'économie remonte à la nuit des temps.

L'être humain a inventé le calcul et la comptabilité avant l'écriture...

Des tablettes d'argile gravées de pictogrammes, datant de 3600 avant JC et retraçant l'inventaire des biens, l'enregistrement des échanges (avec des plus et des moins), ont été retrouvées à Sumer, entre le Tigre et l'Euphrate. Quelques siècles plus tard les scribes égyptiens ont utilisé le papyrus pour tenir la comptabilité privée (comptes à colonnes séparées) et la fiscalité royale. On a même retrouvé des comptes habilement falsifiés...

Plus tard, les Romains mécanisèrent le calcul à l'aide de l'abacus, table sur laquelle on pouvait faire glisser de petits cailloux, équivalent romain des bouliers asiatiques.

Avec Constantin 1er et Théodose 1er le régime se durcit, la religion chrétienne devient religion d'Etat, les « barbares » précipitent la chute de l'empire romain et les échanges se contractent. Il faut attendre la Renaissance, c'est-à-dire la redécouverte du monde antique, grâce aux penseurs et aux marchands arabes, pour renouer avec les sciences, la philosophie... et la comptabilité.

Vers la fin du XIIIe siècle les Vénitiens et les Florentins tiennent les comptabilités en partie double (débit/crédit) avec des comptes « client » et « fournisseur ». Luca Pacioli consacre de nombreux développements à la gestion de l'entreprise et à la comptabilité[1]. Il expose la « comptabilité vénitienne » qui repose sur trois livres de comptes : le mémorial, le journal et le grand livre. Il ne restera plus qu'à inventer la feuille mobile (Quiney en 1817), le décalque (Bach en 1904) et l'application informatique.

---

[1] Il publie en 1490 « Summa di arithmetica, geometrica, proportione et proportionalita ».

De la même façon, les échanges et les monnaies remontent à l'origine des sociétés humaines.

Les études anthropologiques montrent que les premières communautés humaines ont longtemps vécu en autarcie et partageaient les biens, comme les produits de la chasse, de la pêche, de la cueillette. A mesure que ces peuples sont entrés en contact avec d'autres, ils ont vu le bénéfice qu'ils pouvaient tirer de leur complémentarité. Le pêcheur pouvait échanger du poisson ou du sel contre le gibier du chasseur ou plus tard contre les légumes de l'agriculteur. C'est d'abord le don et le troc qui ont prévalu, puis il a fallu affiner et quantifier la valeur des échanges grâce à des unités de mesure.

Ces peuples ont ainsi conçu de façon conventionnelle des « valeurs d'échange ». Cette révolution est prodigieuse en ce qu'elle repose sur la confiance (la monnaie fiduciaire vient du latin « fiducia », confiance).

La liste est considérable et extraordinaire des étalons, des monnaies, qui ont ainsi été utilisés selon les régions. Ici sur les rivages, on prendra tel type de coquillage ou cauris (Kauris en Chine dès 1100 avant notre ère, puis en Inde, dans le Pacifique, en Afrique de l'Est), là on utilisera la fève de cacao (chez les Aztèques), ou encore des perles en « œil de chat » (au Sénégal) ou du sel (pour payer les légionnaires romains d'où le substantif « salaire »), des minéraux, de l'ambre, ou encore des petits objets d'art, des couteaux (en Chine), des anneaux (en Egypte), des « monnaies-haches » (en Bretagne à l'âge de bronze), du fer martelé (en Afrique centrale), des épices (payer en épices deviendra payer en espèces) et même des esclaves (dans l'Empire Ottoman).

Selon Hérodote, c'est en Anatolie (sous contrôle grec), sept siècles avant notre ère, que le roi de Lydie exploita les pépites d'or et d'argent qui étaient chariées dans le fleuve Pactole (un pactole...) et que Crésus fonda un système bi-métallique mariant l'or et l'argent.

Longtemps les échanges furent ainsi gagés sur un étalon qui représentait une valeur intrinsèque et qui surtout était garanti par un pouvoir politique.

Philippe II de Macédoine et Alexandre le Grand diffusèrent leur monnaie dans l'empire, jusqu'à Marseille. A Rome, l'atelier de fabrication des lingots et des sesterces fut installé près du temple de Junon Moneta, d'où naquirent les termes de moneda, monnaie, money.

Charlemagne, qui était en avance sur son temps, fit de Francfort sa capitale financière et institua un système stable (1 livre d'argent = 20 sous ; 1 sou = 12 deniers) qui dura jusqu'à la Révolution française et en Angleterre jusqu'en 1971.

Soulignons le paradoxe de la naissance du « Franc » à la fois impôt et liberté. Au cours de la guerre de Cent Ans, Jean II le Bon fut prisonnier en 1356. Un impôt fut levé pour libérer le roi pour le rendre « franc ».

D'autres devises eurent cours, comme le Dinar de Damas, le Florin de Florence, le Ducat de Venise, l'Ecu de Saint-Louis et surtout le Thaler à l'effigie de Marie-Thérèse de Habsbourg qui se diffusa en Europe centrale, dans les colonies et chez les planteurs d'Amérique où il devînt le « dollar ».

Mais les échanges en expansion pouvaient-ils se libérer de cette monnaie métallique et reposer sur une monnaie plus abstraite, plus symbolique ?

La Chine des Song inventa le billet de banque dès le VIIIe siècle et le développa à partir du XIe. La banque d'Amsterdam, à l'époque de Guillaume d'Orange, échangea des pièces contre des certificats de dépôts.

La lettre de change permit aux marchands italiens de traverser des pays dangereux avec ce simple document (reconnaissance de dette), puis de le troquer contre des monnaies sonnantes et trébuchantes auprès des banquiers lombards installés en Europe.

Le système de Law conçu pour financer les expéditions commerciales dans les colonies ou l'Assignat de la Révolution, gagé sur les biens du clergé, n'eurent qu'un succès éphémère mais le papier monnaie était lancé.

Les étapes suivantes furent la monnaie scripturale, qui repose sur un jeu d'écritures : chèques, dépôts, virements, puis la monétique (cartes de crédit) et la quasi-monnaie (placements financiers).

Ainsi, les sociétés humaines ont su inventer des outils en matière d'échanges, de comptabilité, de monnaie, de crédit, puis de droit qui ont constitué les bases de l'économie de marché.

Cette continuité entre l'homme premier et l'homme moderne en matière économique a conduit les tenants du capitalisme à affirmer que ce système procédait de la nature de l'homme, qu'il était donc naturel et par là même qu'il émanait de la Providence. Ainsi le système capitaliste devait s'imposer parce qu'il était l'aboutissement de l'économie de marché et qu'il était indépassable.

Une telle vision quasi-religieuse de prédétermination a longtemps prévalu mais elle masque les débats, les contestations, les rapports de force. Non, l'histoire de l'économie n'était pas écrite d'avance.

*

Les idées. Déjà, les philosophes grecs avaient ouvert le débat économique, même de façon rudimentaire[1].

Pour eux (notamment pour Platon) la science politique est la science suprême. A quoi bon exceller dans les sciences physiques si celles-ci sont mises au service d'un pouvoir injuste ? Mais les penseurs grecs s'intéressent aussi à l'organisation sociale de la production. Le fondement de la culture grecque est que le citoyen obéit à la loi et non à un chef. Or le développement du commerce et les crises sociales du Ve siècle avant notre ère vont conduire Protagoras à affirmer que « l'homme est la mesure de toutes choses ». L'homme ne sait rien des dieux, en revanche il sait que la société doit répondre aux besoins des individus, la société repose sur un contrat. Il faut donc admettre que la loi, comme la société, soit changeante puisqu'elle n'est pas divine.

Platon s'efforce de retrouver « la cité idéale » (« La République », « La Politique », « Les Lois ») qui est fondée sur la justice. La cité originelle, composée de bergers égaux, était juste. Mais le commerce et la fortune ont détruit cette société et souillé l'individu. Une nouvelle cité fondée sur la communauté des biens serait trop parfaite pour être réaliste.

Platon privilégie l'égalitarisme : propriétés égales, vie frugale, famille fidèle, interdiction de posséder de l'or ou de l'argent, d'accorder des prêts. En cas de distorsion la fiscalité doit rétablir l'égalité. Le pouvoir est confié, de façon tournante, à des personnes élues (après un examen). Cette vision morale et vertueuse conduit à l'équilibre mais aussi à l'immobilisme.

Aristote, qui fut le précepteur d'Alexandre le Grand, s'intéressa à l'économie (« L'Ethique à Nicomaque » et « La Politique »), s'opposa à l'égalitarisme et lui préféra le monde réel. « L'homme est un animal politique » qui a plaisir à posséder des biens, il faut donc respecter la propriété privée mais empêcher la recherche illimitée de richesse qui est un vice. Lui aussi reconnaît le rôle de l'Etat pour assurer les fonctions de défense et pour protéger les plus pauvres.

Toutefois, au nom du réalisme et de la nature des choses, Aristote refuse l'égalité hommes-femmes (les différences « naturelles » conduisent les femmes à obéir) et justifie l'esclavage (le travail est inhumain et doit être réservé à ceux qui ne peuvent faire que cela, selon les lois de la nature).

En revanche, Aristote expose clairement les trois niveaux des sciences de l'homme :

---

[1] Cf. Henri Denis « Histoire de la pensée économique », PUF.

- l'individu (éthique),
- la famille (il construit le mot « économie » à partir de « oïkos » : maison et « nomos » : règle, usage ; l'économie est donc l'art de bien administrer une maison, un domaine, que l'on retrouvera dans « ménage » - « management »)
- et la cité (la politique est la science souveraine).

Enfin, Aristote élabore une théorie qui va imprégner la pensée économique pendant des siècles : la « chrématistique », l'activité d'acquérir des biens ou des richesses.

Si cette acquisition répond à la satisfaction de besoins, par exemple familiaux, elle est légitime. Si elle a pour objet de produire de la richesse pour la richesse (le commerce extérieur, le prêt à intérêt, le travail salarié c'est-à-dire la vente de sa personne), elle est hors de nature, donc condamnable.

Il émet l'idée que la valeur d'un objet est liée au temps de travail pour le produire mais aussi à son utilité. Il annonce ainsi les débats des XVIIIe et XIXe siècles…

La Rome Antique reprendra les termes de ces différentes pensées entre Zénon (le stoïcisme, l'ordre intangible et divin), Cicéron (le « droit naturel » qui s'impose à l'homme), Sénèque (la conquête de la richesse est un « vent favorable ») ou à l'inverse Epicure (le monde est matériel, il est constitué d'atomes, la recherche du bonheur doit se faire sans les dieux).

Le débat était donc extrêmement riche (même si trop résumé dans cet essai) et ouvrait déjà les portes du communisme (Platon), de l'individualisme, libéré des dieux (Protagoras, Epicure) ou du réalisme laissant supposer que les lois de l'économie seraient des lois naturelles et divines (Aristote, Cicéron, Sénèque).

Le christianisme va modifier la nature de ce débat en deux phases opposées. Le christianisme naît chez le peuple juif au moment de l'intégration romaine. Face à la domination étrangère et au culte de l'empereur, le Nouveau Testament est un appel aux valeurs spirituelles, à l'amour mutuel et à l'au-delà. Les Actes des Apôtres rapportent que les premiers chrétiens mettaient en commun tous leurs biens. De même, du IIe au VIe siècle, les Père de l'Eglise vont construire la théologie chrétienne et ils prophétisent la venue d'une ère qui mettra en vigueur la communauté des biens : il s'agit des thèses communistes et millénaristes.

Les choses vont changer avec la conversion de Constantin au christianisme puis avec la décision de Théodose de faire du christianisme la religion d'Etat.

Dans la « Cité de Dieu », Saint-Augustin (qui est d'origine berbère) regrette le millénarisme et cherche à réconcilier les chrétiens et Rome. Il faut se soumettre à l'ordre temporel, obéir aux lois, accepter même l'esclavage.

Le monde chrétien se fige autour du Livre, la pensée grecque est rejetée, les clercs limitent leurs études aux textes religieux. L'Etat et le roi sont au service de l'Eglise. La société est fondée sur une organisation pyramidale qui doit la protéger.

La société est répartie en trois ordres stricts : les « oratores » qui prient, les bellatores » qui combattent et les « laboratores » qui travaillent.

La religion chrétienne, qui est née de la révolte spirituelle contre le pouvoir temporel de Rome, est devenue religion d'Etat.

Toutefois, à partir du XIe siècle, le commerce reprend avec l'Orient par Venise et Gènes. Les Arabes découvrent les œuvres d'Aristote grâce à Avicenne et Averroès et relancent le débat philosophique aux dépens de la théologie (cf. Ibn Khaldoun).

En France, Jean de Meung dans le Roman de la Rose (1277) ouvre une nouvelle brèche, il critique la chasteté et conseille de mener une bonne vie conforme à la nature.

Saint Thomas d'Aquin dans la « Somme théologique » va tenter une adaptation aux temps nouveaux, une recherche du « Bien commun » dans le monde réel. Certes le salut de l'homme est dans l'au-delà, mais il ne faut pas nier le monde réel. La propriété privée des moyens de production est un « droit naturel » mais le propriétaire doit être généreux et l'Etat doit veiller à faire respecter la justice. Alors que le prêt à intérêt avait été condamné par l'Eglise (dans la Bible, le Deutéronome préconise le prêt gratuit pour les proches et autorise le prêt usuraire pour les autres, Conciles de Latran 1179 et Lyon 1274), Saint Thomas d'Aquin admet que celui qui prête de l'argent ait une compensation, c'est-à-dire un intérêt. Tout dépend de la conscience. Si l'on a conscience de faire du bien alors le commerce et l'usure sont permis. La même ambiguïté prévaut sur l'esclavage selon qu'il est nécessaire ou non…Saint Thomas d'Aquin souhaitait que l'Eglise adopte une position économique réaliste.

La justification naturelle, quasi-religieuse du capitalisme va être développée dans les milieux conservateurs à l'époque de la Renaissance puis des Lumières et elle est encore présente aujourd'hui.

Face à ce monde en mouvement, les penseurs monarchistes et conservateurs cherchent à légitimer le système politique et économique en place.

Jean Bodin, dans les « Six Livres de la République » (1576) montre que la monarchie est le régime le plus conforme à la nature (le ciel n'a qu'un soleil, la famille n'a qu'un chef) et que la propriété est une liberté naturelle. De même, dans le « Léviathan » (1651), Thomas Hobbes affirme que l'homme est un loup pour l'homme, que diviser le pouvoir, c'est le dissoudre et que donc le régime qui prévaut est le pouvoir absolu (et non l'arbitraire, car le pouvoir doit être le règne de la loi). Pour lui aussi, le commerce et l'enrichissement individuel sont encouragés par la Providence.

Quesnay publie en 1758 son « Tableau économique » et reprend les mêmes postulats, le droit naturel comprend le droit de propriété, auquel il faut ajouter la liberté économique. C'est la physiocratie ou conception de l'ordre naturel de la société.

Enfin, l'aboutissement de ce courant de pensée est Adam Smith, qui peut être considéré comme le concepteur du capitalisme. Adam Smith a d'abord fait des études de théologie et écrit en 1759 la « Théorie des sentiments moraux ». Après sa rencontre avec Quesnay il s'intéresse à l'économie et publie en 1776 « Recherches sur la nature et les causes de la richesse des nations ».

L'être humain est guidé par son intérêt personnel et sa conduite est rationnelle. Le capitaliste agit certes par cupidité (greed) mais c'est justement cette poursuite de la richesse individuelle qui conduit à la prospérité générale.

La croissance économique résulte donc de l'accumulation du capital. Le marché s'équilibre naturellement par l'offre et la demande, à condition qu'aucune barrière n'empêche son fonctionnement, c'est la théorie de la « main invisible » voulue par la Providence. Quel peut être le rôle de l'Etat ? « Le gouvernement civil est dans la réalité, institué pour défendre les riches contre les pauvres ».

Nous reviendrons sur ce penseur qui s'est efforcé de démontrer à la fois le caractère naturel du capitalisme ainsi que son efficacité. Il paraissait utile dès à présent de révéler la facette morale et théologique d'Adam Smith qui a voulu établir le lien entre la richesse des nations, l'ordre naturel et la volonté divine (Jean-Pierre Dupuy : « Pour un catastrophisme éclairé » analyse la pensée d'Adam Smith dans son contexte historique. Il s'agit de substituer aux guerres de religion qui ont trop duré, une compétition commerciale, mais toujours à des fins théologiques).

Dans son « Essai sur le principe de la population » (1803) Thomas Malthus ira encore plus loin. L'ordre naturel est fondé sur la propriété et l'inégalité sociale. L'aide aux pauvres est néfaste car elle accroît la démographie. Or la démographie connaît une croissance géométrique alors que les ressources naturelles se limitent à une croissance arithmétique.

Malthus refuse le contrôle des naissances, contraire à la nature, mais revendique l'inégalité sociale qui permet aux riches d'entretenir leurs enfants. La misère sociale est un stimulant économique.

A vrai dire, Malthus, comme les autres théoriciens anglais conservateurs de cette époque (Edmund Burke, Adam Smith, David Ricardo etc.), est épouvanté par la Révolution française. Il pense que les nouveaux droits accordés au peuple vont déséquilibrer l'ordre naturel. Il ne faut pas aider les populations misérables et encore moins les encourager à faire des enfants. Les lois de 1834 sur la pauvreté seront le reflet de cette pensée : les pauvres sont enfermés dans des hospices-prisons.

Avec le recul du sociologue, Max Weber montrera dans « L'Ethique protestante et l'Esprit du capitalisme » (1901) le lien entre la réforme luthérienne, la responsabilité économique, la volonté d'investir et le souci de réaliser son salut sur cette terre. « Nous sommes des intendants de Dieu ». Là encore un lien est établi entre l'ordre divin, naturel et le système capitaliste. La réussite matérielle d'une vie est l'indice même de l'élection, de la grâce.

Nous avons vécu pendant des siècles à entendre une idéologie dominante nous expliquer que l'histoire était continue, que tout était lié. Un ordre naturel, divin, avait inspiré l'être humain qui s'était d'abord doté d'instruments économiques, puis s'était confié à un système économique tout puissant.

La critique, la contestation de ce système sont perçues comme des crimes de lèse-majesté. Vouloir imposer l'intérêt général face aux marchés c'est contrarier la nature, c'est diabolique, c'est choisir la « route de la servitude ».

Pour les économistes ultra-libéraux des années 1970-80 (Milton Friedman, Von Hayek etc.) la seule solution est de « libérer les forces productives », même si c'est par la force (coup d'Etat du général Pinochet au Chili). Ronald Reagan et Margaret Thatcher affirmeront qu'il n'y a qu'une voie possible.

« There is no alternative ! », ce qui conduira les humoristes à appeler Mme Thatcher « Mrs TINA ».

Plus tard, lorsque cette politique ultra-libérale sera reprise et débouchera sur la crise de 2008, la même myopie prévaudra. La crise serait une malchance, au même titre qu'un tremblement de terre, elle ne résulte pas des politiques mises en place, de la destruction des instruments de régulation… La crise était imprévisible, inéluctable, extérieure.

Ainsi cette idéologie est toujours bien prégnante de nos jours.

Un sociologue américain Paul Froese (de l'université Baylor au Texas) a conduit une enquête sur ce sujet même. Aujourd'hui un Américain sur cinq voit l'œuvre de Dieu dans l'économie. Il faut donc laisser le marché totalement libre et se soumettre à la volonté du Seigneur.

Faut-il relever que la foi s'exprime jusque dans la devise américaine « In God we trust » ? C'est ce même mot de « trust » qui définit la confiance, l'entreprise internationale. Quant au « trustee » c'est une institution, une personne morale, qui vous permet notamment d'accéder aux « paradis » fiscaux…

Les médias véhiculent essentiellement la doctrine néo-libérale, les universités se concentrent sur elle, les recherches et les récompenses portent principalement sur les instruments au service de cette doctrine.

L'individu est soumis à cette idéologie depuis des générations. Il est soumis mais il y trouve aussi son compte. Le capitalisme régente la vie courante par un étalon reconnu de tous, l'argent. Cet argent récompense l'ordre, le travail, l'innovation mais aussi la domination, la conquête. Il répond aux besoins des consommateurs, tout en stimulant les pulsions, le besoin de paraître, de s'affirmer. Ce système marchand est cohérent, ordonné, même s'il réduit l'être humain et néglige l'environnement. Le capitalisme est ainsi devenu une sorte de « seconde nature » de l'homme.

*

Et pourtant, nous avons vu que dès l'antiquité, les philosophes grecs et romains, puis les premiers chrétiens, enfin les penseurs de la Renaissance ont imaginé une autre société, une autre économie qui ne serait pas exclusivement fondée sur l'argent-roi. Ils ont tenté de privilégier l'être humain, le bien commun, la démocratie, la vertu.

De même, certaines dynasties chinoises et bien d'autres civilisations ont limité le pouvoir des marchands.

La « nature » de l'homme serait-elle uniquement intéressée et égoïste ? Ne serait-elle pas aussi portée vers l'intérêt général et la solidarité ?

La « chrématistique » n'a-t-elle pas introduit une certaine « moralisation » dans la vie économique et par la même une certaine « limite » au système ? Pourquoi condamne-t-on l'usure, la corruption, les conflits d'intérêt et même aujourd'hui les crimes contre l'environnement ? Peut-on admettre l'esclavage, l'exploitation des enfants ?

Il faut sans doute voir dans tous ces courants de pensée le souci de limiter le capitalisme et même de le modifier.

En effet, la légitimité du système capitaliste, fondée sur son supposé caractère « naturel » et « providentiel » paraît être du même ordre que la légitimité de la monarchie.

Cette légitimité est contestable. D'autres voies peuvent être envisagées. L'économie n'est pas figée, elle accompagne l'évolution des sociétés. Le capitalisme ne serait-il qu'une phase de l'histoire de l'humanité ?

Cette vision quasi religieuse d'un capitalisme naturel est mise en cause dès la Renaissance. L'époque des Lumières, la chute de l'Ancien Régime, le besoin de rationalité conduisent à inventer une nouvelle justification, plus moderne, plus matérielle.

Chapitre 1-2. *Le capitalisme est « efficace »*

« Le capitalisme est la croyance stupéfiante selon laquelle les pires hommes vont faire les pires choses pour le plus grand bien de tout le monde ».
J.M. Keynes.

*

Ce nouvel argument ne se substitue pas au caractère « naturel », il se conjugue, il se marie, mais progressivement il s'impose. L'objectif est toujours le même, inculquer ces « valeurs » dans tous les milieux afin que le système ne soit jamais remis en cause face aux contradictions internes, comme face à la concurrence…

A vrai dire, les peuples n'ont pas attendu le capitalisme pour faire preuve de dynamisme économique. Dans « Le chant de Médée » Sénèque salue avec admiration et peut-être inquiétude, l'irruption d'un monde nouveau : « Toutes les barrières ont été bousculées. Sur les terres vierges sont édifiées des villes. Le monde est sillonné de routes. Tout bouge. Rien n'est resté dans l'ordre de jadis ».

De même, de grands empires ont été constitués sur des bases politiques, économiques et sociales variées, ce qui montre que l'histoire de l'humanité pouvait épouser des destins divers : le royaume de Babylone, les grandes dynasties égyptiennes, l'empire d'Alexandre, l'unification de la Chine, l'empire de Charlemagne, celui de Tamerlan, les conquêtes des Vikings, les empires aztèque et inca, l'empire ottoman, l'empire Songhaï en Afrique de l'ouest, l'empire de Modjopahit en Indonésie etc.[1]

Toutefois, le capitalisme né en Occident va introduire un dynamisme nouveau et auto entretenu par l'association des acteurs économiques, du pouvoir politique et de la sphère scientifique.

Le capitalisme prend ses racines dans la fin du Moyen-Âge et la Renaissance, il s'épanouit avec la révolution industrielle et ouvre une nouvelle voie pendant les Trente glorieuses (1945-1975).

---

[1] Cf. « Une grande divergence. La Chine, l'Europe et la construction de l'économie mondiale », Kenneth Pomeranz, Albin Michel, 2010.

Les théoriciens du capitalisme vont chercher les « lois économiques » qui seraient aussi incontestables que les lois physiques et qui justifieraient ce système.

Intéressons-nous à ces trois grandes époques, en croisant les faits et les pensées, pour comprendre les ressorts de ce dynamisme mais peut-être aussi ses contradictions et ses limites.

*

La Renaissance et le Mercantilisme.

Dès le XIe siècle, les invasions turques en Asie Mineure relancent le commerce avec Venise et Gènes. La reprise du commerce va favoriser les villes, l'artisanat, la construction des routes, le développement de la marine, l'exploitation des mines.

Ainsi, les marchands italiens du XIIe siècle vont investir à la fois les comptoirs du Proche Orient pour obtenir de l'or (en provenance d'Afrique de l'Ouest), de même que les foires européennes, où ils achètent les draps et autres objets manufacturés. Ils tiennent progressivement les deux bouts de la chaîne et dominent le commerce et la finance.

Une classe de marchands, d'industriels, de banquiers se forme dans les grandes villes. En France, au début du XVe siècle, en pleine guerre de Cent ans, le dauphin Charles a besoin d'argent, aussi bien pour reconquérir le pays que pour assurer une vie royale fastueuse à Bourges. Il s'entoure de grands marchands, même roturiers, Jacques Cœur, fils d'un riche pelletier, lui apporte secours. Une fois couronné à Reims en 1429 le roi Charles VII multiplie en retour les privilèges en faveur de son donateur : maître des monnaies, frappe des pièces à Bourges. Jacques Cœur s'enrichit très vite (quitte à tricher dans le poids et l'alliage des pièces…). Puis il se lance dans le commerce entre l'Orient et la France, avec un port d'attache à Rhodes et l'appui logistique de l'ordre militaire des Hospitaliers.

En Allemagne, Jacob et Anton Fugger développent à Augsbourg au début du XVIe siècle une entreprise de tissage puis de commerce et enfin de finances. Les liens avec le pouvoir royal se créent et les Fugger accordent des prêts importants à Maximilien 1er puis à Charles Quint. En retour ils obtiennent des terres, des mines d'argent et deviennent extrêmement riches et puissants.

Toutefois, Philippe II d'Espagne dénoncera les dettes d'Etat et le système des Fugger s'écroulera.

Bien des exemples pourraient être cités : les Médicis, les Borgia etc. Le principe est toujours le même, c'est l'entente entre les riches marchands et le pouvoir royal qui permet une conquête des marchés locaux puis étrangers.

Le marché n'est plus un système libre et égalitaire, il est dominé par un pouvoir concentré entre les princes et quelques marchands ou financiers. Cette évolution est spécifiquement européenne. Rappelons que la Chine était probablement plus puissante économiquement que l'Europe au XVe siècle mais qu'elle séparait de façon étanche le pouvoir impérial du pouvoir économique.

C'est cette intégration entre puissances d'argent et pouvoir politique qui va donner naissance à un capitalisme conquérant.

La question reste donc de savoir si le capitalisme est fidèle au marché ou s'il l'a asservi….

Autre transformation majeure de cette époque : l'apparition des premiers salariés. Les paysans comme les artisans étaient maîtres de leur outil de travail. Or, de gros artisans ont besoin de main d'œuvre pour développer leur activité : des tâches sont alors confiées à des personnes qui réalisent ce travail à domicile, contre une rémunération. L'historien américain Franklin Mendels qualifie cette phase économique, importante au Moyen-Âge, de « proto-industrie ». C'est effectivement l'amorce du salariat, du monde du travail puis de l'usine. Le marché ne sera plus seulement un lieu d'échange de produits mais aussi un lieu de vente et d'achat du travail humain.

Le capitalisme financier fait son apparition avec les banques, la lettre de change, le billet de banque, la comptabilité. Un troisième marché s'impose, le marché de l'argent.

Enfin, le développement de la marine et les progrès de l'astronomie permettent les grandes découvertes : détroit de Magellan, cap de Bonne Espérance, Inde, Moluques, Afrique, Amérique.

Cette première forme de capitalisme marchand et manufacturier trouve naissance en Hollande, sous l'égide d'une riche bourgeoisie qui domine le pays et conquiert de nouveaux marchés grâce à la compagnie des Indes Orientales. La ville d'Amsterdam crée la banque d'Amsterdam et l'Etat construit une flotte considérable. L'Angleterre va utiliser les mêmes recettes, grandes compagnies privées, appui de l'Etat, pour concurrencer la Hollande et entrer dans les fameuses guerres navales.

Le commerce triangulaire (Europe, Afrique, Amériques), fondé sur l'esclavage, constitue le premier grand marché capitaliste : entrepreneurs privés, levées de fonds considérables, rendements financiers très élevés, conquêtes de pays lointains par la force, avec le concours des Etats européens.

La déportation de 12 millions d'Africains et l'exploitation des nouveaux territoires : métaux précieux, épices, canne à sucre, thé, café, indigo, tabac, tomate, maïs, pomme de terre, vont permettre la constitution d'immenses fortunes en Europe.

La seule référence à un ordre naturel et divin ne suffit plus. Un tel ordre devrait être immuable et juste. Or le capitalisme est tout le contraire, c'est un système dynamique, conquérant, fondé sur l'intérêt personnel et l'usage de la force. Sa justification ne peut plus relever de la seule théologie mais aussi de la puissance.

La pensée politique et économique accompagne ce processus. Nicolas Machiavel considère que l'Etat ne doit plus être soumis à l'Eglise et que sa puissance est une fin en soi (« Le Prince », 1516). D'une certaine façon, la réforme de Luther et de Calvin conteste à l'Eglise le soin de réglementer la vie sociale et exalte au contraire le rôle de l'Etat ainsi que la volonté de l'individu de trouver le bonheur, même matériel, sur terre (cf. Max Weber, « Les intendants de Dieu » et l'avènement du capitalisme).

La première théorie économique du capitalisme se forge autour du concept de « mercantilisme », avec John Hales en Angleterre et Antoine de Montchrétien en France (« Traité d'économie politique », 1615). Tous deux considèrent que la puissance de l'Etat repose sur l'enrichissement des habitants. Ils prônent l'apologie du travail, le « populationnisme » pour accroître la production, le travail des enfants, les bas salaires. L'Etat doit être au service de l'économie, donc des grandes fortunes, pour protéger l'industrie nationale, garantir la monnaie (la loi de Gresham affirme que la mauvaise monnaie chasse la bonne), promouvoir le commerce lointain, quitte à faire des guerres.

Les mercantilistes veulent montrer que cette association nécessaire entre des hommes puissants qui créent de la richesse, un Etat qui les protège et des travailleurs à leur entière disposition allait permettre la domination du monde.

Cette théorie justifie aussi l'asservissement des enfants, l'exploitation des travailleurs, la traite des Noirs et la colonisation qui s'amorce. En outre, cette économie du commerce et des conquêtes provoque de graves antagonismes entre un « centre » de plus en plus riche (les manufacturiers, les banquiers, les grandes villes) et une « périphérie » de plus en plus exploitée (artisans, salariés, laboureurs, peuples colonisés).

Face au mercantilisme, d'inspiration purement économique, d'autres courants de pensée vont déjà amorcer la contestation.

Un grand penseur arabe, Ibn Khaldoun, va reprendre le débat ouvert par les Grecs et devenir un pionnier des sciences sociales. Il étudie l'histoire dans toutes ses dimensions politiques, économiques, sociales et culturelles (« La Muquaddima ») à partir de l'observation des faits et de l'évolution des sociétés. Il professe que « le travail est la cause de la richesse » et que la valeur des produits est déterminée par la qualité de travail fourni. Certains voient en lui le précurseur de Marx et de la sociologie moderne.

Roger Bacon exalte la raison scientifique. René Descartes parcourt l'Europe et rejette la scolastique en affirmant que la science doit trouver sa source dans la raison. L'homme doit devenir maître de la Nature, mais avec pour but principal d'améliorer sa santé… (cf. Discours de la méthode, 1637).

Copernic annonce en 1543 que la Terre est une planète qui tourne autour du Soleil.

Erasme, dans ses Adages, rapproche la pensée de Platon (« La République ») et celle du Christ pour prôner la communauté des biens. Il s'étonne que les chrétiens puissent tant s'éloigner de cette pensée.

Un homme va aller encore plus loin en synthétisant les idées de Platon, du Christ et d'Epicure. Il s'agit de Thomas More qui publie à Louvain en 1516 « Utopia » (l'île bienheureuse qui n'existe nulle part). Grand chrétien, avocat à Londres, il eut le malheur de se faire remarquer par Henri VIII qui le nomma rapidement chancelier d'Angleterre. Or Henri VIII voulut annuler son mariage pour épouser sa maîtresse Ann Boleyn, contre l'avis du pape. Il passa outre et fut reconnu chef suprême de l'Eglise d'Angleterre, grâce à l'appui du clergé. Thomas More s'opposa au roi et fut décapité en 1535.

Dans son ouvrage prophétique, Thomas More adresse, sous forme de dialogues, une critique sévère du régime de son temps. Il montre que l'extrême richesse des nobles et des propriétaires fonciers conduit à la misère des paysans et incite au brigandage. Il montre déjà que le commerce de la laine est aux mains d'oligopoles qui se partagent des rentes de situation. « Pour te dire le fond de ma pensée, là où tous mesurent toutes choses d'après l'argent, dans ces pays-là, il est à peu près impossible que la justice et la prospérité règnent dans la chose politique… ».

Dans la seconde partie de son ouvrage, Thomas More imagine alors une île bienheureuse dans laquelle les terres seraient partagées équitablement entre les familles, le bien-être général serait assuré par le travail de tous (précisément 6 h par jour), les loisirs seraient libres. Ces citoyens éliraient les fonctionnaires et même le prince !

Thomas More conjugue l'idéal politique démocratique de Platon avec la fraternité chrétienne et il ajoute la recherche épicurienne du bonheur et du plaisir. Etonnamment, cet ouvrage révolutionnaire eut un retentissement considérable.

Cette époque porte ainsi en elle les germes des évolutions à venir.

La Renaissance est d'abord la redécouverte de la pensée grecque, les retrouvailles avec la philosophie et la raison, le jaillissement des sciences, des techniques, des arts.

La Renaissance c'est aussi l'apparition de la première doctrine capitaliste : le mercantilisme qui place l'économie au centre de tout et qui permet effectivement de grandes transformations et conquêtes, quitte à asservir le marché lui-même.

Enfin, la Renaissance marque la naissance d'un nouvel humanisme fondé sur la raison et la science. Lorsque Thomas More annonce qu'un jour, dans une île bienheureuse, les citoyens éliront leurs dirigeants… quel courage il fallait pour prédire une telle utopie dans une Europe monarchique !

Cette époque de renouveau, à la fois riche et désordonnée, révèle bien que l'histoire des sociétés humaines n'est pas figée, elle résulte de rapports de force et de courants de pensée. Les prémisses du capitalisme provoquent déjà contradictions et contestations.

*

Révolution industrielle, capitalisme et marxisme.

C'est en Angleterre qu'apparaît un nouvel ordre économique et social. L'Etat anglais était fondé sur un pouvoir central (la couronne, le Parlement) et sur une noblesse régionale qui possédait d'immenses propriétés (alors que les paysans français étaient parfois propriétaires de leurs terres, les « yeomen » anglais étaient des fermiers qui louaient donc leurs champs). Ces grands propriétaires veulent tirer profit de leurs terres, en réduisant les coûts et en accroissant la production (rotation des cultures, sélection des races, assèchement des marais etc.). A l'inverse, les paysans invoquent les droits coutumiers qui leur garantissent l'accès aux terres libres pour faire paître leur bétail.

Les grands propriétaires anglais vont donc chercher d'une part à améliorer les techniques agricoles (« improvement ») et d'autre part à clôturer leurs parcelles (« enclosures »). La loi sur l' « enclosure » des pâturages communaux dans l'Angleterre des XVIe et XVIIe siècles constitue un des piliers du capitalisme. Jusqu'alors ces pâturages étaient considérés comme un bien collectif, non négociable. La terre devient un outil de production, comme un autre. **Le capitalisme moderne naît donc dans l'agriculture et s'étend ensuite à l'industrie au XVIIIe siècle.**

En effet, cette recherche de la maximisation du profit, par l'amélioration de la production, l'abaissement des coûts et l'adaptation au marché eut pour conséquence de multiplier le nombre de paysans sans terre qui n'eurent d'autre exutoire que d'aller grossir les populations misérables des villes et de fournir une main d'œuvre chichement payée dans les industries naissantes.

La première filature équipée de machines à vapeur (invention de Watt) est construite à Nottingham en 1785. Les artisans, travailleurs à domicile et paysans sans terre vont perdre leur liberté dans le travail lorsqu'ils vont entrer dans les fabriques. Ce seront d'abord des femmes et des enfants qui accepteront ces conditions inflexibles.

Les fabriques (textile et métallurgie essentiellement) qui naissent en Angleterre à la fin du XVIIIe siècle, se diffusent en Belgique, en France, en Allemagne puis aux Etats-Unis. L'Angleterre fonde son développement sur l'urbanisation, l'industrialisation et les sciences.

Ce processus de développement : réformes agricoles, main d'œuvre disponible pour l'industrie, inventions technologiques, concentrations industrielles, puissances financières, commerce international, conquête des marchés et des pays, va permettre à l'Angleterre de constituer le plus grand empire de tous les temps, du Canada à l'Australie, de l'Afrique du Sud à l'Inde.

La France a pris du retard dans cette mutation économique. Louis XIV conjugue un absolutisme d'Etat et une politique mercantiliste avec Colbert (« Les compagnies de commerce sont les armées du roi et les manufactures de France sont ses réserves »). Vauban, le célèbre architecte militaire, parcourt les provinces du royaume et dresse dans « La Dîme royale » (1707) un tableau statistique désastreux : le pays serait composé de 5/10e de personnes misérables, 4/10e de pauvres et 1/10e de riches. Il propose une réforme fiscale audacieuse, trop sans doute…

La Révolution abolit les droits seigneuriaux, dans la nuit du 4 août, mais autorise leur rachat. La loi Le Chapelier (1791) supprime les corporations et le code pénal de 1811 interdit les coalitions et les grèves. Les guerres napoléoniennes saignent la population française (qui était la première d'Europe occidentale), aggravent le retard économique et couronnent la victoire de l'anglais sur le français comme langue internationale.

La France n'a pas su proposer un autre modèle économique et elle entrera véritablement dans la révolution industrielle avec près d'un siècle de retard sous Louis-Philippe et surtout Napoléon III.

La première phase de cette révolution industrielle a été fondée sur les filatures de coton, la machine à vapeur, le fer (XVIIIe et XIXe siècles) et la seconde phase sur l'acier, la chimie, l'électricité, l'automobile (à partir de la fin du XIXe siècle).

Cette révolution industrielle est permise par un système bancaire moderne qui collecte l'épargne, assure la trésorerie des entreprises et finance les investissements. Dès le début du XIXe siècle, l'escompte se développe : une entreprise s'approvisionne auprès d'un fournisseur et plutôt que de le régler sur le champ, elle lui remet un effet de commerce, le fournisseur remet cette reconnaissance de dette à sa banque qui l'endosse (elle en acquiert la propriété) et verse le montant au fournisseur. Les banques présentent leurs effets de commerce à des chambres de compensation inter-bancaires (« clearing banks ») qui règlent le solde net de tous ces effets. Enfin, les banques centrales peuvent réescompter (donc racheter) ce papier commercial présenté par les banques. Ce mécanisme de l'escompte apporte de l'huile, de la trésorerie, dans les relations commerciales des entreprises et dans les relations inter-bancaires.

Les banques d'affaires qu'on appelait la « haute banque », en France (Rothschild, Lazard, Pereire, Indochine etc.) financent les grands investissements, aussi bien en Europe que dans les colonies.

Par ailleurs, dès 1820, les lois britanniques permettent la création de sociétés par action qui peuvent lever des capitaux en bourse et élargir leurs capacités de financement. En 1848 Thomas Dyer fonde le « Chicago Board of Trade » et lance le marché mondial des matières premières agricoles. En 1865 apparaissent les « futures » ou contrats à terme qui permettent aux spéculateurs de se protéger.

L'économie capitaliste a probablement eu pour berceau les Provinces Unies mais c'est la Grande-Bretagne qui abrite son développement et qui profite des nombreuses guerres continentales pour devenir la première puissance mondiale.

Part de la production industrielle mondiale en 1870 :
Grande-Bretagne : 32%
Etats-Unis : 23%
Allemagne : 13%
France : 10%

Après la guerre de Sécession, les Etats-Unis vont unifier leur marché et profiter à leur tour des conflits européens pour prendre la première place industrielle mondiale à la veille de la crise de 1929 :
Etats-Unis : 42%
Allemagne : 12%
Grande-Bretagne : 9%
France : 7%

Le véritable vainqueur d'une guerre est peut-être celui qui ne la fait pas[1]...

Ce dynamisme économique de l'Europe et des Etats-Unis se traduit par la conquête d'empires coloniaux ou de zones d'influence sur près des trois-quarts de la planète. Le moteur de l' « économie-monde », selon Fernand Braudel, est bien en marche. Cette domination s'exerce dans l'extraction des minerais (or, argent, cuivre, étain, etc.), dans l'exploitation des plantes tropicales (canne à sucre, cacao, thé, café, palmier à huile) souvent au détriment des cultures vivrières locales, dans l'exportation de produits finis européens, mais aussi dans l'asservissement des populations indigènes (occupation militaire et administrative, anéantissement des cultures et des religions traditionnelles, travail forcé). Cette domination s'exerce aussi par des guerres locales (guerres de l'opium en Chine pour imposer le libre commerce de cette drogue contre la volonté des Qing, révolte des Cipayes, répression des mouvements de révolte) et par l'essor de la traite négrière.

La traite atlantique a conduit à la déportation de près de 12 millions d'Africains entre le XVe et le XIXe siècle. En France, l'esclavage a été aboli par la Révolution, mais rétabli par Napoléon Ier et définitivement aboli en 1848 sous la Seconde République. Il faut y ajouter la traite négrière de l'océan indien organisée par les puissances arabes et occidentales.

---

1 Cf. Fréderic Passy « La Guerre et la Paix », 1867.

Le « processus de marchandisation du monde » (Immanuel Wallerstein) transforme toute chose en objet commercial et l'être humain n'y échappe pas.

Le système capitaliste est à son apogée et il va être progressivement « théorisé ».

Les premières doctrines capitalistes considéraient ce système comme naturel, voire providentiel. Le mercantilisme devait assurer la richesse de tous par la puissance des marchands, la protection de l'Etat et la docilité du peuple.

Ces fondements théoriques vont être conservés et enrichis afin de démontrer que l'économie, tout comme la médecine ou la physique, obéit à des lois.

François Quesnay considère (comme Malebranche) que la nature est un ordre voulu par Dieu et que le droit de propriété procède du droit naturel, mais il va plus loin. Il publie en 1758 un ouvrage « Tableau économique » qui développe le concept de « **physiocratie** » (ou philosophie économique) et se montre précurseur en définissant l'investissement comme un « détour de production ».

Fils de laboureur, il constate que passer de la culture manuelle à la culture attelée exige de l'argent pour acquérir le matériel et les bêtes de trait, du temps pour les dresser, des efforts pour s'adapter, mais ces pertes premières seront largement compensées par les gains futurs.

Dans son tableau économique il constate que pour obtenir le maximum de « produit net » il faut supprimer les entraves, les servitudes seigneuriales et libérer l'économie. Il reprend à son compte la formule de l'intendant Vincent de Gournay (souvent attribuée à d'autres) : « laissez-faire, laissez-passer ». Au Dauphin de France qui se plaignait un jour des tracas de la charge royale, Quesnay eut même l'audace de répondre : « Monsieur, si j'étais roi, je ne ferais rien ». Il fallait comprendre : « Laissez-faire la bourgeoisie ».

La doctrine est simple : un seul impôt, une défense sommaire, une justice limitée et surtout une liberté économique totale laissée aux entrepreneurs. Cette doctrine reflète bien la puissance d'une bourgeoisie qui veut maintenant se passer de l'Etat et considère que les lois doivent être à son service. La libéralisation du commerce des grains, mise en œuvre par Turgot, devait constituer l'exemple de ce libéralisme agricole, mais elle conduisit à la crise frumentaire de 1788 et à la Révolution.

Comme nous l'avons déjà évoqué, **le grand concepteur du système capitaliste est Adam Smith** qui suivit en Ecosse et à Oxford des études de théologie et publia en 1759 « Théorie des sentiments moraux », puis après sa rencontre avec Quesnay, « Recherches sur la nature et les causes de la richesse des nations » en 1776. Smith reprend le processus économique à partir du capital, mais il veut élargir son champ de réflexion au-delà de l'agriculture. Il considère que chaque individu est rationnel et guidé par son intérêt personnel. Or la poursuite de la richesse personnelle contribue à l'enrichissement général. C'est la Providence, qui conduit chacun à satisfaire ses besoins pour le bien de tous. La fable de Mandeville illustre bien que des abeilles vertueuses produiraient moins de miel. C'est la même « main invisible » qui doit permettre l'équilibre entre l'offre et la demande. Il observe une manufacture d'épingles et constate que c'est le processus de la division du travail dans la manufacture qui permet l'accroissement de production. Ce gain de temps par rapport à l'artisanat n'est possible que grâce au capital. Il distingue alors le capital circulant (matières premières etc.) et le capital fixe (bâtiments, machines, etc.) et conclut que ce capital doit être rémunéré en priorité dans le prix des produits. Les salaires des ouvriers doivent donc être limités à la seule subsistance.

Quant aux travailleurs non productifs, ceux dont le travail ne porte pas sur « un objet ou une chose qui puisse se vendre » c'est-à-dire tous les fonctionnaires, les domestiques, les ecclésiastiques, les gens de loi, les médecins, les gens de lettres, les comédiens les musiciens etc. bénéficient de « revenus de transferts » (donc au détriment des agents productifs).

Adam Smith dépasse à la fois les mercantilistes (qui fondent le développement sur le commerce, quitte à protéger le marché national) et les physiocrates (qui limitent leur outil à l'agriculture), en analysant les causes de la croissance économique. C'est le goût de l'épargne qui permet la constitution du capital, c'est l'investissement qui permet la conquête des marchés. Pour cela il faut supprimer toute barrière, y compris dans le commerce international. Il décrit le mécanisme d'une machine à conquérir mais il ne se soucie pas de la question des débouchés, comme si la conquête était une fin en soi, même aveugle.

Toutefois, cette vision économique relativement figée presque « statufiée » est peut-être l'œuvre des disciples qui ont voulu voir en Adam Smith le père fondateur d'un système abouti.

De son vivant, l'Ecossais a sans doute été plus pragmatique, plus incertain aussi, balançant entre la morale, le droit et l'économie.

Il paraissait bien conscient que ce libéralisme économique reposait sur la cupidité des capitalistes, que la vie des travailleurs ne s'améliorait pas dans la réalité et que le travail en usine était abêtissant. Il hésitait à s'avancer sur la question de l'esclavage ou de l'exploitation des enfants.

En outre, A. Smith percevait déjà que le marché s'équilibrait grâce à l'intervention d'un arbitre, l'Etat, et grâce à de nombreuses règles juridiques. Plus tard, des penseurs « néo-institutionnalistes » comme Douglass North ou de grands sociologues comme Durkheim ou Max Weber montreront que les marchés ne sont pas de simples instruments économiques mais qu'ils résultent de règles de droit, d'institutions, de structures sociales, donc de rapports de force. Ils critiqueront ainsi la vision simpliste et théorique des marchés et n'hésiteront pas à faire référence aux travaux d'Adam Smith…

Enfin, le monde économique de cette époque était celui des petites entreprises, des marchés étroits, des relations personnelles entre patrons, fournisseurs, clients, banquiers. A. Smith n'a pas assisté à la deuxième révolution industrielle, aux immenses marchés, à la domination des groupes internationaux, à la concentration financière, à la standardisation de la société de consommation, à la généralisation du salariat. Il n'est pas sûr qu'il se serait pleinement retrouvé dans cette concentration du capitalisme alors qu'il croyait à un marché équilibré et atomisé.

Il s'inquiétait déjà, avec quelque raison, que le marché soit accaparé : « L'intérêt des marchands est toujours d'agrandir le marché et de restreindre la concurrence ».

A. Smith avait d'ailleurs assez de perspicacité pour considérer que le commerce avec les colonies puisse un jour se retourner contre l'Europe et que « les naturels de ces contrées deviennent plus forts que ceux de l'Europe… ».

De ces pensées diverses, foisonnantes, nuancées, ne sera retenue que la vision simpliste d'un marché soumis à la main invisible et d'un capitalisme faisant le bonheur de tous. Adam Smith sera alors considéré comme le fondateur d'une doctrine libérale visant à l'efficacité.

Jean-Baptiste Say (« Traité d'économie politique », 1803) complète les travaux d'Adam Smith par sa « loi des débouchés » en affirmant que tout produit réalisé par une entreprise crée une valeur et que l'argent ainsi réalisé va permettre l'achat d'un autre produit. Ainsi, l'économie ne consisterait pas à satisfaire un besoin, une demande mais toute production, toute offre crée une nouvelle demande. C'est le renversement des idées admises jusqu'à présent : l'offre crée sa demande. Le travail crée du travail et surtout l'entreprise prime sur le consommateur. J.B. Say ne craint pas la surproduction et ne se soucie guère des besoins réels d'une population, mais son discours permet d'accentuer encore le rôle de l'entrepreneur comme moteur unique du progrès. Nous verrons, que ce discours de l'offre n'est pas seulement théorique et qu'il est bien d'actualité.

Pourtant c'est **David Ricardo**, courtier à la Bourse de Londres, qui va le mieux compléter la pensée d'Adam Smith avec la publication en 1817 « Des principes de l'économie politique et de l'impôt ». Véritable porte-parole des banquiers, il privilégie la sphère financière face à l'économie agricole et industrielle. C'est lui qui construit la théorie des avantages comparatifs, reprise aujourd'hui par les grands organismes internationaux (FMI, Banque mondiale, OMC). Chaque pays doit retenir les productions dans lesquelles il excelle. C'est en se spécialisant ainsi que l'Angleterre fournira le drap le meilleur, le moins cher et que le Portugal produira le vin le meilleur, le moins cher.

Cette analyse des coûts comparatifs conduit logiquement à une division internationale du travail : telle région ou tel pays se spécialisera dans la production automobile ou tout simplement dans la production de sièges-auto, tel autre dans la production de parfums, tel autre dans l'huile de palme. Cette théorie est poussée à son extrême dans le cadre de la mondialisation et explique que pour fabriquer un objet un peu complexe il faille faire appel à une multitude de fournisseurs spécialisés et éparpillés à la surface du globe (« chaîne de valeur »).

Léon Walras aussi annonce les temps modernes avec l'introduction des mathématiques dans l'économie. Ce Français qui fut élève à l'Ecole des Mines puis professeur d'économie à Lausanne s'efforce de rechercher l'équilibre général dans son ouvrage « Eléments d'économie politique pure » (1874). Il étudie les trois types de marché : biens et services, travail, capital et cherche à modéliser le souhait des différents acteurs de maximiser leur intérêt, puis à définir le point d'équilibre qui satisfasse chaque intervenant. Sa démonstration a paru sommaire à bien des mathématiciens et elle a été ensuite approfondie, mais elle reste essentielle dans la mesure où elle révèle l'interdépendance des secteurs économiques : une baisse des taux d'intérêt bancaire ne sera pas sans effet sur la consommation des ménages etc. Alors que les économistes classiques libéraux analysaient bien souvent l'économie du point de vue de l'entrepreneur (donc faisaient de la micro-économie), Walras analyse l'économie globale (la macro-économie) qui doit être la source de toute politique économique.

Par ailleurs il met en avant le « coût marginal » c'est-à-dire le coût d'un objet selon qu'il est fabriqué dans l'unité existante ou dans une nouvelle unité rendue nécessaire par la demande.

La pensée capitaliste est ainsi fondée sur un équilibre : c'est le bon fonctionnement du marché, son optimisation, qui va permettre la bonne allocation des ressources au bon endroit et la maximisation du profit. Le marché doit être équilibré pour être parfait.

Or un penseur va remettre en cause cette économie stable et ouvrir de nouveaux horizons. **Joseph Schumpeter**, professeur d'économie à Vienne, publie en 1912 la « Théorie de l'évolution économique ». Il prend du recul sur l'analyse statique de ses prédécesseurs et cherche à découvrir les moteurs qui ont fait évoluer l'économie. Ce mouvement est lié à l'innovation. Toute technologie nouvelle, toute énergie nouvelle, toute méthode de production nouvelle, toute matière première nouvelle, tout nouveau marché créent une « destruction créatrice ». Le processus nouveau ruine l'ancien et crée un nouveau dynamisme, qui se diffuse par grappes, déclenchant des innovations connexes. Le survol de l'économie occidentale depuis la Renaissance nous a permis de vérifier le bien-fondé de cette théorie : les progrès de la navigation permettent les grandes découvertes et le commerce mondial ; les progrès de l'agronomie anglaise entraînent l'improvement ; les fabriques de coton, la machine à vapeur, les usines métallurgiques et l'électricité accélèrent la croissance industrielle.

Devenu professeur à Harvard il publie en 1942 « Capitalisme, socialisme et démocratie », il continue de penser que l'économie de demain reposera sur l'innovation, donc sur la formation, l'université, la recherche. Toutefois, il s'interroge sur cette obsession de la production pour la production et sur la capacité du capitalisme à répondre aux besoins réels d'une société…

Jamais dans l'histoire de l'humanité, la production n'avait connu une telle croissance. Entre le début du XIXe siècle et la fin du XXe la production par habitant a été multipliée par six[1]. Cette croissance de l'économie capitaliste a été étudiée et théorisée, d'abord du point de vue de l'entreprise, puis de façon plus globale et plus prospective, ce qui ouvre plus de champ à l'analyse critique.

En effet, cette économie fondée sur la marchandisation du monde provoque aussi de graves désordres sociaux.

Les conditions de la vie ouvrière deviennent inhumaines : abaissement des salaires, allongement de la durée du travail, durcissement des règlements d'atelier, multiplication des accidents du travail, misère, saleté, promiscuité des logements ouvriers, insécurité des quartiers populaires, absence d'hygiène, travail des femmes et des enfants (les enfants de moins de 13 ans représentent plus de 10% des effectifs de l'industrie cotonnière). Le maréchal Bugeaud parle des ouvriers en ces termes : « Quelles bêtes brutes et féroces ! Comment Dieu permet-il aux mères d'en faire comme cela ! ». Rappelons que Malthus considérait l'aide aux pauvres comme néfaste car elle risquait de favoriser la démographie…

---

[1] Michel Beaud « Histoire du capitalisme », Editions du Seuil.

Les révoltes se multiplient à la fois contre le machinisme qui détruit l'artisanat et contre les conditions de travail dans les usines.

Nous avons déjà relevé les prémisses d'une pensée critique chez Platon, Thomas More mais aussi Spinoza. Mentionnons le cas bien oublié et pourtant révélateur de Anton Wilhelm Amo. Esclave africain il fut vendu à un duc allemand qui reconnut son intelligence et lui permit de faire de brillantes études. Amo fut sans doute le premier penseur à souligner la contradiction d'A. Smith qui élabore une théorie économique sans se soucier des êtres humains réels. Cette pensée critique va être adaptée à l'époque industrielle grâce à Saint-Simon puis déboucher sur le socialisme.

Saint-Simon (parent du mémorialiste) approfondit la réflexion humaniste et chrétienne dans le domaine économique (1818 « Le politique » ; 1819 « L'organisateur » ; 1820 « Le système industriel »). Il analyse les phases historiques d'ordre et de crise et en conclut qu'après les guerres napoléoniennes il faut penser production et organisation. Le travail doit permettre l'amélioration de la vie, notamment pour les classes sociales les plus faibles. Il faut créer une « constitution industrielle » avec des tribunaux de commerce et d'industrie. Il rejette l'égoïsme du laisser-faire et prône un système plus juste et plus rationnel. L'économie doit devenir une science majeure « Passer du gouvernement des personnes à l'administration des choses ». Une image résume bien sa pensée : « Si la France perdait dans chaque science, chaque art, chaque industrie, chaque métier, les cinquante premiers, elle deviendrait un corps sans âme ; tandis que si elle avait le malheur de perdre le même jour tous les proches parents du roi, tous les ministres, maréchaux et membres du Conseil d'Etat, les dix mille propriétaires les plus riches… il n'en résulterait aucun mal politique ». (Malheureusement pour lui le duc de Berry est alors assassiné, Saint-Simon est arrêté). A sa mort en 1825, Saint-Simon connut une prospérité et toute une école de pensée (Rodrigues, Enfantin, Bazard etc.) enseignera son œuvre.

L'approfondissement de la pensée critique va venir d'Allemagne.

Johann Gottlieb Fichte est célèbre en Allemagne pour avoir publié en 1807 les « Discours à la nation allemande ». A la suite de la bataille d'Iéna, de l'occupation française et des exactions qui s'en suivirent, le professeur de philosophie pourtant esprit cosmopolite et ouvert aux idées de la Révolution française, lance un appel à ses étudiants et à ses concitoyens pour résister à l'envahisseur, à Napoléon le « maître du monde ». Cet ouvrage est considéré comme l'acte de naissance de la nation allemande dans la mesure où il s'adresse à tous les Allemands en rappelant que la langue germanique est une langue mère qui fédère des peuples, alors dispersés en de multiples principautés.

Fichte annonce un « monde nouveau » fondé sur l'éducation, non plus une éducation traditionnelle de répétition mais une éducation fondée sur la morale, la volonté, la création. Cette éducation doit être la source d'une culture, une culture nationale, ouverte à tous, (« deutsch » signifie d'abord « populaire »). Ces discours de Fichte sont plutôt patriotiques. Le militarisme de Napoléon a suscité en réaction la naissance d'autres nationalismes (en Allemagne certes, mais aussi en Russie, en Italie, en Espagne etc.) qui donneront naissance à d'autres conflits.

Mais Fichte avait aussi écrit dès 1800, « L'Etat commercial fermé » ouvrage dans lequel il constatait que le développement des grandes puissances (Angleterre, France, Pays-Bas) se faisait par l'appauvrissement des classes laborieuses et des pays voisins. Il rejette alors le mercantilisme et considère que seul l'Etat peut assurer la justice grâce à un « plan de production et de distribution des produits ». L'activité économique est confiée à des personnes privées, mais l'Etat doit contrôler ces activités et planifier l'économie, en fonction des besoins sociaux. Fichte est aussi un défenseur de la liberté individuelle et il souhaite que progressivement ces contrôles s'effectuent par les acteurs économiques eux-mêmes, de façon équilibrée. Il présente ainsi la thèse du « dépérissement de l'Etat » qui sera reprise par Marx et Lénine.

C'est alors que va naître l'école historique allemande, sous l'impulsion de Friedrich List (1841 « Système national d'économie politique »). Cette école rejette l'économie libérale trop théorique et repliée sur elle-même. Elle privilégie une approche globale de l'économie associant l'histoire, la sociologie, la psychologie etc. Elle conteste le libre-échange qui ne profite qu'aux plus riches. Elle prône une intervention de l'Etat pour garantir la justice sociale. Le chancelier Bismarck s'inspirera de cette pensée pour mettre en œuvre, dans le Reich autoritaire des années 1880, la première législation sociale en faveur des travailleurs.

Le grand philosophe **Friedrich Hegel** veut aussi intégrer l'activité économique dans la pensée globale ; l'être humain est dialectique, il est matière, il est aussi pensée, mais il dispose du libre arbitre pour décider. Comment résoudre l'opposition entre l'intérêt particulier et l'intérêt général ? Laisser l'arbitrage à l'Etat seul peut conduire à la terreur. Hegel aspire à une nouvelle société dans laquelle l'Etat aurait un rôle de contrôle, car les lois du marché sont injustes, mais devrait lui-même être contrôlé par les citoyens (1807, « Phénoménologie de l'esprit »). L'essentiel de sa pensée réside dans cette idée de contradiction, de dialectique, donc de mouvement qui existe dans le corps social. Un étudiant en droit à Berlin lit ces textes avec enthousiasme.

Devenu journaliste dans les Annales franco-allemandes, **le jeune Karl Marx** publie en 1844 sa « Contribution à la critique de la philosophie du droit de Hegel », puis il rencontre Friedrich Engels, il approfondit sa pensée philosophique (1845 « L'idéologie allemande ») et y intègre l'économie politique. En janvier 1848 il publie à Londres avec Engels le programme de la Ligue communiste « Manifeste communiste », (« Prolétaires de tous les pays, unissez-vous ! »), puis en 1859 il publie sa « Contribution de la critique de l'économie politique » qui deviendra le livre I du Capital (1867), les livres II et III seront écrits par Engels.

Marx est à la fois un penseur et un acteur de son temps. Le Manifeste annonce les révolutions européennes de 1848 ; en écho à la crise économique de 1857 il publie sa Contribution ; en 1864 il participe à la création de l'Association Internationale des Travailleurs, à Londres (dite 1ere Internationale) ; en 1871 il écrit « La guerre civile en France » (La commune de Paris) ; en 1875 il adresse sa critique du programme de Gotha, qui donne quelques pistes sur ce que serait le communisme. Enfin à la fin de sa vie, dans ses lettres au socialiste russe Plekhanov, il rappelle que la révolution contre le capitalisme ne peut venir que d'un pays capitaliste avancé (comme l'Allemagne ou l'Angleterre) dans lequel existe un prolétariat puissant, organisé et ayant une conscience de classe. Une révolution en Russie ne profiterait qu'aux forces sociales en place : une autocratie qui s'appuie sur l'armée, l'administration, la noblesse et la grande bourgeoisie. La classe ouvrière en Russie est trop faible et trop récente pour prendre le pouvoir face à ces forces puissantes et à une paysannerie docile…

La pensée de Marx est d'abord philosophique et historique, c'est la « conception matérialiste de l'histoire » (Engels), le terme de « matérialisme historique » viendra ultérieurement. La philosophie matérialiste (depuis Démocrite et Epicure, jusqu'à Spinoza ou Feuerbach) est une conception de l'histoire qui englobe la nature. L'homme s'inscrit dans l'ordre général de la nature, son « histoire est le résultat de l'activité de toute une série de générations » : activités de production, d'échange (infrastructure) et organisation sociale, politique, culturelle (superstructure). L'histoire de l'homme ne peut donc s'écrire selon un ordre spirituel, religieux, prédestiné mais selon des critères objectifs du monde réel : le mode de production (comment la société organise la production de biens et services) et les rapports de production (les rapports des classes sociales).

Karl Marx n'a pas rencontré Darwin mais il faut voir une certaine parenté dans cette lutte permanente de l'homme pour la vie (Darwin, 1859 « De l'origine des espèces »). Marx rejette la religion qui n'est qu'un écran de fumée, un opium, ayant pour fonction de dissimuler la réalité économique et l'exploitation sociale (cette aliénation de l'homme par l'homme avait été approfondie par Feuerbach qui avait analysé l'aspect psychologique de la religion : l'homme limité et mortel cherche à se magnifier dans un Dieu absolu).

La collaboration avec Engels va conduire Marx à approfondir sa pensée économique. Dans ce matérialisme historique, l'homme connaît d'abord un communisme primitif (fondé sur la communauté de terres et de biens au sein d'un village ou d'une tribu), puis l'organisation de sociétés figées (l'ordre féodal en Europe par exemple), mais le développement des échanges et de la production va bouleverser cet ordre au profit de la classe la plus dynamique, la bourgeoisie. Le capitalisme est un moment de l'histoire humaine, fondé sur l'accumulation du capital. Il constitue un progrès par rapport à la phase antérieure mais présente lui-même des contradictions qui provoqueront sa perte.

Le ressort du système est le profit qui conduit le capitaliste à épargner pour investir. Ce dynamisme conduit à la rationalisation de l'économie (de l'artisanat à la fabrique puis à l'usine) et à la conquête des marchés (éliminer les concurrents, dépasser le cadre local, puis national pour atteindre le marché mondial). Ce dynamisme est aussi entretenu par les inventions et les progrès technologiques ou organisationnels (cf. Schumpeter).

Mais pour réaliser son profit, le capitaliste va louer la force de travail de l'ouvrier et lui verser un salaire qui lui permet tout juste de reconstituer sa force de travail (c'est la fameuse loi d'airain) mais ne correspond pas à la valeur que l'ouvrier a apporté dans la réalisation du produit. Le capitaliste en tire donc une plus-value qui est fondée sur les rapports de production. L'ouvrier est en position de faiblesse et il ne peut négocier, il n'a pas l'indépendance qu'avait encore l'artisan, il est réduit à sa seule fonction économique, il n'est plus vraiment un être humain, sinon aliéné à sa condition. Marx analyse l'histoire économique et constate que l'accumulation du capital a pour conséquence l'accumulation de la misère, c'est la « paupérisation » du prolétariat (absolue s'il s'agit d'une baisse réelle du niveau de vie, ou relative si la faible augmentation de niveau de vie est sans commune mesure avec l'augmentation globale de la société). Pour atteindre cet objectif de soumission du prolétariat, les capitalistes ont intérêt à créer une « armée industrielle de réserve » (les chômeurs).

La conquête des marchés se fait évidemment au détriment d'autres entreprises, d'autres pays, les Etats doivent alors s'en mêler, soit pour s'entendre (le congrès de Berlin de 1885 partage le marché africain entre les grandes puissances occidentales), soit pour faire la guerre. Par ailleurs, le capitaliste a besoin de vendre des produits et doit persuader le consommateur de l'utilité de ces produits, d'où le « fétichisme du produit » qui va conduire à la marchandisation du monde.

Karl Marx constate que les investissements pour conquérir deviennent de plus en plus lourds et que la baisse du taux de profit est tendancielle, le capitalisme doit donc exploiter toujours plus les travailleurs et gagner toujours plus de marchés. Il voit là les signes de retournement : misère des travailleurs donc révoltes inévitables, crises économiques de surproduction provoquées par l'appât du profit, aliénation des consommateurs, butoir du capitalisme mondialisé.

A la suite de l'expérience de la Commune de Paris, il marque son admiration pour le prolétariat qui a eu le courage d'arracher le pouvoir à la bourgeoisie et d'organiser un nouveau mode de production fondé sur la décentralisation, sur « l'autogouvernement des producteurs », les communes, les fédérations. En cela, il donne des gages aux proudhoniens et anarchistes français.

Mais ses propositions pour une nouvelle société sont plus prudentes. Dans sa critique du programme de Gotha il admet que deux phases seront nécessaires pour transformer le système. Dans un premier temps, il conviendra de s'appuyer sur l'Etat pour socialiser les moyens de production, pour rémunérer le travail en fonction de la quantité de travail fourni et mettre en œuvre une politique d'investissement conforme aux besoins sociaux. Dans un second temps, la société parvenue à un état de plénitude, pourra se défaire des contraintes économiques, alors chacun recevra selon ses besoins et l'homme enfin libre pourra se consacrer à son propre épanouissement (relations sociales, culturelles, etc.). Cette transformation de la société capitaliste en société communiste ne sera possible que par la dictature révolutionnaire du prolétariat.

Les limites de la pensée marxiste sont fort nombreuses : son analyse de la plus-value du travail est incomplète, sa constatation de la baisse tendancielle du taux de profit n'a pas été confirmée et surtout ses propositions pour un autre modèle économique sont bien maigres.

Mais Karl Marx est le premier à avoir analysé le système capitaliste dans sa globalité et à en avoir démontré les contradictions. Il a relevé à la fois le dynamisme de ce système et son caractère destructeur, il a montré la concentration progressive du système d'abord entre les mains des industriels, puis des financiers, il a évidemment mis en exergue les misères sociales des pays riches comme des pays exploités, il a révélé l'aliénation du travailleur devenu simple outil, comme du consommateur soumis au fétichisme de l'objet, il a perçu la marchandisation de la vie et la marche inéluctable vers la mondialisation du système. Sa vision matérialiste, partant de faits réels de la vie économique et sociale, a marqué les sciences de l'histoire et de la sociologie. En écho à cette analyse il a su être un acteur politique et il a compris que la réponse au capitalisme ne pouvait être nationale mais internationale.

La grande question que l'on peut alors se poser est la suivante. Le capitalisme du XIXe était si brutal, si injuste, si arrogant qu'il courait sans doute à sa perte et au fameux Grand Soir (révolte des Canuts en 1831, Révolution de 1848, Commune de 1871).

Karl Marx en a fait une analyse pertinente et a su diffuser sa pensée auprès des intellectuels, des syndicalistes et du prolétariat. En quelque sorte il a su « conscientiser » les contradictions du système, le prolétariat a pris conscience de son exploitation et les dirigeants de l'époque, de Napoléon III à Bismarck, ont aussi pris conscience des risques de révolution. Les idées de Marx ont alors été reprises par des marxistes, mais aussi par des socialistes, des sociaux-démocrates, des chrétiens-sociaux, des syndicalistes, des associatifs. Les débats ont été nombreux, nourris, contradictoires entre tous ces courants : les communistes allemands comme Rosa Luxembourg, Karl Liebknecht (la révolte spartakiste), italiens comme Gramsci, russes comme Plekhanov, Lénine, Trotsky ; ou les anarchistes comme Proudhon, Bakounine, Kropotkine ; ou les réformistes allemands du PSD comme Kautsky, Bernstein et Hilferding, anglais avec la Société Fabienne de George Bernard Shaw (le dramaturge), puis le Labour Party ; ou encore le courant social-chrétien de Lamennais et de Léon XIII (Rerum Novarum).

Tous ces courants de pensée ont imprégné la société. En France, la Commune de Paris a été brutalement réprimée (environ 30.000 morts), mais ensuite la loi Waldeck Rousseau (1884) légalisera les syndicats, la loi de 1898 portera sur les accidents du travail, la CGT naît en 1905, de même que le Parti Socialiste SFIO.

Le capitalisme triomphant et brutal du début du XIXe siècle doit s'amender pour répondre aux aspirations des travailleurs qui exigent plus de justice sociale et qui œuvrent pour l'internationalisme. Face à ce double risque, explosion sociale et solidarité internationale, les capitalistes acceptent les réformes qu'ils refusaient naguère (bourses du travail, syndicats, mutuelles, assurance maladie, assurance accident, assurance vieillesse, réduction de la durée de travail, repos hebdomadaire, retraites, etc.).

C'est sans doute cette prise de conscience collective qui a permis au système capitaliste d'évoluer et peut-être de se sauver. **En cela réside le grand paradoxe de Karl Marx : en diagnostiquant les contradictions et les**

maux, il permet de trouver des remèdes et il évite peut-être le fameux « Grand Soir »…

S'agit-il d'un simple paradoxe, d'une sorte de « curiosité » historique ou d'une réalité plus profonde ?

La théorie des marchés est assez éloignée des réalités et n'empêche nullement les crises à répétition. Derrière les mécanismes économiques existent des rapports de force. Les marchés ne paraissent pas libres et égalitaires mais bien dominés et orientés. Le système capitaliste est efficace dans sa logique du profit mais il génère des crises, des contradictions qui le dépassent.

Les solutions sont alors apportées de l'extérieur : une analyse critique du système, une résistance des travailleurs et des consommateurs, un Etat redistributeur et contrôleur.

Cette « dialectique » entre les crises du système capitaliste et les solutions extérieures va-t-elle se renouveler ?

*

Les crises, les guerres mondiales et les Trente glorieuses.

Au cours du XIXe siècle, l'histoire du capitalisme est constituée de périodes de croissance qui suscitent la spéculation, puis de crises. Les retournements de tendance peuvent être provoqués par de mauvaises récoltes (cause traditionnelle), par l'obsolescence d'une filière (voir Schumpeter) ou par les déséquilibres du marché (capacités de production excessives, chute des prix, des profits et crise bancaire).

Ces périodes de crise et de faillite profitent aux entreprises les plus dynamiques et permettent de nouvelles concentrations de capital. A la veille de la Grande guerre, aux Etats-Unis, les sept premiers trusts représentent 50% de la production textile, 62% de l'alimentation, 81% de la chimie, 84% du fer et de l'acier.

Un ingénieur américain, Frederick Winslow Taylor, s'efforce d'améliorer le rendement des entreprises en luttant contre la « flânerie ouvrière », en parcellisant les tâches, en instituant le travail à la chaîne fondé sur une mesure précise du temps nécessaire à chaque étape (« Les Principes de direction scientifique des entreprises », 1912). Henry Ford appliquera ces préceptes dans ses usines, par le travail à la chaîne, la standardisation des outils et des pièces, la réduction des coûts mais aussi par un réseau de distribution et la publicité. Il vendra ainsi en 1908 sa célèbre Ford T à 825 dollars et il instaurera la journée du travail à 5 dollars (prix de vente imbattable et « five dollars a day » pour l'ouvrier, deux succès pour Ford).

A titre purement historique, et sans chauvinisme aucun, rappelons que Philippe-Auguste, roi de France fort sage, voulut protéger son royaume par l'édification de nombreux châteaux-forts et il utilisa la même idée de standardisation : harmonisation des normes, des mesures et des instruments de travail, utilisation de mêmes pièces (dimensions des marches, des pierres, des mâchicoulis etc.), répétition des travaux... Il put ainsi réduire radicalement le « prix de revient » d'un château, ainsi que le temps de construction et érigea une multitude de châteaux sur le pourtour du royaume. Le château modèle Philippe II a précédé la Ford T.

Le cœur du capitalisme réside de plus en plus dans le système bancaire et notamment dans la « haute banque » qui finance les grandes opérations de biens d'équipement (réseaux ferrés, eau, gaz, électricité, charbonnage) ou d'exploitation des empires coloniaux (mines, plantations).

En effet, la croissance des grandes puissances est soutenue par la conquête de nouveaux marchés : Autriche, Hongrie, Russie, Japon, Mexique, mais aussi Empire Ottoman, Canada, ou encore les pays les plus pauvres d'Afrique, d'Amérique latine ou d'Asie. Les expéditions militaires se multiplient dans les colonies, les rivalités deviennent explosives (Fachoda, guerre russo-japonaise, guerres balkaniques etc.). Les tentatives de partage des colonies (Congrès de Berlin 1885) n'empêchent pas la montée du nationalisme et du militarisme.

Le capitalisme présente bien son visage de Janus. Il a permis une seconde révolution industrielle (chemins de fer, électricité, industries lourdes, chimie, automobile etc.), fondée sur la concentration industrielle et financière, les usines modernes, l'urbanisation, le salariat.

Mais, cette nouvelle révolution industrielle repose aussi sur la misère du prolétariat urbain et l'exploitation des pays colonisés. Le syndicalisme se développe en Occident et la résistance apparaît aussi chez les peuples colonisés.

Le développement du capitalisme exige une conquête permanente de nouveaux marchés, ce qui entraîne une concurrence exacerbée des grandes entreprises qui débouche sur des conflits entre les Etats[1].

Lénine s'inspire du théoricien allemand R. Hilferding dans son ouvrage « L'impérialisme, stade suprême du capitalisme » et décrit la concentration de la production, la naissance des trusts internationaux, le développement du capital financier, la conquête des marchés et le soutien des Etats capitalistes. Avec une réelle perspicacité Lénine considère que les détenteurs de capitaux abandonneront les « vieux » pays capitalistes et se lanceront vers les pays neufs assurant des rentabilités plus élevées.

Le capitalisme porte en lui la guerre, comme la nuée porte l'orage prédit J. Jaurès avant d'être assassiné. Les mouvements ouvriers, pacifistes et internationalistes tentent d'éviter la guerre (conférences de Kienthal et Zimmerwald) et annoncent la grève générale contre la guerre.

La guerre de 1914-18 marque l'échec de ce mouvement et le triomphe du nationalisme aussi bien en France, qu'en Allemagne ou en Angleterre. Les Etats-Unis deviennent la première puissance industrielle mondiale, ses réserves d'or quadruplent entre 1914 et 1918. Avant tout cette Grande Guerre est une saignée démographique avec la mort de 6 millions d'Européens de l'ouest, 1,7 million de Russes et 150.000 Américains.

Mais la fameuse dialectique est toujours d'actualité. La croissance économique s'est construite sur des conquêtes de marché qui ont provoqué la guerre, guerre d'où est née la « patrie des prolétaires »...

L'image du capitalisme devient alors ambivalente et les contradictions vont s'accentuer.

L'entre-deux-guerres est une période de reconstruction donc de boom économique mais qui se caractérise par la poursuite du nationalisme économique. Le traité de Versailles met l'Allemagne à genoux et crée les conditions d'une « revanche ». Déjà, John Maynard Keynes, économiste à Cambridge, fait preuve de clairvoyance et s'insurge contre un traité qui empêche l'Allemagne de se relever, provoque la misère et risque de susciter des réactions ultra-nationalistes (« Les conséquences économiques de la paix », 1929). L'avenir lui donnera raison et les Alliés tiendront compte de son analyse... en 1945.

---

[1] Cf. John Hobson « Impérialism. A study », 1902 et Rosa Luxembourg « L'accumulation du capital », 1913.

Les Etats-Unis étaient d'abord restés extérieurs au conflit avant d'intervenir militairement et de parrainer les accords de paix. Le Président Wilson (démocrate) était le symbole de la naissance de la Société des Nations (SDN). Mais c'est un républicain, Harding, qui lui succède et refuse d'adhérer à la SDN, installée à Genève.

Les investissements américains se concentrent sur leur zone d'influence : Canada et Amérique latine. L'Angleterre conservatrice veut restaurer la livre-sterling à sa parité d'avant-guerre avec la convertibilité or mais cela se traduit par une baisse de compétitivité.

La France aussi se replie sur son Empire et de grandes fortunes se constituent dans le commerce avec les colonies (CFAO, SCOA, Banque de l'Union Parisienne, Banque de l'Indochine, Banque de Paris et des Pays-Bas etc.). L'appareil industriel se modernise (Renault, Citroën, Pechiney, Schneider, Wendel etc.).

A l'inverse, la République de Weimar en Allemagne est confrontée à une inflation galopante, au remboursement de la dette de guerre et à des troubles sociaux : mouvement « spartakiste » de Karl Liebnecht et Rosa Luxembourg et mouvement ultra-nationaliste (naissance du NSDAP de Hitler, coup d'Etat avorté de Munich) qui prétend constituer un rempart contre les bolcheviks.

De son côté, l'URSS a connu des débuts difficiles (cf. l'Américain John Reed, enterré sur la Place Rouge « Les dix jours qui ébranlèrent le monde », 1929) avec la guerre civile entre l'armée rouge et les armées blanches (soutenues par la Pologne, l'Angleterre et la France) qui ont provoqué environ 10 millions de morts. Puis, Lénine a lancé une nouvelle politique économique (NEP) plus pragmatique à l'égard des agriculteurs notamment et une politique d'investissements dans les infrastructures et les industries lourdes. L'URSS commence à peser sur la place internationale alors que vont commencer à être révélés les procès de Moscou, les crimes de Staline (A. Gide « Retour d'URSS » sera l'un des premiers intellectuels à mettre en garde contre le totalitarisme).

La SDN ne parvient pas à s'imposer, le nationalisme économique l'emporte, les grands groupes cherchent à maximiser les profits à court terme, les salaires n'augmentent plus, la demande faiblit, les prix commencent à baisser, le chômage s'accroît et les banques s'inquiètent de cette déflation (baisse corrélative des prix et des revenus) dans une atmosphère de guerre économique et de conflits sociaux.

Le système capitaliste connaît la plus grande crise de son histoire qui résulte de ses propres ressorts.

La priorité donnée au capital donc aux actionnaires se fait au détriment des salariés, les inégalités se creusent et l'injustice sociale n'est pas seulement « sociale », c'est la demande qui faiblit et qui déséquilibre le marché.

Ainsi, après une période de boom spéculatif, (l'indice Dow-Jones des valeurs industrielles est multiplié par deux entre 1928 et 1929), la bulle éclate en octobre 1929, les moins-values boursières ruinent les spéculateurs qui ne peuvent plus honorer leurs dettes bancaires, les banquiers tentent de renflouer le système lors du jeudi noir (24 octobre) et mardi noir (29 octobre), mais les cascades de faillites entraînent la crise bancaire (qui commence en Autriche en mars 1931 avec la Kredit Anstalt) et se poursuit avec les banques allemandes (endettées au titre des réparations dues aux vainqueurs de la guerre). L'étalon-or est abandonné par de nombreux pays qui mènent des politiques purement nationales.

Aux Etats-Unis les prix de gros baissent d'un tiers entre 1929 et 1932, la production industrielle retombe en 1930 à son niveau de 1923, le nombre de chômeurs atteint 3 millions en 1930 et 13 millions en 1933.

Le doute s'installe. L'Allemand O. Spengler annonce « Le déclin de l'Occident ».

Le capitalisme qui a dominé le monde occidental au XIXe siècle et qui a permis deux grandes révolutions industrielles a aussi suscité la révolte prolétarienne, la naissance de l'Union soviétique et le début de prise de conscience par les peuples coloniaux de leur exploitation. En outre, le capitalisme n'avait jamais connu une crise de l'importance de la crise mondiale de 1929.

Dans une période aussi critique, les doctrines économiques vont s'opposer durement : revenir à la pureté originelle du capitalisme ? Détruire ce système fondé sur l'exploitation de l'homme ?

En effet, un courant néo-libéral apparaît et s'efforce de justifier les fondements du système capitaliste, notamment les rapports de domination. Vilfredo Pareto va ainsi « politiser » la conception du système capitaliste jusqu'à la collaboration avec Mussolini.

Ainsi naît une **théorie néo-classique** qui innove en montrant que le marché n'est pas seulement un lieu d'échange de produits mais surtout d'informations (ce qui conduira à multiplier les modèles mathématiques pour améliorer la rentabilité du capital investi). Cette théorie dénonce l'aspect global ou collectif des comportements sur un marché (vision commune de Smith, Ricardo ou Marx) pour privilégier le comportement individuel du consommateur. Le rapport de force entre le capitaliste et le salarié est nié, chaque agent économique reçoit ce qu'il mérite de façon optimale. Cette nouvelle vision « individualiste » a pour but d'échapper à la critique de la lutte des classes et de l'exploitation des travailleurs.

Pour illustrer ces contradictions, il est amusant de rappeler la vie d'un certain King C. Gillette (1855-1932), voyageur de commerce qui cessa de vendre des capsules de bouteilles pour se consacrer à son invention, le rasoir à lames jetables. Ce rasoir jetable fut moqué de tous et sa petite entreprise était au bord de la faillite, mais la guerre de 14-18 le sauva car le rasoir Gilette fit partie du paquetage des soldats américains… Entrepreneur brutal, il écrivait pourtant la nuit des ouvrages utopiques, d'une société communiste, sans classe, ni argent. Dans « La Société du peuple » il dénonce les « magnats » qui « enfoncent leurs griffes dans la chair » et il appelle à la révolution[1]…

C'est une période de désordres et de troubles durant laquelle les courants les plus ultra-nationalistes et racistes identifieront des boucs émissaires à la crise (« la juiverie internationale », les « métèques », les « mauvais Français », les intellectuels et les artistes etc.), tout en reprenant parfois des instruments socialistes (rôle actif de l'Etat, protection des travailleurs) pour détourner la classe ouvrière du bolchévisme.

De son côté, la critique marxiste du système s'exprime aussi bien en Allemagne (Rosa Luxembourg, Karl Liebknecht) qu'en Italie (Antonio Gramsci).

Entre ces courants de pensée opposés : néo-libéralisme, fascisme, marxisme va naître une nouvelle voie qui permettra au système capitaliste de sortir de la crise et de la guerre.

Déjà, **Auguste Comte**, avait cherché à élargir le champ de l'économie politique en s'appuyant sur la science et la sociologie. Après « l'âge théologique », puis « l'âge métaphysique » voici qu'allait naître « l'âge positif » de l'organisation rationnelle d'une société.

Des économistes américains (Thorstein Veblen, John Commons et Wesley Mitchell) affinent l'analyse du capitalisme en montrant que le système se compose en fait de deux mondes parallèles : l'économie réelle de la production et des échanges, le monde juridique et institutionnel. Les capitalistes modernes ne sont plus des « capitaines d'industrie » mais avant tout des propriétaires qui délèguent la gestion de leurs biens à des managers et qui privilégient la gestion d'actifs (achat ou vente de titres, fusions-acquisitions etc.) pour réaliser des profits financiers rapides.

---

[1] Cf. « King » de Michel Vinaver, Actes Sud « Babel », 2009.

J. Commons rappelle l'exemple de l'US Steel qui au début des années 1880 rachète tous les producteurs d'acier autour de Pittsburg. La valeur patrimoniale de l'ensemble de ces usines est estimée à 75 millions de dollars, mais la valeur des actifs immatériels est finalement évaluée à 300 millions de dollars, car la firme occupe dorénavant une position dominante et ses revenus futurs seront considérables. Les marchés financiers ne mesurent plus seulement la valeur actuelle réelle d'une entreprise mais aussi la valeur future, potentielle, sur une base évidement plus subjective. Cette analyse du nouveau capitalisme annonce déjà les opérations de fusions-acquisitions qui vont marquer le siècle.

Th. Veblen va plus loin et redéfinit le capital comme l'ensemble du savoir collectif accumulé par une société et il constate que ce capital (aussi bien dans les sociétés agraires que dans les sociétés industrielles) est accaparé, « absorbé » par les groupes sociaux dominants.

L'économiste le plus célèbre du XXe siècle, John Maynard Keynes, est à la fois un penseur et un inspirateur dans une période tourmentée. Keynes est un économiste original mais aussi ambivalent et son héritage a parfois été simplifié. Elevé à Eton dans les milieux aristocratiques, il devient professeur d'économie politique et s'intéresse à la vie des affaires pour réaliser d'heureuses opérations. Il écrit à Bernard Shaw pour critiquer le socialisme, mais il s'inquiète aussi des suites du Traité de Versailles (« Les conséquences économiques de la paix ») et commence à douter d'un capitalisme replié sur le profit. Il constate que le capital a été placé dans la spéculation et non dans l'investissement. Il relève aussi que les biens essentiels de l'homme que sont la santé, l'éducation et même la récréation sont sacrifiés au nom de la rentabilité du capital. Il rappelle que le capitalisme selon Adam Smith est fondé sur l'avidité et il exprime ses doutes : « Le capitalisme international est dénué d'intelligence, de beauté, de justice, de vertu et il ne tient pas ses promesses. En bref, il nous déplait et nous commençons à le mépriser. Mais quand nous nous demandons par quoi le remplacer, nous sommes extrêmement perplexes ». Il esquisse alors une sorte de socialisme libéral permettant d'agir en tant que communauté organisée avec des buts communs tout en respectant et protégeant l'individu. Il rêve même d'un monde véritablement libre lorsque l'individu sera dégagé de l'emprise des préoccupations économiques (« Perspectives économiques pour nos petits enfants »). Thème cher à Karl Marx…

Mais l'ouvrage fondamentalement de Keynes est publié en 1936 « Théorie générale de l'emploi, de l'intérêt et de la monnaie ».

Keynes constate que l'autorégulation du marché grâce à la « main invisible » est un mythe, que le libéralisme est à la fois théorique et statique. Le laisser-faire déboucherait sur un équilibre du marché et les agents économiques seraient à la fois rationnels, identiques et tous mus par l'appât de l'argent. La réalité est plus complexe, plus mouvante et rien ne permet de vérifier que le marché assure le plein emploi. Bien au contraire le système est gangrené par la spéculation et vit de soubresauts.

En outre, Keynes, contrairement à bien des théoriciens du libéralisme, ne veut pas réduire l'économie au monde des affaires, du business. Une décision peut être favorable à une entreprise ou un secteur mais néfaste à l'économie globale. Ainsi en période de crise, un chef d'entreprise aura tendance à réduire ses coûts, à licencier du personnel, à différer ses investissements pour s'adapter à un marché en baisse. Ce faisant il obéit à une logique d'entreprise mais il accroît la crise globale en jetant sur le marché de nouveaux chômeurs, en réduisant ses dépenses, en différents ses investissements. Curieusement, c'est un grand industriel, aux idées d'extrême droite, Henry Ford, qui avait compris cela en augmentant ses salaires et en diffusant de nouveaux produits (modèle T) moins chers, accessibles au plus grand nombre.

L'économie repose donc sur des acteurs économiques : les consommateurs, les entrepreneurs, les banques, l'Etat et sur de grandes masses : la production, les revenus, l'épargne, l'investissement. Le moteur de l'économie réside dans l'investissement et celui-ci est justifié par la demande. Le profit n'est pas une fin en soi s'il débouche sur la spéculation. C'est la satisfaction de la demande qui est la raison d'être de l'économie. L'épargne doit donc être canalisée vers l'investissement, sinon le déséquilibre est source de crise. En période de crise, cette demande des consommateurs peut être stimulée par un accroissement des revenus et par le rôle de l'Etat dans une politique d'investissements publics utiles à la population et aux agents économiques.

La crise de 1929 confirme ses thèses qui vont dorénavant être appliquées dans de nombreux pays et développées par d'autres économistes.

La science économique va distinguer la « micro-économie » qui s'attache à un agent économique (entreprise par exemple), la « méso-économie » qui porte sur un secteur d'activité (agriculture, transports etc.) et la « macro-économie » qui concerne la globalité de l'économie.

Jusqu'à la crise de 1929, les économistes appuyaient leurs réflexions sur les cours boursiers, les chiffres des transports de marchandises, des indices partiels de production. La nouvelle conception « macro-économique » va conduire les économistes (Simon Kuznets aux Etats-Unis) à élaborer des instruments d'analyse globaux que sont les « agrégats économiques » : revenu national, produit national etc. Wassily Leontief va créer un « tableau d'échanges interindustriels » qui décrit les échanges (« input-output ») entre les différents secteurs. Ces instruments seront essentiels dans la politique d'investissement et de planification car ils permettront par exemple de calculer à l'avance ce qu'il faudra commander de béton ou d'acier dans tel secteur pour réaliser de grands barrages hydroélectriques. A l'inverse, la réalisation de tel type d'avion révolutionnaire se heurterait à l'insuffisance de tel produit dans telle branche.

En outre, ces outils vont permettre de vérifier l'importance des investissements soulignée par Keynes. Chaque investissement aura un « effet multiplicateur » et un « effet accélérateur » (cf. travaux d'Aftalion, de Clarck et de Samuelson). Pour réaliser une usine textile, il faut construire des bâtiments qui vont faire vivre des entreprises de construction lesquelles vont acheter du ciment qui va stimuler les entreprises de production de ciment qui vont à leur tour distribuer des salaires lesquels vont permettre l'achat de biens de consommation, etc. Les « effets induits » ont la forme de vagues qui se propagent à l'économie et concernent la production, mais aussi les revenus, la consommation, la fiscalité, la formation des travailleurs etc. Enfin l'effet multiplicateur va être complété par l'effet d'anticipation. L'annonce d'un investissement (surtout s'il s'agit d'un investissement lourd d'infrastructure mis en œuvre par l'Etat) va conduire les entreprises à tenir compte de ce facteur dans leur propre prévision de production et d'investissement.

Les analyses de Keynes ont pourtant été critiquées dans la mesure où ses définitions de l'épargne et de l'investissement sont imprécises (notamment par rapport aux définitions des banques centrales) et que son objectif absolu de relancer l'investissement pour réaliser le plein-emploi peut aussi conduire à l'inflation et à des déficits durables.

Toutefois, l'analyse de la crise et les remèdes qu'il propose avec le rôle accru de l'Etat pour soutenir l'économie, conduire une politique de grands travaux, stimuler les investissements et les exportations, accroître les crédits à l'enseignement et à la formation, redistribuer les revenus en faveur des catégories sociales les moins favorisées etc., constituent bien une troisième voie entre le conservatisme et le marxisme.

A vrai dire, bien des gouvernements occidentaux vont intervenir spontanément et vont utiliser les instruments de l'Etat pour réduire la crise. La justification théorique, « keynésienne », viendra a posteriori.

Les Etats-Unis élisent le démocrate Franklin Delanoë Roosevelt en 1932, qui dénonce la « dictature industrielle » et lance une politique d'investissements publics (National Industrial Recovery Act, Agricultural Adjustement Act, Tennessee Valley Act etc.), abandonne l'étalon-or et élabore un compromis social (travail des enfants interdit, semaine de quarante heures dans les bureaux et de trente-cinq heures dans l'industrie, salaire minimum, assurance chômage, etc.).

En Angleterre, la livre est dévaluée en 1931 conformément aux préconisations de Keynes.

En France, le Front Populaire va mettre en œuvre à partir de 1936 une politique de contrôle du système bancaire, de grands travaux et de conquêtes sociales. Mais il est confronté à un fort courant d'extrême droite.

En Allemagne, la situation est catastrophique, la crise monétaire de l'après-guerre débouche sur une crise économique majeure (plus de 5 millions de chômeurs en 1933), les luttes sociales sont vives, le voisin soviétique constitue une menace pour le système capitaliste. Entre le communisme aux portes de l'Europe et le capitalisme en crise, les grands industriels allemands considèrent que pour sauver le système il faut inventer une sorte de capitalisme de combat, qui fasse des concessions à la population et au socialisme mais qui préserve l'essentiel grâce au nationalisme. Le national-socialisme (NSDAP) de Hitler peut constituer un rempart contre le communisme, les industriels financent donc ce parti et le maréchal Hindenburg, incité par Von Papen, permet l'accès de Hitler à la chancellerie.

Hitler lance une campagne de grands travaux (autoroutes, lignes de chemins de fer, aéroports, urbanisme etc.), armement (Krupp), ersatz industriels, rationalisation des Konzerns, contrôle des prix, commerce extérieur encadré par l'Etat, etc. Ce capitalisme d'Etat va produire des effets économiques favorables (le chômage disparait à peu près en 1939, doublement de la production entre 1933 et 39), mais il s'appuie sur un système policier, sur un encadrement de la population, sur la création de camps, sur la diffusion de thèses nationalistes et racistes.

Tout était pourtant annoncé dans « Mein Kampf » (1924), Hitler y reprenait les thèses racistes d'auteurs français (Vacher de Lapouge - Gobineau: « Essai sur l'inégalité des races ») ou anglais (Chamberlain) pour affirmer la supériorité de la race blanche et principalement de la branche la plus ancienne et la plus « pure » (race aryenne), la condamnation du métissage et le droit à l'espace vital du peuple germanique face à des peuples inférieurs (slaves) ou métissés (français).

Ce même capitalisme de guerre s'installe en Italie (où Mussolini a déjà pris le pouvoir), en Espagne, au Portugal, sous la forme du fascisme, mais aussi au Japon sous une forme militaire spécifique.

Il faut restaurer la tradition, la nation, la terre, le travail, l'autorité, l'Etat fort, le chef, le parti unique, la famille, la religion et régénérer une sorte de race pure débarrassée des juifs, des métèques, des tziganes, des homosexuels, des anarchistes, des communistes, etc. Ces courants traditionnels et nationalistes s'appuient sur les classes sociales les plus conservatrices ou menacées par le capitalisme international : agriculteurs, commerçants, artisans, petits chefs d'entreprise, anciens combattants, retraités, etc. Le fascisme ne remet nullement en cause le capitalisme national mais a pour ennemis le capitalisme cosmopolite responsable de la crise (avec une mise en cause de la « juiverie internationale ») et surtout le communisme partageux et athée qui détruit la civilisation.

La Seconde Guerre mondiale fera 50 millions de morts (soit six fois plus que la première).

La Libération va marquer un renouveau des esprits.

Les mouvements nationalistes (nazisme, fascisme) qui avaient pour objectif premier de s'opposer au bolchévisme dans une sorte de « capitalisme de combat » ont débouché sur la plus effroyable des guerres. Les Etats-Unis, le Canada et l'Angleterre ont su éviter ce péril et apparaissent comme les vainqueurs de cette guerre, aux côtés de l'Union soviétique.

Les doctrines nationalistes et racistes sont condamnées, l'Organisation des Nations Unis (ONU) dont le siège est à New York succède à la SDN (Genève). Les accords de Bretton-Woods prévoient aussi la création à Washington de deux institutions majeures pour la surveillance économique et monétaire (Fonds Monétaire International) et la reconstruction des pays dévastés par la guerre (La Banque Internationale pour la Reconstruction et le Développement – BIRD ou Banque Mondiale qui se consacrera d'abord à l'Europe puis ultérieurement aux pays en voie de développement). Un système de change fixe par rapport à l'or est institué (Gold Exchange Standard) ainsi qu'un contrôle des mouvements de capitaux. Keynes voulait aller plus loin et créer une véritable monnaie internationale, le gouvernement américain ne le suivra pas mais lancera en revanche en 1947 le plan Marshall d'aide bilatérale à la reconstruction de l'Europe (13 milliards USD), pour éviter les erreurs du traité de Versailles de 1918 (« L'Allemagne paiera ...»).

Mais derrière cet idéal de coopération internationale se dessine de nouveaux rapports de force, car le monde est divisé en trois blocs.

Les Etats-Unis avaient acquis le titre de première puissance mondiale après la guerre de 1914-18, ils deviennent maintenant la puissance dominante : ils produisent 50% du charbon dans le monde, les 2/3 du pétrole, plus de la moitié de l'électricité, ils détiennent 80% des réserves d'or... et la bombe atomique. F.D. Roosevelt a joué un rôle éminent en conduisant une politique interne de relance économique et de justice sociale et une politique extérieure de solidarité avec les démocraties européennes. Cette politique interventionniste a d'abord été prudente et commerciale, avec la loi « Cash and Carry », du fait d'une opinion politique plutôt isolationniste, puis plus engagée dans la guerre à la suite des attaques de sous-marins allemands les « U-boot », de l'agression nippone de Pearl Harbour et des succès militaires soviétiques…

Le gouvernement américain comprend bien que face au concurrent de l'Est, face à un Tiers-monde colonisé, dominé, mais porteur d'avenir et enfin face aux nécessités de la reconstruction, il faut composer avec les travailleurs, offrir une image nouvelle du capitalisme et reprendre l'initiative. Ainsi les remèdes de Keynes pour combattre la crise (intervention de l'Etat, surveillance des marchés, politique d'investissement, redistribution des revenus etc.) vont être pérennisés en une politique de long terme.

Cette politique économique sera aussi largement appliquée en Europe : la sociale-démocratie de l'Europe du Nord, l'économie sociale de marché de l'Allemagne de l'Ouest, les réformes anglaises (plan Beveridge de sécurité sociale), le programme du CNR - Conseil National de la Résistance - en France etc.

L'économiste français, Jean Fourastié, parlera, a posteriori, des « Trente glorieuses » pour qualifier cette période de forte croissance économique, d'absence de crise et de paix sociale relative.

L'exemple français illustre bien cette période de transformation. Les mouvements de résistance à l'occupation nazie ont forgé un programme humaniste et réformiste qui reprend les idéaux internationaux (Déclaration Universelle des Droits de l'Homme, avec le rôle éminent de J. Cassin), la maîtrise du développement (planification, nationalisation des grandes banques etc.), la participation des travailleurs à la vie de l'entreprise (Comités d'entreprise, délégués du personnel) et l'amélioration des conditions de vie de la population (Sécurité sociale, congés payés etc.). Ces réformes prolongent celles du Front Populaire de 1936. Les courants de droite voudraient s'y opposer mais nombre de capitalistes ont collaboré avec l'occupant et se trouvent dans une situation délicate au moment de la Libération. Recevant les représentants du patronat, le Général de Gaulle pourra s'exclamer : « Messieurs, je ne vous ai pas vus beaucoup à Londres ! ».

L'Assemblée Nationale qui vient d'être élue est de gauche et le gouvernement tripartite (PC - SFIO - MRP) entend mettre en œuvre le programme du CNR. Le plus original de l'expérience française est cette planification « souple et indicative » qui est esquissée par des commissions de concertation comprenant des représentants de l'Etat, du patronat et des travailleurs, et synthétisée par le Commissariat au Plan (avec de célèbres Commissaires tels que J. Monnet ou P. Massé). L'objectif du plan est de définir les grandes priorités du pays, d'orienter les investissements (Fonds de Développement Economique et Social, Caisse des Dépôts et Consignation, Crédit National, Crédit Foncier, Banque Française du Commerce Extérieur, etc.), de tenir compte des goulets d'étranglement de l'économie, grâce aux fameux tableaux d'échanges interindustriels qui permettent d'identifier en amont les conditions et les obstacles à la réalisation des objectifs.

La IVe République va connaître une instabilité politique, mais aussi une continuité de sa politique économique grâce notamment à ces plans quinquennaux soumis à l'Assemblée Nationale avant d'être mis en œuvre.

Pierre Mendès-France proposait de porter remède à l'instabilité parlementaire (« La République moderne »), François Bloch-Lainé suggérait de poursuivre la voie de la démocratisation économique (« Pour une réforme de l'entreprise ») et l'économiste anglais A. Shonfield comparait les spécifiés des économies occidentales et louait le modèle français (« Le capitalisme d'aujourd'hui », 1967).

Avec la Ve République et les grands accords commerciaux internationaux (Marché commun, GATT) la planification française va être progressivement délaissée. Il est intéressant de noter qu'à l'inverse, les multinationales vont se doter d'instruments de prévision et de planification des investissements (plans stratégiques, programmes de recherches, business plans etc.). Ce n'est donc pas l'outil d'anticipation qui était devenu obsolète, c'est le pouvoir qui changeait de camp. Dorénavant, l'avenir dépendrait davantage des multinationales que des Etats.

Le monde occidental connaît durant ces « Trente glorieuses » la plus forte croissance de son histoire, plus de 5% par an pour la production industrielle et plus de 7% pour les échanges commerciaux, même si sa part relative dans la production industrielle mondiale tend à se réduire quelque peu (de 76% en 1938 à 61% en 1971), sous la pression des pays collectivistes et des pays du Tiers-Monde.

Globalement, les pays capitalistes vivent une nouvelle transformation vers une économie plus intégrée et plus productiviste :

- les grandes entreprises accélèrent leur politique de concentration, aux Etats-Unis environ mille fusions par an (apparition de nouveaux géants : IBM, ITT etc.).

- le fordisme se généralise en Europe avec notamment le travail à la chaîne et l'organisation en équipes (3 fois 8). De nouvelles forces sociales rejoignent les ouvriers dans les usines : femmes, ruraux prolétaires, immigrés.
- les groupes industriels délèguent une partie de leur production à des sous-traitants souvent spécialisés sur un produit défini et qui vont servir d'amortisseurs dans les périodes de contraction de la conjoncture.
- les services (banques, assurances, commerce, transports etc.) connaissent aussi une amélioration de la productivité avec la mécanographie, puis l'informatique.
- les agriculteurs à leur tour perdent une partie de leur indépendance, ils sont de plus en plus soumis aux pressions du marché, en amont avec la livraison des inputs (engrais, produits phytosanitaires, équipements, crédits, endettement etc.) et en aval avec la vente de leur production à un système commercial puissant.

Parallèlement à cette politique interne dynamique et relativement « distributive » les grandes puissances occidentales conduisent une politique extérieure de « containment » (théorie des dominos, si un pays tombe entre les mains des communistes, les autres pays de la région risquent de suivre. J.F. Dulles). Cela va entraîner les Etats-Unis dans les guerres de Corée puis du Viêtnam. C'est au nom de ce principe de résistance aux communistes, aux rebelles, que la France va aussi se lancer dans ses guerres coloniales en Indochine et en Algérie. De la même façon les forces franco-anglo-israéliennes interviendront dans la zone du canal de Suez à la suite de la nationalisation de celui-ci par le Colonel Nasser.

Ainsi cette période d'après-guerre se caractérise à la fois par les « Trente glorieuses » en matière de croissance économique, mais aussi par la « guerre froide » entre l'Est et l'Ouest et par le non alignement des pays du tiers-Monde.

Après une période d'instabilité (« communisme de guerre », NEP de 1921 à 1927), **l'Union Soviétique**, sous l'égide de Staline, élabore un système économique très centralisé, fondé sur un plan de développement autoritaire (Gosplan, utilisant aussi les fameux tableaux de Leontief), une banque d'investissement (Gosbank), des priorités accordées aux infrastructures et aux industries lourdes. Cette politique est mise en œuvre par des entreprises d'Etat et des kolkhozes agricoles. Un système de comptabilité des coûts est instauré pour définir les prix, mais le profit n'est pas distribué, il reste acquis par l'entreprise.

En 1917, la Russie était un pays immense mais en retard : essentiellement rural (à l'exception de quelques zones comme Bakou), peu équipé, (début des chemins de fer grâce aux emprunts à l'étranger), composé de classes sociales extrêmes (aristocratie et servage), peu enclin à l'innovation (soumission, alcoolisme, religiosité etc.). La victoire décisive de l'URSS sur le IIIe Reich est le produit du climat, de la géographie, de la démographie, du patriotisme mais aussi de la technologie soviétique (industries lourdes, tanks, avions etc.). Le grand vainqueur de Potsdam et de Yalta est Staline et le glacis soviétique imposé à l'Europe Centrale (Pacte de Varsovie, réplique de l'OTAN) traduit cette domination.

Mais le régime totalitaire stalinien fige peu à peu le pays. Le parti unique, l'absence de débat, le contrôle policier, les procès, la peur empêchent toute évolution. Le pouvoir politique ne se renouvelle pas. Sur le plan économique, aucun instrument souple et décentralisé n'est mis en place pour remplacer le marché. C'est une bureaucratie tatillonne qui se substitue aux acteurs économiques.

Progressivement, et surtout après le règne de Staline, les économistes vont se poser des questions plus essentielles : comment connaître le coût effectif des produits pour ne pas disperser les forces productives ? Comment calculer le délai de récupération d'un investissement (taux de rentabilité interne) afin d'allouer les ressources disponibles aux bons projets ? Pourquoi limiter les entreprises à des objectifs quantitatifs même si cela exige des augmentations de coûts de production déraisonnables ?

Ainsi, une nouvelle génération d'économistes va réintroduire le concept de coût marginal (L. Kantorovitch) ou encourager l'autonomie des entreprises (Liberman, Trapeznikov). Une réforme est envisagée en 1965 mais elle ne sera pas appliquée.

L'URSS a su accomplir des progrès économiques incontestables dans des secteurs prioritaires (infrastructures, énergies, espace, médecine, puissance militaire, etc.) mais de façon autoritaire et dictatoriale, elle n'a pas su concevoir un autre modèle économique qui se substitue véritablement au capitalisme. Karl Marx avait déjà émis de telles craintes dans ses lettres à Plekhanov. Kautsky avait annoncé que les bolcheviks étaient des apprentis sorciers qui oubliaient les étapes du développement historique et qui recourraient à la violence pour fuir leurs échecs. Trotski avait décrit l'URSS de Staline comme un Etat ouvrier dégénéré et il ne voyait de salut que dans la coopération avec les autres prolétariats ouvriers.

L'image de l'URSS devenait ainsi ambivalente. La révolution d'octobre avait transformé, en cinquante ans, un pays arriéré en une nouvelle puissance mondiale qui menaçait la suprématie américaine et bénéficiait d'une aura auprès des classes et des peuples exploités. Mais la patrie des prolétaires se transformait en un totalitarisme, derrière son « rideau de fer » (selon l'expression de Churchill). La répression des mouvements démocratiques en Europe centrale (Berlin 1948, Budapest 1956, Prague 1968) lèvera définitivement le masque du système soviétique.

Entre le monde capitaliste et le monde communiste s'instaure d'abord la « guerre froide » (blocus de Berlin, guerre de Corée), puis la « coexistence pacifique », selon l'expression de F. Perroux : l'équilibre des forces nucléaires conduit à ce statu-quo et au respect mutuel des zones d'influence. La lutte entre les deux grandes puissances se porte alors sur les autres pays, le troisième monde.

Ce Tiers Monde se composa d'abord des pays qui n'avaient pas été colonisés : Ethiopie, Egypte, Iran, Syrie, Liban, Philippines, Amérique latine etc. Puis vinrent les pays qui négocièrent leur indépendance : Inde, Pakistan, Birmanie. Ensuite les pays qui durent mener des guerres de libération : Indonésie, Indochine, Algérie. Enfin la dernière vague des années 60, concernera principalement les pays d'Afrique noire.

Des chefs d'Etat aussi influents que Nehru en Inde ou Sukarno en Indonésie parvinrent à réunir en 1955 à Bandung (Java) une conférence afro-asiatique comprenant une trentaine de pays, soit plus de la moitié de la population mondiale, pour condamner la colonisation, proclamer le droit des peuples à disposer d'eux-mêmes et esquisser une troisième ligne dite de non-alignement entre l'Est et l'Ouest. Le Tiers-Monde venait de naître. Les discours de Sukarno n'étaient pas sans rappeler les formules de l'abbé Sieyès « Pendant des générations, nos peuples ont été sans voix dans le monde... ».

Le nombre des pays du Tiers-Monde va aller croissant et leur rôle aussi car aussi bien les pays capitalistes que collectivistes cherchent à les attirer. Les investissements publics et privés se multiplient, la Banque mondiale se reconvertit vers ces pays et les grands pays occidentaux créent des agences de développement spécialisées dans le financement de projets dans ces pays (USAID, Agence Française de Développement, Commonwealth Development Corporation, Kreditanstalt für Wiederaufbau etc.), des programmes de recherche importants (la révolution verte en Inde) sont enfin mis en œuvre.

La famine constitue le fléau du XXe siècle, plus du tiers de la population mondiale souffre de malnutrition, même si elle est largement ignorée des médias et du grand public.

Pourtant, les investissements publics et privés entraînent une croissance économique soutenue qui se traduit par la réalisation d'infrastructures (ports, aéroports, télécommunication, routes et pistes etc.), la modernisation de l'agriculture (cultures de rente : café, cacao, thé, hévéa, palmier, coton mais aussi cultures vivrières : riz, manioc, ainsi que l'élevage), l'exploitation du sous-sol (cuivre, zinc, chrome, bauxite, pétrole, gaz etc.), l'apparition d'industries (brasseries, cycles, automobiles, textiles etc.) et le développement du système bancaire (souvent des filiales de grands groupes internationaux).

Et surtout, cette croissance économique va permettre un boom démographique et une urbanisation qui modifieront les rapports de force internationaux.

Globalement, le taux de croissance annuel entre 1960 et 1976 a été de 4,3% pour les pays capitalistes développés, 5% pour les pays collectivistes et 5,7% pour les pays du Tiers-Monde, les grands vainqueurs étant les pays exportateurs de pétrole avec 9,5%.

Mais peu à peu, l'unité de principe de Bandung se fissure. Les pays qui bénéficiaient d'une manne pétrolière sont particulièrement courtisés et la richesse nationale est artificielle (Pays du Golfe persique, Gabon, Angola). Les ressources minières sont parfois si importantes qu'elles suscitent des guerres de sécession (Nigéria, Zaïre par exemple). Certains pays choisissent la voie collectiviste (Viêtnam, Guinée, Ethiopie de Menguistu, Angola, Algérie et Indonésie dans une première étape, Cuba etc.), d'autres la voie capitaliste (l'essentiel des pays d'Amérique latine et d'Afrique noire, le Maroc, la Tunisie, la Malaisie, les Philippines, la Thaïlande, l'Indonésie de Suharto, etc.).

En outre, les pays qui n'ont pas pu s'industrialiser subissent une détérioration des termes de l'échange : les prix des produits agricoles qui sont exportés augmentent moins vite que les prix des biens manufacturés importés. Ainsi les balances de paiements se déséquilibrent et la dette extérieure s'accroît.

Ces jeunes pays sont le plus souvent dirigés par des régimes autoritaires, parfois militaires, les droits de l'homme ne sont guère respectés et les intérêts du pays sont concentrés entre les mains de grandes compagnies et de groupes sociaux proches du pouvoir.

Deux économistes vont révéler ces contradictions. René Dumont (agronome français) va dénoncer la faillite démocratique de ces jeunes régimes, l'accaparement de la richesse par une classe dominante et le gâchis économique (« L'Afrique noire est mal partie », 1960). Samir Amin (économiste égyptien de formation marxiste) va démontrer que l'exploitation des richesses du Tiers-Monde, « périphérie » de l'économie mondiale, se fait essentiellement au bénéfice du « centre » (grande bourgeoisie occidentale avec la complicité des bourgeoisies locales) et entraîne un accroissement des inégalités (« L'accumulation à l'échelle mondiale », 1970).

Les modèles ont donc perdu de leur grandeur et les zones d'influence deviennent plus perméables.

L'Occident a connu la crise, le fascisme, la guerre mondiale puis les guerres coloniales. L'image des Etats-Unis est ternie par la guerre du Viêtnam. La concurrence entre les Etats-Unis d'une part et le Japon et l'Europe d'autre part s'exacerbe (monnaie, commerce, pétrole, matières premières, brevets, multinationales etc.).

L'Union soviétique est marquée par le goulag (« L'Archipel du Goulag », Alexandre Soljenitsyne, Prix Nobel 1970), la répression dans l'Europe de l'Est. Une contestation apparait en provenance de la Chine populaire comme de la Yougoslavie (l'autogestion selon Tito).

« L'équilibre de la terreur » se traduit par la crise des fusées à Cuba en 1962 entre N. Khrouchtchev et JF. Kennedy.

*

La recherche d'un nouveau modèle.

La dernière période étudiée a mis en relief les contradictions du système capitaliste. La crise de 1929 a reproduit à grande échelle les multiples crises du XIXe siècle.

Ces travers, ces désordres et ces guerres ont provoqué l'irruption de mouvements révolutionnaires et la naissance de l'Union soviétique.

Pour lutter contre le bolchévisme, les forces conservatrices érigent un front fasciste qui entraîne une nouvelle guerre mondiale. La collaboration des capitalistes avec le fascisme est condamnée.

Les nécessités de la reconstruction obligent le pouvoir capitaliste à des concessions envers les travailleurs, d'autant que la « patrie des prolétaires » constitue une forme de concurrence…

Les Américains et les Anglais qui ont su éviter la « peste brune » comprennent que la solution réside dans une sorte de « compromis historique ». Les mesures préconisées par Keynes pour lutter contre la crise de 1929 sont utilisées de façon quasi-pérenne comme un modèle de développement.

Ces grandes réformes placent l'intérêt général, donc l'Etat, au centre du dispositif, associent les travailleurs à la vie économique, répartissent de façon plus équitable le revenu national entre les salaires et dividendes et créent les conditions d'un dynamisme économique et social.

Ces réformes sont appliquées partout en Occident. Jamais la croissance n'aura été aussi élevée et jamais le travailleur n'en aura autant profité.

A nouveau, comme au XIXe siècle, le système capitaliste a été sauvé en remisant ses principes et en acceptant une finalité de l'économie plus sociale.

Dans ce monde divisé, soumis à l'équilibre de la terreur nucléaire, dans lequel aucun idéal ne s'impose, voilà qu'apparaît en 1968 une jeune génération, de Prague à Berkeley. Elle s'inscrit dans cette période des Trente glorieuses, elle en résulte même, toutefois elle imagine un autre modèle.

Les forces capitalistes sont-elles prêtes à de nouvelles concessions ? Ou considèrent-elles que l'heure est venue de reprendre le pouvoir et de restaurer un capitalisme pur et dur ?

Chapitre 1-3. *Le capitalisme est mondial*

« Une course de vitesse est engagée entre l'Internationale des peuples et l'Internationale des capitaux ». Pierre Mendès-France. (1930).

*

Mai 1968. « Un passé imprévisible »[1].

Un mouvement d'idées se propage dans le monde entier, notamment par les universités. Ce mouvement international repose sur un corpus de pensée, une analyse critique des systèmes en place et des propositions radicales en matière sociale et environnementale. Mais ce mouvement présente aussi des particularités nationales.

En France, la révolte de Mai 68 a surpris et les idées revendiquées ont bien souvent été incomprises, caricaturées, voire étouffées. Pour les staliniens, la condamnation du régime soviétique ne pouvait venir que de « gauchistes » (jeunes étudiants impatients et extrémistes...). Pour les gaullistes conservateurs, la critique de l'éducation nationale et a fortiori du système politique et économique constituait une atteinte à l'autorité du Général et était donc une « chienlit » (rappelons que ce mot repris par le Général de Gaulle avait d'abord été utilisé par le journal d'extrême droite Minute... Le mot sonne vulgaire et même avilissant. Pourtant, petit clin d'œil à l'histoire, une chienlit était en fait à l'époque de la Révolution un masque, une caricature de la mode en vigueur...). Plus tard, la droite dite décomplexée tenta même de faire croire que Mai 68 était responsable de tous nos maux, comme autrefois la « gueuse », la République.

Enfin, les médias et le cinéma ont surtout retenu de Mai 68 la libération des mœurs, « jouir sans entrave ». Cette vision réductrice ne pose pas la question essentielle de la fonction sociale de la sexualité (Wilhem Reich).

Pourquoi des jeunes gens « bien rangés » qui défilaient en costume et jupe plissée sont-ils devenus des « enragés » face à une société sclérosée ?

---

[1] Vers la fin de mon roman « Enfants de Floréal » je fais dire à l'un des personnages que Mai 68 est un passé imprévisible. Un passé qui peut être oublié, déformé, trahi ; un passé qui peut tout aussi bien annoncer le monde de demain. Chaque instant est crucial, rien n'est arrêté, pas même le passé.

Il faut bien resituer le contexte historique pour comprendre la rupture que traduit Mai 68, notamment en France.

La population adulte a connu deux guerres mondiales, la crise de 1929, le déclin démographique, l'occupation, la Libération, les guerres coloniales. Cette France a souffert et elle est attachée aux valeurs traditionnelles, elle est rurale, patriarcale, catholique. Elle a besoin d'ordre, d'autorité, de patrie. Le Général de Gaulle symbolise cette France profonde.

Or de nouvelles forces sociales apparaissent et qui se sentent bridées : les femmes qui veulent faire bouger le carcan patriarcal, les classes moyennes qui ne se reconnaissent pas totalement dans les revendications quantitatives ouvrières (salaires) et qui privilégient les réformes qualitatives (organisation du travail, délégation, temps de travail etc.) et enfin les jeunes.

En effet, une nouvelle génération apparaît. Celle du baby-boom de l'après-guerre. Elle a environ vingt ans, elle est nombreuse, différente et souvent elle fait peur. Elle s'inscrit en effet dans une nouvelle époque : création des Nations-Unis, construction de l'Europe, ouverture des marchés, indépendance des pays du Tiers-Monde, conquête spatiale. C'est aussi l'époque de l'américanisation du mode de vie, des débuts de la société de consommation, de la vie à crédit, de la publicité, de l'intrusion de l'anglais dans la vie courante, du rôle majeur du cinéma et de la musique, la musique de « Woodstock » « The summer of love ».

Cette génération est plus éduquée (l'objectif du baccalauréat remplace celui du certificat d'études primaires), elle apprend les langues étrangères, elle voyage, elle a l'esprit « Petite planète ». Elle est solidaire des jeunes américains contre la guerre du Viêtnam, des Tchécoslovaques du « printemps de Prague » et du « socialisme à visage humain » opposés au régime soviétique, des peuples du Tiers-Monde opprimés par le système économique mondial et par des régimes autoritaires.

Edgar Morin a été le premier à comprendre la mutation de cette jeunesse d'abord « yéyé » (émission « Salut les copains », fête de la Nation en 1963), qui dénonce la société de consommation, crée de nouveaux liens de solidarité (« nous sommes tous concernés ») et ouvre une « extase de l'histoire », les gens se parlent et ont envie de vivre ensemble (Mai 68 : « La Brèche », Fayard, 1968).

Cette solidarité internationale, notamment dans la jeunesse étudiante, est aussi vive à Paris, qu'à Prague, à Heidelberg ou Berkeley, c'est une époque d'internationalisme par la jeunesse. Sur ce terreau favorable, les idées de l'époque vont se diffuser à grande vitesse, de façon libre, quasi-anarchique, sans l'utilisation des vecteurs habituels : l'Etat, les partis et les médias.

Ainsi le mouvement est à la fois international et souterrain, les organes officiels ne l'ont pas vu venir. Pourtant les idées de Mai 68 ne naissent pas comme pâquerettes au printemps. Bien des penseurs ont analysé cette société et en ont décrit les contradictions. Les médias ne leur accordent que peu de crédit, ils ne sont pas connus du grand public. En revanche les jeunes et les étudiants entretiennent une sorte de contre-culture. Ils reprennent les réflexions de l'époque des Lumières et s'interrogent sur le sens de la société, la recherche du bonheur, les biens communs de l'humanité, un nouveau type de contrat social.

C'est tout un corpus de pensées qui va s'exprimer en Mai 1968 et que l'on peut synthétiser en cinq grands axes.

1- Condamnation du système soviétique, bureaucratique et autoritaire, qui a trahi le peuple. Cette critique ne procède plus d'un intellectuel isolé (comme Gide à son retour d'URSS) ou d'un journal, elle est radicale et massive. La jeunesse trotskyste comme la jeunesse libérale se retrouvent dans cette condamnation. C'est de là que vient le terme de « gauchiste » employé par les staliniens (selon Lénine, le gauchisme est la maladie infantile du communisme, la maladie de ceux qui demandent tout et tout de suite). Or cette pression de la jeunesse n'est pas négligeable. L'intervention des chars du Pacte de Varsovie à Budapest en 1956 avait laissé le monde sans voix. En 1968, même le PCF « réprouvera » l'entrée des chars à Prague. Un nouveau syndicalisme plus contestataire va apparaître (Solidarnosc en Pologne). La diffusion de la musique occidentale et l'organisation de Woodstock dans les pays de l'Europe de l'Est vont créer un foyer de contestation (groupes de rock, thèmes libertaires, manifestations, procès etc.) qui fissure les relations entre l'Etat et la jeunesse. Les populations s'enhardiront jusqu'à la chute du Mur de Berlin en 1989 et les régimes tomberont d'eux-mêmes, sans révolution, ni guerre.

2- Contestation de la société de consommation qui réduit l'être humain à sa fonction de producteur / consommateur. L'être humain perd sa richesse, sa diversité, sa créativité et son sens critique.

A cet égard, il faut rappeler le rôle majeur et original de « l'Ecole de Francfort ». Cette ville a toujours connu une tradition culturelle (la Foire du Livre remonte au Moyen-Âge) et libérale (communauté juive importante, esprit cosmopolite). En 1924 est inauguré l'Institut de recherches sociales qui deviendra un foyer de questionnement aussi bien sur les causes profondes du nazisme que sur les formes nouvelles du capitalisme. Théodor Adorno (« Minima Moralia ») se penchera sur les mécanismes d'aliénation dans les sociétés de consommation, Max Horkheimer (« La dialectique de la raison ») analysera la perte de sens critique chez le citoyen et sa transformation progressive en objet, Hartmut Rosa (« Aliénation et Accélération ») mettra en garde contre la pression du temps qui dépossède l'individu, Jürgen Habermas (« Raison et légitimité ») revendiquera un retour aux sources de la démocratie, au lien social par opposition au profit.

Enfin et surtout, Herbert Marcuse sera le trait d'union entre cette école et les universités californiennes. Dans son ouvrage de référence « L'homme unidimensionnel » (1964) il montre que dans le système capitaliste le marché n'est plus seulement un utile moyen d'échange mais qu'il devient envahissant, aliénant, globalisant. La culture dominante qui s'exprime par les médias, le cinéma, ainsi que la pression de la publicité, du crédit, finissent par « conditionner », par soumettre les individus. Les lois du marché s'imposent à tous les aspects de la vie humaine, même la création, la recherche, la culture, la vie affective. L'être humain est réduit à sa seule fonction économique (le système productiviste de l'Union soviétique aboutit d'ailleurs à un résultat comparable). N'échappent à ce conditionnement social que les individus qui restent en dehors du marché : les jeunes et les étudiants, les chômeurs, les immigrés...D'où la fameuse formule : « C'est seulement à cause de ceux qui sont sans espoir que l'espoir nous est donné ».

En France, Henri Lefebvre invente le terme de société de consommation pour désigner une société dans laquelle l'objet devient finalité. Guy Debord publie en 1967 « La société du spectacle » et Jean Baudrillard écrit en 1968 « Le système des objets » puis en 1970 « La société de consommation ».

La finalité d'une société est-elle de produire toujours plus, quitte à asservir l'être humain et à polluer la planète ? Comment transformer le processus de production (autogestion, expérience Lip) ? Comment fédérer et défendre les consommateurs ? Comment organiser des échanges équitables avec les pays du Tiers-Monde ?

3- Défense de l'environnement face à une croissance économique aveugle qui pille les ressources naturelles, détruit la biodiversité et pollue la planète. L'analyse critique de la société de consommation débouche sur cette prise conscience environnementale (qui n'appréhende pas encore le dérèglement climatique). De nombreux scientifiques ont décrit le pillage des ressources naturelles, notamment dans le Tiers-Monde, et la disparition des espèces : P.E. Victor, A. Bombard, J. Baudrillard, R. Dubos, H. Tazieff, J. Dorst « Avant que Nature meure » et R. Dumont qui se présentera symboliquement à l'élection présidentielle de 1974. C'est ce modèle de développement qui est en cause : il est tellement gaspilleur et pollueur qu'il n'est pas reproductible à l'ensemble de la planète (un milliard d'habitants riches, plus d'un milliard de pauvres, près d'un milliard d'habitants souffre de la faim).

Soit les pays pauvres le restent. S'ils se développent à la façon occidentale, la planète court à sa perte (pillage des ressources naturelles, pollution, déchets, destruction de la biodiversité…).

La prise de conscience est limitée à un petit nombre de personnes mais elle est internationale : création en France du Réseau des Amis de la Terre en 1968, la revue « la gueule ouverte », l'occupation du Larzac, le lancement du commerce équitable (Max Havelaar), première conférence des Nations Unies sur l'environnement en 1972, club de Rome 1972 « Halte à la croissance ! ».

4- Affirmation d'un nouvel internationalisme et de la convivialité. Il ne s'agit plus de l'internationale ouvrière considérée comme une forme de lutte, mais bien d'une réalité que décrit Mac Luhan dans « La galaxie Gutenberg » (1962), le village planétaire va bientôt être relié grâce à de nouveaux systèmes de communications. Ivan Illitch, de son côté, fédère des idées généreuses et chrétiennes autour de ce mot de convivialité. Le monde ne progresse pas par la sélection, la force, la guerre mais bien par la coopération, la solidarité, le métissage (Tribunal de Bertrand Russel contre les crimes de guerre au Viêtnam).

5- Aspiration au bonheur et nouveaux droits humains. W. Reich (« La révolution sexuelle ») a montré que la fonction sexuelle permet un épanouissement de l'individu, une libération sociale ; les pouvoirs autoritaires cherchent à étouffer la sexualité ; le système capitaliste opère un « retournement de sens », en transformant cette fonction sexuelle en biens de consommation (spectacles, publicités, incitations etc.) donc en frustrations. La pulsion consumériste ne serait-elle qu'une compensation à la misère sexuelle ?

Les femmes revendiquent l'égalité avec les hommes, au travail comme dans la sphère privée, elles exigent la mise en œuvre de la loi Neuwirth de 1967 (non appliquée du fait du blocage des forces religieuses), elles réclament le droit à l'avortement (loi Veil en 1975). Ces revendications essentielles reposent sur une transformation radicale de la société (études, temps de travail, salaires, pouvoirs, mentalités etc.) et c'est ainsi que va naître le Mouvement de Libération de la Femme (MLF).

Sans attendre que ces droits leur soient reconnus, les femmes entrent massivement dans le monde du travail. Le pourcentage de femmes ayant un emploi va passer de 40% en 1968 à 80% en 2005. Ce phénomène majeur et pionnier a été peu étudié et n'a guère été pris en compte par les pouvoirs publics, à l'exception de l'augmentation du nombre de crèches et de la semaine de 35 heures.

Les homosexuels revendiquent aussi une reconnaissance sociale et un respect des personnes (l'homophobie conduisait à de nombreuses agressions) et c'est ainsi que naît le FHAR (Front Homosexuel d'Action Révolutionnaire).

L'idée directrice de Mai 68 est de faire droit aux revendications des minorités. Une démocratie ne se fonde pas exclusivement sur la majorité, il convient d'accorder des libertés aux mouvements minoritaires (langues régionales, travailleurs immigrés, radio-libres, nouvelle presse indépendante type « Libération », « Actuel » ou « Hara Kiri » etc.). Naît aussi l'idée que la démocratie ne doit pas seulement être élective car souvent sujette au conditionnement de la culture dominante (« Election piège à cons… »), mais aussi participative. Le citoyen comme le travailleur doivent pouvoir intervenir dans le processus de décision, d'où les idées de décentralisation politique, d'autogestion et de participation dans l'entreprise (expérience Lip).

Mais pour changer la société, il faut commencer par changer l'Ecole. Il convient de passer d'un enseignement de répétition et de mémoire à un enseignement qui suscite la créativité et le sens critique (« Libres enfants de Summerhill »). En outre, l'Université était réservée aux enfants des classes bourgeoises ; la nouvelle génération de l'après-guerre a passé le bac en masse pour la première fois et l'arrivée des classes moyennes à l'Université provoque des bouleversements (socialement, c'est peut-être l'une des causes de Mai 68 en France). Il faut aller plus loin et permettre aux enfants d'ouvriers et de paysans (majorité de la population mais moins de 8% des étudiants…) d'accéder à l'Université[1]. Quelques réformes partielles seront prises : réforme E. Faure d'autonomie des Universités et création de Paris VIII. Vincennes.

Toutes ces idées constituent une sorte de nouveau Contrat social qui réformerait radicalement la société. Elles sont niées par les classes dominantes et les médias et elles explosent au grand jour avec la révolte de la jeunesse.

L'étincelle varie d'un pays à l'autre. Aux Etats-Unis c'est la lutte contre la guerre au Viêtnam, après les assassinats de Martin Luther King et de Che Guevara. En Allemagne, c'est la mise en cause de l'appareil nazi (groupes de presse Springer) et l'assassinat du jeune leader de gauche Rudi Dutschke (avril 1968). A Prague c'est l'arrestation de Dubcek et l'intervention des troupes soviétiques.

---

[1] Cf. « Les héritiers. Les étudiants et la culture », 1964, Pierre Bourdieu et J-C. Passeron.

En France, la jeunesse est déjà fébrile. Le régime du général de Gaulle est né dans la violence : prise du pouvoir en Mai 1958 sous la menace des parachutistes d'Alger, puis Accords d'Évian, mais fusillade de la rue d'Isly, barricades d'Alger (1960), putsch des généraux (1961), attentats de l'OAS, Petit-Clamart, exécution de Bastien Thierry, application de l'article 16 (pleins pouvoirs) et création de la Cour de Sureté de l'Etat. Cette période confuse et sanglante va laisser des traces et le régime conservera un caractère autoritaire et policier : contrôles des médias par la Sofirad, censures, activités brutales et parfois criminelles du Service d'Action Civique (SAC), opérations policières du Préfet de Police Maurice Papon (pendant 9 ans) qui déboucheront sur les dizaines d'Algériens jetés dans le Seine en octobre 1961 ou les huit morts du métro Charonne en février 1962 (M. Papon sera condamné ultérieurement pour sa collaboration avec les nazis mais il a été heureusement remplacé au poste de Préfet de Police, juste avant Mai 68, par M. Grimaud, homme ouvert et habile qui sut éviter un bain de sang).

En outre, la société française est archaïque à bien des égards : la place des femmes et des jeunes est minorée, les droits syndicaux sont souvent ignorés, l'enseignement est mandarinal, la censure est omniprésente etc.

L'image du Général de Gaulle est excellente dans les régimes autoritaires du Tiers-Monde (les chefs d'Etat africains reçoivent le Président français comme un père) et dans les pays communistes (le Général de Gaulle séjournera en Roumanie en Mai 68 et célébrera avec son homologue Ceauşescu la jeunesse roumaine laborieuse et docile). En revanche, cette image est beaucoup plus contrastée dans les pays démocratiques : les critiques systématiques de l'ONU (« le machin »), la politique dite de la chaise vide à Bruxelles, la sortie de l'OTAN, le refus de signer le traité de non-prolifération des armes nucléaires…suscitent des réserves.

Les jeunes qui voyagent et sont avides de liberté sont donc plus critiques à l'égard du régime que ne le sont les vieilles générations. Or des mouvements de contestation traversent la jeunesse étudiante. Le trotskysme repose sur l'image de Trotsky ce « héros communiste » qui a su promouvoir l'internationalisme par la théorie de la révolution permanente et combattre le capitalisme, l'armée nazie puis le stalinisme. Le situationnisme[1] cherche à réveiller une société endormie : « Vivre sans temps mort et jouir sans entrave ».

Un régime démocratique aurait permis un débat, une critique, une mise à l'épreuve de toutes les idées nouvelles portées par la jeunesse. La réponse ne

[1] « Traité du savoir vivre à l'usage des jeunes générations » Raoul Vaneigen. « De la misère en milieu étudiant ». Mustapha Khayati et Guy Debord.

fut que censure et répression. L'historien René Rémond a souvent fait le constat que la France était un pays profondément rural et conservateur, donc révolutionnaire.

A la suite de manifestations à Nanterre (Mouvement du 22 mars de D. Cohn-Bendit) et d'un sit-in pacifique dans la Cour de la Sorbonne pour la démocratisation de l'enseignement, la police occupe la Sorbonne le 3 Mai 1968 (jamais la police n'était entrée dans cette cité libre de la Sorbonne, depuis Richelieu) et emprisonne des dizaines d'étudiants. C'est l'étincelle dans le quartier Latin.

Le mouvement de Mai 1968 ne débouche pas sur une révolution, les étudiants auxquels vont se joindre les salariés dans la plus grande grève de l'histoire de France (10 millions de grévistes) ne veulent pas prendre le pouvoir. Une maison ne se construit pas par la toiture mais par les fondations. Il faut diffuser ces idées pour changer durablement la société.

En outre, ce mouvement est un maelstrom dans lequel se retrouvent une jeunesse en quête de bonheur voulant marier le moi et le nous à la façon de Rosa Luxembourg, des trotskystes qui veulent une alliance intellectuels-ouvriers pour transformer la condition des travailleurs, des maoïstes qui idéalisent le prolétariat et croient à la manière forte, des écologistes et des tiers-mondistes qui remettent en cause la société de consommation et les relations nord-sud, des anarchistes qui plaident pour un pouvoir fédéré et décentralisé à la façon de Proudhon, des féministes qui revendiquent l'égalité des droits, des libéraux qui veulent une société moins autoritaire, moins étatiste et plus ouverte et l'immense majorité à la recherche d'une société plus juste et plus participative.

Le questionnement est donc riche mais multiple et parfois contradictoire. Le général de Gaulle est trop attaché aux idées traditionnelles « une nation, un Etat fort, un chef » pour comprendre ces aspirations internationalistes, socialistes et écologiques. Après l'échec du referendum de 1969, il se rendra à Madrid le 9 juin 1970, pour féliciter le général Franco toujours au pouvoir… (Les médias préfèreront montrer les époux De Gaulle marchant dans la lande irlandaise… images belles, symboliques, et surtout moins embarrassantes). Entre le général de Gaulle et Mai 68, ce sont deux époques qui se télescopent. Toutefois, avec le recul la génération de Mai 68 reconnaîtra que De Gaulle agissait dans le sens de ce qu'il considérait être l'intérêt général, l'intérêt du pays et non l'intérêt des seuls puissants.

Ces événements de Mai 68 ressemblent à un brouillon de jeunesse, ils présentent une part de néoténie (caractère incertain, inachevé, contradictoire mais prometteur de la jeunesse), ils sont une « parenthèse enchantée » (F. Sagan), ils ne débouchent sur aucun résultat politique immédiat (sinon des avancées sociales, dans le cadre des accords Matignon, qui vont relancer la machine économique), mais ils posent les grandes questions de société (démocratie participative, écologie, libération des mœurs, droits des minorités etc.) qui sont toujours d'actualité.

Mai 68 est déjà une forme de mondialisation, non par le commerce et les marchandises, mais par les idées et les jeunes. On découvrira plus tard que ces nouvelles idées ont touché aussi les jeunes du Tiers-Monde comme les jeunes du bloc communiste.

Mai 68 se situe dans le parcours « dialectique » des Trente glorieuses. Cette période a donné satisfaction aux besoins des travailleurs, elle a diffusé la société de consommation. Il convient maintenant d'aller plus loin et d'envisager des réformes « qualitatives » pour élargir le pouvoir des salariés dans l'entreprise, étudier de nouveaux modes de production plus écologiques et de nouveaux modes de consommation plus durables, prévoir des rapports plus équitables avec le Tiers-Monde etc.

Trop, c'est trop. Les capitalistes ont fait des concessions depuis 1945 pour permettre la relance économique mais ils considèrent que les salaires prennent déjà trop d'importance par rapport aux dividendes. Il n'est donc pas question d'envisager de nouvelles réformes, aussi audacieuses.

*

La reprise en main idéologique et la chute de l'URSS.

Cette période post-68 est décisive pour le capitalisme car elle marque une reprise en main. Cela s'est fait de façon discrète et c'est avec le recul que l'on prend conscience de l'importance de ce virage.

Les Trente glorieuses se caractérisent par la reconstruction, la croissance économique et l'amélioration du niveau de vie des travailleurs mais elles ont aussi pour conséquence un alourdissement des charges sociales et une baisse des taux de profit au cours des années soixante.

Les puissances capitalistes occidentales voient leur part dans la production mondiale se réduire face aux pays collectivistes et aux pays du Tiers-Monde. En outre, les Etats-Unis se jugent menacés par la vive croissance du Japon et de l'Europe (la part du PNB américain dans l'économie capitaliste tombe de 70% en 1950 à 50% en 1970). Or le budget militaire américain s'alourdit, notamment avec la guerre du Viêtnam, la balance extérieure américaine se détériore et devient même négative en 1971 (pour la première fois depuis 1935).

La droite américaine, qui avait été discrète dans l'après-guerre, lance le « Movement Conservatism » (William F. Buckley « God and Man at Yale »), avec le soutien d'hommes politiques (Barry Goldwater), de fondations puissantes (American Enterprise Institute ou Heritage Foundation), le concours des médias, l'appui de vulgarisateurs et de théoriciens économiques.

Ce courant néo-conservateur conteste les théories keynésiennes (dites d'inspiration communiste), l'héritage étatique de Roosevelt, l'impôt progressif (Nixon taxait encore les riches américains d'un taux marginal sur le revenu de 91% et de 77% sur les successions...), le resserrement des salaires (les patrons des grandes firmes étaient payés 40 à 50 fois plus que leurs salariés les plus modestes, contre 300 à 500 fois aujourd'hui...). Enfin, sur le plan extérieur cette droite nationaliste veut laver les affronts que constituent le régime de Fidèle Castro à Cuba, la chute de Saïgon ou la prise des otages de Téhéran, elle veut réduire l'aide aux pays en voie de développement, contrer la concurrence du Japon et de l'Europe (par exemple en faisant augmenter le prix du pétrole) et surtout mener une confrontation militaire et économique avec le communisme.

Le moteur principal de ce courant repose sur l'argent qui entretient le lobbying. D'immenses collectes de fonds vont permettre de financer des campagnes de presse et des campagnes électorales (entre 1983 et 2005 le nombre de lobbyistes enregistrés à Washington passera de 6.000 à 33.000...). Lauren Maddox pourra déclarer que le « processus politique est une extension du champ de bataille du marché ».

Dans ce climat de revanche et de reprise en main un livre, quasi inconnu en France, va être presque aussi lu que la Bible aux Etats-Unis : « Atlas Shrugged » (La Révolte d'Atlas) d'Ayn Rand (1958). Cette auteure a fui l'Union soviétique, a travaillé comme assistante de Cecil B. De Mille et s'est fait connaître à l'époque du maccarthysme par ses diatribes contre les « rouges » : « la liberté d'expression ne nous oblige pas à fournir un couteau à l'assassin qui veut nous trancher la gorge ». Son roman porte sur l'alliance de deux entrepreneurs (un propriétaire d'une compagnie ferroviaire et un magnat de l'acier) qui mènent une lutte « héroïque » contre les « parasites » de l'Etat. Elle connaît un succès de librairie foudroyant qui ne se démentira pas au fil des ans, malgré le caractère schématique du roman. Elle exerce alors une influence sur l'ultra droite américaine, dont Alan Greenspan (FED), qui était un de ses admirateurs.

De même, la théorie néo-libérale va être vulgarisée par John Rawls qui publie en 1971 « A Theory of Justice », dans lequel il explique que l'enrichissement des plus riches est une bénédiction pour les pauvres car la richesse va « ruisseler » en cascade, du haut en bas de l'échelle sociale. Cette image du ruissellement, « trickle down », sera toujours reprise par les médias conservateurs pour justifier l'accroissement des inégalités.

Ce courant profond qui se développe aux Etats-Unis s'appuie sur la théorie du néo-libéralisme (ou monétarisme) de Friedrich Von Hayek (« La route de la servitude », 1944), Ludwig von Mises, Wilhelm Röpke, Jacques Rueff (qui sera le concepteur de la réforme économique de 1958-59 du général de Gaulle) et surtout Milton Friedman (Université de Chicago, « Capitalisme et Liberté », 1962), qui se retrouvent parfois dans la société du Mont-Pèlerin (en Suisse) à partir de 1947. Il s'agit de revenir aux sources du libéralisme, de remettre en cause le socialisme, l'Etat providence, le keynésianisme. Les crises et les désordres économiques ne résultent pas d'une insuffisance des marchés ou de déséquilibres macro-économiques, ils sont d'ordre monétaire, c'est l'inflation qu'il faut combattre en priorité. Pour cela il convient de réduire le rôle de l'Etat à ses fonctions régaliennes (armée, police, justice, administration etc.), privatiser les services publics et les banques, supprimer les transferts sociaux, et surtout laisser les marchés, sans arbitrage ni régulation.

En outre, ils remettent à l'honneur une théorie chère à J.B. Say : l'économie de l'offre. Dans la théorie classique des marchés, c'est la demande des consommateurs qui conduit les entreprises à investir, à produire, à commercialiser une offre de biens qui corresponde à cette demande. Dorénavant, c'est l'entreprise qui doit être privilégiée pour déterminer la politique d'investissement, la conquête des marchés, la publicité, etc. La priorité c'est le profit de l'entreprise, donc le dividende versé à l'actionnaire, et non plus le consommateur ou le salarié. D'ailleurs la courbe de Phillips révèle opportunément que si le chômage baisse, les salaires montent et la rentabilité des entreprises se réduit. Il faut donc privilégier un « chômage naturel » (Friedman), dans le même esprit Valéry Giscard d'Estaing évoquera l'intérêt d'un « volant de main d'œuvre ». En 1976 Milton Friedman reçoit le Prix Nobel d'Economie.

Cette pensée néo-libérale développée par la droite conservatrice américaine, financée par de puissants lobbies, relayée par une majorité de médias va progressivement s'imposer.

Dès avril 1971 les Etats-Unis suspendent la convertibilité du dollar, dévaluent leur monnaie (1971 et 1973) et relancent la compétition commerciale. De leur côté, les pays de l'OPEP (Organisation créée en 1960) relèvent brutalement les prix du pétrole en 1973 puis en 1979 et déstabilisent principalement le Japon et les pays européens.

Mais c'est au Chili que les théories néo-libérales vont trouver un terrain d'expérimentation et d'application à partir de 1973. Il s'agit d'utiliser tous les moyens pour démontrer l'efficacité du capitalisme « pur » par rapport à des expériences socialistes. Le président élu démocratiquement, Salvador Allende, avait tenté de mettre en œuvre une politique de type « front populaire » originale par rapport aux dictatures brésilienne ou argentine de l'époque ou par rapport au régime communiste de Cuba, mais il s'était rapidement heurté aux puissances locales et étrangères (entreprises du cuivre, presse, ITT etc.), à des grèves des transporteurs et à une paralysie économique. Il est renversé par un putsch le 11 septembre 1973 et le général Augusto Pinochet prend par la force le palais de la Moneda où Salvador Allende est retrouvé mort. Le général Pinochet va immédiatement mettre en place une dictature militaire et va organiser une impitoyable chasse aux forces de gauche (syndicalistes, journalistes, intellectuels, hommes politiques etc.) en les regroupant dans des stades, en les torturant ou les exécutant.

Très rapidement le FMI, la Banque Mondiale , les grandes entreprises internationales et des experts américains (les « Chicago Boys », émules de Friedman) viennent au Chili pour restaurer l'économie capitaliste et tenter une expérience radicale de néo-libéralisme avec un Etat autoritaire et fort sur le plan militaire et policier mais ne jouant aucun rôle économique : privatisations massives des entreprises publiques, suppression des organes de contrôle et de régulation des marchés, liberté totale offerte aux entreprises locales et étrangères, réduction drastique des droits des travailleurs et des droits syndicaux. Les investissements massifs mis en œuvre par les organismes multinationaux, les entreprises étrangères et les capitalistes nationaux permettent une relance rapide de l'économie et l'exemple chilien devient le modèle des néo-libéraux face au communisme ou à la social-démocratie. Friedrich Von Hayek pouvait affirmer qu'il préférait « la dictature libérale du Chili à un gouvernement démocratique dont le libéralisme économique serait absent… ».

Cette nouvelle doctrine laissant toute liberté aux entreprises, au nom de la politique de « l'offre », favorisant les actionnaires au détriment des salariés et plaçant enfin la lutte contre l'inflation au cœur des dispositifs monétaires, est reprise par **Margaret Thatcher (mai 1979) et Ronald Reagan (janvier 1981).** A la tête de la Fed (Réserve fédérale américaine) Paul Volcker procède à une augmentation spectaculaire des taux d'intérêt à court terme (20% en juin 1981).

Désormais, le possesseur d'actifs financiers ne risque plus de voir la rentabilité de son capital réduite par l'inflation, il est au cœur du système. Le secteur financier représentait 10% des profits américains en 1980, mais 40% en 2007. L'objectif n'est plus d'investir, de créer de la valeur et de distribuer du pouvoir d'achat. **Le nouvel impératif est la rentabilité à court terme du capital.** La réforme des systèmes de pension (destruction ou réduction des retraites publiques au profit des retraites privées dont le capital disponible est placé dans des fonds de pension) va accroitre cette pression. Les détenteurs de capital, les assureurs, les fonds de pension vont exiger des rentabilités de placements financiers de plus en plus élevés. Très vite une norme de 15% de rendement par an s'instaure. Rares sont les secteurs d'activité qui peuvent offrir de tels dividendes. Les entreprises vont donc être amenées à tailler dans le vif, à réduire les frais généraux, les investissements, la part des salaires, pour améliorer leur rentabilité immédiate, quitte à sacrifier le long terme (recherche, développement, savoir-faire des travailleurs licenciés etc.). Cela va conduire à une politique de délocalisation qui se justifie par les mêmes considérations de rentabilité à court terme.

En outre, le rapport de force se modifie au sein de l'entreprise. Les salariés qui jouaient un rôle de contrôle dans les comités d'entreprises, comme les cadres dirigeants et supérieurs qui élaboraient des stratégies de développement à long terme, perdent le pouvoir au profit des assemblées d'actionnaires qui exigent des dividendes immédiats et dictent des politiques, quitte à transférer leurs actions d'une société à une autre en fonction des opportunités. La conséquence de cette politique de l'offre est que la demande faiblit car le salaire réel stagne ; pour relancer la demande, la solution est l'endettement des ménages et les banques prennent de plus en plus de risque pour ouvrir des crédits à des clients de moins en moins solvables.

Enfin, le dernier bouleversement de cette politique actionnariale est que la demande n'est plus le moteur de l'économie, le client n'est plus roi… L'objectif de rentabilité se fait au détriment des services rendus au client : contrats léonins dans des secteurs dits modernes (Internet, téléphonie etc.), réduction du personnel commercial, hot lines inaccessibles, services après-vente inefficaces, attentes dans les magasins, absence de stocks disponibles, baisses fictives des prix car compensées par des durées de vie réduite des nouveaux produits notamment « blancs » et « bruns » (obsolescence programmée, qualité en baisse etc.).

Sur le plan international, les Etats-Unis de R. Reagan accroissent de façon spectaculaire les dépenses militaires (de 134 milliards de dollars en 1980 à 227 en 1984) pour contraindre l'Union soviétique à une course de vitesse

(« La guerre des étoiles »). Mais le déficit du budget fédéral se creuse, le besoin d'emprunt conduit à relever les taux d'intérêt nominaux ce qui valorise le dollar.

La politique de Reagan aura pour conséquence de freiner la croissance, déséquilibrer les finances publiques, accroître la dette et aggraver le déficit de la balance des paiements. En outre, le renchérissement du dollar va gravement peser sur la dette des pays du Tiers-Monde.

Trois économistes américains de renom, John Kenneth Galbraith (fils du célèbre économiste), Paul Krugman (« The Conscience of a Liberal », « Pourquoi les crises reviennent toujours », 2007) et Robert Reich (« Supercapitalism », 2007) ont analysé avec perspicacité cette reprise en main idéologique des années 70/80.

La période du New Deal et de l'après-guerre s'est traduite par un « capitalisme démocratique » dans lequel l'Etat a empêché la formation des monopoles et la concurrence déloyale, a mis en œuvre une fiscalité élevée sur les hauts revenus et permis une augmentation significative des revenus réels des ménages.

Dans cette nouvelle ère, entre 1974 et 2007, les salaires réels des travailleurs stagnent, alors que le PNB est multiplié par 3, le Dow Jones par 13. Comment expliquer une telle distorsion entre ces deux époques ?

Le « capitalisme démocratique » cède la place à un « supercapitalisme » aux mains des actionnaires : déréglementation, concentration des oligopoles, contrôle de la planète grâce aux nouvelles technologies (défense, électronique, télécommunications, transports et containers etc…).

Les économistes révèlent l'échec de cette politique néo-libérale : les déficits et les dégâts de la politique de R. Reagan, les mensonges de la propagande (alors que les ultra-libéraux se flattaient des inégalités sociales qui permettaient le fameux « ruissellement », dans la réalité les inégalités se creusent et la classe des plus riches se coupe du pays réel), les dangers pour la démocratie (ce n'est plus le consommateur qui demande un produit, c'est l'entrepreneur qui décide pour lui ; ce n'est plus le citoyen qui choisit les orientations politiques ce sont des lobbies qui orientent les choix etc.).

Enfin, ces économistes (notamment Krugman) craignent que ce système ultra-libéral conduise à des distorsions sociales proches de celles de l'avant-1929, avec en haut de l'échelle sociale des fortunés qui spéculent en bourse et en bas des travailleurs précarisés, insolvables qui constituent un risque majeur pour les banques. La relance ne se fera plus sur une base saine, mais sur un endettement excessif.

Krugman affirme « cette économie de l'offre est un corpus d'idées creuses, une doctrine fanatique » et Galbraith ajoute « toujours et partout le monétarisme conduit à la crise financière ».

Les crises ponctuelles se multiplient d'ailleurs : Amérique latine, dragons d'Asie, Russie, crise immobilière des années 1990, bulle Internet 2001… jusqu'à la crise des subprimes de 2007. Les événements donneront donc raison à ces économistes de l'apocalypse mais ils ne peuvent pas être entendus, alors que la pensée dominante ultra-libérale s'impose partout et proclame même sa victoire sur l'URSS…

L'effondrement du système soviétique dans ces années 80 et 90 traduit l'échec de l'étatisme. L'URSS n'a pas été en mesure de suivre le rythme de la course aux armements lancée par Reagan et n'a pas été capable de répondre aux besoins croissants de la population. Les réformes de M. Gorbatchev, « Glasnost » et « Perestroïka », sont fondées dans leur principe mais elles ne sont pas assez concrètes, organisées et elles viennent probablement trop tard.

Toute politique économique fondée sur le rôle de l'Etat est dorénavant bannie des grands pays occidentaux, comme des grandes institutions. En outre, le « modèle soviétique » ayant disparu le système capitaliste n'a plus de concurrent et peut jouer un rôle « monopolistique »… Les grands pays émergents, Chine (réformes de Deng Xiaoping), Inde, Asie du Sud-Est, Brésil, Turquie se rallient, peu ou prou, à la doctrine dominante.

Quant aux pays en voie de développement ils sont soumis à des « programmes d'ajustement structurels », sous l'égide du FMI et de la BIRD, qui visent à réduire le coût de l'Etat, les dépenses sociales, la santé, l'éducation, à stimuler les exportations de matières premières et les cultures de rente (parfois au détriment des cultures vivrières). Ces pays ne parviennent pas à équilibrer leurs balances des paiements (notamment du fait de la stagnation des cours des produits primaires) et sont bloqués par leurs dettes. Le plan Baker (1985) et les rééchelonnements de dettes visent à sauver de la banqueroute ces pays et… les banques occidentales parfois responsables de projets discutables. L'argent public vient au secours des dettes privées.

La fin du XXe siècle est marquée par le triomphe du capitalisme, d'un capitalisme néo-libéral qui peut revêtir des formes variées mais qui devient mondial et global. La chute du système soviétique conduit l'économiste F. Fukuyama à annoncer pendant l'été 1989 « la fin de l'Histoire ». Le monde s'est unifié grâce à l'économie de marché. Plus rien d'important ne peut arriver.

Certes, la mondialisation est en train de se faire par le capital et non par les peuples. Les contractions du système ont été mises en évidence en 1968, des économistes pertinents ont annoncé la probabilité d'une crise grave et globale. Ils ne sont pas entendus car le capitalisme, par nature, est considéré comme efficace, d'autant plus qu'il devient mondial.

*

La Mondialisation.

Nous avons constaté que le capitalisme avait toujours dû composer pour survivre aussi bien à la fin du XIXe siècle qu'après la crise de 1929.

La révolte de Mai 68 pouvait laisser espérer une mondialisation des idées, une nouvelle société. Devant un tel risque, les forces conservatrices et capitalistes reprennent la main et le pouvoir, imposent leur doctrine et conduisent une lutte technologique et militaire face à l'URSS. La disparition de l'Union soviétique leur laisse les mains libres.

Nous entrons dans une nouvelle ère. Le capitalisme n'a plus besoin de compromis, de réformes sociales. C'est un capitalisme dominant qui revient à ses sources : primauté du capital et des actionnaires, travailleurs placés en compétition les uns contre les autres, réduction du rôle de l'Etat en tant que redistributeur de ressources et régulateur des marchés.

C'est la victoire de « Tina », aussi bien dans les organisations internationales, les gouvernements, les instituts de recherche ou les universités. Il n'est plus question d'analyser ou de critiquer, il suffit d'améliorer l'efficience du système, de modéliser les perspectives des valeurs financières.

Ce néo-capitalisme est certes mondialisé et technologique, pourtant il s'inspire directement de son modèle du XIXe siècle.

Un grand financier américain, qui a toujours su faire preuve de perspicacité, Warren Buffet, peut ainsi s'exclamer : « Oui la lutte des classes existe bien, mais aujourd'hui aux Etats-Unis ces sont les riches qui la mènent et ils la gagnent ! ».

Mondialisation ou Globalisation ?

Ces termes s'imposent dans les années 1990. A vrai dire, l'origine de la mondialisation remonte à la nuit des temps : mouvements de populations, peuples navigateurs, empires antiques, grandes découvertes, courants d'échange de la soie, des épices, de l'or, de l'étain et même des esclaves, colonisations, internationales ouvrières, guerres mondiales, SDN et ONU…

Il s'agit d'abord d'une unification économique et géographique. Les pays du Tiers-Monde ont progressivement renoncé à leur non-alignement proclamé à Bandung et se sont ralliés à l'économie de marché. Puis l'URSS, à la suite des réformes de Gorbatchev, a remis en cause son propre système économique et a laissé les anciennes « démocraties populaires » libres de choisir leur système économique et même de rejoindre l'U.E. La Chine, à son tour, a procédé à des réformes de libéralisation économique mais sous l'égide du PCC et d'un Etat fort. La puissance chinoise était mal connue de l'Europe mais elle n'est pas nouvelle, elle a probablement été la première puissance économique mondiale jusqu'au XVIIIe siècle[1].

Les formes du capitalisme sont très variées entre le modèle ultra libéral occidental des administrations Reagan, Thatcher ou G.W. Bush, le modèle social-démocrate de l'Europe du nord, l'affairisme de la Russie, le capitalisme d'Etat de la Chine, les dictatures de certains pays en voie de développement mais aussi les régimes progressistes, le capitalisme de rente des pays pétroliers ou miniers. Un marché unique s'instaure progressivement sur la base des « coûts comparatifs ». Chaque pays a tendance à se spécialiser dans certains secteurs, simples niches où il dégage la meilleure rentabilité pour le capital investi.

Le marché mondial est tenu par des géants qui dominent un secteur, qui définissent les stratégies, la planification, la recherche, les types de produits, le marketing et qui choisissent les lieux de production et les entreprises sous-traitantes.

C'est ainsi que le premier vendeur mondial d'ordinateurs (DELL) ne fabrique pas d'ordinateur ou que le premier vendeur de chaussures (Nike) ne fabrique pas de chaussure…

Rappelons, à titre de comparaison qu'en 1955 General Motors employait 500.000 salariés aux Etats-Unis et 80.000 à l'étranger. Aujourd'hui Apple fait travailler 4.000 personnes aux Etats-Unis contre 700.000 chez ses fournisseurs asiatiques.

---

[1] Voir les études de Braudel et Giovanni Arrighi « Adam Smith à Pékin ».

Tout cela est bien sûr mouvant et dépend des stratégies des oligopoles.

Cette mondialisation géographique est aussi une globalisation, c'est la marchandisation du monde. Le marché originel, limité à la sphère des biens et des services « marchands », s'étend progressivement à tous les aspects de la vie humaine, à tous les biens communs. Tout est argent et profit. L'économie dévore la société.

L'eau est de plus en plus chère souvent de façon abusive, notamment dans les pays pauvres. L'air pur, comme le silence deviennent des biens rares donc valorisés et coûteux (notamment dans les villes).

Les beautés de la nature sont de plus en plus confisquées sous forme de plages privées, de parcs payants etc.

Certains pays pauvres sont conduits à céder d'immenses domaines fonciers à des Etats ou à des entrepreneurs étrangers qui se chargent de les exploiter, sans contrôle.

La santé est souvent éclatée entre une médecine de base débordée (urgences, hôpitaux, spécialistes) et une médecine privée très onéreuse. Aux Etats-Unis des droits d'accès prioritaires à la médecine sont vendus (environ 15.000 USD) comme des sortes de « coupe-file ». Partout les soins esthétiques sont affaire de produits de luxe et de cliniques spécialisées. A l'inverse, certaines catégories sociales sont exclues du système de santé (étudiants, pauvres, vieux etc.) notamment dans les pays dits « libéraux ». Les plus pauvres sont conduits à vendre un rein, louer leur ventre.

Les équipes sportives ne représentent plus une région, une ville, elles sont « sponsorisées », parfois cotées en bourse et les joueurs vedettes jouissent à la fois de rémunérations et de cachets publicitaires indécents.

Le monde de l'art est entre les mains de groupes qui cherchent à réaliser des bénéfices sur un marché. L'artiste est de plus en plus asservi ou isolé. Des foires internationales d'art contemporain (Art Basel, Frieze London art Fair) ont ainsi essaimé des filiales dans le monde entier et sont devenues des « majors » qui dominent les marchés, créent des tendances, fixent les valeurs. Il en est de même pour les grandes salles de vente (Sotheby's et Christie's). L'art est devenu un marché, dominé par des puissances financières, soumis à des « marques », animé par la rentabilité et qui tend à s'uniformiser (cf. Le Monde, Philippe Dagen, 19/05/14). Même l'humour, naguère corrosif, contestataire, devient plus encadré, voire répétitif (rires enregistrés…) pour devenir un simple spectacle commercial.

C'est l'audimat qui détermine les programmes de télévision et les productions à venir. Les spectacles les plus triviaux (téléréalité etc.) l'emportent sur les créations. Les medias importants (télévisions, radios, journaux, presse gratuite etc.) appartiennent de plus en plus à de puissants groupes industriels ou financiers qui peuvent diffuser à loisir l'idéologie dominante et créer l'événement en fonction de leurs intérêts. Le journalisme indépendant et d'investigation cède la place à une industrie, comme les autres.

L'enseignement qui s'était un peu démocratisé pendant la période des Trente glorieuses (bourses, réformes éducatives, etc.) redevient inégalitaire : importance des cours payants de soutien, des formations spécifiques, des écoles privées. Les frais d'inscription à certaines universités ou écoles obligent les étudiants à s'endetter lourdement (ce problème atteint une réelle gravité aux Etats-Unis). Les organismes publics de recherche voient leurs crédits stagner et sont parfois contournés par des officines, des laboratoires privés qui ont pour mission de justifier les pratiques douteuses de certains grands groupes (santé, qualité de l'air, de l'eau, alimentation, alcool, tabac, réchauffement climatique etc.). Le lobbying a plus de poids que la recherche fondamentale.

La publicité est d'abord un outil de soumission et d'endoctrinement du consommateur. Elle est de plus en plus envahissante. Ce sont des multitudes de panneaux gigantesques qui défigurent les entrées des villes. Ce sont des tonnes de papier qui encombrent nos boîtes aux lettres. Ce sont des pubs télévisées qui prennent de plus en plus de place. Ce sont des mails insidieux qui reviennent sans cesse. Ce sont des appels téléphoniques qui nous importunent et nous poursuivent etc. Le coût humain est élevé, car il s'agit de plus en plus souvent d'un gâchis, d'une pollution. Le coût financier est considérable (parfois de l'ordre de 20% du prix des produits) et est à la charge des consommateurs.

De nouvelles technologies ont été mises au point pour conditionner le consommateur : profilage, discrimination financière, radio-identification, marketing biométrique, neuromarketing, bases de données des réseaux sociaux d'Internet transmises aux grands groupes commerciaux etc.[1] Aujourd'hui les enfants sont exposés à 200/300 publicités par jour (« marketing furtif »). Aux heures d'écoute des enfants les aliments sucrés, salés ou trop caloriques ont une surreprésentation.

En outre, cette propagande commerciale permet aux grandes entreprises d'occuper le terrain et d'empêcher les petites entreprises innovantes de se faire connaître, de percer. Certes, la publicité est parfois drôle et inventive

---

[1] Cf. « The Net Delusion », Public Affairs, 2012, Evgeny Morozov, chercheur à Harvard.

mais la créativité peut être mise au service d'actions plus nobles que la domination du consommateur.

La vie politique est soumise à la question essentielle des ressources financières (campagnes, meetings, moyens de propagande, personnels, locaux etc.) et les donateurs (notamment les grandes entreprises) jouent un rôle essentiel. L'écrivain américain, Russel Banks, rappelle que la vie politique américaine est devenue une course financière : pour concourir à la présidence il faut récolter plus d'un milliard de dollars de fonds de campagne, plus de cent millions de dollars pour un siège de sénateur ou de gouverneur. Qui peut lever de telles sommes sinon de riches institutions et entreprises ?

Quant à la campagne électorale, elle se réduit de plus en plus à un spectacle, avec l'organisation de grandes fêtes, la présentation du candidat et de sa famille, une apparence physique et quelques bons mots. Les électeurs ont tendance à élire leurs représentants comme s'ils élisaient des vedettes de télévision. La politique devient un spectacle, financé par le marché.

Enfin, de nombreuses enquêtes sociologiques révèlent que l'argent prend de plus en plus d'importance dans la vie familiale : hiérarchie des revenus au sein d'un couple, disputes sur le contrôle des dépenses, négociations avec les enfants, enjeux financiers des divorces, rivalités matérielles entre familles.

Bien des travailleurs (notamment les cadres, les professions indépendantes, les agriculteurs) sont conduits à consommer des médicaments, voire des drogues, pour résister aux pressions de la rentabilité à outrance, avec des conséquences catastrophiques pour la vie familiale.

Le corps humain se vend de plus en plus. La prostitution s'est hiérarchisée avec l'antique prostitution de rue, les propositions sur Internet et les offres de haut de gamme par des cabinets spécialisés, auxquels il faut ajouter le tourisme sexuel dans les pays pauvres et l'esclavage sexuel à domicile.

L'invasion du marché dans toutes les sphères de la vie humaine concerne particulièrement les femmes[1]. Céline Lafontaine, sociologue à l'université de Montréal, dénonce les dérives de la « bio économie » : corps féminin, sang, tissus, ovules, cellules (médecine régénératrice utilisant les cellules de fœtus avortés, de placenta, du cordon ombilical, du sang menstruel, trafic d'organes, cliniques de fertilité en Inde ou en Thaïlande exploitant des mères porteuses à bas prix etc.).

---

[1] Cf. « Le Corps-marché », Seuil, 2014, Céline Lafontaine.
Cf. « L'économie pour toutes », Jézabel Couppey-Soubeyran et Marianne Rubinstein », La Découverte, 2014.

Même la pollution de la planète par le carbone fait l'objet d'un marché.

Certes, tout n'est pas nouveau. Mais l'essence même de la globalisation est que la sphère marchande, payante, s'élargit sans cesse. L'individu doit vivre un porte-monnaie à la main. Il existe de moins en moins de biens communs, de terres libres, d'activités gratuites. Celui qui n'a pas assez de ressources est exclu, refoulé, il peut même mourir sur la chaussée. L'égalité entre les citoyens est purement juridique. Dans les faits, chaque être humain représente une valeur, un prix (calculé en fonction de sa famille, son éducation, son travail, son salaire, sa retraite, sa mutuelle, son système de santé, ses assurances etc.). L'être humain aussi devient une marchandise.

Vous avez dit « oligarchie » ?

Evidemment, la grande question est de savoir pourquoi la mondialisation s'accomplit aujourd'hui sous cette forme marchande et qui la dirige ?

La mondialisation ne résulte pas vraiment des mouvements internationalistes nés au XIXe siècle (Internationales ouvrières, anarchie apatride, langues internationales telles que l'Esperanto etc.)… pas plus que des créations institutionnelles nées après la Première Guerre mondiale (SDN, puis ONU, FMI, BIRD, OMC etc). Les mouvements populaires sont morts avec les guerres. Les institutions internationales constituent une esquisse de gouvernance mondiale, encore partielle et limitée.

Cette mondialisation économique ne procède pas de la volonté des peuples et des Etats, elle n'a été ni débattue, ni définie.

Elle résulte du processus capitaliste d'élargir sans cesse les marchés, pour accroître les profits. Elle s'impose de façon brutale et « unidimensionnelle » : c'est la mondialisation des marchés et de l'argent. Elle est décidée et dirigée par de grands groupes internationaux qui « font » les marchés[1].

Cette mondialisation porte sur les capitaux, les biens et les services mais ignore les êtres humains. Il est pourtant évident que les mouvements de capitaux et de marchandises entraîneront des mouvements de population : d'abord les experts, les commerciaux, les ingénieurs puis les travailleurs « compétitifs », sans oublier les exilés politiques, climatiques etc. En outre, cette mondialisation matérielle, imposée, parfois brutale va provoquer des désordres sociaux, des désarrois, des replis identitaires, notamment dans les populations fragilisées. Cela révèle qu'une vision purement mercantile ne permet pas de faire face aux questions globales d'une société.

[1] En 2002 Jean Baudrillard intitulait un article « La violence de la mondialisation ».

Par ailleurs, ces grands groupes capitalistes qui ont une dimension internationale ne sont pas véritablement contrôlés. A l'échelle mondiale il n'existe pas de véritable gouvernance et le pouvoir des Etats nationaux est par définition local. Ainsi ces groupes sont libres d'opérer à leur guise, en se jouant des frontières.

Ces multinationales ont d'abord été les bras armés des grands pays occidentaux dans la conquête des marchés, mais progressivement elles se sont diversifiées (coréennes, chinoises, indiennes, brésiliennes etc.) et sont devenues de véritables puissances, indépendantes des Etats.

En l'an 2000 sur les 100 premières « puissances économiques mondiales » 55 étaient des entreprises (et non des Etats) selon la CNUCED. Le chiffre d'affaires total des 500 plus grandes entreprises mondiales, selon Fortune, représente plus de 45% du PNB mondial. Ce sont elles qui décident des investissements, des secteurs prioritaires, des pays d'avenir, des produits de demain, des modes de vie, des mouvements de capitaux, des orientations sur les marchés, ce sont elles qui financent le lobbying, influencent les pouvoirs publiques, suggèrent les textes de lois.

Elles exploitent la faiblesse des Etats pour échapper aux règles sociales et environnementales ou aux impôts (2,5 à 5% de taux effectif d'imposition selon les spécialistes). Elles utilisent leur comptabilité pour déplacer les profits dans les pays amis ou dans les paradis fiscaux (les îles Vierges dans les Caraïbes sont le deuxième investisseur en Chine). Elles exercent un rôle majeur grâce aux lobbies : tabac et cigarettes, sucre, médicaments, OGM, réchauffement climatique etc. Enfin elles dominent les industries de l'information et du numérique (Google, Amazon, Apple, Facebook) et ce flot d'informations sur les consommateurs est ensuite traité et exploité à des fins publicitaires. 40 à 50% des données diffusées par les internautes sont utilisées à cette fin. Le « retargeting » consiste à proposer le bon message publicitaire, à la bonne personne, au bon moment. Les « cookies » sont de petits logiciels qui permettent de suivre le consommateur sur la toile. Les algorithmes des mathématiciens ne sont plus seulement utilisés sur les marchés financiers mais aussi dans la publicité.

Ces multinationales se situent dans les secteurs phares de l'économie (informatique, banque, finances, médias, recherches). Leur capitalisation boursière leur permet de jouer un rôle essentiel dans les opérations de fusions-acquisitions qui dessinent les futurs théâtres d'opération. Enfin elles sont très liées aux cabinets d'audit internationaux (Deloitte Touche Tohmatsu, Ernst and Young, KPMG et Price Waterhouse Coopers) qui évaluent la situation des entreprises et préconisent les nouvelles règles comptables, ainsi qu'aux agences de notation (Standard and Poors, Moody's,

Fitch) qui mesurent les risques (risque pays, risque systémique, risque sectoriel, risque entreprise etc.). Les nouvelles normes comptables internationales (International Financial Reporting Standards, IRRS) ont été élaborées dans les années 1990 par un organisme privé (International Accounting Standards Board, IASB) dominé par les cabinets d'audits américains et certaines de ces méthodes de valorisation ont précipité la crise de 2008, faute de recul et de diversité[1].

Il est incontestable que ces transnationales investissent dans des secteurs novateurs, créent de la richesse, stimulent de nouvelles régions du globe. Mais le vrai problème est que les grandes décisions qui commandent l'avenir de la planète (alimentation des populations, besoins en eau, recherches médicales, énergies, nouvelles technologies, développement durable, conditions de travail, mouvements financiers etc.) ne sont pas prises au nom de la population mondiale mais au profit de ces groupes et de leurs actionnaires, parfois sur des intérêts à court terme qui peuvent même être nuisibles pour l'avenir de la planète.

Cette concentration de pouvoirs économiques a été étudiée par trois chercheurs de l'Institut de technologie de Zurich (Stefania Vitali, James B. Glattfelder et Stafano Battiston). Ils ont recensé la répartition des actions et des pouvoirs de 43.000 entreprises multinationales et ont élaboré une cartographie des réseaux. Ils sont parvenus à la conclusion que 40% du contrôle de toutes ces firmes étaient détenu par 147 firmes, dont les trois quarts appartiennent au secteur financier. Les études de ce type sont rares et elles montrent que la concentration se renforce au fil des ans, que la finance en est le cœur et qu'enfin le risque « systémique » s'accroît (c'est tout le système qui gagne ou qui s'effondre).

Depuis plus de vingt ans, la sociologue de l'université de Columbia, Saskia Sassen, analyse ce capitalisme mondialisé. Elle constate que la logique distributive et inclusive qui prédominait à l'époque des « Trente glorieuses » a laissé la place à une logique destructive. Le capitalisme, obsédé par les rendements financiers, détruit, expulse tout ce qui ne répond pas à cet objectif : chômeurs rayés des listes, travailleurs pauvres sans protection sociale, ménages expulsés de leur demeure après la crise des subprimes, classes moyennes chassées des centres-villes, population carcérale en explosion (600% au cours des 40 dernières années), paysans africains chassés de leur terre par des sociétés étrangères, mais aussi destruction de la biosphère.

Cette fuite en avant vers le désastre n'est pas perçue par une caste de super-riches qui vit dans un monde parallèle. Le système est organisé, dirigé par un

[1] Cf. les critiques de Jérôme Haas sur ces normes comptables.

ensemble de « formations prédatrices » : un ensemble hétéroclite et dispersé de dirigeants de grandes entreprises, de banquiers, de juristes, de comptables, de mathématiciens, qui s'appuient sur des machines surpuissantes et des réseaux technologiques. Cet enchevêtrement d'individus puissants, d'institutions, de réseaux, de machines est difficilement identifiable. Plus personne ne maitrise ce processus de destruction[1].

Mais alors que les organisations internationales et surtout les Etats sont identifiés, que leurs dirigeants sont connus et que leurs responsabilités peuvent être établies, le pouvoir de ces multinationales est plus opaque, plus diffus. Elles peuvent polluer une région, anéantir une culture ancienne, elles peuvent privilégier les investissements dans un pays corrompu qui ne respecte pas les préoccupations environnementales ou sociales au détriment d'un pays responsable, elles peuvent délocaliser brutalement une industrie et exploiter des paysans ou des enfants dans un pays lointain, leur responsabilité est rarement établie et souvent trop tard.

Des liens étroits unissent ces trois sphères, organisations internationales, grands Etats, firmes multinationales : même idéologie, même type de personnel dirigeant, mêmes milieux sociaux, mêmes formations, mêmes carrières, mêmes grands conseils d'administration, mêmes « clubs » (Forum de Davos, Club Bilderberg etc.).

Le rôle croissant du lobbying dans l'élaboration des textes réglementaires accroît l'entregent entre ces milieux (cf. la propriété intellectuelle qui protège particulièrement les grands groupes, le protocole de Kyoto partiellement inappliqué, les limites à la loi Reach pour ne pas trop nuire à certains intérêts industriels, ou encore le programme de déréglementation généralisée élaboré à Davos « Global Redesign Initiative »).

Bien des sociologues ou économistes ont décrit cette propension à l'endogamie sociale[2].

Le chercheur canadien, Robert Cox, considère que la mondialisation résulte d'une « nébuleuse », une classe transnationale dirigeante qui impose ses choix économiques et son idéologie aussi bien dans les institutions publiques que dans les entreprises privées.

Le philosophe américain, Michael Sandel, pourtant considéré comme conservateur et favorable au capitalisme, analyse les étapes de la

---

[1] Cf. « Expulsions », Saskia Sassen, Harvard University, 2014.
[2] Cf. notamment Gary Becker, Prix Nobel 1992.

marchandisation de la société et le rôle corrupteur de l'argent : « Depuis trois décennies les marchés gouvernent nos vies comme jamais par le passé »[1].

Pour Jean Peyrelevade[2] le pouvoir mondial a pris la forme d'une sorte de pyramide : environ 300 millions d'individus (sur plus de 6 milliards d'humains) possèdent la quasi-totalité des actions ; au 2e étage environ 10.000 gestionnaires de fortune concentrent la moitié des actions de toutes les bourses ; au sommet les managers des grandes entreprises cotées.

Susan Strange avait écrit dès 1986 « Casino Capitalism » qui avait révélé les dérives financières et la fragilité du système. En 2011, elle publie « Le retrait de l'Etat – La dispersion du pouvoir dans l'économie mondiale », dans lequel elle analyse le processus de prise de décision dans quatre secteurs fondamentaux : la sécurité, la production, la finance, le savoir. Elle combine l'économie, la science politique et l'histoire pour fonder une nouvelle discipline qui fait maintenant école : « l'économie politique internationale ». Elle s'intéresse aux lieux de pouvoir et constate l'affaiblissement des Etats face à la puissance des grands groupes privés.

Le grand penseur italien, Toni Negri, analyse aussi les forces en œuvre dans ce gigantesque marché. Dans son ouvrage « Empire » il invite les citoyens à la résistance et devient une source de réflexions pour le mouvement altermondialiste.

Certaines ONG ou associations comme Sherpa, Oxfam, Trillium, Finance Watch s'efforcent de cerner le pouvoir des transnationales et de susciter une régulation mondiale. Ainsi Sherpa propose de rendre la société mère d'un groupe responsable de l'action de ses filiales étrangères afin d'en finir avec ces multinationales prétendument modernes qui font faire le « sale boulot » (exploitation des enfants, pollution des pays etc.) par des filiales éloignées et inavouables. C'est en fait tout le droit international économique, contrôlé par un véritable système judiciaire international, qui demande à être mis sur pied.

Ainsi la mondialisation s'organise sous la férule de groupes puissants qui imposent leurs volontés et leurs intérêts, qui sont souples et réactifs mais aussi opaques et irresponsables. Ce réseau domine le monde mais n'est pas légitime. C'est en cela qu'il faut parler d'oligarchie.

[1] Cf. « What Money Can't Buy », « Ce que l'argent ne saurait acheter », Le Seuil, 2014.
[2] « Le capitalisme total », 2005.

Conclusion 1ère Partie

L'économie a permis une dynamique, à la fois vers le monde voisin et le monde de demain.

Dès lors que le pêcheur a compris l'intérêt d'échanger sa production avec le paysan, il a créé un marché. Dès lors que l'agriculteur a compris l'intérêt d'amender la terre, de confectionner des instruments de culture, de stocker des récoltes et des grains pour la saison suivante, il a investi l'avenir.

L'économie s'inscrit au fond de nous, elle est essentielle à la survie de l'humanité, elle puise ses racines dans les courants de pensée les plus anciens.

Croire que l'économie est une science subalterne par rapport aux sciences physiques est probablement une erreur. Croire qu'elle est si complexe qu'elle doit être réservée aux initiés en est une autre. L'histoire de cette économie nous a montré la diversité des expériences, comme des pensées.

L'évolution des sociétés pourrait être ainsi résumée. Voir l'ouvrage d'Alain Touraine « Un nouveau paradigme ».

Les premières sociétés humaines vivent dans la peur des mystères de la nature et se soumettent à des forces divines pour se protéger. Le pouvoir politique tire alors sa légitimité du pouvoir religieux.

Mais progressivement ce pouvoir politique se libère de la tutelle religieuse et fait alliance avec les forces économiques (en France, à compter des XIe - XIIIe siècles, c'est la phase « mercantiliste », de la naissance du capitalisme).

Puis le pouvoir économique s'affranchit à son tour du monde politique et des contraintes sociales, pour dominer le monde.

Le système capitaliste procure un cadre rassurant pour les habitants.

Le ressort essentiel, l'argent est compris de tous. Adam Smith a bien analysé la cupidité chez l'être humain, lui le moraliste, le métaphysicien, le chrétien s'est interrogé sur cet appât du gain, mais il a constaté que dans la vie économique c'était ce goût de l'argent qui conduisait les hommes à travailler, à entreprendre, à inventer.

L'argent apporte le pouvoir. D'abord le pouvoir de posséder un bien, un bien utile, un outil, puis un produit de luxe, un objet d'ostentation, puis un patrimoine, un outil d'exploitation (terres, usines, etc.) Le pouvoir social aussi, le pouvoir d'être respecté, admiré pour sa fortune, le pouvoir de séduire, le pouvoir d'agir sur les hommes et les événements grâce à l'argent, le pouvoir d'être supérieur aux autres (non seulement par la richesse, mais aussi par la santé, la sécurité etc.), enfin pouvoir suprême celui de soumettre d'autres hommes à sa disposition (esclaves, serfs, tâcherons, salariés etc.). Le pouvoir de l'argent permet aussi de conditionner les consommateurs par la culture ambiante, la publicité, les modes etc., il peut même permettre d'influencer et parfois de soudoyer les medias, les groupes de pression, les hommes politiques pour orienter les choix politiques d'un pays.

Ce ressort de l'argent paraît compréhensible, intelligible, rationnel. C'est le travail, l'effort, le sens de l'épargne qui trouvent leur récompense dans la fortune, grande, petite, voire minuscule.

L'individu est tout à la fois critique et bénéficiaire du système. C'est ce que nous avons appelé le « pacte faustien ».

La force du capitalisme repose sur l'esprit d'entreprise. Nul ne peut nier les qualités nécessaires au véritable chef d'entreprise. Ce qu'il faut d'initiative, d'imagination, de prise de risque, de persévérance et de courage pour créer une activité nouvelle ! Ce qu'il faut de sens humain, de solidité psychologique et même physique, de force de caractère, de compétences pour diriger et développer une entreprise, souvent dans la difficulté, parfois dans la solitude !

C'est cet esprit-là qui a permis depuis le Moyen-Âge la création des premiers ateliers, des premières manufactures, les révolutions technologiques, les conquêtes de marché et finalement la mondialisation.

Au fil des siècles, cette culture dominante, fondée sur le ressort très concret de l'argent, a façonné les individus. Cette culture est devenue mondiale et globale, le ressort de l'argent concerne tous les peuples, tous les aspects de la vie avec la même logique, la même simplicité. Cette idéologie est devenue si puissante, si incontestée que les études, les enseignements, les recherches qui pourraient être critiques ou imaginatives sont repoussées ou ignorées. La recherche économique porte aujourd'hui sur les façons d'améliorer l'efficacité du marché (utilisation des mathématiques dans les produits dérivés, de l'informatique dans les cours de bourse, etc.) et non sur les fondements du système économique. Aucune alternative n'est étudiée ou proposée.

Le capitalisme semble remonter à l'origine des sociétés, il a créé cette culture dominante qui a façonné chaque individu, il apparaît à la fois naturel pour certains, efficace pour les autres, mondial aujourd'hui, car il répond aux besoins primaires de tout individu : la sécurité d'un système global, la satisfaction de posséder des biens.

C'est en cela que le système capitaliste n'est pas seulement extérieur aux hommes, il réside aussi au fond de chacun d'eux.

*

Et pourtant.

Chacun peut comprendre qu'un système économique n'a rien de naturel, de divin. Il est une construction humaine, il relève de la culture, de la pensée, d'une société à un moment donné. Le capitalisme n'est pas plus légitime que la monarchie absolue, il constitue une époque, une phase.

L'histoire du capitalisme est entremêlée de mouvements de résistance et de contestation.

Dès la fin du Moyen-Âge et la Renaissance un mouvement humaniste va se développer (de Thomas More aux Lumières) qui débouchera sur les principes des droits de l'homme et de la démocratie.

Le capitalisme triomphant de la révolution industrielle entraînera une telle misère sociale qu'il suscitera des courants de pensées opposés (anarchisme, marxisme, socialisme, christianisme social, etc.) Les révoltes ouvrières aussi bien que la Commune de Paris seront réprimées dans le sang mais donneront naissance aux réformes sociales de la IIIe République.

La crise de 1929, le fascisme, la collaboration de certains capitalistes, les nécessités de la reconstruction et la concurrence de l'Union soviétique conduiront à des concessions, à de nouvelles théories économiques (dont celles de Keynes) et à des réformes économiques et sociales qui déboucheront sur les Trente glorieuses.

Le grand paradoxe que nous avons relevé au cours de cette histoire est que le capitalisme n'a pu durer et se développer que grâce aux contestations qu'il a suscitées.

De même, le capitalisme s'est nourri d'individus qui ne partageaient pas son idéologie. Cornelius Castoriadis a pu écrire : « Le capitalisme n'a pu fonctionner que parce qu'il a hérité de types anthropologiques qu'il n'a pas et qu'il n'aurait pas pu créer lui-même : des juges incorruptibles, des fonctionnaires intègres, des ouvriers ayant une conscience professionnelle ».

Mais aujourd'hui que le capitalisme a gagné sa bataille idéologique et qu'il peut exercer son monopole, bien naturellement, il abandonne la voie du réformisme social pour revenir à sa doctrine actionnariale.

Ainsi, en ce début du XXIe siècle le capitalisme est dominant et mondial, mais les contradictions ne se sont pas résorbées, bien au contraire.

- **Le marché** a constitué la première organisation de l'économie. Ce marché était fondé sur des principes d'utilité, d'égalité, sur des contrats équilibrés et des règles précises.

Or les capitalistes cherchent toujours à sécuriser et à optimiser leurs profits, d'où la constitution d'ententes, de cartels, d'accord secrets, d'oligopoles, de monopoles et monopsones etc. La concentration industrielle et financière a déséquilibré les marchés. Dans toutes les activités il existe un pôle dominant qui oriente les cours et qui dicte parfois ses conditions. La maximisation du profit conduit à la mort du marché, s'il n'existe pas un arbitre, un régulateur.

Le capitalisme est-il né du marché ou l'a-t-il soumis à son profit ? Le capitalisme n'est-il pas une déviation, une déformation, une trahison du marché ?

Le raisonnement est d'ailleurs poussé à son paroxysme puisque ce système capitaliste, théoriquement fondé sur la concurrence, occupe aujourd'hui une position quasi-monopolistique mondiale et s'efforce d'empêcher toute contestation, toute alternative.

- **Un système globalisé** qui a pour unique ressort l'argent et qui marchandise progressivement toutes les activités humaines, peut-il prendre en compte la diversité de l'être humain, sa noblesse aussi, sa générosité, sa solidarité, sa créativité ? Comment expliquer les crises sociales, les délocalisations, les pressions sur les travailleurs (burn out, maladies) au nom du seul profit ? Comment une telle économie peut-elle prendre en compte la biodiversité, le respect de l'environnement si son unique critère de réussite est le profit ? L'esprit d'entreprise est gage de progrès, mais doit-il être nécessairement soumis à l'étalon du profit ? Le chercheur qui découvre un brevet après des années de sacrifices, l'enseignant qui se dévoue et innove, le militant associatif qui invente de nouvelles activités utiles, le syndicaliste qui propose des réformes justes n'ont-ils pas eux aussi l'esprit d'entreprise ? La société de demain sera-t-elle toujours fondée sur cette distorsion essentielle entre le détenteur du capital qui décide de tout et l'apporteur de travail qui se livre ?

- Peut-on accepter enfin que ce système globalisé se trouve entre les mains d'une **oligarchie opaque** qui détermine nos conditions de vie et de travail, notre avenir et celui de la planète ? Peut-on accepter que les recherches à entreprendre, les produits à promouvoir, les lieux de fabrication, les modes, les prix, la localisation des bénéfices, le respect de l'environnement etc. soient confisquées, concentrées entre les mains d'un pouvoir qui n'est véritablement soumis ni aux Etats, ni aux organisations internationales ?

Or, à mesure que ce pouvoir se concentre et se renforce, son idéologie se durcit.

Il s'agit bien en effet d'une idéologie, au sens fondamental du terme forgé par Destutt de Tracy en 1796, en liaison avec Condillac et Condorcet, puis repris par Karl Marx (« L'idéologie allemande », 1845). Il s'agit de la conception globale d'une société fondée sur l'argent et imposée par la classe dirigeante sous forme d'une pensée dominante.

Le monde économique nous échappe de plus en plus. Une société dirigée par un petit groupe, fondée sur une pensée unique, s'efforce de « formater », d'uniformiser les habitants et de détruire l'esprit critique.

Le « pacte faustien » est vécu de plus en plus douloureusement par l'individu qui cherche à survivre, à réussir, mais qui se demande si ce système a du sens.

2ème Partie

Pourquoi vouloir dépasser le système?

Le début du XXIe siècle est marqué par le triomphe d'un capitalisme oligarchique mondial. Et pourtant les contradictions demeurent.

- La toute-puissance du capitalisme n'empêche pas la répétition des **crises**.
- La marchandisation de la société entraîne des **inégalités sociales** injustifiées et une dépossession des citoyens.
- L'obsession productiviste conduit à des **catastrophes environnementales** qui peuvent devenir fatales à l'humanité.

Ces contradictions sont-elles inhérentes au système capitaliste ? Peuvent-elles être résolues de « l'intérieur », en amendant le système, ou faut-il concevoir une autre finalité, un autre système ?

Chapitre 2-1. *Les crises du capitalisme*

« L'amour de l'argent est une pulsion de mort ». S. Freud.

*

La répétition des crises.

Le système capitaliste a toujours connu des crises. Certaines sont restées célèbres et ont acquis une valeur de référence. La crise de la tulipe aux Pays-Bas résulte d'une forte demande de fleurs aux pétales marbrées à partir de 1630. Des contrats de vente à terme sont négociés en Bourse. Les prix des bulbes sont multipliés par cinq. Mais en 1667 les cours s'effondrent et l'économie hollandaise va connaître une stagnation de plusieurs années.

En 1720 c'est la South Sea Company britannique qui fait faillite et entraîne une crise.

La même année en France c'est la banqueroute de John Law.

Alors que le capitalisme devient tout puissant les crises se multiplient : 1813, 1825, 1837/39, 1847, 1857, 1866, grande dépression de 1873 à 1895 (krach de la bourse de Vienne), 1890 (crise de la banque Barings), 1907 (crise américaine des trusts qui se diffuse en Europe et en Amérique latine), grande crise de 1929 à la Seconde Guerre mondiale, dépression des années 1973 et suivantes (chocs pétroliers), 1987 (bourses des pays occidentaux), 1989 (début de la crise japonaise) et 2000 (bulle Internet et crise du Nasdaq - marché des valeurs technologiques américaines).

A l'origine, le mot allemand de « krach » ne signifie pas crise, mais tout simplement vacarme. La petite histoire raconte que l'empereur François-Joseph se serait en effet étonné de l'agitation, du « krach », qui régnait dans Vienne en mai 1873 alors que la bourse s'effondrait. Le mot fut repris comme symbole d'un effondrement brutal. Or justement cette crise est représentative des grandes crises suivantes : gonflement du secteur financier, bulle immobilière, puis contraction boursière, crise bancaire (89 banques de Vienne et de Budapest déposent leur bilan), extension de la crise à l'Europe et aux Etats-Unis, déflation, protectionnisme…

De grands écrivains s'intéressent à ces crises, à ces périodes de spéculations, d'enrichissements fulgurants puis de krachs. Ils restituent ces périodes de l'intérieur, dans leur contexte humain, social, « naturaliste » et ils apportent leur pierre à la connaissance économique.

Balzac écrit « La Maison Nuncingen » (1838), initialement intitulée « La Haute Banque ». Il décrit cette atmosphère des milieux d'affaires et de ces banques appartenant à une famille : les Mallet, les Rothschild, les Mirabaud, les Pereire, les Rodrigues, les Ouvrard, les Laffitte, les Humann, il relate les opérations d'investissement, les nouveaux produits financiers mais aussi les fausses rumeurs, les prête-noms, les escroqueries, les spéculations etc.

Entre 1815 et 1848 les cours de bourse ont vu leur cotation « flamber » de 5 à 198. Cette période de la Restauration et de la Monarchie de juillet est celle du triomphe de la bourgeoisie et des grandes fortunes, sur le peuple bien sûr, mais aussi sur l'aristocratie demeurée largement terrienne.

Emile Zola reprend le roman passionnant des fièvres spéculatrices avec « L'argent » (18ème volume des Rougon-Macquart, 1891). La ruée vers l'or en Californie suscite la spéculation. Napoléon III lance de grands travaux, de nouvelles banques naissent : Comptoir d'Escompte de Paris (qui fusionnera avec la BNCI pour devenir la BNP), le Crédit Industriel, le Crédit Lyonnais, la Société Générale. Les cours de bourse s'envolent à nouveau, les investisseurs achètent à découvert (ils ne s'acquittent de la somme due qu'à la fin du mois) mais en 1882 c'est la faillite de l'Union Générale. Les petits, « la foule piétinante de pauvres souscripteurs » sont les premières victimes.

Octave Mirbeau, célèbre pour son roman « Le journal d'une femme de chambre », décrira aussi cette atmosphère spéculative, de façon crue mais réaliste, dans sa pièce « Les affaires sont les affaires ».

En Angleterre, Charles Dickens illustrera dans ses romans les désordres sociaux nés de la révolution industrielle.

La répétition de ces crises a conduit les économistes à décrire et à analyser ces mécanismes. Leurs conclusions ne diffèrent guère des œuvres romanesques.

Les crises peuvent provenir de causes imprévisibles et externes : mauvaises récoltes, guerres etc. Mais le plus souvent les crises sont inhérentes au système capitaliste. L'optimisation du profit conduit à la surproduction et à la spéculation, renforcées par les nouveaux mécanismes boursiers et financiers.

Karl Marx s'intéresse au « krach » de 1873 et il analyse les cycles économiques : un état de repos, une animation croissante liée à un nouveau produit, une prospérité, puis une surproduction, le krach et la stagnation. Marx montre la contradiction entre le caractère social de la production et le caractère privé des moyens de production. Le capitaliste vise le profit le plus élevé mais il ne tire sa plus-value qu'une fois l'objet vendu. Pour faire face à ce décalage dans le temps, il fait appel au marché financier et au crédit bancaire. Par mimétisme les autres capitalistes vont utiliser les mêmes mécanismes financiers pour investir sur le même segment procurant le profit le plus élevé, jusqu'à la surproduction. Pour Marx, le capitalisme est un système de production dans lequel la régulation ne s'effectue pas « ex ante » (avant) mais « ex post » (après). Par nature, c'est un système fondé sur la spéculation et le gâchis : matières premières gaspillées, produits rejetés, travail humain rendu inutile, faillites d'entreprises, drames sociaux.

Un économiste français, physicien d'origine, **Clément Juglar** (1819-1905) va analyser en profondeur le cycle de ces crises dans un ouvrage célèbre : « Des crises commerciales et de leur retour périodique en France, en Angleterre et aux Etats-Unis » (1889). Il distingue trois phases : celle de la prospérité, le crédit est abondant, les prix enflent, les comportements spéculatifs amplifient la hausse (« la hausse des prix fait toujours croire qu'elle sera permanente »), puis arrive un moment où le vendeur ne trouve plus preneur à un prix supérieur, les échanges s'arrêtent, les prix s'effondrent, enfin vient la phase de la liquidation, celles des fermetures d'entreprise, des faillites, de licenciement du personnel.

C'est le moment où l'opinion éprouve une aversion pour le risque inconsidéré, condamne la spéculation et réclame des contrôles de la puissance publique. Puis une nouvelle phase de prospérité apparaît et chacun retrouve le goût du jeu.

Au-delà de ces cycles de courte durée (8 à 10 ans), des cycles plus longs, plus tendanciels ont été identifiés par l'économiste russe **Nikolaï Kondratiev** (« Les vagues longues de la conjoncture », 1926).

L'économiste anglais **J.A. Hobson** (1858-1946) verra l'origine des crises dans les politiques économiques injustes qui favorisent les plus riches, lesquels vont épargner, au détriment de la majorité, qui réduit sa consommation. Ce déséquilibre provoque la crise (vérifié en 1929 et 2008) (« Le problème du chômage », 1895).

L'économiste américain modéré **Charles Kindelberger** (qui enseigna au M.I.T pendant 35 ans) s'est fait une spécialité de l'analyse fine des crises. Son ouvrage « Histoire mondiale de la spéculation financière » s'intitule en anglais « Manias, Panics and Crashes » (1978, réédité en 2000) et fait explicitement référence à la folie, la fureur dans laquelle des gens sensés se jettent sur les marchés pour l'appât du gain, l'ivresse de la fortune. La spéculation s'inscrit dans ce dérèglement de la raison. Les objets de cette spéculation sont fort variés : exportations et importations de marchandises, terrains agricoles, terrains à bâtir, immobilier, lotissements, centres commerciaux, bureaux, actions, obligations, etc. Les facteurs de retournement sont aussi très variés : mauvaises nouvelles, baisses de rendements, annonces de faillites et bien souvent révélations de détournements de fonds, de malversations. Après la phase spéculative se produit alors une phase de « détresse », les opérateurs veulent se débarrasser au plus vite des titres en chute, des biens dévalués, ils cherchent ainsi à se dégager des opérations frauduleuses qui apparaissent au grand jour. C'est la spéculation à l'envers.

Kindleberger préconise la solution de Keynes qui a permis à l'Etat de reprendre la main et de relancer la machine économique après la crise de 1929. Il pense aujourd'hui qu'il faut disposer d'un « prêteur en dernier ressort » pour contrôler le système. Il est vrai que la FED aux Etats-Unis comme la BCE en Europe et plus largement le FMI et la BIRD ont contribué à limiter les effets désastreux de la crise de 2008.

Tous ces observateurs, aussi différents que Karl Marx ou Charles Kindelberger ont relevé que les crises étaient inhérentes au système, notamment du fait de la spéculation.

Certains économistes libéraux du XIXe siècle faisaient plutôt appel à la Providence. Le marché doit purifier lui-même le mal, « l'économie doit éteindre les feux du purgatoire, de la déflation et de la faillite afin de se faire pardonner les péchés commis lors du boom ». Le résultat d'une telle politique est généralement que la crise financière s'approfondit et s'étend aux secteurs économiques et sociaux.

Adam Smith lui-même, qui était plus circonspect qu'on ne le dit, reconnaissait que la « main invisible » était parfois contrariée par des déséquilibres encore accrus par les mécanismes financiers et que les travailleurs en étaient les premières victimes. Pour sortir de ces crises à répétition, il fallut bien admettre que l'Etat intervînt pour panser les plaies et relancer la machine.

La proposition de Schumpeter d'une « destruction créatrice » était innovante, notamment dans le domaine industriel. La crise traduirait la disparition d'une économie ancienne face à la nouvelle. La célèbre révolte des canuts de Lyon n'aurait été qu'une simple résistance au changement. En sanctionnant le métier à tisser par rapport à l'usine textile, le marché joue son rôle et à terme l'économie sera gagnante.

Toutefois, cette analyse pertinente des grandes transformations technologiques, organisationnelles etc. est si historique, si globale, qu'elle demeure générale. Dans toute société, l'innovation condamne le monde ancien. Schumpeter a d'ailleurs reconnu que si ces mutations étaient nécessaires, elles ne justifiaient pas la violence sociale du capitalisme, sur l'avenir duquel il s'interrogeait.

Les nouveaux économistes libéraux ont donc cherché à approfondir la pensée classique comme Eugène Fama (« Les marchés efficients ») ou Robert Lucas (« Les anticipations rationnelles »). Mais c'est surtout Von Hayek et Milton Friedman qui ont eu une forte influence sur le monde politique à partir des années 1970/80.

La théorie monétariste doit mettre fin aux crises.

Le marché s'équilibre de lui-même à condition que l'Etat n'intervienne pas, que l'inflation soit jugulée, que les taux d'intérêt soient rémunérateurs et que les dividendes des actionnaires soient élevés.

Le rendement financier du capital est donc prioritaire et la lutte contre l'inflation devient la règle absolue des banques centrales. Toute une série de réformes vont être déroulées. La sphère financière va devenir prépondérante, au sein des entreprises : rechercher le profit immédiat le plus élevé possible pour satisfaire les actionnaires, quitte à trancher dans la recherche, les métiers connexes, le salariat, quitte à délocaliser. Cette prépondérance de la sphère financière va s'appuyer sur des réformes présentées comme novatrices : déréglementation du marché financier, suppression de la séparation entre banque d'affaire et banque de dépôt, réduction des systèmes de sécurité sociale et développement des assurances privées, restriction des retraites publiques et naissance des fonds de pension privés qui vont exiger des rendements excessifs, multiplication des opérations boursières de fusions-acquisitions.

Or, contrairement à ce qui avait été annoncé cette période de déréglementation va être marquée par une multiplication des crises régionales : Thaïlande, puis Indonésie, Malaisie, Philippines, Corée du Sud et même Japon, puis Russie, Argentine, Brésil, crise boursière de septembre-octobre 1998. Durant la période 1970-2007 l'économiste André Orléan (CNRS) a recensé 124 crises bancaires, 208 crises de change et 63 crises de dette souveraine.

Des scientifiques réputés attirent l'attention sur les contradictions de ce modèle dominant.

De nombreuses études mathématiques portant sur la formation des prix ont révélé que les prix ne convergent pas vers un équilibre mais adoptent des mouvements instables (cf. Institute for New Economic Thinking - INET).

Le « Théorème de Sonnenschein » montre que la théorie classique des prix (Kenneth Arrow et Gérard Debreu) est bien trop abstraite et théorique pour prendre en compte la diversité des situations et surtout les poids très inégaux des intervenants sur le marché.

Le père de la théorie mathématique des fractales, Benoît Mandelbrot, disqualifie les théories financières des marchés qu'il juge partielles et simplificatrices (cf. « Une approche fractale des marchés », 2004).

De même, les études comportementales rappellent que les consommateurs ne sont pas uniformes et ne sont pas mus par un seul ressort (intérêt personnel immédiat) mais par une multitude de facteurs (intérêt à long terme, solidarité, imitation, effet de mode, impulsivité, passion etc.).

Marcel Mauss avait déjà développé l'analyse de la générosité dans les rapports humains (« Essai sur le don », 1924). Gabriel Tarde avait insisté sur l'importance du mimétisme et de l'imitation (instincts grégaires, modes etc.). John Elster avait étudié la diversité et la richesse de l'être humain-consommateur (sentiments, émotions, irrationalité etc.).

Enfin des économistes éminents qui avaient déjà dénoncé le virage conservateurs des années 1970/80 s'efforcent d'alerter l'opinion publique.

Joseph Stiglitz (Prix Nobel 2001) analyse « l'asymétrie d'information sur les marchés imparfaits » (sur un marché, le vendeur et l'acheteur, l'employeur et le travailleur ne détiennent pas les mêmes informations et n'agissent donc pas de façon équilibrée) et rappelle que la libéralisation du commerce et la privatisation des entreprises publiques n'ont pas permis une libération des forces productives dans les pays en voie de développement mais ont surtout dégradé la situation des groupes sociaux les plus fragiles. L'ancien économiste en chef de la BIRD conteste le fameux « consensus de Washington ».

Paul Krugman (Prix Nobel 2008) dénonce les risques grandissants d'une mondialisation purement marchande qui profite aux plus puissants et crée des distorsions sociales et environnementales.

John Kenneth Galbraith (1908-2006), montre que le règne du consommateur, présenté comme la raison d'être du capitalisme, masque une « filière inversée » dans laquelle ce sont en fait les grandes entreprises qui décident des produits en manipulant les consommateurs.

Paul Sweezy (1910-2004), élève de Schumpeter, étudie les longues phases de l'économie et constate que les groupes économiques deviennent des oligopoles, voire des monopoles par branche, et entraînent dans leur sillage des sous-traitants qui ne sont plus indépendants. Le capitalisme est de moins en moins concurrentiel et de plus en plus oligopolistique voire monopolistique (« Le capitalisme monopoliste », 1966).

Bien des analystes ont en effet constaté que le pouvoir économique était concentré et que les marchés étaient soumis aux groupes les plus puissants. Keynes avait déjà relevé l'effet moutonnier (les petits acteurs suivent les grands, « herding »). De nombreux professionnels en ont fait l'analyse, Valérie Charolles parvient à la conclusion que cinq ou six banques « font » le marché financier mondial[1].

Les politiques de déréglementation, la mondialisation et les nouvelles technologies (l'algotrading permet des placements financiers en nanosecondes) vont accentuer ce phénomène de concentration des pouvoirs. La gestion cybernétique profite évidemment aux groupes dominants, mieux informés, qui peuvent réagir instantanément et qui empochent les plus-values.

Mais cette gestion modélisée tend à accentuer les mouvements de capitaux et peut devenir incontrôlable, sauf à bloquer le système (ce qui est déjà arrivé...). En outre, elle est vulnérable et peut subir des cyberattaques, elle est à la merci d'un ennemi ou de groupes terroristes.

Maurice Allais souligne, de son côté, les similitudes entre la crise de 1929 et celle qui s'annonce. La politique monétariste conduite à partir de 1979 (G7 de Tokyo) vise à lutter contre l'inflation, augmenter les taux d'intérêt et satisfaire les actionnaires. Le résultat est que la dette des pays en développement, souvent libellée en dollars, se met à flamber. Dans un article de 1998, Maurice Allais constate le tarissement de l'économie réelle au profit d'un endettement gigantesque et d'une spéculation massive sur les actions et les monnaies...

Les critiques se font alors plus globales et plus alarmistes (Susan Strange, Toni Negri etc.).

Bernard Stiegler (« Télécratie contre démocratie ») ajoute une dimension sociologique à ces crises : la subsistance prime l'essence. Il dénonce les méthodes de domination et de contrôle de l'opinion publique et de fabrication du désir. En effet Edward Barnays avait développé un système de conditionnement du consommateur. Celui-ci ne doit plus réfléchir, utiliser

---

[1] « Le libéralisme contre le capitalisme », Fayard, 2006.

son « surmoi » mais il doit réagir instinctivement, selon une psychologie pavlovienne de stimuli-réponses, comme une souris de laboratoire.

Les événements se précipitent, l'américain Robert Shiller avait démontré la volatilité des prix et l'irrationalité des fluctuations du marché. Il annonce la crise boursière de 2000 puis la crise immobilière de 2007 ; il sera récompensé du Prix Nobel en 2013. Nouriel Roubini, jouissait d'une bonne réputation à la bourse de New-York mais lorsqu'il annonce la probabilité d'une crise en 2007, il est traité de Cassandre.

Les alertes se multiplient de tous horizons, mais ces analystes critiques ne peuvent pas être entendus dans un système puissant et replié sur ses certitudes.

*

La crise actuelle.

La toute-puissance du capitalisme à l'échelle mondiale lui permet de dérouler sa logique ultra-libérale, jusqu'à la crise.

La recherche fondamentale exclut de plus en plus les études alternatives et se recentre sur le seul perfectionnement du système. C'est aussi l'époque du développement des mathématiques financières et de l'économétrie qui cherchent toujours à optimiser une valeur, à quantifier des variables, sans se préoccuper des finalités.

Ce sont des universitaires américains qui vont imaginer les « stock-options » afin d'éliminer les conflits d'intérêts entre dirigeants et actionnaires. Cela conduira d'une part les dirigeants à maquiller les comptes pour obtenir les meilleurs résultats et les plus gros stock-options et d'autre part les actionnaires à exiger des rendements financiers irréalistes. Cette confusion entraînera une succession de scandales financiers et comptables : Enron, Tyco, bulle Internet, Worldcom, Vivendi-Universal, Parmalat etc.

Ce sont des économistes nobélisés qui vont montrer l'efficacité des « produits dérivés » (échanges d'actifs financiers, de monnaies, de taux d'intérêt ou de matières premières, dans le futur à des conditions prévues initialement). Le risque de fluctuation est donc couvert par une rémunération, une sorte d'assurance, ainsi ce risque peut « circuler », être échangé plus facilement et les produits dérivés (« futures ») vont se multiplier.

C'est dans ce contexte que le système bancaire va s'adapter aux nouvelles contraintes et se trouver au cœur de la crise.

Le premier trait de cette politique réside dans le pouvoir des actionnaires. Les actionnaires institutionnels (fonds de pension, assurances, hedge funds) prennent une part croissante dans le capital des entreprises (en France, les grandes entreprises du CAC 40 sont détenues à plus de 45% par des fonds étrangers), évaluent les entreprises en termes de valeur boursière (donc à rentabilité immédiate) et exigent les dividendes élevés.

Les investissements à long terme sont délaissés au profit de fusions-acquisitions et d'OPA, parfois hostiles (en France, rachat de Pechiney par Alcan en 2003 ou d'Arcelor par Mittal en 2006).

Certains analystes présentent la « financiarisation » du système capitaliste comme une sorte d'évolution naturelle, inévitable. La « Finance » (banques, assurances, courtiers, hedge funds etc.) aurait pris le pouvoir. En fait, ce n'est pas un corps de métier qui est en cause, c'est tout un système. C'est toute l'évolution du système capitaliste depuis les années 70-80 qui déroule sa logique. Le choix de l'économie de l'offre a donné la prééminence à l'actionnaire sur le consommateur et sur le travailleur. L'exigence de rentabilité immédiate a conduit les chefs d'entreprises à rechercher les placements les plus productifs (produits dérivés, paradis fiscaux etc.), les opérations de fusion-acquisition plutôt que les investissements physiques. Le système financier s'est mis au service de cette nouvelle orientation.

En 2002 les transactions boursières étaient du même ordre que le PNB mondial (39 milliards de dollars contre 32), en 2010, elles ont doublé et représentent 78 milliards de dollars contre 54 milliards de dollars pour le PNB. Les transactions sur les produits dérivés ont triplé.

Les transnationales vont pratiquer l'optimisation fiscale en se jouant des frontières et vont largement échapper aux impôts, contrairement aux entreprises locales, moyennes ou petites.

C'est au nom de la même exigence de rentabilité immédiate que les grandes entreprises vont multiplier les délocalisations. L'attrait des salaires moins élevés, de travailleurs dociles et d'Etats peu vigilants sur le respect des contraintes sociales et environnementales va conduire de nombreuses multinationales à choisir les pays les plus « attractifs ».

Il s'agit de faire croire à l'opinion publique que des divisions blindées chinoises ou indiennes seraient à nos portes.

La réalité est toute autre. Ce sont les grandes firmes occidentales elles-mêmes, qui au nom des coûts comparatifs et d'une rentabilité à court terme, ont décidé de déplacer la fabrication des produits. La délocalisation détruit une usine en Europe, donne du travail pour un salaire très faible à d'anciens paysans chinois, permet une petite baisse des prix pour le consommateur (souvent compensée par une détérioration de la qualité du produit car le cahier des charges est conçu pour un produit « jetable ») mais profite avant tout aux actionnaires (fonds de pension etc.).

En contrepartie, les multinationales transfèrent des outils, des procédés, un savoir-faire et bien souvent un encadrement.

La force des oligopoles est centrale : conception du produit, procédés industriels, marketing, vente, le tout reposant sur le choix de sous-traitants dociles.

Mais, les pays d'accueil prennent conscience des conditions douteuses de ces implantations (produits et déchets dangereux en Inde, en Chine, en Afrique, écroulement d'immeubles-ateliers au Bangladesh – Rana Plaza – au Cambodge etc.) et des profits énormes des multinationales. Ils se préparent (c'est déjà fait pour la Chine) à créer leurs propres entreprises, à fabriquer les mêmes produits, avec des prix véritablement attractifs, pour concurrencer les multinationales, y compris sur le marché occidental…

Juste retour des choses ? Les oligopoles scient la branche sur laquelle ils se croyaient bien installés.

Il ne s'agit pas ici de contester la nécessité pour les pays pauvres de sortir d'une économie rurale, pour se diversifier vers l'industrie, les services et améliorer le niveau de vie de leurs populations. D'ailleurs, cela constitue pour les pays occidentaux une sorte d'aiguillon pour investir dans la formation, l'organisation, la recherche et les nouvelles technologies.

Il s'agit simplement de montrer ici que les délocalisations ne résultent pas d'une supposée agressivité des pays émergents mais bien de la volonté des actionnaires occidentaux d'accroître leurs dividendes, fusse à court terme, fusse au détriment de leur pays d'origine.

Les slogans abondamment utilisés sur l'économie de l'offre (ce sont les entreprises qui investissent, qui créent l'emploi) et sur la compétitivité sont comprises du grand public car ils reposent sur un ressort patriotique : ce sont nos champions qui défendent nos couleurs.

En réalité, ces slogans ont pour objectif majeur de réduire le coût du travail afin d'augmenter le rendement du capital. Or l'expérience a montré que l'actionnaire était moins patriote que le salarié, plus nomade en tout état de cause et qu'il suivait son intérêt immédiat.

Cette politique économique « actionnariale » qui repose sur la pensée capitaliste du XIXe siècle, est-elle si pertinente ?

L'économiste P.Y. Gomez rappelle que le rôle éminent des actionnaires est considéré comme légitime car c'est le propriétaire qui est le garant de la bonne gestion de l'entreprise et qui peut perdre son capital en cas de faillite.

Or depuis les réformes des années 70/80 les actionnaires sont devenus de plus en plus exigeants et ont imposé des dividendes excessifs (l'exemple des 15% des fonds de pension). Ainsi, le résultat financier n'est plus calculé ex post, en fonction de l'activité et des risques, mais ex ante comme une condition de maintien des titres financiers. Les entreprises ont dû se plier à ces contraintes, elles ont licencié du personnel, réduit la recherche, les investissements et nombre d'entre elles en sont mortes. Les actionnaires ont prélevé de forts dividendes puis ont abandonné le capital de l'entreprise, en temps opportun. Les salariés ont payé les pots cassés car ils sont plus stables. Dans ce nouveau paradigme, les actionnaires ne peuvent plus être considérés comme les garants de la pérennité de l'entreprise. La théorie libérale du XIXe siècle est contredite par la réalité actuelle.

Le deuxième trait de cette politique est la déréglementation des marchés financiers qui a été mise en œuvre depuis les années 70-80. Le système des changes fixes hérité de Bretton Woods est abandonné en 1973. La libéralisation financière permet le décloisonnement des marchés monétaire et financier, la séparation entre banques d'affaires et banques de dépôts est abandonnée. Le « consensus de Washington » de 1990 (FMI, BIRD et Etats-Unis) invite les pays en voie de développement à adopter la libre fixation des taux d'intérêt par le marché et l'ouverture totale aux mouvements de capitaux. Le bilan est que ce sont les pays émergents et en développement qui vont exporter leurs capitaux vers les pays riches (en net). Ainsi la théorie libérale selon laquelle la libéralisation des capitaux devrait conduire à l'utilisation optimale du capital (là où il faut financer des projets et où le capital est le mieux rémunéré donc des pays riches vers les pauvres) est contredite dans les faits. Le FMI reconnaîtra au début des années 2000 que l'ouverture financière n'a pas profité à la croissance des pays en développement, bien au contraire. Seule l'Aide Publique au Développement a permis de garantir le financement des investissements à long terme.

Rappelons que **le rôle de la banque** est de collecter l'épargne et d'accorder des crédits. Sa mission est donc dynamique dans la mesure où elle transforme de l'argent qui dort en investissement. Elle doit veiller à la qualité des crédits qu'elle accorde si elle veut être remboursée et ne pas dilapider l'argent des déposants. Son rôle d'analyse de projet et de surveillance des risques est donc essentiel à la fois pour elle (produit net bancaire), pour les déposants (garantie de récupérer les dépôts) et pour l'économie (le crédit est une création de monnaie, contrôlée par la banque centrale). Les critères d'évaluation d'une banque sont donc différents de ceux utilisés pour une entreprise. Une banque qui « produit » beaucoup de crédits n'est pas forcément une « bonne banque » si ces crédits ont été mal instruits et se dénouent par des créances douteuses, litigieuses ou contentieuses. La banque doit alors provisionner ces pertes potentielles et sa situation se détériore. Ce n'est donc pas le volume du crédit distribué qui détermine la qualité d'une banque, c'est sa capacité à octroyer des crédits sains et à bien surveiller les risques tout au long de la vie du prêt.

Dans une situation économique où le pouvoir est entre les mains d'actionnaires qui exigent une rentabilité immédiate et où le crédit se tarit faute de clients solvables (du fait de la stagnation du pouvoir d'achat des classes moyennes et laborieuses), les banquiers vont imaginer une technique qui les soustrait largement à leur mission essentielle de surveillance des risques.

L'innovation financière des années 1980 est la technique de « titrisation » des créances. La banque a accordé des crédits à ses clients (entreprises, collectivités, particuliers etc.). Comptablement, cela se traduit par des « créances » qui figurent à l'actif de son bilan. La santé de ces créances détermine la santé de la banque. Si ces créances deviennent douteuses ou irrécouvrables, il faut alors provisionner partiellement puis totalement et la situation de la banque se détériore. L'idée est donc de transformer ces créances, qui appartiennent à la banque, qui sont constitutives de son bilan, qui sont surveillées une par une, en un titre financier cessible sur le marché des capitaux. Pratiquement, les banques regroupent des paquets de créances, créent des « véhicules » et vont émettre sur le marché financier des obligations dites ABS (« asset backed securities » ou portefeuille d'actifs financiers).

L'objectif immédiat est limpide : les banques se débarrassent de créances susceptibles de devenir douteuses, elles améliorent la situation de leur bilan sans procéder à de coûteuses provisions, elles récoltent le produit de l'émission des titres et peuvent accorder de nouveaux crédits.

Ainsi la machine à produire du crédit s'emballe, le banquier n'exerce plus convenablement son rôle de contrôle, le risque bancaire se diffuse alors par vague à toute l'économie.

Dans un marché libéré de tout contrôle, les financiers vont imaginer un autre dispositif de diffusion du risque. Ces différentes créances douteuses sont intégrées à d'autres produits et sont vendues sous forme de portefeuilles (CDO « Collateralized debt olligations ») sur les marchés financiers.

Les financiers vont aussi exploiter « l'effet de levier » (LBO « Leverage Buy Out »). Un investisseur peut ainsi racheter une entreprise principalement par du crédit (taux de 4 ou 5% par exemple) et contraindre cette entreprise à dégager une rentabilité supérieure (plus de 10%), même si cela se traduit par des licenciements, des politiques sociales drastiques etc. (cas de Continental en France).

Les gagnants de ce système sont évidemment les actionnaires qui percevaient entre 10 et 20% des bénéfices en termes de dividendes dans les années 1970 et parfois plus aujourd'hui (notamment aux Etats-Unis)[1].

Les organismes financiers internationaux ont pu constater que trop de finance pouvait étouffer la croissance… Le FMI et la Banque des Règlements Internationaux (BRI) ont montré dans leurs études que lorsque le crédit au secteur privé atteint l'équivalent du PIB d'un pays, la productivité et la croissance ralentissent. Cela révèle qu'au-delà d'un certain seuil le système bancaire ne finance plus seulement des activités physiques mais des bulles spéculatives. Toutefois, les banques, les assurances, les fonds d'investissement, les fonds de pension ne résistent guère à l'attrait de ces placements à haute rentabilité.

Ainsi les règles prudentielles et de bonne gestion sont transgressées par le système lui-même. Les institutions financières n'ont pas respecté les « obligations de diligence » (« compliance ») et n'ont pas su mettre en œuvre une « autorégulation bancaire » (cf. P. Lascoumes, CNRS).

Les entreprises multinationales profitent de ces désordres pour dominer les marchés et parfois les Etats. Elles se jouent des règles de la comptabilité et déplacent leurs centres de profits (« prix de transfert ») en fonction des fiscalités locales, donc de leur intérêt propre, c'est « l'optimisation fiscale ». Les experts considèrent que ce manque à gagner pour les Etats occidentaux est à peu près l'équivalent de leur déficit global. CQFD.

En France, les seules grandes entreprises numériques (Google, Apple, Facebook, Amazon, Microsoft) auraient dû s'acquitter de 828 millions d'euros en 2011, elles n'ont payé à l'Etat français que 37 millions d'euros (22 fois moins), selon l'étude du cabinet Greenwich Consulting (2013).

[1] Cf. Christian Cauvin « Le capitalisme ne joue pas aux dés », 2012.

Le lanceur d'alerte, Hervé Falciani, a révélé comment HSBC avait organisé un système de fraude fiscale véritablement « industriel » pour attirer de riches contribuables français en Suisse.

Globalement, 600 milliards d'euros feraient ainsi un voyage vers les paradis fiscaux et l'Etat français perdrait chaque année environ 70 milliards d'euros de recettes fiscales (entreprises du CAC 40 et grandes fortunes) selon Antoine Peillon, journaliste à la Croix[1].

Ces impôts qui étaient autrefois honorés par les grandes entreprises et qui ne le sont plus, réduisent les recettes fiscales et conduisent donc les gouvernements à accroître les impôts sur les autres contribuables. Ces nouvelles pratiques d'évasion fiscale constituent une atteinte à la justice fiscale, aux règles de droit, mais aussi une transgression des règles de concurrence : dans le cas français, en moyenne une PME s'acquitte d'un taux d'imposition réel de 42%, contre 25% pour une grande entreprise et moins de 8% pour une multinationale (cf. Commission des Finances de l'Assemblée Nationale).

Ces sommes immenses soustraites aux circuits officiels et qui résultent de « l'optimisation fiscale », des fortunes honteuses, de l'argent sale etc. **vont s'abriter dans le système bancaire parallèle (« shadow banking ») et notamment dans les « paradis fiscaux ».**

Ce joli terme a fini par susciter la curiosité de chercheurs, d'organismes (« Réseau pour la justice fiscale ») et d'institutions internationales (FMI, OCDE etc.).

Il concernerait environ 45 pays d'accueil et seulement 8 millions de déposants (soit 0,14% de la population de la planète). Mais les sommes ainsi logées seraient gigantesques, même si les estimations sont encore approximatives : environ 7.000 milliards d'euros selon le spécialiste Gabriel Zucman[2], de l'ordre de 20.000 milliards d'euros selon l'ancien économiste en chef du McKinsey, James S. Henry[3].

Gabriel Zucman, professeur à la London School of Economics, s'est livré à un inventaire détaillé des paradis fiscaux. Environ 8 % du patrimoine financier mondial y serait logé (notamment en Suisse) et proviendrait principalement d'Europe, d'Asie, des Etats-Unis et des pays du Golfe persique.

---

[1] « Ces 600 milliards qui manquent à la France », 2012.
[2] « La Richesse cachée des nations », Le Seuil, 2013.
[3] « The Price of offshore revisited », 2012.

Pendant des décennies, les mesures prises par les Etats, le G20, l'OCDE (liste noire) ou l'Europe (Directive épargne de 2005) sont restées lettre-morte car peu contraignantes. Bien des banquiers ont créé des sociétés-écrans au Panama ou aux îles Vierges afin de protéger les gros clients.

C'est la loi américaine de 2010, FATCA (Foreign Account Tax Compliance Act) qui a modifié le rapport de force en obligeant les banques étrangères à envoyer chaque année au fisc la liste de leurs clients américains, sous peine de se voir infliger une taxe de 30% sur leurs transactions financières.

Cette mesure a été réellement appliquée et a conduit de nombreux pays de l'OCDE (dont la France) a exigé des paradis fiscaux, à partir de 2018, un échange automatique de données bancaires. Cela permettra peut-être aux pays européens de réduire cette immense fuite des capitaux (plus de 2.000 milliards d'euros). A terme, la solution consisterait, selon G. Zucman, à créer un cadastre financier mondial qui permettrait de recenser les différents placements, surveiller les flux des capitaux internationaux et lutter plus efficacement contre le blanchiment d'argent.

Dans le sillage des réformes économiques de Deng Xiaoping, à partir de 1992, les nouveaux milliardaires chinois imiteront leurs cousins occidentaux et placeront leurs petites économies dans les paradis fiscaux des îles Vierges britanniques ou des îles Caïmans, via les banques de Hong Kong. L'ONG Global Finance Integrity évaluera ces sorties illicites de fonds chinois à près de 1.000 milliards d'euros.

Les organismes de contrôle des banques considèrent par ailleurs que l'ensemble du « shadow banking » concernerait environ 4.000 banques, 2.000 fonds spéculatifs et 2 millions de sociétés écran. Près de la moitié des flux financiers transiteraient par le shadow banking.

La déréglementation a permis l'apparition puis le développement de pratiques condamnables d'un point de vue éthique et qui faussent les règles de la concurrence.

Ces circuits plus ou moins opaques faciliteraient le développement d'un immense marché souterrain et mafieux.

Selon le FMI, entre 500 et 1.300 milliards d'euros seraient blanchis chaque année (drogues, prostitutions, contrefaçons, trafics de travailleurs, d'organes humains, d'espèces protégées, de déchets toxiques etc.). Ces marchés ont proliféré avec les politiques de déréglementation : des billets de banque « sales » ont pu être recyclés et dématérialisés pour devenir des profits légaux. Ce système mafieux accroît les trafics d'armes, la criminalité, l'insécurité.

Certes, le système capitaliste n'est pas à l'origine du crime mais il encourage son développement.

Le rapport de l'OCDE (décembre 2014) sur la corruption transnationale (étude des 427 affaires de corruption transnationales depuis février 1999) révèle que la corruption émane avant tout des grands groupes internationaux (60% des cas) et qu'elle concerne en priorité les grands pays occidentaux (Etats-Unis, Allemagne, Corée, Italie, France…).

Les Etats (34 membres) ont pris conscience de l'ampleur de ce phénomène et ont créé en 1989 le Groupe d'Action Financière (GAFI), sous l'égide de l'OCDE, en liaison avec le FMI et la BIRD. En France, la cellule de traitement du renseignement et d'action contre les circuits financiers clandestins (TRACFIN) a été créée en 1990, au ministère de l'économie et des finances, avec la collaboration des banques. Là encore, la lutte est inégale entre un Etat régulateur (par intermittence) et des marchés aussi souterrains que prospères.

Or ces circuits pernicieux sont encore aggravés par la situation sociale qui ressemble de plus en plus à celle qui a précédé 1929. Les inégalités croissantes de revenus provoquent à la fois des bulles spéculatives « en haut » et une stagnation du pouvoir d'achat des travailleurs « en bas ».

Il faut donc relancer la machine économique, non par l'accroissement des salaires, mais par le crédit… C'est ainsi que sont promus aux Etats-Unis les crédits hypothécaires accordés aux ménages sur des périodes de 30 ans, pour l'acquisition immobilière et garantis par des organismes financiers (Fannie Mae et Freddie Mac). Ces crédits sont d'abord accordés à des clients solvables (« prime rate »), puis à des clients de moins en moins solvables (« subprime »). Pour attirer les clients, les conditions proposées sont illusoires : taux extrêmement faible en début d'amortissement (« teaser rate »), assiette de crédit très large (couvrant la maison mais parfois aussi les meubles etc.), différés injustifiés. Après une période d'euphorie, les emprunteurs doivent faire face à des échéances de plus en plus lourdes (puisque l'emprunt en capital s'est accru pendant la période de différé).

Les crédits « subprime » ont représenté jusqu'à 40% des crédits hypothécaires, ils ont été classés AAA par les agences de notation, ils ont permis une augmentation spectaculaire de la production bancaire, ils ont été vendus et diffusés par la voie de la titrisation, ils ont permis le développement de véhicules dans les hedge funds, les paradis fiscaux.

Les plus grands excès financiers ont été commis aux Etats-Unis, c'est de ce pays que procède la crise.

L'Etat s'endette massivement auprès de la Chine, des pays pétroliers, de l'Allemagne ou du Japon pour financer le déficit croissant du commerce extérieur.

Dans le courant de l'année 2006, la Federal Reserve (FED) doit relever ses taux directeurs, compte tenu de cet endettement, le marché immobilier cesse de s'apprécier alors même que les ménages endettés doivent faire face à des échéances qui s'alourdissent. Certains vendent leur maison pour rembourser le prêt, le marché commence à baisser et la vente des biens ne permet plus de faire face au remboursement des dettes (capital + intérêts + frais contentieux). Le marché s'écroule, les biens sont saisis, les établissements spécialisés sont atteints à leur tour au début de l'année 2007. Deux hedge funds de la grande banque d'investissement américaine Bear Stearns, sont atteints.

L'Europe n'avait pas mis en place un système équivalent aux subprimes (certains dirigeants en avaient exprimé l'intention, mais ils avaient été pris de vitesse…). En revanche, de nombreuses banques européennes avaient acheté des titres adossés à des subprimes. La méfiance s'étend alors et le marché interbancaire (prêts de liquidités entre banques) se tarit brusquement. La banque britannique Northerm Rock est sauvée de la faillite par une nationalisation. Face aux résultats désastreux de grands patrons démissionnent (avec des parachutes dorés…).

En mars 2008, Bear Stearns est aussi sauvée de la faillite grâce à son rachat par JP Morgan. Puis Fannie Mae et Freddie Mac sont attaqués (ainsi que le dollar) et sont nationalisés en septembre 2008. Mais la panique s'accroît avec l'annonce de la faillite de deux banques d'affaires célèbres : Merrill Lynch et Lehman Brothers.

Le gouvernement américain dirigé par des Républicains (G. W. Bush président, Henry Paulson secrétaire d'Etat au Trésor, Ben Bernanke président de la FED), ne veulent pas que l'Etat intervienne trop dans la crise et ils décident d'abandonner Lehman Brothers à sa faillite. Le mécanisme de la titrisation est si opaque et si diffus, que la crise des subprimes se communique au monde entier (Fortis, HBOS, Hypo Real Estate, Dexia en Europe).

Le gouvernement américain fait alors marche arrière. Le plan Paulson propose que l'Etat rachète pour 700 milliards de dollars de créances toxiques, mais le plan est rejeté par le congrès comme une forme de « socialisme financier »… Finalement, c'est le plan britannique de Gordon Brown qui sera mis en œuvre dans le cadre du G20 : injection des liquidités pour relancer le marché inter-bancaire, rachat des titres toxiques par les Etats, garantie des financements à moyen terme.

Le sauvetage du système financier des pays du G20 va représenter la somme énorme de 12.000 milliards de dollars, si l'on agrège la totalité des interventions[1]. Pour situer une masse aussi élevée, rappelons qu'elle représente environ six années de production totale (PIB) d'un pays comme la France…

L'effort principal vient des banques centrales qui ont injecté environ 5.000 milliards de dollars de liquidités et qui ont baissé progressivement leurs taux de 4% (taux du marché) à 1% ou 0% (taux à perte).

Les Etats ont apporté du capital aux banques, ont garanti les engagements et ont parfois racheté les actifs toxiques.

Pour la première fois depuis 1945, l'économie mondiale régresse en 2009, la croissance du PIB qui était de 5% environ en 2008 tombe à -1%. Le nombre de chômeurs de l'OCDE s'accroît d'environ 15 millions de personnes en 2009 et près de 25 millions en 2010. Le marché immobilier s'effondre, aux Etats-Unis mais aussi en Espagne ou en Grèce. La crise des fonds de pension constitue un désastre pour les retraités (notamment américains ou britanniques) qui dépendent des retraites par capitalisation. La restriction des crédits (« credit-crunch ») conduit à une multiplication des faillites des entreprises (+ 54% en 2008 aux Etats-Unis) et à une réduction des investissements. Le commerce mondial se contracte (baisse de plus de 12% en 2009) et les pays émergents sont à leur tour atteints par la crise. La malnutrition dans les pays les plus pauvres repart à la hausse ; 100 millions de personnes supplémentaires souffrent de la faim en 2009 selon la FAO.

La plupart des gouvernements et des commentateurs considèrent que le plan de sauvetage des banques va permettre une reprise de l'économie. Ils oublient le problème de l'endettement des Etats (notamment des Etats-Unis et des Etats européens), des banques (qui éprouvent maintenant des doutes sur la réalité de leurs actifs), des entreprises (qui connaissent des problèmes de trésorerie) et des ménages (surendettés dans les pays anglo-saxons).

La crise bancaire a donc été transformée en une crise de dette publique, ce que l'opinion publique résume avec sagesse « les profits sont privés, les déficits sont publics ».

La question de la dette va donc devenir le grand sujet de réflexion et d'inquiétude.

[1] Cf. l'évaluation d'Alternatives Economiques, La Crise, avril 2010.

Certes, l'endettement est vieux comme le monde[1]. Une loi juive de l'époque de Moïse prévoyait une annulation des dettes tous les sept et cinquante ans, le Jubilé.

Le système capitaliste s'est toujours développé par le crédit, donc par la dette. Seuls les régimes communistes, qui promettaient à leurs enfants des jours radieux, ne voulaient pas utiliser cet « artifice » qui rejetait l'effort sur les générations à venir. De même, les banques islamiques appliquent les préceptes du Coran, d'ailleurs proches des premiers dogmes du christianisme, et interdisent « le gain sans effort » (« riba »), donc le taux d'intérêt et lui préfèrent la participation aux résultats. Elles ont ainsi échappé en partie à la crise financière, profitant il est vrai de la manne pétrolière. Mais dans l'ensemble le monde a vécu à crédit et il est intéressant d'évaluer, de situer le poids de la dette publique.

L'histoire de France est riche en la matière : Saint-Louis endettant lourdement le pays pour financer les croisades et guerres de religion, Philippe IV Le Bel, faux monnayeur à ses heures, persécutant les Juifs et les Templiers pour s'emparer de leurs richesses, Louis XIV laissant son pays dans un état si exsangue que les budgets des dix années suivantes étaient déjà dépensés, le déficit chronique sous Louis XV (300 millions de livres de recettes contre 400 millions de dépenses cf. Arnaud Orain), le désastre financier des guerres napoléoniennes. La dette publique représentait l'équivalent du PIB à la fin du XIXe siècle et près de 250% à la suite des deux guerres mondiales[2].

Aujourd'hui les dettes publiques des Etats-Unis, de l'Angleterre ou de la France sont voisines de 100% du PIB, mais plus de 200% au Japon.

Or les conditions économiques ne sont plus les mêmes. Pendant la période des Trente glorieuses, les dettes aussi bien publiques que privées étaient atténuées par une croissance économique soutenue et par l'inflation (en France, l'inflation atteint même environ 14% à la fin du mandat de V. Giscard d'Estaing).

Les crises pétrolières des années 70, l'ouverture des marchés, la concurrence internationale vont conduire les Etats occidentaux à livrer des guerres commerciales. Les Etats vont financer les grands contrats et couvrir les risques commerciaux.

Par ailleurs, la montée en puissance des pays émergents, les délocalisations vont aussi contraindre ces Etats à des plans de sauvetage (mines, sidérurgie

[1] Cf. David Graeber « Dette. 5.000 ans d'histoire », 2013, Edition Les liens qui libèrent.
[2] Cf. « La dette publique dans l'histoire », G. Beaur.

par exemple) et à de grands programmes d'investissements (défense, nucléaire, informatique, aviation, télécommunication etc.). Enfin les crises économiques augmenteront les charges sociales (chômage, retraite etc.).

La dette publique française, encore modérée sous les mandats de V. Giscard d'Estaing et F. Mitterrand, s'accroît régulièrement puis de façon plus brutale avec l'emprunt Balladur et avec le quinquennat de N. Sarkozy (elle passe de 64% à 90% du PIB, sous l'effet du bouclier fiscal, des niches fiscales et de la crise bancaire).

Or ce sujet de la dette a été présenté de façon biaisée par les ultra-libéraux.

La chronologie de cette crise est pourtant connue. Les réformes ultra-libérales conduites à partir des années 1970-80, la déréglementation généralisée et la mondialisation ont conduit à une succession de crises et finalement à la crise de 2008. Les multinationales ont pleinement profité du vide créé, elles ont échappé largement à l'impôt et ont joui des paradis fiscaux.

Cette crise financière n'a pu être soldée que par l'action publique, donc la dette publique. Mais comme le constate David Graeber les liquidités massives accordées aux banques n'ont pas accru les crédits aux entreprises mais ont permis de nouveaux profits spéculatifs sur les marchés. « La dette est le ferment des révolutions » dit-il. En effet, le coût énorme de ces dysfonctionnements (optimisation fiscale, paradis fiscaux, aides bancaires) repose maintenant sur la dette publique, donc sur les contribuables.

Le comble de l'époque que nous vivons est que les ultra-libéraux, loin de reconnaître leur responsabilité dans la crise, vont reprendre l'offensive.

Selon eux, les déficits et les dettes résulteraient de l'Etat providence, des aides sociales et familiales.

Or l'analyse des finances publiques sur une période suffisamment longue montre que ce ne sont pas les charges qui ont tellement augmenté mais les recettes qui ont baissé…

Ainsi, en France, au cours des trente dernières années, les dépenses de l'Etat, par rapport au PIB sont restées stables.

En revanche, les multiples politiques de cadeaux fiscaux, de niches etc. ont réduit les recettes fiscales de plus de 5 points de PIB[1].

---

[1] Cf. Collectif pour un audit citoyen de la dette publique, CAC.

Cette politique de multiplication des cadeaux fiscaux aux plus fortunés a été aggravée par le coût de la crise bancaire et par l'optimisation fiscale des multinationales. Si ces entreprises réglaient normalement leurs impôts, les Etats occidentaux équilibreraient leurs budgets.

Certes, les pouvoirs publics (Etat, services publics, collectivités locales) ne doivent pas échapper à une analyse critique de leur fonctionnement. L'argent public doit être distribué avec clairvoyance et efficacité. Il n'est pas interdit de penser que l'administration puisse s'inspirer de bonnes méthodes de gestion des entreprises. L'Etat ne peut plus être considéré comme à l'époque de la royauté, il doit être au service du peuple et doit répondre de son action.

De même, la Sécurité Sociale doit aussi évoluer. Son succès est immense et s'est traduit par une amélioration de la santé et un accroissement de la longévité de toute la population française. Mais le niveau de vie moyen des habitants s'est amélioré depuis 1945 et il n'est pas absurde que les assurés sociaux participent davantage aux dépenses de santé (notamment pour les médicaments). L'effort de l'Etat doit être complété par un effort individuel.

Une bonne utilisation des deniers publics repose donc sur des réformes de gestion et une responsabilisation des fonctionnaires comme des citoyens.

Pour autant, lorsque les ultra-libéraux cherchent à occulter l'évasion fiscale et à culpabiliser les citoyens, ils sont cyniques… et logiques avec eux-mêmes. D'une part, ils disculpent ainsi les grands groupes qui les dominent et parfois même les emploient, d'autre part ils savent que la destruction des allocations sociales (santé, chômage, famille, retraite etc.) permettrait l'apparition d'organismes privés, l'élargissement de la société marchande et des dividendes pour les actionnaires (même si le coût final est plus élevé pour les individus).

Nous assistons à un déni des causes de la crise bancaire, économique, sociale et budgétaire. C'est une reprise en main de l'opinion publique.

Ainsi, le lobby américain « Business Roundtable » qui défend les intérêts des grands groupes (General Electric, Coca Cola, Goldman Sachs, Boeing, Walmart etc.) s'oppose aux travaux de l'OCDE de lutte contre les paradis fiscaux.

Si les institutions internationales et les Etats protégeaient vraiment les citoyens, ils pourraient mettre un terme au shadow banking, aux paradis fiscaux, à l'évasion fiscale et règleraient du même coup le problème des déficits publics.

Le dernier aspect de cette crise porte sur la compétitivité internationale.

Globalement, selon le FMI, la part des pays développés dans le PIB mondial (à parité de pouvoir d'achat) est passée de 63% en l'an 2000, à 57% en 2007 et autour de 50% en 2013.

L'instauration progressive depuis les années 70/80 d'un marché mondial dérégulé a permis aux grands groupes capitalistes de s'installer là où les profits étaient les plus élevés, parfois de façon soudaine, brutale. L'argument des « coûts comparatifs » a été déterminant et le pouvoir dominant a toujours mis en avant la distorsion du coût du travail entre le travailleur occidental et le travailleur chinois par exemple, afin d'exercer une pression sur le premier.

La réalité objective est plus complexe car les pays développés présentent des avantages comparatifs évidents : stabilité politique, Etat de droit, qualification des travailleurs, niveau de la recherche, existence de « clusters » (pôles régionaux ou sectoriels), système financier performant, infrastructures modernes (ports, aéroports, télécommunications, routes etc.), distribution régulière de l'énergie, de l'eau etc. A l'inverse, les pays émergents ou en voie de développement connaissent des handicaps récurrents : climats difficiles (sècheresse, moussons etc.), maladies non éradiquées, instabilité politique, ports parfois bloqués, routes et pistes hors d'état, coupures d'électricité, d'eau etc. Mais les grands groupes internationaux vont souvent privilégier ces pays pour d'autres raisons : exploitation sociale éhontée mais acceptée (femmes, enfants, ruraux, prisonniers etc.), absence ou non-respect des règles sociales ou environnementales, circuits financiers opaques etc.

Si le pouvoir oligarchique dominant était sincère il dirait aux travailleurs occidentaux : « nous ne sommes plus compétitifs, il faut donc réduire tous les coûts des facteurs, les salaires donc, mais aussi les rémunérations des dirigeants, les dividendes des actionnaires et il faut investir dans les secteurs d'avenir, les énergies renouvelables etc. ».

Dans la réalité, ce pouvoir pèse sur les salaires des travailleurs, mais continue de favoriser les hauts revenus et la rémunération du capital et surtout n'investit plus… Globalement, depuis une dizaine d'années en Occident, la formation brute du capital fixe est atone…

L'illusion de cette politique a été révélée dans les faits récents[1] : dans les pays développés les profits ont considérablement augmenté entre 2000 et 2009 mais les investissements ont stagné. En fait, les profits ont été transformés en dividendes (29% en 2000, 36% en 2009) et non en investissements productifs. Les travailleurs ont été sacrifiés, les

---

[1] OIT : « Making Markets Work for Jobs ».

investissements et la recherche aussi. Le profit immédiat a primé sur le développement.

Nous assistons ainsi au même processus que dans les années 1930 avec des politiques d'austérité et de réduction des services publics conduites aux Etats-Unis (Hoover) comme en France (Laval) ou en Allemagne (H. Brüning), qui avaient provoqué la déflation, la chute des investissements, la stagnation.

Une étude financière récente sur la France, conduite par des chercheurs de l'Université Lille 1 (« Le coût du capital et son surcoût », janvier 2013), confirme notre propos. Sur une période suffisamment longue pour mériter une analyse approfondie, 1950-2010, il apparaît que le taux de marge des entreprises françaises[1] a légèrement baissé entre 1950 et 1980, (de 28% à 23% environ), puis a connu une période faste de 1986 à 2008 (plus de 30%), avant de décliner avec la crise (environ 28%).

Or les entreprises françaises, dans les années 70 consacraient deux fois plus d'argent à leurs investissements nets qu'à leurs actionnaires. Aujourd'hui le rapport est inversé : les entreprises consacrent deux fois plus d'argent à leurs actionnaires qu'aux investissements.

Ainsi l'argument majeur du patronat et des économistes conservateurs est contredit par les faits.

Dans la période des Trente glorieuses les entreprises investissaient malgré un taux de marge assez faible, parce que la demande était forte. Leur taux de marge s'est considérablement accru entre 1986 et 2008 et les investissements ont baissé de façon spectaculaire.

Le vrai problème des entreprises françaises ne vient donc pas du coût excessif du travail qui pèserait sur les marges mais bien de la rémunération élevée des actionnaires au détriment des investissements et de la recherche-développement. Depuis 2002, le budget « R.D » des entreprises françaises n'a jamais dépassé 1,4% du PIB, contre 2% aux Etats-Unis, 2,8% en Suède. Ces mêmes entreprises françaises s'équipent 7 fois moins que les entreprises allemandes en robots industriels (cf. Michel Aglietta).

D'autres facteurs ont nui à la compétitivité des entreprises françaises : rigidité de certaines entreprises trop centralisées et hiérarchisées, quasi-inexistence d'une culture d'exportation (mauvaise connaissance des marchés extérieurs, faiblesses linguistiques), faible innovation, exploitation des sous-

[1] Excédent brut d'exploitation rapporté à la valeur ajoutée brute.

traitants, PME trop repliées sur leur territoire, fiscalité, manque de soutien des banques etc. (cf. Rapport Gallois).

D'ailleurs des études américaines récentes ont révélé que la croissance des entreprises avait pour origine la qualité des produits (environ 60%), la variété des produits (plus de 20%) et enfin des coûts inférieurs (moins de 20%). Ce qui relativise ce dernier facteur[1].

Depuis les années 70-80 les entreprises occidentales ont eu tendance à rémunérer leurs actionnaires plutôt qu'à investir. C'est le coût du capital qui pèse de plus en plus. Quant aux investissements, ils sont réalisés ailleurs…Les gouvernements occidentaux ont mis en place des plans de sauvetage d'entreprises, de secteurs, de régions sinistrées, ils ont promu de nouvelles filières, ils ont cherché à panser les plaies, à relancer la machine comme si la crise était sectorielle, ponctuelle, provisoire.

Mais le mal est bien plus profond.

Cette économie actionnariale qui se mondialise s'est traduite par une concentration des grandes entreprises. Entre 1992 et 2010 les cent premières entreprises cotées sur la place de Paris Euronext ont pratiqué 98% des levées de fonds… Les mêmes pourcentages sont observés à l'échelle européenne.

L'esprit de rente, de profits immédiats, l'emporte sur l'esprit de travail, d'innovation, d'investissement[2].

L'absence de grands programmes économiques innovants conduit à un ralentissement de la croissance, à une baisse de la productivité par tête. La révolution informatique a modifié les modes de vie mais n'a pas provoqué d'effet massif en termes de productivité.

Enfin, la mondialisation et la crise ont révélé un élément historique majeur et troublant.

Le capitalisme peut abandonner l'Europe et même l'Occident. C'est la fin d'une illusion.

En effet, le système capitaliste est né et s'est développé en Europe puis aux Etats-Unis. Ce système est devenu un instrument de domination du monde par l'Occident : commerce triangulaire, traite des noirs, exploitation coloniale des matières premières, des minerais et des ressources énergétiques, révolutions technologiques et énergétiques, guerres de

[1] Cf. Hélène Rey, London Business School.
[2] Cf. Pierre-Yves Gomez « Le travail invisible, enquête sur une disparition », Editeur François Bourin.

conquête des marchés, poids prédominant des multinationales occidentales dans l'économie mondiale…

D'où l'idée largement répandue dans l'opinion publique que le capitalisme était la chose de l'Occident et que ce capitalisme qui incitait les hommes à se battre pour leur entreprise, pour leur pays, était lui aussi patriote.

Erreur fatale…

Le capitalisme a pour ressort l'argent et non la patrie, il se déplace là où le profit l'appelle.

Les faits sont difficiles à accepter pour les gouvernements comme pour les populations et pourtant ils sont incontestables.

La mondialisation est conduite par une oligarchie qui agit en fonction de ses intérêts propres. C'est le rendement du capital qui détermine tout. C'est le pays le plus offrant financièrement, le moins regardant socialement et écologiquement qui bénéficie des « bienfaits » de la mondialisation. Les pays et les peuples sont mis en concurrence. Le marché du travail s'ajuste par le bas.

Le pays qui conduira des « réformes », sous-évaluant sa monnaie, réduisant les avantages sociaux, encourageant la précarité, limitant les services publics, offrant des avantages fiscaux, sera considéré comme un « modèle » par les marchés, les agences de notation, les médias complaisants.

C'est ce pays qui effectivement améliorera sa compétitivité et gagnera des parts de marché. En attendant, évidemment, qu'un pays encore plus « réformiste » aille au-delà dans l'abaissement des droits humains et le supplante comme nouveau modèle.

C'est ainsi que le marché mondial se constitue pour le plus grand profit d'une oligarchie qui déplace ses pions en fonction des situations, des conjonctures, des réformes, du dumping social.

Le débat sur la compétitivité est en fait un débat sur la docilité des peuples. L'économie ne vise plus à répondre aux besoins des êtres humains, elle est un instrument de conquête au service des puissants.

Certes, ces mouvements capitalistiques connaîtront des soubresauts : tel pays émergent considéré comme un modèle pourra devenir un paria à la suite d'une crise politique, économique, financière. Tel pays européen condamné pour sa dette pourra retrouver la grâce des marchés après une période d'austérité sociale. Mais le masque est tombé : le capitalisme n'est pas occidental, il est intéressé. Adam Smith, lui-même, avait pressenti ce risque, mais il espérait que « la main invisible » empêcherait les entrepreneurs anglais de trahir leur pays.

Cette mise en concurrence des peuples et des Etats, au profit de l'oligarchie, constitue un formidable retour en arrière et interdit quasiment le progrès social.

Chapitre 2-2. *Les contradictions sociales*

« Comment vont les pauvres ? Comme un savon, toujours en diminuant… ».
Jonathan Swift.

*

L'analyse de ces contradictions.

La monarchie de droit divin et la division sociale figée en trois ordres n'étaient guère propices au progrès. L'apparition, dès le Moyen Âge, d'artisans, de commerçants, de propriétaires terriens, de petits entrepreneurs, de banquiers permit de moderniser l'agriculture (« improvement », « enclosures »), de dégager de la main d'œuvre, de diversifier l'artisanat, de développer les villes, de multiplier les foires, de stimuler les échanges européens, de financer de nouvelles activités et d'inventer notamment la « proto-industrie » (artisanat à domicile en milieu rural pour le compte d'entrepreneurs installés dans les villes), puis les ateliers, les factures, les usines. C'est cette nouvelle classe qui obtint l'autonomie des villes, des lois favorables au commerce et à l'industrie et surtout le soutien des Etats (mercantilisme) pour conquérir des marchés à l'étranger (traite des noirs, commerce triangulaire, création de comptoirs avec le soutien militaire).

C'est ainsi qu'est né le système capitaliste. Les individus n'appartiennent plus à un ordre immuable. La nouvelle répartition sociale est beaucoup plus dynamique que l'ancienne mais elle est aussi plus conflictuelle. Dans le processus de production, certains détiennent le pouvoir, le capital, la terre ou l'usine, d'autres apportent leur force de travail. Les capitalistes vont utiliser ce marché déséquilibré pour accroître leur richesse et accentuer leur pouvoir. Un Etat à leur disposition, des lois, des mécanismes et une justice en leur faveur, des médias qui sont leur propriété, vont permettre aux capitalistes d'imposer à la fois leurs intérêts et une « culture dominante ».

Face à cette société à la fois dynamique et conflictuelle Karl Marx élabore sa célèbre théorie de la lutte des classes qui serait le moteur de l'histoire. « Homme libre et esclave, praticien et plébéien, baron et serf, maître de jurande et compagnon, bref oppresseurs et opprimés, en constante opposition les uns les autres, ont mené une lutte ininterrompue, tantôt dissimulée, tantôt ouverte, une lutte qui, chaque fois, finissait par une transformation révolutionnaire de la société toute entière ou par la disparition commune des classes en lutte » (Karl Marx et Friedrich Engels « Manifeste du parti communiste », 1848).

Le capitaliste opère une « plus-value » sur le travailleur dans le processus de production : son profit est supérieur à la seule rémunération de ses apports.

« Le caractère distinctif du communisme n'est pas l'abolition de la propriété en général, mais l'abolition de la propriété bourgeoise » : la propriété privée des biens de production qui permet d'asservir le travail d'autrui.

A vrai dire, cette vision de la lutte des classes était si évidente au XIXe siècle que K. Marx reconnaissait lui-même qu'il s'était inspiré des travaux des historiens libéraux tels qu'Augustin Thierry, François Guizot ou Louis A. Thiers. La condition ouvrière était si épouvantable (épidémies de choléra, malnutrition, alcoolisme, criminalité etc.) que deux termes étaient associés « les classes laborieuses et dangereuses ». Louis-Philippe confia une étude, sur l'état physique et moral des ouvriers employés dans les manufactures, à un médecin militaire conservateur, Louis-René Villermé.

Le rapport de ce dernier (1840) ne remet nullement en cause le travail des enfants et il reprend même les arguments du patronat « l'emploi des enfants est d'une nécessité absolue : c'est d'abord une économie, et d'ailleurs la tâche qui leur est confiée exige une délicatesse dans les doigts pour rattacher les fils et une souplesse du corps pour se glisser sous les métiers, qu'on ne rencontre pas chez les adultes ». Néanmoins, il dresse un tableau effrayant de l'hygiène qui règne dans les fabriques et il relève que les enfants de 6 à 11 ans travaillent de 12 à 14 heures, leur épuisement est tel après de telles journées (ou de telles nuits) qu'ils ne sont pas en état de bénéficier d'une instruction, notamment religieuse.

Cette misère sociale se traduit aussi par une malnutrition, une recrudescence des maladies dans les quartiers populaires, l'alcoolisme (l'absinthe notamment), la violence et l'insécurité. Laure Adler qui a étudié la prostitution dans les quartiers pauvres et les maisons closes de la bourgeoisie dresse le constat que la prostitution s'est considérablement développée au XIXe siècle avec le triomphe du capitalisme.

Nous avons déjà vu que la prise de conscience de cette situation potentiellement révolutionnaire avait débouché sur des grèves, des manifestations, puis des lois sociales qui avaient probablement permis d'éviter le Grand soir.

Plus tard, la naissance de l'Union soviétique, la crise de 1929, la montée du fascisme, la Seconde Guerre mondiale, les nécessités de la reconstruction conduisirent à nouveau le système capitaliste à faire des concessions qui furent à l'origine des « Trente glorieuses ».

C'était l'époque joyeuse où la croissance économique des pays occidentaux était élevée (alors que la famine et la misère régnaient encore sur près des deux tiers de la planète), les salaires augmentaient, la société de consommation se popularisait et les travailleurs commençaient à participer à la direction de l'entreprise (comités d'entreprise, cogestion à l'allemande, stratégies d'entreprise etc.).

Face à un système soviétique qui apparaissait de plus en plus dictatorial et sclérosé, le capitalisme se présentait sous ses plus beaux atours.

Les critiques qui étaient venues des milieux marxistes, socialistes, anarchistes, chrétiens sociaux, et qui avaient permis les réformes, pouvaient paraître dépassées, démodées, poussiéreuses…

Or nous avons assisté au basculement des années 70-80 et au retour en force du « néo-conservatisme américain ». Il fallait en finir avec la guerre du Viêtnam qui paralysait les Etats-Unis, il fallait étouffer les mouvements contestataires de 1968, il fallait museler les partis réformistes et les syndicats, il fallait endiguer l'expansion communiste par la lutte économique et la course aux armements, il fallait réduire la concurrence nipponne et européenne en surenchérissant le prix du pétrole, il fallait restaurer le capitalisme traditionnel et l'imposer à l'échelle mondiale.

Ce qui fut fait.

Il ne faut donc pas se tromper d'époque. Les espoirs nés du capitalisme réformateur évoluant vers plus de social et de démocratie sont morts avec les Trente glorieuses.

Le capitalisme est mondial, il s'est débarrassé de son concurrent soviétique, il a réduit les forces d'opposition, il impose son idéologie dominante et il retrouve ses racines originelles.

La célèbre exclamation de Warren Buffett sur la lutte des classes prend tout son sens.

Les faits sont là.

Aux Etats-Unis, entre 1980 et 2005, les revenus (après impôts) ont augmenté de 9% environ pour les 20% les moins riches et de 69% pour les 20% les plus riches et même de 176% pour le top de 1%[1].

En France, la part des salaires et des cotisations dans le PIB a chuté de 78% en 1982 à 66% en 2004 [2]. Chaque année, ce sont environ 200 milliards d'euros qui ont été transférés des travailleurs vers les actionnaires.

Le classement Forbes des milliardaires en dollars en recense 140 en 1990, 793 en 2009 et 1.011 en 2010…

Les 1% les plus riches de la planète posséderont plus que les 99% restants en 2016 (ONG-Oxfam).

L'autre côté de la médaille est actualisé par un ouvrage de Martin Hirsch[3] : en France, un quart des assurés sociaux renoncent à des soins pour des raisons financières, 20% de chaque génération sort du système scolaire sans diplôme, une personne sur sept vit sous le seuil de pauvreté, au cours des vingt dernières années 80% des salariés ont vu leur situation stagner ou se dégrader.

La jeunesse aussi est sacrifiée. Les politiques de lutte contre l'inflation et de protection des épargnants vont profiter à tous ceux qui détiennent un patrimoine et des titres financiers. Les crises économiques, provoquant une augmentation du chômage (en France, 1975, 1984, 1992, 2000 et 2008) vont frapper en priorité les jeunes. Enfin, l'action de l'Etat et des syndicats va surtout viser à préserver les droits acquis.

Cette combinaison des forces du marché et des mesures sociales va protéger les générations nées antérieurement à 1970 et qui ont pu se doter d'un patrimoine mais elle va sacrifier les nouvelles générations, particulièrement en France et dans les pays méditerranéens.

Les jeunes vont devoir vivre avec le chômage, la précarité, des stages indécents, des baisses de salaires nets pour les nouveaux entrants, des contrats à durée déterminée, une menace permanente de licenciement, une absence de réserve financière et de patrimoine[4].

Le système économique n'investit plus, le système social se sclérose.

---

[1] 2007 « The Economic Mobility Project ».
[2] Etat de la France, OFCE, 2007, Eric Heyer.
[3] « Sécu : objectif monde. Le défi universel de la protection sociale », Stock, 2011.
[4] Cf. « Generational Inequalities and Welfare Regimes », Revue Social Forces, juin 2014, Louis Chauvel et Martin Schroder sociologues.

Deux études de l'OCDE viennent corroborer cet accroissement des inégalités sociales dans l'ensemble des 34 pays membres. La première, de Federico Cingano, indique que le revenu des 10% de la population les plus riches est en moyenne 9,5 fois plus élevé que celui des 10% les plus pauvres. Ce ratio n'était que de 7 dans les années 80.

De même, le coefficient de Gini, qui s'échelonne de 0 en cas d'égalité parfaite des revenus à 1 si tout le revenu est concentré sur un seul individu, montre qu'une forte détérioration s'est produite au Mexique (0,50), aux Etats-Unis (0,40), en Israël ou au Royaume-Uni, alors que ce coefficient est resté assez stable en Norvège ou au Danemark (0,25).

Ces études conduisent à la conclusion que lorsqu'une partie de la population (de 10 à 40%) se trouve ainsi déclassée, les effets sur la santé, l'éducation, la mobilité sociale et professionnelle sont tels qu'ils provoquent un retard de croissance économique global. Ce coût est évalué à 10 points de croissance au Mexique, 9 au Royaume-Uni, 7 aux Etats-Unis sur la période considérée (1985-2011). Tout est donc lié. Les distorsions sociales entraînent des conséquences économiques et même des crises. L'économiste Arthur Okun a élaboré le concept de « croissance potentielle » tenant compte des capacités de production d'un pays. Dès lors que des crises sociales ou économiques surgissent, les capacités de production (humaines, techniques, financières etc.) ne sont plus utilisées de façon optimale et le pays décroche par rapport à sa croissance potentielle.

A l'échelle mondiale, les distorsions s'accentuent. Les travaux de l'historien A. Maddison[1], confirmés par les rapports du PNUD, montrent que vers 1820 le PIB par habitant en Europe occidentale était supérieur de près de 3 fois à celui des habitants des autres continents. Aujourd'hui le PIB par habitant est supérieur à 40.000 dollars pour les 17 pays les plus riches et de l'ordre de 500 dollars pour les 17 pays les plus pauvres. Les écarts se creusent entre pays, entre zones, entre classes sociales.

Certaines de ces classes profitent pleinement du système : hommes d'affaires, actionnaires, cadres dirigeants.

D'autres en bénéficient partiellement : sous-traitants, habitants des zones côtières en expansion ou des grandes villes.

La majorité est exclue : ouvriers et employés mis en concurrence, travailleurs précaires, petits paysans, travailleurs des usines délocalisées des zones sinistrées etc.

---

[1] « L'économie mondiale. Une perspective millénaire », OCDE.

La mondialisation voit coexister l'exubérance des nouveaux riches et l'exploitation des enfants, des femmes, des paysans urbanisés etc.

L'ONU évalue le nombre de pauvres (en juillet 2014) à plus de 2 milliards d'individus.

Comme au XIXe siècle… La question des inégalités sociales revient d'actualité.

Ce « retour des riches » a été étudié par des sociologues, des économistes, des fiscalistes. Le phénomène dure depuis plus de trente ans et s'est accru lors de la dernière décennie (voir les ouvrages de Thomas Piketty, Camille Landais, Emmanuel Saez, Monique Pinçon-Charlot ou Michel Pinçon). L'INSEE confirme que les inégalités de patrimoine se sont encore plus accentuées que les inégalités de revenus. Environ 10% de la population détient la moitié du patrimoine alors que les 50% les moins riches se partagent 7% des richesses.

Thomas Piketty constate une sorte de loi tendancielle du patrimoine : sur le long terme le rendement du capital est de l'ordre de 4 à 5% par an, alors que la croissance économique globale ne dépasse guère 1 ou 2%. Ainsi les fortunes s'accroissent et se concentrent naturellement. Les grandes fortunes proviennent plus souvent de l'héritage que du travail et du mérite. Le creusement des inégalités avait été freiné après 1918 par des réformes fiscales (impôt progressif sur les revenus ou les successions par exemple), mais il a repris depuis les années 1970 (cf. « Le capital au XXIe siècle », Le Seuil, 2013).

Comme pour lui donner raison les entreprises du CAC 40 annoncent qu'elles ont augmenté les dividendes de 30% en 2014…

Le sociologue italien Raffaele Simone (« Le Monstre doux », Gallimard, 2010) montre que l'idéal de « gauche », l'idéal de la Renaissance et des Lumières, vers la démocratie, les libertés, la culture, l'éducation, la justice, le bien-commun, la solidarité a marqué notre civilisation mais il repose sur des concepts et exige la vertu.

Aujourd'hui l'écologie comporte les mêmes obligations : un effort à la fois collectif et individuel.

A l'inverse, la Droite a su reprendre les ressorts du capitalisme : consommation effrénée, goût du luxe, succès matérialisé par l'argent et la dépense, multiplication des plaisirs, des divertissements, des jeux, des sports, individualisme forcené, culte du « moi-je », du « coaching », du succès personnel, de la réussite facile et rapide, importance de la bourse, de la spéculation. Mépris de l'intérêt général, de la solidarité, des « salauds de pauvres assistés », de l'effort, de l'éducation, de la culture, de l'abstraction, désintérêt pour l'écologie, la biodiversité, la pollution, l'avenir de la planète. « Après moi, le déluge… ».

Le bouleversement politique et économique s'est accompagné d'un nouvel « esprit du temps » (La « Zeitgeist » de la philosophie allemande).

La culture dominante, voulue et instrumentalisée par l'oligarchie capitaliste et son pouvoir médiatique, repose sur l'individualisme, l'égoïsme, le plaisir, le consumérisme. L'idéologie de Droite a su faire jouer les ressorts primaires et les pulsions de l'être humain (« C'est à moi ». « Tout est tout de suite »), alors que l'idéologie de Gauche continue à faire appel aux grands principes moraux et aux idées de progrès. Or le monde actuel est sans doute composé de plus de consommateurs que de citoyens… Nous vivons une époque de capitalisme triomphant, de marché envahissant, d'égoïsme exacerbé et la « Zeitgeist » est bien de droite.

Les écrivains ont senti cette évolution. Ainsi Bernard Maris a voulu lire dans les ouvrages de Michel Houellebecq une dénonciation de l'hypernarcissisme, du nihilisme et du cynisme de notre époque : « la glu qui freine vos pas, vous amollit, vous empêche de bouger et vous rend si triste et si tristement minable est de nature économique » (cf. « Houellebecq économiste », Flammarion, 2014). Bernard Maris, économiste contestataire, participait au comité de rédaction de « Charlie Hebdo ». Il a été assassiné le 7 janvier 2015.

Ainsi les contradictions sociales du système capitaliste qui avaient été dénoncées au XIXe siècle, et qui avaient été en partie amendées durant les Trente glorieuses, doivent être réexaminées aujourd'hui.

La théorie marxiste de la lutte des classes faisait sourire naguère. Pourtant, malgré les réformes sociales, il restait incontestable que des rapports de classes existaient toujours. Entre le capitaliste qui possède les fonds de son entreprise, qui détient le pouvoir d'investir ou de licencier, qui dispose des informations économiques et juridiques, qui exerce un pouvoir sur le milieu social, parfois même sur l'administration, la justice ou les médias et le salarié qui apporte sa force de travail ou sa compétence, le déséquilibre est patent. Il ne s'agit plus d'un marché sur lequel chacun échange librement un produit dans un intérêt mutuel. Il s'agit en fait d'une domination officielle et juridique. Le recours légal du salarié (représentant du personnel, justice prud'homale) n'a été permis que par le rapport de force (grèves, manifestations, révoltes, révolutions). La lutte des classes a changé de formes au cours des âges mais le fondement même du système capitaliste d'un rapport de production entre le capitaliste et le salarié est toujours déséquilibré. Si le rapport maître-esclave a largement disparu, il n'en reste pas moins qu'aujourd'hui des travailleurs sont exploités dans les usines du sud comme hier dans les usines du nord. C'est ce règne de l'argent que Max Weber a pu appeler le « processus de désenchantement du monde ».

La réflexion sur cette domination a été enrichie par le sociologue français Pierre Bourdieu (sociologue français contemporain le plus cité et le plus traduit dans le monde). Il a étudié les comportements individuels qui contribuent à reproduire les structures sociales et il en a conclu à une forme d'inertie, « d'habitus ». Les dominants comme les dominés partagent une vision du monde qui leur assigne une place dans l'espace social. La culture familiale comme l'école (surtout lorsqu'elle est une école de classe) conduisent à la reproduction sociale (« Les Héritiers », Ed. de Minuit, 1966 et « La Distinction », 1970). Cette domination du capital économique et politique va s'exprimer par l'Etat, la culture, les médias sous la forme d'une « violence symbolique ». Bourdieu va prendre conscience de l'apparition d'un régime néolibéral mondialisé et financier qui se substitue progressivement à l'Etat providence de l'après-guerre. Pour autant, il ne s'affirme pas révolutionnaire mais réformiste et prône la création d'un « mouvement social européen ». Il se décrit comme un « jeune homme en colère » et utilise une formule qui deviendra célèbre : « Si le monde social m'est supportable, c'est parce que je peux m'indigner ».

Les contradictions sociales qui avaient été atténuées retrouvent leur acuité avec le retour en force du néo-libéralisme et des crises à répétition.

*

Les formes nouvelles de ces contradictions.

Ces contradictions sociales prennent de nouvelles formes aussi bien dans les sphères du travail, de la consommation, de la nation ou de la religion.

La théorie marxiste de l'aliénation, héritée de Hegel (« Phénoménologie de l'Esprit », 1807), s'appuyait sur le dessaisissement du travailleur (« Entfremdung » : étranger, extérieur) par rapport à son travail. Le travail en usine, le travail à la chaîne ne repose pas sur une libre activité physique et intellectuelle, il mortifie le corps, il ruine l'esprit. « Son travail n'est donc pas volontaire, mais contraint, c'est du travail forcé » (Karl Marx « Manuscrits de 1844 »). A. Smith lui-même avait reconnu, dans son traité sur les sentiments moraux, cet abaissement, cet abêtissement des travailleurs dans l'usine.

Aujourd'hui, le même système économique exploite de façon éhontée les enfants et les femmes dans les usines du sud, y compris dans les usines possédées par de grands groupes occidentaux ou leurs sous-traitants. Ce sujet majeur est évoqué à la marge et réduit à de simples faits divers (pollutions, accidents, écroulement d'immeubles etc.).

En Occident aussi des changements importants sont opérés dans l'organisation du travail. Toutes les idées de participation des travailleurs à la vie de l'entreprise (comités d'entreprise, cogestion, plans stratégiques) sont globalement remises en cause. Ainsi de nouvelles formes d'organisation du travail (NFOT) apparaissent. L'entreprise se concentre sur son cœur de métier et externalise toutes les autres tâches vers des sous-traitants exploités et dispersés. La flexibilité est exigée des travailleurs et l'autorité traditionnelle pyramidale est remplacée par une multitude de contrôles : direction par objectifs, indicateurs quantitatifs, contrôles croisés entre services mis en concurrence, critères comparatifs entre sociétés (« benchmarking »), indices de satisfaction des clients etc.

L'informatique se substitue de façon radicale et totale au contremaître, minute par minute, tâche par tâche. Le poids de ces batteries d'indicateurs et de ces multitudes d'objectifs conduit le travailleur à se sentir surmené, insuffisant, dépassé.

L'utilisation abusive de l'évaluation individuelle des travailleurs est aussi dénoncée par la médecine du travail et certains cabinets en organisation. L'évaluation est généralement théorique et elle vise un travail quantifié, standardisé. Or dans la pratique, le salarié doit faire face à une multitude d'incidents, de dysfonctionnements, de délais qui le forcent justement à s'adapter et à trouver des solutions. Ce travail réel, vivant est rarement pris en compte alors qu'il constitue un gisement d'adaptation et d'innovation.

La mise en concurrence des travailleurs (entre pays, entreprises, services etc.) conduit à un climat de méfiance : chaque collègue est un rival potentiel, plus question de s'entraider, de se former mutuellement, plus question de rechercher des solutions en commun. Cette méfiance et cette solitude s'aggravent encore dans les entreprises en difficulté.

L'aménagement des bureaux en « open space » peut concourir à cet esprit de concurrence, de surveillance et réduire la réflexion et l'esprit d'initiative. L'espace moyen par salarié est passé en France d'environ 45 m² dans les années 70 à moins de 20 m² aujourd'hui.

Enfin, une pression latente s'ajoute à cette nouvelle organisation de travail. Les doctrinaires du capitalisme ont toujours émis la proposition qu'il y ait suffisamment de chômage pour créer de la « souplesse » sur le marché du travail et brider les salaires. La multiplication des petits boulots, des emplois précaires (Etats-Unis, Grande-Bretagne et même Allemagne depuis peu), des « freiters » (Japon) va évidemment dans le même sens.

Les médecins du travail et les psychologues constatent les dégâts : mal être, stress, consommation de médicaments et de drogues, burn out, paranoïa, dépressions, suicides etc.[1] D'après le Conseil Economique Social et Environnemental (CESE) la France connaît chaque année 400 suicides liés aux conditions de travail. Le nombre de suicides provoqués par le chômage n'a jamais été aussi élevé dans le monde (cf. la revue scientifique anglaise « The Lancet »).

Le même mécanisme de pression et d'encerclement s'impose aussi dans l'agriculture. L'exploitant libre qui décidait de sa production laisse place progressivement à un entrepreneur-salarié qui possède certes son exploitation mais qui doit régler des échéances très lourdes aux banques pour financer ses équipements, qui achète ses intrants (engrais, herbicides, insecticides, produits pharmaceutiques etc.) à un groupe puissant, souvent international, et vend ses produits (parfois son unique produit) à un acheteur puissant souvent en position de monopsone (monopole d'achat). L'agriculteur ne pèse plus sur un marché équitable, les prix d'achat des intrants comme les prix de vente des produits sont fixés et il doit trouver son équilibre dans une marge qui a tendance à se réduire. L'agriculteur conserve un mode de vie particulier et indépendant, mais économiquement il se trouve de plus en plus dans la situation d'un tâcheron ou d'un salarié. L'accroissement du nombre de suicides (isolement) et de malades professionnels (pesticides) est préoccupant.

Il existe heureusement des entreprises plus modernes et plus progressistes qui ont compris l'importance de l'être humain, de l'expérience, de l'initiative, de l'innovation. Le salarié n'est plus considéré comme un « coût », mais comme une « valeur ».

Ces entreprises se développent notamment dans les milieux des services, de l'innovation, de la technologie et concernent surtout les cadres.

Les conditions de travail ne sont pas les mêmes pour des ingénieurs en informatique en Scandinavie et pour les ouvriers du textile au Bangladesh.

[1] Cf. Christophe Dejours « La Panne - Repenser le travail et changer la vie ».

Le groupe japonais Toyota s'efforce de mettre en œuvre un nouveau système de production le « lean management » (« gestion sans gras ») qui permettrait à la fois une intensification du taylorisme, une chasse aux gaspillages et une association des travailleurs à la qualité du travail. En outre, ce nouveau système résoudrait la contradiction soulevée par K. Marx : l'entrepreneur produit ex ante un objet qu'il n'est pas sûr de vendre ex post, d'où l'instabilité du marché. Le système fonctionne donc sans stock, à flux tendu, l'usine ne fabrique que ce qui est quasiment déjà vendu. Dans la pratique, le lean management a permis de réduire les coûts, d'améliorer la rentabilité mais appliqué avec brutalité il devient une sorte de super-taylorisme.

La remise en cause de la participation des salariés aux décisions, le travail parcellaire sans finalité, la multiplication des contrôles, l'affaiblissement du rôle des syndicats, la menace des licenciements ont conduit au mal-être, au dessaisissement. Certes, les conditions matérielles et d'hygiène se sont améliorées mais de plus en plus de travailleurs ne voient pas le « sens » de leur travail. Cette dépossession nous ramène bien en arrière.

Le retour de ces contradictions apparaît aussi dans la consommation.

Les Trente glorieuses ont été marquées par une croissance économique grâce à la demande. C'était l'époque où le commerçant écrivait sur un tableau « Ici le client est roi ». Nous avons vu comment les grands groupes capitalistes avaient d'abord cherché à « conditionner » le consommateur et comment ils avaient repris le pouvoir.

L'économiste David Flacher a étudié les sources historiques de la consommation. La « consommation restait souvent synonyme de sustentation pour le peuple et d'ostentation pour l'aristocratie ». La révolution de la consommation, fille de la révolution industrielle, est née évidemment en Angleterre au tournant des XVIIe et XVIIIe siècles alors qu'apparaissent des produits nouveaux : indiennes et cotonnades imprimées, sucre, café, tabac, thé ou chocolat. C'est à cette époque que naît le mot de consommation / consommateur. Ces nouveaux produits, industriels ou exotiques, suscitent un engouement et attirent une clientèle élargie. Des boutiques avec vitrines voient leur apparition et au XIXe siècle des grands magasins (à Paris, le Bon Marché en 1852 et la Samaritaine en 1869) instaurent de nouvelles méthodes commerciales : publicité à l'extérieur de l'établissement, entrée libre, prix fixes et non négociables. Les articles se multiplient alors : tissus, chaussures, ustensiles de cuisine, de couture, de bricolage, meubles. La vente par correspondance complète ce dispositif. L'organisation du travail (taylorisme) appliquée par Ford (notamment sur son fameux modèle T) permet une baisse des prix donc un élargissement de la clientèle.

La crise de 1929 conduit les entrepreneurs à rechercher de nouvelles techniques pour relancer la consommation. Un homme d'affaires de l'immobilier, **Bernard London, va concevoir « l'obsolescence programmée »**. L'idée est d'installer dans tout équipement une pièce cruciale qui sera défectueuse au bout d'un certain temps et qui empêchera la réparation du matériel. London suggéra même aux pouvoirs publics de définir une date de péremption obligatoire par produit... Cette péremption juridique ne sera pas reprise par les pouvoirs publics mais elle sera appliquée par les entreprises. Les ingénieurs qui avaient travaillé sur la qualité et la robustesse de leurs produits, doivent maintenant étudier une faille dans le dispositif qui intervienne à une certaine échéance et empêche la réparation. La revue américaine « Design News » se fera d'ailleurs l'écho de ce débat difficile et parfois amer entre ingénieurs. La firme Du Pont qui avait utilisé un nylon indestructible pour ses bas, ajoutera des fibres plus fragiles afin que les bas deviennent filants. Les ampoules électriques qui pouvaient durer presque une vie humaine seront remplacées par des ampoules à durée limitée. Les appareils électro-ménagers seront équipés d'une pièce (aujourd'hui d'une puce électronique) devant provoquer la panne fatale, l'obsolescence.

Brooks Stevens insistera de son côté sur la nécessité de créer psychologiquement chez le consommateur l'impression qu'un produit est démodé, même s'il est encore en bon état. Le design, la mode joueront ce rôle. Chevrolet parviendra à concurrencer le fameux modèle T de Ford par le renouvellement des formes et des couleurs dans ses véhicules.

Mais l'expansion du système capitaliste reposait sur une production en grandes séries qui déboucha sur la « société de consommation de masse », terme inventé par George Katona, fondateur de la psychologie de la consommation. Les individus ne se définissent plus autant par ce qu'ils font ou produisent mais par ce qu'ils consomment. Cette société va conduire à une sorte « d'inversion de parenté » : je ne consomme plus un objet pour mon besoin propre mais j'achète un objet qui me donne une identité (mode, communauté etc.).

Rappelons que Joseph Schumpeter avait déjà relevé que sur de nombreux marchés oligopolistiques, les fournisseurs dominants avaient tendance à orienter les préférences des consommateurs plutôt qu'à répondre à leur demande.

Les grandes entreprises s'efforceront de racheter les plus petites qui disposaient d'un produit durable ou de brevets prometteurs afin d'annihiler tout risque de concurrence...

Mentionnons un point historique rarement relaté : les usines soviétiques, est-allemandes (RDA) ou tchécoslovaques produisaient des biens de consommation souvent robustes (tracteurs, motos, machines à laver, réfrigérateurs etc.). Lorsque les entreprises capitalistes, notamment américaines, apprirent qu'une machine à laver est-allemande pouvait durer 25 ans, elles profitèrent de la chute du mur de Berlin pour se précipiter à Leipzig ou ailleurs, racheter les entreprises, les brevets et arrêter sans tarder la production. Si la robustesse des tanks soviétiques fut citée en exemple à Stalingrad, celle des biens de consommation était plus problématique…

C'est surtout pendant les Trente glorieuses que la consommation battait son plein : voitures, appareils électro-ménagers mais aussi immobilier, électricité, téléphonie, équipements des cuisines, salles de bains, mais aussi santé, produits pharmaceutiques, loisirs, voyages etc. Jean Fourastié, l'inventeur du terme « les Trente Glorieuse » constatait déjà avec clairvoyance que le consommateur roi était un « roi illusoire ».

La vague conservatrice du capitalisme actionnarial qui prévaut depuis une trentaine d'années a eu bien des effets pratiques sur notre statut de consommateur. Lorsque la demande était prédominante on pouvait espérer que l'offre du marché réponde à la satisfaction des consommateurs, même malgré les méthodes de marketing, de conditionnement, de pulsion que les scientifiques avaient dénoncées. Mais dorénavant l'économie de l'offre donne le pouvoir aux entreprises. L'actionnaire doit être satisfait en priorité.

Les publicités mensongères, les arnaques commerciales, les baisses de prix fictives (avec des baisses parallèles de la quantité ou de la qualité), les contrats déloyaux ou opaques (Internet, téléphone mobile etc.), les services après-vente inefficaces (un produit ne peut pas être réparé), la forte augmentation des carences ou des pannes dès les premiers mois d'utilisation des matériels, les hot lines débordées, la réduction drastique du personnel formé pour répondre aux questions des clients, constituent autant d'illustrations du nouveau statut du consommateur.

Les enquêtes des organismes de consommateurs (notamment la revue « Que choisir ? ») dressent un constat implacable de ces mensonges et de la maltraitance des clients.

Soulevons un subterfuge organisé avec le concours bienveillant des pouvoirs publics, celui des prix des appareils électro-ménagers. Tel appareil (télévision, ordinateur, imprimante, cuit-vapeur etc.) est annoncé comme 30% moins cher que son prédécesseur (en euro constant). Ce qui contribue à faire baisser le niveau de l'inflation donc à ralentir l'augmentation des salaires. Ce mode de calcul paraît discutable. En comptabilité (pour une entreprise, comme pour un ménage) ce qui importe est la provision pour amortissement, c'est-à-dire le montant qu'il faut mettre de côté pour renouveler l'appareil. Il convient donc de diviser le prix de l'appareil par le nombre d'années d'utilisation pour calculer le montant exact qu'il faut provisionner chaque année. Or les prix de ces appareils ont effectivement baissé mais la qualité, la robustesse, la durée de vie aussi. Chacun a pu constater, et les techniciens du secteur le reconnaissent aisément, qu'un appareil électro-ménager des années 60 ou 70 durait au moins deux fois plus longtemps qu'un appareil actuel. Le calcul est donc facile. Affirmer qu'un produit valait 100 mais aujourd'hui 70 et considérer que le consommateur est gagnant… est un peu rapide, si l'on sait que le premier produit durait 10 ans mais le second 5 ans. Car alors l'amortissement annuel sera de 10 euros pour le produit ancien et 14 euros pour le nouveau… Le consommateur aurait donc plutôt perdu sur le plan financier.

Même les biens les plus précieux, comme la santé humaine, paraissent de peu de poids par rapport à la rentabilité financière, comme le montre la multiplication des scandales sanitaires (vaccins inutiles, médicaments dangereux, laboratoires malhonnêtes, produits toxiques, matériels périlleux etc.).

Les organismes occidentaux de surveillance des médicaments font des découvertes alarmantes. Les grands laboratoires ont délocalisé la fabrication des médicaments et contrôlent de moins en moins bien le processus du fait de la cascade de sous-traitants (usines mal entretenues, contrôles qualité insuffisants, dosages aléatoires, données falsifiées etc.). En outre, 80% des poudres chimiques utilisées pour formuler les médicaments de base sont produits en Chine et en Inde. Au nom du profit immédiat ces laboratoires occidentaux ont délaissé le contrôle de qualité et sont maintenant dépendants de deux grands pays asiatiques. Que se passerait-il en cas de grave pandémie ou de rupture de stocks ? Certains chercheurs revendiquent un label « made in Europe ».

L'exemple de la cigarette est édifiant. Un historien des sciences à l'université de Stanford (Californie), Robert Proctor, vient de publier une étude très approfondie de 750 pages, sur l'industrie du tabac : « Golden Holocauste » (University of California Press). Il a analysé les « Tobacco documents » issus des poursuites engagées en 1998 par 46 Etats américains contre les cigarettiers (« Master settlement agreement »).

Il rappelle que l'OMS avait déjà publié en juillet 2000 un rapport de 260 pages sur les méfaits du tabac et la puissance occulte de l'industrie du tabac. Chaque année la cigarette tue plus que le paludisme et le sida réunis ; environ cent millions de morts au XXe siècle, sans doute davantage pour le siècle en cours. La cigarette serait l'invention la plus meurtrière de l'histoire de l'humanité.

Les Européens consommaient traditionnellement du tabac brun, très acre et désagréable à inhaler. Mais dès la fin du XIXe siècle les industriels américains inventèrent le « flue-curing » (technique de séchage des feuilles de tabac) qui permit un tabac blond, dont la fumée était moins irritante, donc plus profondément inhalable et de ce fait plus addictif.

Le succès mondial de la cigarette reposa sur cette fumée plus douce, plus volatile, plus pénétrante.

Dès les années 20, les médecins et chimistes allemands alertèrent les pouvoirs publics sur les risques de cette cigarette pour la santé publique et quelques années plus tard l'Allemagne nazie condamna cette cigarette. Ce qui permit aux industriels de Big Tobacco de faire l'amalgame entre dictature et lutte contre le tabagisme…

Dans le cadre des négociations du plan Marshall un sénateur de Virginie demanda que l'aide alimentaire à l'Europe soit combinée à une promotion du tabac américain (il n'est pas inutile de rappeler que l'une des conditions du Plan Marshall fut aussi l'ouverture du cinéma américain en Europe afin de promouvoir l'American Way of Life).

Les études médicales sur les dangers de la cigarette se multiplièrent néanmoins et notamment l'existence de « polonium 210 » (cet élément radioactif se fixe dans la feuille de tabac).

Les industriels du tabac multiplièrent les recherches chimiques pour rendre les consommateurs plus accros, ils s'attaquèrent à de nouvelles couches de clientèle (le jeune qui fume s'engage dans une « rébellion acceptable », la femme qui fume est une femme « active et moderne » etc.) et ils investirent le cinéma comme moyen de propagande (des acteurs célèbres et des studios furent payés pour qu'une cigarette soit fumée de façon remarquée durant un film).

Mais surtout ils décidèrent (« Project Cosmic ») de financer un réseau de scientifiques, d'experts qui devaient s'introduire dans les grands organismes médicaux (y compris l'OMS) pour contester les études en cours, retarder les conclusions et empêcher des décisions. Or, en 1953, les expériences menées sur les souris confirmaient les études allemandes et concluaient au risque cancérigène. Toutefois, les manœuvres des cigarettiers permirent de jeter le doute pendant une décennie, le gouvernement américain ne commença à établir officiellement un lien entre tabac et cancer de poumons qu'en 1964.

Pour Robert Proctor ce retard de dix ans représente environ 8 millions de morts. Quant au procès intenté par les Etats américains il n'aboutit qu'en 1998 et la lutte est loin d'être achevée. Cette affaire illustre le pouvoir des groupes capitalistes à nier les évidences scientifiques, même lorsque le péril est grand pour la vie humaine.

L'Université de Californie vient de révéler (mars 2015) dans la revue « Plos Medecine » les documents internes des industriels du sucre. Ce sont les mêmes méthodes qui ont été utilisées : fondations, associations, chercheurs et laboratoires à leur solde, lobbying, pour nier les effets nocifs du sucre et entraver les programmes de santé publique.

Les contradictions croissantes de la société de consommation ont suscité un renouvellement des analyses.

En 1964 Herbert Marcuse écrit : « L'Homme unidimensionnel » et montre la standardisation de l'être humain, le moule du consommateur, la destruction de l'esprit critique. Jean Baudrillard soutient sa thèse en 1966 « Le Système des objets » puis publie en 1970 « La Société de consommation ». L'objet n'est plus acheté pour sa valeur d'usage, mais comme un signe qui vous distingue. La ruse du système capitaliste est d'avoir compris qu'un besoin (vêtement par exemple) peut être satisfait et le marché saturé, mais que les motivations psychologiques (quête de distinction, de supériorité, d'affiliation à un groupe social, affirmation de soi, volonté de paraître moderne, jeune etc.) ne sont jamais assouvies. La consommation ne répond plus à un besoin, elle ne s'arrête plus.

Bernard Stiegler prolongea cette analyse de la consommation avec le consumérisme actuel. Le capitalisme a permis de produire en grande quantité des objets qui ont répondu aux besoins des habitants. Mais ce système repose sur une fuite en avant, la conquête incessante de nouveaux marchés, la rentabilité immédiate et il a exploité d'abord la libido puis la pulsion pour exacerber le désir de consommation. La consommation repose sur la soumission du consommateur.

C'est Edward Barnays (neveu de Freud, il connaît bien les concepts de libido et d'inconscient) qui invente la « technologie du désir » et le marketing. C'est lui qui proposera ses services à la société Philipp Morris, en pleine crise de 1929, pour accroître la consommation de cigarettes en s'attaquant à la clientèle féminine.

Stiegler montre que le capitalisme de consommation repose sur une psychologie pavlovienne : stimulus/réponse. Le consommateur doit être réduit à une réaction pulsionnelle. Tout ce qui fait le « surmoi » (société, morale, solidarité, culture etc.) est anéanti au profit du moi, égoïste, instinctif, éventuellement violent (« passage à l'acte »).

Dans « la Télécratie contre la Démocratie » Stiegler révèle que ces abandons du surmoi, de l'otium, du citoyen, du destin collectif conduisent à des sociétés égoïstes, repliées sur elles-mêmes, sujettes à l'apathie et à la violence.

Le grand sociologue américain, Christopher Lasch a étudié l'expansion de la pathologie narcissique dans la seconde moitié du XXe siècle. Il en a déduit que la désintégration de la sphère publique avait conduit au culte du moi[1].

Un télécrate célèbre, Patrick Le Lay, alors président de TF1 a confirmé, plus ou moins consciemment, ces thèses en tentant de justifier ses émissions abêtissantes de télé-réalité par la place laissée à la publicité: « Je vends du temps de cerveau disponible à Coca-Cola ».

Les économistes américains ont aussi alerté l'opinion contre ces dérives. Michael Walzer décrivait les mécanismes de l'argent, « bien dominant » qui permettait de tout acheter, éducation, culture, santé, sécurité, amour, élections[2]. Un professeur à Harvard, Michael Sandel lui fait aujourd'hui écho en multipliant les exemples concrets et parfois cocasses pour montrer à l'opinion qu'effectivement l'argent peut tout acheter : cellules de prison « luxe » mais payantes en Californie, voitures de police publicitaires (Caroline du Nord) etc.

De la même façon que le rouleau compresseur unifie les marchés, il uniformise les modes vestimentaires, les constructions urbaines, les modes de vie, les cultures. Chacun le constate déjà, même à l'échelle d'un pays, où les petites marques locales, régionales, tendent à disparaître au profit des marques franchisées. Le PDG de Casino, M. Naouri, justifiait ainsi ses investissements au Brésil dans un article au Monde du 26 juin 2012. « Il se dessine progressivement un mouvement d'uniformisation des comportements de consommation ».

Le philosophe allemand, héritier de l'école de Francfort, Jürgen Habermas écrivait qu'il fallait s'inquiéter lorsque le capitalisme sortait de sa sphère traditionnelle de l'économie de marché. C'est bien de cela qu'il s'agit puisque la société marchande s'attaque à la sphère du privé, de la famille, de la formation, de la culture, des arts, de la santé, c'est la « colonisation du monde vécu ».

---

[1] Cf. « La Culture du narcissisme », 1979.

[2] « Sphères de justice », 1993.

La marchandisation du monde, la société de consommation envahissante…

Est-ce cela le « sens » de l'économie ?

Les contradictions du système ne concernent pas seulement le travail et la consommation.

L'idée de nation est issue de la Révolution.

C'est une idée progressiste qui crée sa propre dynamique. Les peuples doivent s'unir en apportant leur pierre. La nation doit déboucher sur l'internationalisme, ainsi que le poétise Jean Jaurès : « C'est en allant vers la mer que le fleuve reste fidèle à sa source ».

Les conservateurs se sont toujours opposés à un tel mouvement. Ils cherchaient déjà à contrarier les efforts de la monarchie vers l'unification de la France : repli sur les pays, révoltes paysannes, fronde des grands. Certaines réformes de la Révolution (harmonisation des systèmes de mesure, élaboration d'un code civil etc.) avaient déjà été amorcées par l'Etat monarchique. Les conservateurs qui avaient privilégié les pays et les régions plutôt que la nation devinrent ensuite nationalistes face à l'internationalisme.

On assiste aujourd'hui à une résurgence de la question nationale, avec une nouvelle acuité.

En effet, dans son ressort permanent de conquête des marchés, le système capitaliste promeut la mondialisation. Or celle-ci repose sur l'ouverture des marchés, l'internationalisation des mouvements financiers, des services, des transports, du commerce etc. Cette mondialisation des marchés entraîne inéluctablement des mouvements humains : d'abord experts, chefs d'entreprise, cadres, formateurs, ouvriers qualifiés, étudiants, puis travailleurs voulant bénéficier de meilleures conditions, puis migrants à la recherche d'un emploi. Ainsi, les mêmes gouvernements conservateurs qui ont encouragé la mondialisation des marchés sont confrontés à leur électorat hostile à l'immigration. Il leur faut alors promettre d'ouvrir les frontières aux marchandises mais de les fermer aux hommes. Et lorsque la crise économique suscitera des mouvements sociaux et politiques, il faudra trouver des boucs émissaires comme au XIXe siècle ou pendant l'entre-deux guerres : peuples errants, immigrés, Juifs, Roms, Polonais, Italiens, Arabes, avec le lot de rumeurs, d'accusations, de pogroms.

Si les mouvements d'immigration du passé ont bien souvent été ponctuels, contingents, provoqués par des bouleversements locaux (révolution soviétique, nazisme, fascisme etc.) l'immigration actuelle n'est plus de même nature. Il s'agit d'un brassage mondial qui s'amorce, qui résulte à la fois de la mondialisation économique et de l'évolution des mentalités. Il s'agit d'un phénomène majeur qui permettra un enrichissement des cultures, un dynamisme social mais qui posera aussi des problèmes considérables, aussi bien matériels que sociaux, d'autant qu'ils n'auront pas été anticipés.

Qu'importe, le rouleau compresseur du capitalisme mondial fait son œuvre, l'unification des marchés, la progression des profits, quant aux peuples ils ne figurent pas dans le logiciel, ils ne sont qu'un sous-produit de la globalisation. Face à cette déshérence de l'idéologie capitaliste, les populations les moins instruites, les plus vulnérables se réfugient dans le nationalisme.

Les gouvernements démocratiques se trouvent ainsi bien démunis entre un système global qui ouvre les marchés de façon aveugle et des opinions qui veulent fermer les frontières de façon irréaliste.

La mondialisation des marchés par le système capitaliste crée une dynamique économique mais une uniformisation des modes de vie et elle n'appréhende pas les questions des peuples, des sociétés, des cultures.

Les religions n'échappent pas à ces contradictions.

Feuerbach puis Marx avaient montré que le capitalisme cherchait à dissimuler l'exploitation économique des êtres humains en créant un écran de fumée, un opium, une religion qui invitait les masses prolétariennes à accepter leur sort terrestre et à croire en un au-delà rédempteur.

Il est intéressant de relever que la révolution conservatrice américaine de années 70-80 s'est appuyée sur des médias ultra-conservateurs (comme Fox News) mais aussi sur des prédicateurs évangéliques aux discours apocalyptiques.

Ces discours à la fois ultra-libéraux, nationalistes et religieux ont conduit le peuple américain à un repli sur soi. Méfiance à l'égard de l'Etat fédéral et des fonctionnaires de Washington. Repli sur soi social avec le développement de l'endogamie, des résidences fermées électroniquement, la multiplication des écoles privées, le commerce libre des armes, etc.

Mais repli sur soi aussi à l'échelle internationale. Les anciens pays amis sont aussi considérés comme des rivaux et il est nécessaire de conduire contre eux une guerre économique (pétrole, barrières douanières), comme une guerre de l'information (espionnage, NSA etc.).

Le pays doit être uni contre le Mal, le grand Satan. C'est le choc des civilisations. Actuellement c'est l'Islam qui est perçu comme fauteur de troubles, comme ennemi. La nation et la religion se conjuguent alors.

L'essence de la religion chrétienne réside dans la spiritualité, le partage, la solidarité.

L'idéologie capitaliste conduit au contraire à la recherche de l'enrichissement permanent, à la société de consommation compulsive, à la satisfaction du moi, à l'égoïsme, au besoin de domination.

Cette idéologie imprègne le mouvement conservateur qui a ainsi tendance à oublier le message universel du christianisme pour retenir la composante identitaire. Le christianisme est certes un lien (religion), mais entre personnes de même confession (« tu aimeras ton prochain… ») qui partagent les mêmes valeurs, les mêmes modes de vie, la même communauté. La religion devient alors un identifiant au même titre que la nation.

De leur côté, les islamistes se sentent exploités, exclus et ils vont déformer leur religion pour en faire un instrument de guerre contre d'autres religions, d'autres cultures, d'autres peuples. Réaffirmer la primauté de la religion c'est refuser la domination économique, c'est aussi récuser l'Etat de droit.

Les frictions entre les religions se multiplient dans toutes les parties du monde. La foi devient « méfiance », parfois haine contre « l'autre » qui est différent et qui est supposé vous dominer, vous menacer ou tout simplement exister.

Certains historiens ont établi un parallèle entre les guerres de religion aux XVIe et XVIIe siècles en Europe et le djihadisme actuel.

Epoques de bouleversements avec la Renaissance, la Réforme, l'imprimerie d'un côté, la mondialisation, les mutations sociales, Internet de l'autre.

Les religions dominantes, aussi bien catholicisme à cette époque qu'Islam sunnite aujourd'hui, sont remises en cause.

Il s'agit alors de mener, au nom de Dieu, une guerre de purification (Saint-Barthélémy : 2.500 morts ; Magdebourg : 30.000 morts) pour détruire l'hérétique ou le défigurer, puisqu'il porte le visage de Satan (cf. Denis Crouzet et Jean-Marie Le Gall « Au péril des guerres de religion », PUF, 2015).

Bien des responsables religieux prennent conscience de cette dérive, de cette négation de sens mais se trouvent parfois désemparés.

Les religions sont probablement nées des peurs, peur des mystères de la nature, peur de la mort, mais peur aussi des autres peuples.[1]

Ainsi la mondialisation capitaliste exacerbe les tensions humaines, sociales, nationales, religieuses, les replis sur soi. Elle constitue l'image inversée de l'internationale des peuples.

[1] Cf. Jean-Claude Carrière, « Croyance », Odile Jacob, 2015.

Chapitre 2-3. *Le péril environnemental*

« Nous serions capables d'éteindre le soleil et les étoiles parce qu'ils ne rapportent aucun dividende ». J.M. Keynes.

*

Le terme souvent utilisé de « crise environnementale » paraît impropre car une crise est ponctuelle, aiguë, mais passagère, soluble. Il s'agit en l'occurrence de bouleversements profonds, de catastrophes, de menaces multiples et cumulatives : dérèglement climatique, pollutions de toutes natures, appauvrissement des terres, des mers et de l'air, disparition accélérée d'espèces vivantes, maladies liées à cet environnement etc.

Ces phénomènes sont-ils accidentels, aléatoires, indépendants ou résultent-ils de l'activité humaine, de notre système économique ?

*

Les causes et les effets.

Le premier facteur est bien évidemment **la croissance démographique**. La population mondiale était peut-être de 50 millions d'habitants, 5000 ans avant J.C., puis environ 250 millions au début de notre ère, 600 millions en 1600, 1 milliard en 1800, puis 2 milliards en 1930, 3 milliards en 1960, plus de 6 milliards en 2000, peut-être 9 voire 11 milliards en 2050.

Ainsi la croissance démographique s'est accélérée depuis le XIXe siècle, grâce aux progrès de la médecine, de l'alimentation et des technologies.

Par ailleurs, **la production moyenne par habitant s'est aussi accrue** avec la révolution industrielle. Grossièrement la production mondiale a augmenté d'à peu près autant entre 2000 avant JC et 1800 qu'entre 1800 et 2000 (multiplication par environ 40 de la production mondiale en 3.800 ans, puis en 200 ans).

Deux facteurs se sont ainsi conjugués, une croissance démographique qui s'accélère, une croissance de la production qui s'accélère encore plus et qui permet une amélioration des conditions de vie matérielles.

Le bilan de l'évolution récente est plus facile à chiffrer.

La production annuelle mondiale d'énergie primaire commerciale est passée de 11 millions de tonnes d'équivalent charbon en 1820, à 1.335 en 1913 et plus de 12.000 en 2000.

Les émissions annuelles de gaz carbonique sont passées de 100 millions de tonnes de carbone en 1860 à 1.000 à la fin de la Première Guerre mondiale et environ 10.000 aujourd'hui[1].

La croissance de ce mode de production a longtemps été l'apanage de l'Occident. Aujourd'hui, si chaque être humain de la planète consommait autant d'énergie qu'un habitant des Etats-Unis ou de l'Europe, la consommation mondiale serait multipliée par quatre avec l'accentuation corrélative des pollutions locales et des émissions à effet de serre.

C'est pourtant bien ce qui est en train de s'opérer. La mondialisation du capitalisme conduit les anciens pays du Tiers-Monde à adopter progressivement un mode de production et un mode de consommation identiques au modèle occidental.

Par ailleurs, l'énergie nucléaire qui avait été présentée par certains Etats ou groupes de pression comme une énergie propre, sûre et économique n'a pas tenu ses promesses. Les accidents de Kychtym (1957 - URSS), Three Miles Island (1979 - Etats-Unis), Tchernobyl (1986 - URSS) et Fukushima (2011 - Japon) ont révélé les risques majeurs et le coût réel de cette production électrique.

L'analyse de la crise écologique dans les années 1950-70 portait sur l'économie productiviste, la société de consommation, l'exploitation abusive des ressources du Tiers-Monde, le gâchis de la production, les déchets et la pollution, l'extinction rapide des ressources naturelles, les menaces sur la biodiversité.

Ce premier constat a été alourdi avec les études sur l'augmentation massive des émissions de gaz carbonique qui a provoqué « l'effet de serre » et conduit à un réchauffement climatique. Les travaux du GIEC (Groupe International d'experts sur le climat) ont révélé tous les dérèglements.

[1] Cf. Michel Beaud « Histoire du capitalisme : 1500-2010 », Editions du Seuil, Points.

L'actualisation des rapports du GIEC (5ème rapport en 2013) confirme et aggrave les diagnostics antérieurs sur le réchauffement climatique : augmentation de 1,5 à 4,5 °C des températures moyennes d'ici à l'horizon 2100, avec pour conséquences la fonte des glaciers, l'élévation du niveau des mers (entre 26 et 82 cm), les menaces sur les grands deltas, les activités cycloniques accrues, la fonte du pergélisol, la saturation des forêts comme puits de carbone, l'accentuation des zones à forte précipitations et des zones désertiques, la dégradation des récifs coralliens et des ressources halieutiques, l'appauvrissement des sols, la disparition d'espèces animales et végétales, les migrations de populations humaines menacées…

Les travaux préparatoires au sommet de Rio +20 (juin 2012) par l'ONU ont dressé un état des lieux inquiétant : surexploitation de 85% des stocks de poissons, multiplication des « zones mortes » le long des côtes (rejets polluants), concentration de déchets dans les océans Pacifique et Atlantique (« les continents de plastiques »), déclin de 75% des services rendus par la nature (pollinisation des cultures, filtration de l'eau, protections contre les inondations), destruction de 13 millions d'hectares de forêts chaque année, augmentation des émissions de CO_2 au niveau mondial d'environ 40% entre 1990 et 2010. L'objectif de ne pas dépasser 2° de réchauffement climatique devient illusoire.

Afin de mieux comprendre ce phénomène essentiel de ce que l'homme pouvait prélever sur la planète sans détruire le patrimoine existant (prélever l'intérêt et non le capital), l'organisation Global Footprint Network (GFN) calcule chaque année depuis 2003 **« l'empreinte écologique de l'humanité »**, c'est-à-dire la consommation de ressources par l'être humain rapportée à la capacité de production et de régénération de la planète. Depuis cette première enquête de 2003, il apparaît que le « jour du dépassement » (le jour de l'année où la consommation de ressources par l'homme a épuisé les capacités annuelles de renouvellement) est de plus en plus précoce. Evalué à novembre en 1996, puis à octobre en 2007 il est tombé en septembre au cours de l'année 2011. Ainsi l'homme exploite de plus en plus les ressources planétaires, au-delà du renouvellement naturel des richesses[1].

De même l'empreinte écologique peut être calculée en fonction des modes de vie.

Le mode de vie américain nécessiterait 5 planètes Terre, si la population mondiale vivait à l'américaine. Le mode de vie français exigerait 2,7 Terres, l'argentin 1,7 Terre, le chinois 1 Terre, l'indien 0,4 Terre. Globalement, la population mondiale exploite aujourd'hui chaque année les ressources de 1,5

---

[1] Le dernier rapport « Planète vivante » de 2014 (WWF, GFN etc.) conclut au déclin de 52% des populations d'espèces animales sauvages entre 1970 et 2010.

Terre. Cela signifie qu'une partie des ressources naturelles sont prélevées et ne seront pas renouvelées (les exemples sont multiples : terres, forêts, poissons, minerais, charbon, gaz, pétrole etc.).

Une équipe de chercheurs internationaux a aussi élaboré la notion de « limite planétaire » et a constaté que quatre limites étaient déjà franchies qui déstabilisent durablement notre planète : changement climatique, érosion de la biodiversité, changement d'usage des terres et perturbation des cycles de l'azote et du phosphore qui assurent la fertilité des sols (cf. revues « Nature » 2009 et « Science », janvier 2015). Toutes ces études aboutissent à des conclusions comparables.

Certes, la notion d'empreinte écologique est encore imparfaite, mérite des améliorations et est d'ailleurs débattue dans les milieux scientifiques mais elle pose une question essentielle. Nous vivons dans un monde « fini » et si nous prélevons trop de richesses, nous laisserons à nos enfants une planète polluée, épuisée qui ne leur permettra pas de vivre. Cette dette écologique est dramatiquement plus lourde que la dette financière.

Une autre conséquence majeure de ce péril environnemental commence à se dessiner **: la crise alimentaire.**

L'agriculture intensive rencontre ses limites : les rendements cessent de croître, certains sols s'appauvrissent, les nappes phréatiques sont polluées, l'eau commence à manquer, la désertification avance aussi bien aux Etats-Unis qu'en Chine.

L'utilisation massive des pesticides (néonicotinoïdes) met en péril la vie des insectes et notamment des pollinisateurs (abeilles, bourdons, papillons), des oiseaux (souvent insectivores) et des lombrics (maintien de la fertilité des sols), autant de menaces pour l'agriculture[1].

Parallèlement les populations aisées des pays émergents imitent le mode de vie occidental et consomment de plus en plus de viande or l'élevage est très coûteux en intrants (en 2012, un Terrien moyen consommait 34 kg de viande, un Chinois plus de 52 kg et un Américain 105 kg…).

L'agriculture productiviste qui a prévalu dans les années 1960-2000 était fondée sur des énergies bon marché, de l'eau et des terres disponibles, ce qui a permis une hausse des rendements et une baisse des prix.

Les océans ont longtemps constitué une richesse majeure pour la population. Ils sont devenus le réceptacle de déchets en plastique évalués à 5.000

[1] Cf. Groupe de travail sur les pesticides systémiques.

milliards de débris, soit 269.000 tonnes qui flottent… L'amoncellement se concentre sur des « gyres océaniques » (les fameux nouveaux continents) mais toutes les mers sont souillées. Les conséquences en profondeur sont probablement plus graves : les plastiques contaminent tous les écosystèmes, les organismes marins, le zooplancton. Cette détérioration du milieu marin conjuguée avec des zones de surpêche suscitent de graves inquiétudes chez les scientifiques[1].

Ces atouts sont en train de disparaître, la production agricole tend à ralentir alors que la demande s'accroît. Depuis le début des années 2000 les prix agricoles ont doublé. Les perspectives sont inquiétantes : dégâts de l'agriculture productiviste, hausse des prix, problèmes sociaux, insécurité alimentaire…

L'être humain est aussi directement menacé pour sa santé.

Un rapport de l'OMS (2011) constate que les populations des pays du nord sont confrontées à une explosion des maladies non transmissibles : cancers hormonodépendants, troubles cardio-vasculaires, obésité et diabètes, maladies neuro-dégénératives ou du système immunitaire.

Une zoologue et biologiste américaine, Theo Colborn, établit dès 1988 une correspondance entre les maladies des animaux des grands lacs américains et les maladies humaines. Elle découvre que ce sont les perturbateurs endocriniens qui sont responsables de divers troubles de fertilité, du métabolisme ou du système immunitaire. Elle livre ses conclusions dans un ouvrage (« Our Stolen Future » préfacé par Al Gore. En français « L'Homme en voie de disparition ? » Terre vivante, 1998)[2]. Cette découverte majeure sera d'abord saluée par la dérision (« Un mouvement politique basé sur de la science pourrie »…) avant d'être reconnue. Theo Colborn vient de mourir (14/12/14). Quels médias ont salué l'œuvre de cette femme courageuse ?

Le chimiste et toxicologue André Cicoletta établit aussi le lien entre cette épidémie silencieuse et la dégradation de l'environnement, notamment le rôle majeur des perturbateurs endocriniens. Ces perturbateurs (phtalates, bisphénol A, parabènes contenues dans les pesticides, conserves, canettes, eau, composés pharmaceutiques ou vétérinaires, appareils plastiques, cosmétiques, certains additifs alimentaires, détergents etc.) sont à peu près partout dans la vie quotidienne des populations occidentales. Le chercheur a

[1] Cf. Revue PloS One - 10/12/14, Marcus Eriksen.

[2] Le Monde, 23/12/14.

même pu dresser un tableau de ces maladies par région, en fonction de l'environnement et des modes de vie[1].

Aux Etats-Unis, les Centers for Desease Control and Prevention (CDC), sortes d'instituts de veille sanitaire, révèlent que l'exposition des populations (en particulier les femmes enceintes et les jeunes enfants) à certaines pollutions chimiques (plomb, bisphénol A, perfluorés etc.) constitue la cause principale de la forte croissance des maladies du cerveau (autisme, troubles neurocomportementaux). Le professeur Philippe Grandjean (Harvard) confirme l'extrême sensibilité du cerveau aux polluants (métaux lourds, pesticides, perturbateurs endocriniens) et lance un cri d'alarme pour les prochaines générations.

Enfin, c'est la fertilité masculine qui est atteinte dans les pays les plus riches. En France, entre 1989 et 2005, la concentration de spermatozoïdes a chuté de 74 millions de spermatozoïdes par millilitre à 50 millions (le seuil d'infertilité est estimé à 15 millions / ML) et la qualité des cellules s'est détériorée (les spermatozoïdes ayant une morphologie normale ont chuté de 61% à 39% durant la période d'étude). Là encore les chercheurs considèrent que les facteurs probables de ces troubles sont les perturbateurs endocriniens. L'utilisation de nombreux intrants agricoles explique une partie des maladies des agriculteurs.

Les scientifiques considèrent que ces périls qui menacent la planète comme l'être humain ne sont pas le fruit du hasard, ni d'origine naturelle. Certes la Terre a connu des périodes de réchauffement ou de refroidissement, mais sur des périodes longues et de façon régulière. **Le phénomène auquel nous assistons trouve sa source dans l'industrialisation et il s'est accéléré avec la mondialisation. Il est né en Occident et se propage aujourd'hui à toute la planète.** Il s'est développé avec l'économie productiviste (concentration d'usines, dioxyde de carbone, pétrole, gaz à effet de serre, pesticides etc.). L'économie de guerre y a aussi pris sa part (défoliants, pesticides hérités des gaz de combat, engrais azotés liés aux explosifs, pêche industrielle utilisant les sonars, aluminium etc.).

Le péril environnemental provient bien de l'activité humaine, de notre système de production et de consommation. L'économie soviétique s'est révélée aussi productiviste et dévastatrice.

Les chercheurs, notamment Paul-Josef Crutzen, considèrent que l'ère de l'holocène commencée il y a 11.500 ans cède sa place à **l'anthropocène**. Epoque marquée par l'action de l'homme comme force géophysique dominante avec ses trois traits majeurs : altération de la chimie de

[1] « Toxique Planète. Le scandale invisible des maladies chroniques », Seuil, 2013.

l'atmosphère, modification des milieux naturels, surexploitation des ressources[1]. Ce concept d'anthropocène est aujourd'hui largement reconnu par le monde scientifique et les études récentes de Will Steffen (université de Stockholm) considèrent que le processus a commencé vers 1750 mais a connu une « grande accélération » vers 1950. L'explosion de la première bombe atomique pourrait symboliser le début de cette nouvelle ère.

*

Pourquoi une si lente prise de conscience ?

La préoccupation environnementale a toujours été inhérente à la culture humaine. Mais curieusement, alors que notre planète est aujourd'hui menacée comme elle ne l'a jamais été, la prise de conscience de ce péril majeur par l'opinion publique a été relativement lente et hésitante. L'alarme a été lancée par des scientifiques, des observateurs et les faits confirment ces craintes.

Les études anthropologiques montrent que les sociétés primitives vivaient de la nature avec parcimonie et ne prélevaient que ce qui était nécessaire à leur subsistance sans réduire les capacités de production. Exploiter « l'intérêt » sans toucher au « capital » (économie de cueillette, pêche etc.). Cette conception de la « terre nourricière » n'est pas seulement idyllique, il s'agissait d'une contrainte. Les sociétés qui ne respectaient pas ces équilibres disparaissaient (par exemple l'hypothèse de l'exploitation excessive des forêts dans l'île de Pâques, en Mésopotamie, chez les Mayas etc.).

Nous avons relevé (1ère partie, chapitre 1) que la pensée économique dans l'antiquité était imprégnée de cette harmonie entre l'homme et la nature.

Toutefois, les bornes naturelles, morales ou religieuses furent progressivement levées face à la réalité économique d'un monde en mouvement, notamment avec la Renaissance. Les sciences se développent, l'agriculture se transforme, l'artisanat et le commerce se diffusent, la finance apparaît (lettres de change, billets de banque), les grandes découvertes

---

[1] Cf. « L'événement anthropocène », Christophe Bonneuil et Jean-Baptiste Fressoz, Seuil, 2013.
Paul Joseph Crutzen, chimiste et météorologue, sera nobélisé en 1995 pour ses travaux sur la couche d'ozone.

débouchent sur l'exploitation des colonies (or, argent, épices, tabac, thé, indigo, cacao, tomate, maïs, pomme de terre, vanille, sucre etc.) qui vont entraîner un enrichissement considérable des métropoles européennes.

Les historiens révèlent avec un certain plaisir que le concept d'économie « durable » ou « soutenable » apparaît en langue française dès 1346... dans l'ordonnance de Brunoy, prise par Philippe VI de Valois. L'exploitation des forêts est soumise à une exigence de « soutenabilité » (donc de renouvellement permanent) afin de permettre la construction d'une flotte navale.

C'est justement à partir de cette époque que naissent les premières mises en garde par des penseurs comme Thomas More (1516 « L'Utopie »), Campanella (1623 « La Cité du soleil »), Spinoza (1677 « L'Ethique »), puis Morelly (1755 « Code de la Nature ») ou J. J. Rousseau. Ils constatent que l'appropriation des terres par des grands seigneurs force une multitude de paysans à fuir dans les villes où ils sont réduits à la mendicité ou au vol. Ils dénoncent les dangers d'une économie marchande fondée sur la propriété, l'argent, l'intérêt personnel qui ruine la société civile et saccage la nature...

Les solutions qu'ils proposent sont d'inspiration platonicienne ou chrétienne : préservation de la nature, égalité des citoyens, organisation sociale équilibrée. Si ces penseurs ont vite perçu la contradiction entre une société marchande dévoreuse et une nature limitée et fragile, leurs remèdes paraissent de peu de poids alors même que le monde connaît un bouleversement démographique, économique et intellectuel.

Or, la pensée économique dominante va porter sur la conceptualisation du capitalisme (A. Smith, J. B. Say, D. Ricardo etc.) et la priorité absolue donnée à la société marchande. Seul Malthus (« Essai sur le principe de la population », 1803) prophétise la contradiction entre la croissance économique (croissance arithmétique) et la croissance démographique (croissance géométrique). Il est l'un des rares penseurs libéraux à considérer que le monde est un monde fini et qu'il faut mettre en perspective la croissance de l'économie avec les données humaines et naturelles. Mais, pour lui, le remède ne peut-être que respectueux du système économique : c'est l'inégalité sociale qui doit contraindre les pauvres à faire moins d'enfants, la baisse de la natalité s'harmonise alors avec la croissance économique. La misère sociale est donc nécessaire pour respecter les équilibres de la société marchande...

La véritable critique globale viendra de K. Marx. Celui-ci se situe sur le plan du matérialisme, c'est-à-dire des faits économiques et sociaux. L'homme ne doit pas être étudié par rapport aux religions, aux théories (spiritualisme) mais par rapport au monde réel, à la nature, aux rapports de production. Rappelons que K. Marx a consacré sa thèse de doctorat aux philosophies matérialistes de la nature, Démocrite et Epicure. L'histoire humaine s'inscrit dans l'ordre général de la nature et Marx pense comme Spinoza que l'homme n'est pas « un empire dans un empire ».

Dans son ouvrage majeur (Capital, I) il affirme que la production capitaliste détruit non seulement la santé des ouvriers mais trouble aussi les relations entre l'homme et la nature et détruit la « fertilité durable du sol ». Friedrich Engels ira plus loin en concluant sur les civilisations disparues : « Il convient d'être prudent des victoires de l'homme sur la nature car celle-ci est susceptible de se venger ».

Un économiste libéral, John Stuart Mill, aboutira aux mêmes conclusions : la révolution industrielle n'a pas permis d'améliorer significativement les conditions de vie des classes laborieuses ; la nature prendra un jour sa revanche sur l'industrie[1].

Rosa Luxembourg prolongera cette analyse de la fuite en avant du système capitaliste et de son caractère destructeur.

Toutefois, la culture dominante, acceptée par les travailleurs, était que la production de l'usine était plus importante que la pureté de l'eau de la rivière.

Or l'expérience soviétique et collectiviste remet en cause le profit individuel, l'exploitation sociale mais elle érige aussi la production comme seule source de progrès. L'Etat totalitaire et policier est mis au service de la production aveugle : brutalité dans l'introduction des sovkhozes et kolkhozes en milieu rural, taylorisme industriel à la façon soviétique, (le stakhanovisme), planification autoritaire et parfois absurde par le Gosplan, financements décidés d'en haut en fonction d'objectifs stratégiques (militaires, scientifiques, technologiques) sans tenir compte des souhaits des habitants. Ce système centralisé conduira à des catastrophes écologiques (assèchement de lacs, tarissements de rivières, pollutions industrielles, pertes de vies humaines etc.).

Ainsi la préoccupation environnementale n'est pas plus respectée à l'Ouest qu'à l'Est. La loi du profit d'un côté, la primauté d'une stratégie nationaliste de l'autre, font fi du capital naturel, comme d'ailleurs du capital humain.

L'économie prend une nouvelle dimension : domination des multinationales, grandes industries, « pétrolisation » de l'économie, pollutions, déchets, consommation de masse etc.

---

[1] Cf. Sophie Boutillier, 2011 « L'écologie dans la pensée économique ».

C'est alors que la pensée écologique prend son essor.

Les penseurs précurseurs de l'Antiquité, de la Renaissance ou des Lumières sont rejoints par une multitude de chercheurs, d'économistes, de philosophes qui appuient leurs réflexions sur des travaux scientifiques.

Les premiers travaux sur l'effet de serre et l'empreinte écologique remontent à la fin du XIXe siècle. Le savant Svante August Arrhenius (1859-1927) établit la relation entre l'effet de serre et la consommation industrielle de charbon. Il reçoit le prix Nobel mais n'est pas entendu pour autant.

L'économiste américain Nicholas Georgescu Roegen (1906-1964) montre que la loi d'entropie formulée en 1824 par Sadi Carnot s'applique aussi à l'économie : toute activité humaine de production et de transformation exige l'utilisation d'une énergie qui se disperse, pollue et n'est pas récupérable. Toute ponction sur le stock (charbon, pétrole, gaz etc.) a un coût définitif. D'où l'intérêt des énergies renouvelables.

Le terme même « ökologie » est utilisé pour la première fois en 1866 par un biologiste allemand, disciple de Darwin, Ernst Haeckel. Mot à mot c'est l'économie de la maison (en grec oikos : maison). Plus largement c'est l'étude des rapports des êtres vivants avec leur milieu.

L'économiste-anthropologue Karl Polanyi (1886-1964) considérait que le marché était une institution récente et que la fonction économique devait être « encastrée » dans la fonction sociale. La production ne pouvait être qu'un moyen au service de finalités plus élevées : les besoins de la société, l'éducation, la démocratisation de l'économie, le respect de l'environnement.

John Maynard Keynes pouvait se montrer aussi prophétique, dans son ouvrage de 1930 « Perspectives économiques pour nos petits enfants » il considérait que dans un siècle le problème économique, c'est-à-dire la mise en œuvre d'une production susceptible de satisfaire les besoins de la population, serait résolu. Les travailleurs consacreraient environ trois heures par jour à leur travail et libéreraient ainsi du temps pour des activités plus hautes (culture, loisirs, vie affective, activités artistiques, sociales, etc.). La course au profit serait considérée comme une pathologie dépassée. Cette vision est quasi-socialiste dans la mesure où elle considère que l'économie n'est qu'un moyen pour répondre aux besoins de la population. Mais curieusement elle ne semble pas prendre en compte le ressort du système capitaliste qui est de faire toujours plus de profits, quitte à créer de nouveaux besoins.

C'est justement cette société de consommation qui va se répandre dans les années 50 et 60, avec son visage de Janus. Elle apporte incontestablement des bienfaits matériels à de nouvelles catégories sociales mais elle repose sur un modèle pernicieux : une culture dominante du consumérisme, un fétichisme de la marchandise, une accélération des modes, une obsolescence programmée, un crédit envahissant, un cycle de production / consommation / pollution qui nie l'existence de notre milieu naturel.

En Europe comme aux Etats-Unis, les études critiques se multiplient.

Le point de départ est le constat d'une destruction de la biodiversité, d'une exploitation abusive de richesses non renouvelables et d'une pollution qui s'étend.

Vance Packard a analysé cette société de gaspillage et de destruction dans son ouvrage « The Waste Makers ». La question commence alors à se poser : notre société va-t-elle mourir de ses propres déchets ?

Pourtant, lorsque l'américaine Rachel Carson écrit en 1962 « Printemps silencieux », ouvrage dans lequel elle dénonce le rôle des pesticides sur la faune et vulgarise le mot « environnement », elle est traitée d'hystérique et d'extrémiste.

De nombreux penseurs français contribuent à cette prise de conscience : Bernard Charbonneau « Le sentiment de la nature, force révolutionnaire », Jean Dorst, Haroun Tazieff (qui dénonce le nucléaire), Paul-Émile Victor, Théodore Monod, Jean Rostand, Bertrand de Jouvenel, Philippe Saint-Marc « L'Economie barbare »…

L'écologiste allemand Hans Jonas élabore le « principe responsabilité » (1979) de l'homme vis-à-vis de son milieu.

Pour eux, respecter la nature, protéger la biodiversité, c'est sauver l'homme.

D'autres penseurs, justement vont analyser l'asservissement de l'être humain dans cette société productiviste : Herbert Marcuse, Jean Baudrillard, Henri Lefebvre. Certains proposeront comme solution une nouvelle société fondée sur la convivialité, la solidarité, les réseaux, la sobriété, comme Ivan Illitch ou Jacques Ellul.

Cette réflexion critique sur les contradictions du système de production et de consommation va déboucher sur l'écologie politique[1]. Nous vivons dans un

[1] Cf. André Gorz (« Ecologie et politique », 1975 ; « Ecologie et liberté », 1977) ; Marcel Gauchet (« Le désenchantement du monde ») ; Guy Debord (« La société du spectacle », 1967) ; Bernard Stiegler (« Réenchanter le monde », Flammarion, 2008) ; Edgar Morin (« La politique de civilisation ») ; Hervé Kempf (« Moins de biens, plus de liens ») ; Richard Heinberg (« La fin de la croissance ») ; Jean Gadrey (« Adieu à la croissance ») ; Dominique Méda (« La mystique de la croissance ») ; Tim Jackson (« Prospérité sans croissance »).

système de plus en plus toxique, qui « poubellise » la nature, les objets, le travail, les produits financiers, les relations humaines, le savoir et qui exige une réflexion globale.

L'économiste suédoise, Elinor Ostrom (Prix Nobel d'économie 2009) définit le concept de « biens communs » : ces biens naturels (air, eau, biodiversité etc.) mais aussi humains (systèmes de santé, d'éducation etc.) qui constituent la richesse de l'humanité.

Ces penseurs concluent que les biens communs exigent une vision à long terme et que leur gestion serait mieux assurée par les populations concernées que par des actionnaires exigeant des rendements financiers immédiats. Diversifier le tissu économique grâce à des associations, des coopératives, des mutuelles serait une façon de créer une sorte de biodiversité économique susceptible de résister à un système globalisant et uniformisant. De telles idées stimulantes pour des citoyens sont largement ignorées des médias.

Ce corpus de pensée critique et alarmiste est bien connu des intellectuels et des étudiants qui sont sensibles aux menaces pesant sur l'avenir de la planète et du genre humain (cf. 1,3. « Le capitalisme est mondial », « Mai 1968 »). Mais le grand public ne s'intéresse pas encore à ce sujet et le pouvoir dominant s'efforce de discréditer, de caricaturer cette préoccupation majeure.

Ainsi, un agronome célèbre, René Dumont (« L'Afrique noire est mal partie », 1962 ; « L'utopie ou la Mort », 1973) démontre précisément que le modèle occidental ne peut être diffusé à l'ensemble de la planète car il est trop gaspilleur d'énergies et de matières premières, trop exploiteur du Tiers Monde, trop pollueur. Si les trois milliards d'habitants de ces années 60 devaient vivre comme les Américains, la planète ne pourrait subvenir à leurs besoins. Il n'est pas compris et sa candidature à l'élection présidentielle française de 1974 ne recueille que 1,3% des suffrages…

Un courant de pensée plus radical prône la décroissance économique pour compenser la croissance démographique mondiale. En France, Serge Latouche reprend la métaphore d'Ivan Illich : l'escargot construit sa coquille par spires toujours plus larges puis il pratique des enroulements décroissants. La croissance continue de sa coquille ferait d'elle non plus une protection mais un handicap. Certains consommateurs veulent sortir de la tyrannie des marchés et vivre mieux avec moins (« No logo. La tyrannie des marques », Naomi Klein, Actes Sud, 2001). Néanmoins, la décroissance suscite différentes questions. Si un Américain ou un Européen pourrait réduire sa consommation d'énergie sans dommage, par une meilleure organisation, que dire d'un Malien ou d'un Burundais ? Comment dresser une liste objective des biens somptuaires, inutiles, dispendieux ?

Le mouvement écologiste est lancé mais il est encore circonscrit à un milieu d'initiés.

Le réseau international « Friends of the Earth » fonde sa branche française « Les Amis de la terre » en 1968 (avec Brice Lalonde).

Barbara Ward et René Dubos inventent le concept « penser global, agir local » et rédigent en 1972 le rapport « Only One Earth ». Manifestations contre la centrale nucléaire de Bugey en 1971-72. Mouvements du Larzac en 1972-73. Lancement du journal « La gueule ouverte » par Pierre Fournier en novembre 1972. Brice Lalonde obtient 3,9% des voix au premier tour de l'élection présidentielle de 1981.

Si ce mouvement écologique est traité avec condescendance par les milieux capitalistes, il commence à sensibiliser le monde politique. Les Nations-Unies, certains gouvernements, certains responsables de rang élevé prennent connaissance des rapports scientifiques et s'inquiètent des dégâts irréversibles provoqués par notre système économique.

Dès juin 1972 l'ONU organise à Stockholm sa première conférence sur l'environnement, dans le sillage de la pensée de mai 1968. Une telle réactivité est assez rare pour être relevée. Le Club de Rome lance son avertissement, la même année, « Halte à la croissance », qui reste incompris du grand public.

Gro Harlem Brundtland remet aux Nations Unies en 1987 un rapport essentiel qui introduit la notion de « développement durable » dans le débat international. Ignacy Sachs définit le concept de développement « soutenable » (sustainable) par rapport aux générations futures.

La deuxième conférence des Nations Unies sur l'environnement se tient à Rio de Janeiro en juin 1992 (« Le Sommet de la Terre »). En décembre 1997 le protocole de Kyoto fixe les réductions des émissions de six gaz à effet de serre.

En septembre 2002 le sommet de Johannesburg se penche sur le développement durable et analyse les « externalités négatives » de toute production sur le milieu.

Ce concept d'externalité a été conçu dès 1920 par Alfred Marshall et développé par Arthur Pigou puis par James Meade. Il s'agit de l'action d'un agent économique sur un autre, en dehors du marché. Cette notion a pris une importance majeure en économie de l'environnement, avec l'externalité négative, lorsque par exemple une usine pollue un sol ou une rivière. A l'inverse, la pollinisation des arbres fruitiers par les abeilles constitue une externalité positive pour l'exploitant qui reçoit un cadeau de la nature. Comment chiffrer ces externalités ? On les croyait marginales, elles sont déterminantes.

Les travaux de Joseph Stiglitz, de Robert Solow et de John Hartwick (« La soutenabilité faible ») concluent que l'économie fonctionne grâce à trois types de capitaux : le capital physique (infrastructures, machines etc.), le capital humain (travailleurs, formation etc.) et le capital naturel. Or ce dernier joue un rôle majeur dans la constitution du PNB, même si la théorie classique l'a toujours ignoré.

L'économiste René Passet (« L'Economique et le Vivant », 1979) élabore une vision complète de l'économie en trois sphères concentriques : la sphère économique classique (production / consommation), entourée de la sphère humaine (travail, organisation, culture etc.), elle-même insérée dans la biosphère.

Ainsi, la réflexion écologique va complètement remettre en cause les bases de l'économie. Celle-ci ne vit pas en vase clos, elle n'est pas une fin en soi. Une économie qui pille la nature pour améliorer la rentabilité du capital financier peut le payer ensuite très cher. De même, le capital financier ne peut fructifier que grâce au capital humain.

En 1990, les économistes Amartya Sen (Prix Nobel 1998) et Mahbub Ul Haq conçoivent pour le compte de l'ONU le concept révolutionnaire d'Indice de Développement Humain. L'IDH repose sur la situation d'un pays en termes de santé, d'espérance de vie, d'alphabétisation, d'éducation. Cet indice sera de plus en plus utilisé par les agences de développement pour analyser la situation en profondeur d'un pays ; toutefois les médias occidentaux resteront attachés au seul PNB.

L'organisation « Transparency International » établira un diagnostic et un classement des pays en fonction de leur niveau démocratique et de leur intégrité morale. Ce classement (qui valorise les pays du nord de l'Europe) remet aussi en cause le monopole du PNB. Là encore les médias ne paraissent guère s'y intéresser.

Il s'agit pourtant de réelles avancées qui permettent de sortir de l'obsession productiviste et qui posent la relation de l'économie avec l'être humain et avec son environnement.

En outre, des personnalités éminentes et progressistes de « l'establishment » vont apporter leur soutien aux premiers réseaux écologiques et vont renforcer la prise de conscience.

Le vice-président Al Gore a déjà rédigé en 1989-91 un rapport « Urgence Planète Terre » alors qu'il était sénateur démocrate du Tennessee. Il lance en 2006 une véritable campagne mondiale autour de son film documentaire : « Une vérité qui dérange ».

De leur côté, des économistes réputés du FMI ou de la Banque Mondiale, qui ont été chargés de diriger les opérations « d'ajustement structurel » dans les pays en voie de développement constatent les dégâts de ces politiques ultra-libérales. La relance de la compétitivité par les coûts s'est faite au détriment des services publics, des programmes de santé, d'éducation, de soutien social, de protection de l'environnement.

J. Stiglitz (ancien économiste en chef de la Banque Mondiale - Prix Nobel 2001) va montrer les effets pervers de ces politiques pour le développement à long terme des pays les plus pauvres (« Quand le capitalisme perd la tête »).

Nicholas Stern publie en octobre 2006 un rapport sur l'économie du changement climatique qui s'efforce, pour la première fois, de chiffrer le coût du réchauffement climatique, provoqué par des politiques productivistes à court terme. Il suggère la création d'une Agence Mondiale de l'Environnement pour coordonner les politiques des Etats et anticiper les risques de crises.

Des prix Nobels comme Paul Krugman ou Elinor Ostrom montrent les contradictions du système capitaliste et les risques de crises systémiques, à la fois économiques et écologiques.

En France, aussi des personnalités importantes prennent conscience de ces contradictions et attirent l'attention du grand public : Pierre Larrouturou et Michel Rocard (« Le livre noir du Libéralisme », Rocher, 2007) ; Patrick Arthus et Marie-Paule Virard (« Le capitalisme est en train de s'autodétruire », 2005 puis « Les Incendiaires », 2007) ; Jean Peyrelevade (« Le capitalisme total », Le Seuil, 2005) ; Stéphane Hessel (« Indignez-vous ! »), dans le sillage des grands précurseurs Edgar Morin, Pierre Bourdieu, André Gorz, Bernard Stiegler…

Des vulgarisateurs tels que Yann Arthus-Bertrand et Nicolas Hulot (« Le syndrome du Titanic ») vont partir d'une description de la beauté de la nature pour prendre conscience des périls qui s'accumulent et souligner la responsabilité de l'être humain.

Sylvie Brunel a raison de vouloir éviter la caricature : l'homme serait un parasite face à une nature idéale. Dans la réalité, la nature est soumise à des espèces invasives, elle se déséquilibre et évolue. L'être humain est capable de protéger la biodiversité, il ne se comporte pas toujours comme un prédateur. Notre historique a rappelé ce point, la prise de conscience environnementale constitue aussi un succès. Mais pourquoi a-t-il fallu tant attendre ?

Ce constat du péril environnemental provoqué par l'être humain est connu des scientifiques, il s'agit d'un sujet majeur, probablement le sujet le plus grave de notre époque. Or les milieux capitalistes et leurs médias font tout pour masquer cette réalité.

Deux spécialistes américains (Naomi Oreskes et Jules Boykoff) ont fait ce constat sidérant : la consultation exhaustive des milliers de travaux scientifiques (à lui seul le GIEC s'appuie sur plus de 9.000 rapports) montre que l'origine humaine du réchauffement climatique est quasi-unanimement reconnue. A l'inverse, la lecture des grands médias américains grand public montre que l'origine humaine de ce réchauffement est contestée dans 53% des articles. Les travaux scientifiques sont donc présentés au public, de façon biaisée voire mensongère.

L'organisme « Heartland Institute » basé à Chicago est un think tank proche du Tea Party et financé par des fondations privées et des entreprises[1]. Son budget pour 2012 s'élève à plus de 77 millions de dollars et lui permet de rémunérer des chercheurs, des vulgarisateurs, des présentateurs météo pour contester, retarder les travaux des scientifiques sur le réchauffement climatique et créer un « climato-scepticisme ».

Un journaliste du quotidien Le Monde expose les mensonges des industriels (parfois renforcés par des instituts ou des chercheurs à leur service) pour masquer les effets du tabac, de l'amiante, du gaz de schiste, des pesticides, des perturbateurs endocriniens, du réchauffement climatique etc. (cf. Stéphane Foucart « La fabrique du mensonge », Denoël, 2013).

Une vingtaine de chercheurs américains et européens a évalué le coût des maladies provoquées par les perturbateurs endocriniens (baisse des capacités cognitives, troubles du métabolisme et de la reproduction masculine, obésité, diabète etc.) a plus de 1,2% (soit plus de 150 milliards d'euros), du PIB européen. Ces travaux ont été présentés au congrès de l'Endocrine Society (mars 2015), alors même que l'Union européenne suspendait le projet de la réglementation de ces perturbateurs endocriniens, sous la pression des industriels.

---

[1] Comme Charles Koch, Koch Industries, le plus gros congloméral pétrochimique américain mais aussi Microsoft, Pfizer, Claxo Smith Kline, les cigarettiers Altria et RJ Reynolds ou General Motors etc.

L'oligarchie capitaliste est prête à soudoyer des experts, créer des faux instituts, utiliser ses médias, manipuler l'opinion pour masquer cette « vérité qui dérange ». En effet, la prise de conscience du péril environnemental devrait logiquement conduire l'opinion publique à préférer une économie moins productiviste, moins affairiste, plus respectueuse de la nature et de l'être humain.

A chaque fois que les Etats ont pris des dispositions pour sauvegarder l'environnement (exemples du Clean Air Act ou du Clean Water Act aux Etats-Unis, ou du protocole de Montréal sur la préservation de l'ozone), ils ont provoqué une levée de boucliers des milieux d'affaires : « utopies, inepties, catastrophes économiques etc. ». L'économiste Michael Porter (Harvard) a étudié la mise en place de ces différentes mesures : l'économie globale n'a pas été affectée, les entreprises ont dû adopter des attitudes plus responsables et ont même amélioré leur productivité. C'est l' « hypothèse de Porter » : les entreprises n'améliorent leur fonctionnement que si elles sont contraintes.

Certes, quelques rares grands chefs d'entreprise américains ont pris conscience de ces risques environnementaux dans leur activité propre (Coca-Cola face au manque d'eau, Nike face aux inondations des usines etc.) et ont suggéré d'instaurer une taxe sur le carbone. « Nous avons refusé de voir les excès des marchés financiers et nous commettons la même erreur avec le climat ». Mais ils se heurtent bien sûr au milieu des affaires et au parti républicain. Eux aussi.

Les écologistes n'ont cessé d'affirmer qu'il valait mieux prévenir que guérir… surtout lorsque l'on ne sait pas guérir.

Quand les océans se réchaufferont, qui saura les refroidir ?

Quand une centrale nucléaire provoquera des accidents en chaîne, qui saura l'arrêter ?

Quand les abeilles auront disparu, qui saura les recréer ?

Et pourtant, en dépit des alarmes réitérées depuis plus de cinquante ans par des esprits clairvoyants, nous n'avons pas su prévenir ces périls.

La bourse prime la vie.

Conclusion 2ème Partie

Nous sommes quotidiennement confrontés à une multitude de désordres, de dérèglements, de régressions, d'injustices qui peuvent être considérés de façon isolée comme autant de travers de la vie en société.

Mais si l'on remet en perspective les grandes tendances de l'économie on commence alors à trouver un sens à ces travers. Ils ne sont pas le fruit du hasard, ils résultent bien des politiques mises en œuvre.

La crise bancaire de 2007/2008 suivie de la crise de la dette publique ne nous sont pas tombées sur la tête comme une sorte de malédiction divine ou de catastrophe naturelle. Elles sont bien la conséquence des politiques ultra libérales de dérégulation économique et de distorsions sociales conduites par les pouvoirs en place.

La stagnation du pouvoir d'achat des travailleurs occidentaux, la précarisation de nombreux ouvriers, les délocalisations, la chute des investissements privés, le dessaisissement des salariés dans les stratégies des entreprises, la mise en concurrence des peuples, l'exploitation de la main d'œuvre des pays pauvres et corrélativement la multiplication du nombre de milliardaires, le boom des industries de luxe, tout cela n'est pas le fruit du hasard. Ce sont des politiques réfléchies, cohérentes qui ont conduit à privilégier l'actionnaire sur le travailleur, le profit à court terme au détriment de l'avenir des entreprises.

Les pannes systématiques des appareils ménagers, les abus commis sur les consommateurs, les scandales de certains laboratoires pharmaceutiques, les trucages comptables, l'évasion fiscale des grands groupes internationaux, le développement des mafias abritées dans les paradis fiscaux, etc. ne sont pas des « accidents », ces affaires sont la conséquence de la dérégulation et du laisser-faire.

Enfin, la propagande et les mensonges des groupes cigarettiers ; le lobbying effréné pour contester les conclusions scientifiques sur le réchauffement climatique, la pollution ou les déchets ; les tricheries à grande échelle pour masquer la pollution des véhicules diesel ; les maladies humaines liées à l'environnement longtemps masquées ; la crise alimentaire mondiale qui commence à se profiler ; la régression de la biodiversité : tous ces phénomènes résultent bien d'une obsession, le profit.

Certes, le capitalisme n'est pas responsable de tous nos maux. Certes le capitalisme nous a permis d'accomplir des révolutions technologiques et économiques. Mais admettre que la seule boussole du monde puisse être le profit est une vision si réductrice de l'humanité qu'elle conduit à notre perte.

Si l'on remet en perspective les crises économiques, les contradictions sociales, le péril environnemental, le lien apparaît de façon évidente entre tous ces maux et notre système de production et de consommation.

Or la machine économique paraît s'emballer, devenir incontrôlable, monstrueuse. Les peuples souffrent, des esprits avisés s'inquiètent, seule une minorité dirigeante vit encore sa « dolce vita ».

Et le vrai problème réside dans le pouvoir. Qui décide de cette société dans laquelle nous vivons, qui décide des grands investissements, des délocalisations, des stratégies de production, des recherches, des produits de demain, des façons de travailler, de la distribution des salaires et des dividendes, de la façon d'échapper au fisc, de polluer la planète, de surexploiter les ressources naturelles, de commercialiser des produits parfois dangereux etc. ? Qui décide de tout cela et qui contrôle ?

Jamais l'humanité n'a été confrontée à une telle contradiction. Jamais le pouvoir économique mondial n'a été aussi concentré entre les mains de grands groupes industriels et financiers. L'avenir de la planète, du vivant, de l'homme est entre les mains d'un pouvoir opaque.

Or ce pouvoir agit en fonction de ses intérêts immédiats qui sont loin d'être partagés par la population.

Et ce pouvoir qui est né de l'argent, qui ne vit que par l'argent ne peut entrevoir une autre finalité. Il ne peut concevoir que l'économie soit au service des êtres humains, dans le respect de la vie. Il ne s'est jamais réformé ni amélioré de lui-même. Ses concessions n'ont été accordées que lors de rapports de force. Il n'a survécu que grâce à ses opposants. Dès qu'il reprend les rênes, il revient sur ses concessions et il restaure le système pur et dur du capitalisme.

Enfin ce pouvoir économique mondial n'est contrôlé ni par les Etats limités à leurs frontières, ni par les Nations Unies trop faibles pour agir.

En cela il constitue un véritable déni de démocratie, un échec de civilisation. Ce pouvoir tout puissant façonne à l'échelle mondiale une pensée dominante et décide de notre avenir. Il n'est pas seulement économique, il est global.

Nous avons appelé ce pouvoir « Oligarchie mondiale », on pourrait lui donner d'autres noms : Empire, impérialisme, capitalisme mondial, ploutocratie, peu importe. Ce n'est pas un Etat, ce n'est pas un parti, c'est un réseau de puissances animées par la même idéologie et les mêmes intérêts.

Nous, citoyens, devons-nous accepter cette domination inexorable ?

Pouvons-nous remettre l'économie sur ses pieds, c'est à dire au service de l'humanité ?

3ème Partie

Vers une économie du vivant ?

Une finalité de l'économie, plus humaine et respectueuse de la biosphère, est nécessaire, mais la mutation reste complexe.

L'argent est-il le mal absolu ? L'argent, monnaie d'échange, étalon de mesure des biens et des services paraît utile. Mais l'appât du gain, le profit comme unique boussole d'activité, réduisent l'être humain et détruisent la planète.

Le marché peut-il être équilibré, contrôlé par un arbitre ou conduit-il nécessairement au pouvoir capitaliste ?

Remettre l'économie sur ses pieds, « au service des êtres humains… », oui mais selon quels ressorts, quels critères, quels mécanismes ?

Faut-il détruire l'économie de marché et l'esprit d'entreprise qui en est issu ? L'expérience nous a instruit sur les dangers d'une économie centralisée, bureaucratisée qui dessaisit les citoyens. Il convient au contraire de libérer les initiatives, la créativité, mais dans un sens beaucoup plus large. L'esprit d'entreprise doit être encouragé, mais c'est sa finalité qui doit être repensée. Le chercheur qui découvre un brevet, l'enseignant qui innove dans la pédagogie, le responsable d'ONG qui intervient au secours de populations sinistrées, le syndicaliste qui propose une nouvelle forme d'organisation du travail etc. ont bien l'esprit d'entreprise.

Faut-il supprimer la concurrence ? Dès lors qu'un citoyen est soumis à un parti unique, qu'un consommateur est soumis à un monopole ou une entente, c'est la liberté qu'ils perdent. Il faut combattre la concentration des pouvoirs. Le pluralisme et la concurrence doivent être encouragés pour permettre le foisonnement des idées, des projets. Le capitalisme nous paraît néfaste dans sa finalité même, comme dans son pouvoir opaque. Mais il ne s'agit pas de revenir en arrière, il faut au contraire dépasser ce système par l'initiative, l'innovation.

Doit-on attendre la révolution pour changer le système ? Là encore l'expérience révèle que les révolutions sont comme les guerres. On sait comment elles commencent, on ne sait pas comment elles finissent. Faut-il encore croire aux glorieuses avant-gardes qui décidaient du bonheur du peuple ? Peut-on échapper à une contre-révolution, parfois à une dictature ? Une mutation véritablement radicale ne nécessite-t-elle pas la participation de tous ? Or l'individu a besoin de temps pour s'adapter. Toutes les mutations biologiques sont progressives. Le recours à l'intelligence exige le débat, l'expérimentation, le temps. Le monde nouveau est trop complexe pour sortir d'une tête ou d'un parti. Il se façonne progressivement par des réflexions, des expériences, des échecs, des synthèses.

*

Et si l'esquisse de ce monde était déjà sous nos yeux, pour qui sait le lire ?

Nous avons pu relever que bien des penseurs, pourtant fort différents, plaidaient pour de réelles transformations.

Déjà Walras considérait que l'équilibre économique devait être mis au service des populations, que les lois du marché ne devaient pas empêcher la constitution de mutuelles de travailleurs.

Karl Polanyi proposait un marché autorégulé grâce au droit du travail, à la protection sociale, à la sécurité de tous. Le marché devait être réduit à sa seule fonction marchande et « encastré » dans les relations sociales, donc au service de celles-ci.

Jean Jaurès en appelait à « l'évolution révolutionnaire », cet oxymore emprunté à K. Marx. Il s'agissait d'introduire dans la société des formes nouvelles d'organisation et de propriété (coopératives de production et de consommation par exemple) qui préfigureraient le monde de demain[1].

Paul Jorion, à la fois anthropologue et banquier, constate aujourd'hui l'implosion du système capitaliste avec la disparition des autorités de régulation. Deux régimes économiques pourraient fonctionner en parallèle : le premier porterait sur ce qui est marchand, le second sur ce qui est essentiel pour l'homme et la planète (les biens communs).

---

[1] Cf. Jean-Paul Scot « Jaurès et le réformisme révolutionnaire », Seuil.

Edgar Morin dénonce la course folle du capitalisme et la « barbarie » qui monte (racisme, xénophobie, haine de l'autre, domination, exploitation etc.). Il en appelle à un réveil citoyen pour régénérer la pensée politique, mettre en œuvre des expériences de terrain et créer une économie « plurielle » : économie verte, économie sociale et solidaire, commerce équitable, économie de la convivialité, agriculture biologique, entreprise citoyenne etc.

Face à la « crise de civilisation » E. Morin invite à comprendre les aspects essentiels du changement : la transformation économique implique bien d'autres disciplines, politiques, sociales, psychologiques etc. et seule une vue d'ensemble peut permettre de comprendre une évolution ou de la susciter.

La transformation à opérer est si profonde qu'elle ne peut-être immédiate et brutale. Il s'agit en fait d'une « métamorphose », d'un changement d'ère[1].

*

Nous nous sommes efforcés, dans les parties historiques et critiques, d'adopter une vision globale économique, politique, philosophique, sociologique, « holistique », en reliant les faits et les pensées, en les mettant en perspective.

Nous allons conserver cette méthode, ce fil d'Ariane, pour explorer à la fois les expériences vécues et les idées novatrices qui trouvent une cohérence, créent une dynamique et permettent d'esquisser le tableau d'un autre monde possible. Le tout est de distinguer le « signal » dans le « bruit ambiant ».[2]

Comment passer d'une société marchande, réductrice, vers une civilisation plus humaine, plus élevée ?

Livrer une solution « clef en main », un monde nouveau, une conception globale, une Weltanschauung, serait bien présomptueux et peut être même dangereux.

---

[1] Cf. « Pour une politique de civilisation », Seuil, 1997 ; Avec Sami Naïr « La Méthode », 1997-2006 ; « Ma Gauche », 2010, Bourin Editeur.

[2] Citons à cet égard les travaux d'un jeune mathématicien américain, féru en algorithme, Nate Silver, qui a exploité toutes les bases de données disponibles et a prédit l'élection de B. Obama, Etat par Etat. Dans son ouvrage « The Signal and the Noise » (septembre 2012) il annonce que l'exploitation des bases de données permettra d'anticiper bien des événements et constituera une science à condition de savoir distinguer l'information utile, le « signal », dans le « bruit ambiant ».

Il s'agit plutôt de découvrir les points d'appui pour transformer, dépasser le système de façon cohérente. Bien souvent des expériences novatrices existent déjà, parfois il faut rechercher les idées, les signaux précurseurs.

Quels peuvent être les grands axes de cette mutation ?

D'abord le ressort. La volonté de changer le monde doit procéder des citoyens. C'est l'initiative individuelle ou collective qui sera à l'origine du mouvement.

Un consommateur responsable. Un citoyen participatif. Une entreprise démocratisée.

Il s'agit d'instaurer une économie hybride qui ouvre de nouvelles formes d'organisation, face aux entreprises traditionnelles.

C'est ensuite la finalité. L'économie doit viser en priorité au développement humain et durable. Pour cela, il faut concevoir une nouvelle façon d'évaluer et de comptabiliser l'activité économique afin de mieux définir l'utilité des investissements et des produits.

C'est enfin le cadre. Le débat récurrent du marché et de l'Etat doit être renouvelé. Un marché hybride doit permettre l'apparition d'une véritable concurrence entre l'économie marchande et la nouvelle économie.

Les institutions nationales, régionales et mondiales ont pour mission de faire prévaloir l'intérêt général. La crise démocratique, ne trouvera sa solution que dans plus de démocratie. Celle-ci ne doit pas être considérée comme un acquis mais comme une conquête permanente.

Ces grands axes nous paraissent essentiels car ils portent sur le moteur, l'objectif et le cadre d'une économie.

Chapitre 3-1. *Le ressort : l'initiative*

« Malheureux le pays qui n'a pas un bon Chef ! disaient les Nazis.
Malheureux le pays qui a besoin d'un Chef ! devrions-nous dire ».
Berthold Brecht.

*

Un changement démocratique ne peut-être attendu d'en haut, de l'oligarchie qui gouverne le monde, il ne peut procéder que du citoyen. Affirmer ce beau principe ne rend pas la démarche plus aisée. Nous avons constaté la contradiction qui réside au sein de l'individu, citoyen par conscience certes, mais de plus en plus consommateur, par goût, par facilité, par endoctrinement. Comment faire la part des choses ? Comment conserver un esprit critique dans un système envahissant ? Quels ressorts peuvent conduire à une prise de conscience ?

Nous allons découvrir qu'il existe bien des signaux, des initiatives, des expériences chez le consommateur, le citoyen, l'entreprise qui peuvent préfigurer un autre monde.

*

Un consommateur responsable.

Dès la fin du XVIIIe siècle des consommateurs et surtout des consommatrices se regroupèrent aux Etats-Unis comme en Europe pour boycotter le sucre qui était produit grâce à l'esclavage. Cette prise de conscience sur un sujet aussi grave révélait que certains consommateurs ne voulaient plus être complices du système.

Un siècle plus tard de nombreuses revendications montèrent en Grande Bretagne pour protester contre l'approvisionnement en eau et en gaz qui avait été confié de façon souvent abusive à des monopoles privés. Ces revendications donnèrent naissance aux premières associations de consommateurs qui exigèrent soit la mise en concurrence des sociétés distributrices, soit la prise en charge du secteur par les pouvoirs publics dans un souci d'intérêt général.

Dans les deux exemples, ces contestations exprimaient une prise de conscience : le consommateur a son mot à dire dans l'organisation économique.

En France, la Fédération des coopératives de consommateurs fut créée en 1912 par Jean Jaurès et Charles Gide.

La période de la crise de 1929, de la Seconde Guerre mondiale, de la reconstruction et des politiques social-démocraties fut favorable aux travailleurs et aux consommateurs pendant toute la durée des Trente glorieuses.

Lizabeth Cohen (« A consumers' Republic ») esquissa alors une sorte de nouveau contrat social qui allait permettre, après 1945, de concilier le marché, la consommation et la citoyenneté.

Or toute la reprise en main économique par les forces néo-conservatrices, à partir de la fin des années 1970, est justement fondée sur la théorie de l'offre de Milton Friedman et sur la primauté accordée à l'actionnaire face au travailleur ou au consommateur.

Ce mouvement parti des Etats-Unis (notamment avec la victoire de R. Reagan) va conquérir le monde par vagues successives et imposer une sorte de pensée unique « mainstream ».

Les entreprises vont multiplier le lobbying à partir de la fin des années 1970. Entre 1983 et 2005 le nombre de lobbyistes enregistrés à Washington est passé d'environ 6.000 à 33.000.

Lauren Maddox pourra déclarer « Le processus politique est une extension du champ de bataille du marché ».

Dans ce nouveau système dominé par l'entreprise, le poids du consommateur se trouve réduit. Le marché n'est pas le lieu de rencontre équilibré entre un producteur et un consommateur qui trouvent un prix équitable. Cette rencontre n'est plus directe, elle est « médiée » : le consommateur va choisir en fonction de la publicité, des marques, des logos, des labels, des emballages, du design, des grandes surfaces qui dominent le marché, mais aussi en fonction de raisons sociales (volonté d'appartenir à une certaine catégorie identifiée par certains produits), en fonction aussi de conseils, de recommandations, de guides, du poids des médias etc. Tout ce système évidement est au service du pouvoir dominant et non du consommateur.

Les excès du capitalisme conservateur, les atteintes à la liberté du consommateur, les risques environnementaux ont suscité prises de conscience et expériences novatrices.

Face à un système aussi intrusif, comment vont réagir les consommateurs ? Dans tous les pays développés apparaissent aujourd'hui des mouvements de contestation et de limitation de cette publicité envahissante : « No logo » « No Ad » etc.

Karl Polanyi (« The Great Transformation », 1957) avait déjà annoncé qu'après une phase d'expansion du marché suivrait une phase de contestation citoyenne et de régulation institutionnelle du marché.

Il y a d'abord eu à partir des années 60 le mouvement initié par l'avocat américain Ralph Nader de défense des consommateurs, qui a permis une organisation de ceux-ci, l'édition de revues spécialisées, de rapports d'experts, la mise en place des « class actions » et de procès contre les abus du système.

Des groupes de consommateurs et de producteurs se sont ensuite réunis dans des associations pour le maintien d'une agriculture paysanne (Amap, au nombre de 1.600 en France), en négociant directement les termes de l'échange, les choix variétaux des produits, les conditions de production (agriculture biologique, raisonnée etc.).

Dans l'esprit du Sommet de la Terre de 1992 à Rio, des groupements de « consommateurs responsables » ont élaboré des labels écologiques, d'abord à l'échelle allemande « L'Ange Bleu » (1977), puis scandinave « Cygne nordique » (1989) et enfin européenne (1992).

L'apparition des éco-quartiers et de l'habitat coopératif a permis des expériences novatrices.

La prise de conscience environnementale, d'abord théorique, s'est aussi imposée.

Des coopératives se sont constituées autour des villes (Toronto au Canada, Rosario en Argentine, par exemple) pour lancer une agriculture urbaine et biologique ainsi que pour donner de l'emploi à des chômeurs. Des villes (comme Samso au Danemark) sont devenues autosuffisantes sur le plan énergétique grâce à des éoliennes détenues collectivement. Le Népal a entrepris la constitution de micro-hydro-centrales électriques, là encore détenues par des associations.

C'est l'ensemble des modes de production et de consommation ainsi que les relations commerciales mondiales qui ont alors été remis en cause. L'ONG Oxfam a attiré l'attention des peuples occidentaux sur la situation des pays du Tiers-Monde. Les « Alternative Trade Organisations » (ATO) ont défini de nouvelles pratiques : prix suffisant pour que le producteur couvre ses coûts, prime en faveur des petits producteurs, préfinancements pour l'acquisition des intrants, assistance technique afin d'améliorer les conditions de travail, contrats à long terme.

Ainsi des initiatives locales ont pris de l'ampleur, se sont fédérées et ont parfois constitué un phénomène international. **Le commerce équitable en est une expression.**

En effet les grands négociants internationaux avaient pour habitude de définir les prix aux producteurs comme une simple variable d'ajustement. L'objectif était donc de solliciter l'appui des consommateurs pour garantir des prix équilibrés et stables aux producteurs. Ce contrat global traduisait une solidarité des consommateurs vis-à-vis des producteurs, mais aussi un engagement de ces derniers à appliquer un mode de production respectueux des équilibres sociaux et environnementaux.

Ce commerce équitable concerne environ 10 millions de personnes à travers le monde et 1.400 organisations de producteurs ont été constituées dans les pays en développement.

En France, le chiffre d'affaires de ce commerce s'est élevé à 408 millions d'euros en 2012. Le panier moyen d'un Français est de 6,24 euros (contre 34 euros pour un Britannique et 41 euros pour un Suisse).

Il existe environ 6.000 références de produits (alimentaires, textiles, cosmétiques, décoratifs, touristiques etc.) dont 3.600 labellisées Max Havelaar.

Ces chiffres sont encore faibles mais l'opinion publique porte un avis très favorable sur ces circuits et la croissance de ce commerce équitable est soutenue, environ 10% par an. Toutefois, il ne faut pas occulter la démarche de certaines multinationales pour « récupérer » ces expériences et se donner une belle image… (Références Georges d'Andlau, Président de la Plate Forme pour le Commerce Equitable).

Au travers de ces initiatives, une nouvelle forme d'économie prend corps qui redonne le pouvoir aux acteurs premiers, producteurs et consommateurs, face aux puissants intermédiaires qui dominent les marchés.

Plus récemment, des ONG se sont regroupées pour lutter contre le lobbying financier international et ont fait leur entrée dans le saint des saints. La jeune ONG « Finance Watch » s'est attaquée en 2011 aux « credit default swaps » (CDC) contrats d'assurance financière qui permettent de spéculer sur les dettes souveraines en pariant sur un risque de non-remboursement par un Etat. Un député européen (devenu ministre), Pascal Canfin, fit adopter par le Parlement européen le 18 octobre 2011 l'interdiction en Europe des CDS « à nu » (acquérir des CDS sans acheter simultanément des obligations de cet Etat). L'association Finance Watch regroupe des syndicats, des ONG etc. mais reste bien faible avec une équipe de quelques membres permanents face aux centaines de lobbyistes du secteur financier. La mise en place des règles internationales de Bâle III constituera un révélateur. Il n'en reste pas moins que nous assistons à la naissance d'un mouvement exigeant que la « finance soit utile à la société ».

Même dans les assemblées d'actionnaires, les « petits porteurs » ont pris conscience qu'ils étaient souvent grugés du fait de la connivence entre la direction de l'entreprise et les grands groupes d'actionnaires. Des associations de petits porteurs se sont ainsi constituées partout dans le monde. Certes ces associations ont des objectifs intéressés et corporatistes mais elles ont pris conscience des distorsions des marchés.

Une mention particulière doit être portée à l'économie du partage (« Share economy ») qui se développe largement grâce à Internet.

Plutôt que d'acheter un bien propre, de nombreuses personnes (notamment les jeunes, les urbains) préfèrent le louer à d'autres personnes, ce qui permet d'amortir le coût du bien et de créer des liens nouveaux entre individus. Les sites spécialisés se multiplient aux Etats-Unis comme en Europe : Airbnb et Abritel (maisons et appartements), Leboncoin.fr (vente de biens), Blablacar (covoiturage), Ding Dong (dépannage à domicile), BIRD Office (salles de réunion), Animal-futé (gardiennage d'animal domestique), Wikipédia (culture en ligne) etc.

Rachel Botsman a popularisé l'expression d'économie collaborative pour ces échanges qui rapprochent les gens, créent un esprit village et permettent de court-circuiter les mécanismes du marché (« What's Mine is Yours », Collins, 2010).

De même, l'apparition de crypto-monnaies comme le « bitcoin » ou le financement d'investissement par appel populaire comme le « crowdfunding » (un marché d'environ 10 milliards de dollars en 2025 selon la BIRD...) révèlent aussi l'ingéniosité des consommateurs et leur volonté de sortir des sentiers battus.

Ce foisonnement d'initiatives remet en cause les mécanismes de l'économie marchande, le droit de propriété et même parfois l'autorité des entreprises et des pouvoirs publics. En effet, les élites traditionnelles qui dirigent l'économie paraissent dépassées par cette génération Y, cette culture digitale, ces « homo numericus », trop inventifs, trop rapides.

Pourtant, cette économie collaborative n'est peut-être pas aussi radicale qu'il y paraît. Il s'agit d'abord pour les consommateurs de vivre au moindre coût, de mutualiser intelligemment les biens, de résister ainsi à la crise plus que de s'opposer politiquement et collectivement à un système.

Mais surtout, les plate-formes qui se développent sur les réseaux sociaux peuvent être d'esprit mutualiste, coopératif comme d'esprit capitaliste. Il suffit de voir, notamment aux Etats-Unis, les sommes immenses qui sont levées sur les marchés financiers, parfois pour des biens sans importance, des gadgets, mais avec des profits considérables. L'économie collaborative peut donc être infiltrée et détournée par des intérêts puissants. C'est la lutte perpétuelle de l'initiative populaire et de la récupération marchande (comme le « green washing »).

Anne-Sophie Novel a beaucoup étudié cette longue histoire du partage et elle finit par se demander si cette économie du partage est une véritable création de lien social ou s'il s'agit d'une nouvelle extension de la marchandisation. « C'est vrai que les services que l'on se rendait autrefois entre amis ou voisins deviennent des actes payants lorsqu'ils passent par les plateformes d'échange de services... Le capitalisme entre au cœur même du lien social »[1].

Il n'en reste pas moins que dans tous les domaines, dans tous les pays se constituent des réseaux d'échange, d'entraide, de solidarité. Réseaux de ventes directes entre agriculteurs et consommateurs, échanges de biens ou de savoir-faire entre personnes sans intermédiation monétaire, solidarité nord-sud et commerce équitable, récupération gratuite de produits usagés (Emmaüs), partages de biens grâce à Internet etc. Certes, le risque de récupération existe mais c'est l'ensemble de ces initiatives qui interpelle : les consommateurs seraient-ils capables de remettre en cause la toute-puissance des marchés ?

L'anthropologue Marcel Mauss avait montré l'importance du don, et de l'échange de dons, le « potlatch » (notamment en Mélanésie ou chez les tribus amérindiennes) dans l'équilibre des sociétés traditionnelles (« Essai sur le don », 1924). Dans les années 1960, Ivan Illitch lançait le concept de

---

[1] Cf. « La vie Share, mode d'emploi », Editions Alternatives.

« convivialité » et notait que le progrès matériel pouvait s'accompagner de mal être psychique.

Edgar Morin critiquait la vision marchande étriquée de nos sociétés et relevait que les solidarités humaines et l'écologie constituaient un enjeu de civilisation. John Dewey (« Human Nature and Conduct », 1922) démontra que le consommateur n'était pas seulement un être cupide et figé dans l'instant mais qu'il était aussi sensible à des impulsions, à des sentiments comme à des visions prospectives. Jon Elster (« Le désintéressement »), explora toutes les dimensions de l'être humain qui faisaient partie de « l'homo-economicus » : émotions, sentiments, créativité, prospective, désintéressement, solidarité, honnêteté etc.

Les savants ont confirmé l'importance de l'empathie dans le fonctionnement du cerveau humain (découverte des « neurones miroirs » par l'équipe du biologiste Giacomo Rizzolatti, en 1996). Ce sujet de recherche paraît majeur.

De son côté, un psychologue, Daniel Kahneman a su lancer une passerelle vers l'économie et a obtenu le prix Nobel 2002. L'originalité de son étude est qu'elle porte sur les milieux d'affaires. Il en a tiré toute une série de « travers de comportements » : excès de confiance, mimétisme, effet de foule etc. ainsi que des « biais de jugement » : biais égocentrique (croyance en sa supériorité incontestable), biais de statu quo (tout changement est un risque), effet de halo (ne retenir que ce qui va dans votre sens), illusion des séries (plusieurs hasards sont considérés comme une convergence, sans analyse scientifique, très fréquente chez les traders), illusion du focus (l'obsession d'un objectif fait perdre de vue le contexte)[1]. Les économistes libéraux se sont élevés contre ce psychologue qui voulait se mêler d'économie et contredisait leurs dogmes. Pourtant Alan Greenspan, ex président de la Réserve fédérale américaine et gourou du monde financier international finit par reconnaître devant le Congrès américain qu'il s'était trompé sur la capacité des marchés à s'autoréguler et sur celle des acteurs économiques à agir rationnellement…

Ainsi « l'homo-economicus » défini par les concepteurs du capitalisme a été complètement remis en cause aussi bien dans la réalité des comportements des consommateurs que dans les analyses scientifiques. Le plus drôle est que les dirigeants du système échappent peut-être aussi à cette vision mécanique des individus…

Comment des marchés peuvent être « efficients » et s'équilibrer « naturellement » si les consommateurs ne sont pas des unités

[1] Cf. « Système 1, Système 2. Les deux vitesses de la pensée », D. Kahneman. Flammarion, 2012.

identiques, interchangeables, si les dirigeants ne sont pas si rationnels qu'ils le prétendent et si des groupes puissants orientent les décisions ?

Cette prise de conscience que le consommateur est libre, qu'il ne doit pas nécessairement se soumettre au marché, aux entreprises dominantes, à la publicité, mais qu'il peut agir, boycotter et même créer des réseaux parallèles est déjà ancienne. **Mais la société cognitive dans laquelle nous entrons et les biens communs immatériels qui se développent, remettent en cause les fondements de l'économie capitaliste (propriété privée des moyens de production-profits).** Les transactions peuvent se faire hors marché, de gré à gré (« peer to peer »).

En outre, les réseaux sociaux qui se multiplient grâce à l'économie numérique permettent l'éclosion de formes économiques nouvelles plus ou moins innovantes et contestataires. Ainsi le développement probable des imprimantes 3D, des ateliers de quartier, les « fab labs », va permettre aux consommateurs les plus inventifs de devenir aussi des producteurs (« prosumers »)...

Les consommateurs ne sont plus passifs, « captifs » face aux marchés. Ils peuvent exercer leur esprit critique sur les produits et se défendre face aux abus des entreprises. Les organisations des consommateurs peuvent jouer un rôle important en la matière ainsi que les procédures judiciaires (actions collectives). De même, la création d'agences indépendantes associant les pouvoirs publics, les experts et les consommateurs permettrait de mieux contrôler la qualité des produits, l'éthique de la fabrication comme la véracité de la publicité...

La multiplication de ces expériences et de ces réseaux devrait conduire à un enrichissement et à un approfondissement de la pensée. Le consommateur n'est pas seul, il représente une force collective, un contre-pouvoir face à l'oligarchie. Il est capable d'innover, d'inventer des marchés indépendants du système dominant, fondés sur l'équité ou la gratuité.

Le succès et la pérennité de ces expériences montreront qu'une autre économie est possible et qu'elle est en train de naître.

*

Un citoyen participatif.

On aurait pu croire que la « pensée dominante » serait vacillante en cette période de crise. Dès 1986 un économiste américain Hyman Minsky (« Stabilizing an Unstable Economy ») montrait l'instabilité intrinsèque du capitalisme. L'obsession du profit conduisait à réduire le rôle du travailleur, comme du consommateur. La stagnation de la demande entraînait le système à relancer l'économie par l'endettement excessif des consommateurs qui provoquait la crise bancaire. Ce schéma applicable en 1929 était confirmé en 2008. Les Etats devaient alors se substituer aux banques pour des sommes astronomiques (environ 12.000 milliards de dollars pour les pays du G20) et la crise bancaire devenait crise de la dette publique.

Il y eut certes un moment de panique devant l'importance de la crise et le coût pour les contribuables… Mais bien rapidement le discours dominant a repris le dessus : les systèmes sociaux sont dispendieux, le coût du travail trop élevé, le contribuable doit se serrer la ceinture, le pays doit redevenir compétitif. Mais rien sur le coût du capital, l'accroissement des dividendes, les hauts salaires et stock-options, l'évasion fiscale, le shadow-banking, les paradis fiscaux…

Les dirigeants, penseurs, chroniqueurs du système capitaliste néo-conservateur n'ont jamais émis de réserves sur les réformes ultra-libérales des dernières décennies, ils n'ont pas vu venir la crise, ils en sont même les premiers responsables et pourtant ils n'expriment pas un regret, pas une autocritique.

Or cette crise économique qui perdure relance les courants d'opinions rétrogrades : repli nationaliste, mise en cause des minorités, aspiration à des régimes forts, renoncements à l'Etat de droit, contestation des avancées sociales (droits des femmes, avortement, mariage pour tous etc.).

Ces courants qualifiés d'identitaires (nationalistes, religieux, communautaires etc.) répondent à la peur exprimée par une partie de l'opinion face à la crise, au déclassement, à l'insécurité. Le pouvoir oligarchique peut ainsi s'appuyer sur ce courant pour conduire des réformes régressives (destructions des services publics, réduction des droits sociaux, atteintes aux libertés etc.) au nom de la guerre économique.

Devons-nous reproduire les erreurs du passé ?

Face à cette amnésie, d'autres signaux nous paraissent plus porteurs d'avenir.

En effet, le déni de l'oligarchie à reconnaître les causes de la crise économique suscite un malaise, d'abord au sein du milieu économique.

Ce sont les étudiants de Harvard qui font grève contre l'endoctrinement de la pensée unique néo-conservatrice. Ce sont les jeunes Québécois qui contestent l'injustice du système néo-libéral. Ce sont les « Indignés », héritiers du petit ouvrage de Stéphane Hessel, qui manifestent en Espagne, en Italie, au Canada et aux Etats-Unis. Ce sont les milieux financiers américains qui contestent le fonctionnement du système avec « Occupy Wall Street » et diffusent des idées fraîches et libertaires[1]. Le mouvement « Occupy Hong Kong » s'inspire aussi d'un idéal démocratique pour résister à l'administration chinoise.

C'est le manifeste signé par vingt-deux associations d'étudiants, de dix-huit pays, pour une économie pluraliste. Cet appel conteste l'étroitesse des cursus, la priorité portée aux seules techniques, au mépris de la réflexion sur la finalité de l'économie. Ce manifeste revendique l'analyse comparative des différentes écoles (classique certes, mais aussi post-keynésienne, institutionnaliste, écologique, féministe, marxiste etc.) et l'insertion de l'économie dans l'ensemble des sciences sociales.

Cet appel signé par l'Initiative Etudiante Internationale pour l'Economie Pluraliste (Isipe) a été publié dans de nombreux journaux[2] et est soutenu par d'éminents chercheurs tels que Jean-Paul Fitoussi, James Galbraith ou Thomas Piketty.

Ce sont les journalistes du monde économique, dans la plupart des pays occidentaux, qui s'étonnent du manque d'indépendance des chroniqueurs face aux milieux d'affaires.

Certaines associations, aux Etats-Unis (American Economic Association - AEA) ou en France (Association Française de Science Economique - AFSE) exigent l'édiction de règles déontologiques afin d'éviter les conflits d'intérêt et de permettre la naissance d'un certain pluralisme de la pensée économique.

En France, des économistes indépendants et éminents lancent une pétition pour la création d'une section « économie et société » au sein du Conseil National des Universités (CNO) afin d'encourager aussi le pluralisme dans la recherche.

---

[1] Cf. « Comme si nous étions déjà libres », David Graeber, Lux.

[2] Le Monde du 6 mai 2014.

Steeve Keen (professeur à l'université de Kingston à Londres) dénonce la prétention des économistes « néo-classiques » à détenir une vérité scientifique, malgré leurs contradictions, malgré les crises à répétition. Lui aussi en appelle au pluralisme dans l'enseignement et la recherche (« L'imposture économique », Edition de l'Atelier).

Cette revendication d'une pensée indépendante nous paraît essentielle pour dévoiler les affaires douteuses du système : ces soi-disant chercheurs, ces soi-disant laboratoires, ces soi-disant journalistes qui protégeaient le lobby du tabac ou des groupes pharmaceutiques ou qui contestaient les travaux du GIEC.

Sur des sujets majeurs pour la société : la protection de l'environnement, la lutte contre les tyrannies, la torture, la corruption, le respect des femmes, la défense des minorités etc. bien des citoyens s'élèvent comme autant de contre-pouvoirs et d'alerteurs de l'opinion publique.

Des ONG s'érigent contre la torture et les dictatures (Amnesty International), contre la corruption (Transparency International), pour la défense de l'environnement (Greenpeace International), pour la protection de la nature (World Wild Fund), pour la coopération avec le Tiers-Monde (Médecins sans Frontières, CCFD etc.), pour la sécurité alimentaire (Oxfam), pour la régulation de l'économie mondiale (Sherpa). Des mouvements plus sporadiques et spontanés prennent la défense des libertés, des femmes etc. (Pussy Riots, Femen etc.).

De même, apparaissent des « Whistleblowers », des lanceurs d'alerte, des citoyens qui ont l'audace de dénoncer les scandales des Etats ou des entreprises, au nom du civisme, et qui le paient souvent très cher. Ce courant est né aux Etats-Unis mais son retentissement est mondial. C'est Daniel Ellsberg qui a révélé les papiers du Pentagone concernant la guerre du Viêtnam en 1971. C'est Bradley Manning qui a transmis 700.000 documents sur la guerre en Irak à Wiki Leaks, le site de Julian Assange. C'est Edward Snowden qui a révélé l'intrusion de la NSA dans la vie privé des individus. C'est H. Falciani qui a démontré les mécanismes d'évasion fiscale organisés par HSBC sur 120.000 comptes.

Ces actions exercent une influence sur la société puisqu'elles entraînent certains responsables des crises à se « repentir » au moins à titre personnel : anciens traders du scandale du Libor ou de hedge funds qui décrivent les malversations.

Grâce à ces réseaux d'information et à ces « repentis », de grands journaux internationaux (en France, « Le Monde ») peuvent reconstituer les mécanismes de la fraude fiscale et d'évasion (« Offshore Leaks »). Près de 30.000 milliards de dollars seraient ainsi dissimulés dans des territoires opaques.

Ces campagnes portent leurs fruits car elles mobilisent l'opinion publique et exercent une pression sur les pouvoirs publics. Les paradis fiscaux ne sont plus défendables selon Nicholas Shaxson (« Tax Justice Network »).

D'autres initiatives se développent en matière d'environnement ou de biodiversité.

Les défenseurs des droits des bêtes rappellent que ce sont les mêmes individus qui ont lutté contre l'esclavage, l'exploitation humaine et la protection des animaux (William Wilberforce, créateur de la SPA britannique, en 1824, Jack London etc.). Le biologiste et moine bouddhiste Mathieu Ricard révèle que l'industrie agroalimentaire exerce une véritable censure pour qu'aucune image choquante ne sorte de ces « enceintes de torture » que sont les abattoirs[1].

Certes, ces initiatives, mouvements ou associations comportent des faiblesses : les manifestations peuvent être aussi spectaculaires que précaires, les ONG peuvent être infiltrées, détournées, les expériences peuvent être récupérées par des puissances financières, les actions peuvent être excessives et se retourner contre leur cause (divulgation de documents par exemple).

Mais ces mouvements éclosent partout dans le monde, s'ils meurent, d'autres naissent ailleurs, ils essaiment, se diversifient, se renforcent.

Et surtout, il faut lire une cohérence globale de ces mouvements. La citoyenneté, la solidarité, la transparence.

En matière économique, une résistance s'organise contre l'oligarchie qui entend déterminer notre avenir.

Certains veulent « réguler » les marchés, instituer des arbitres équitables qui s'imposent aux puissances économiques.

D'autres veulent aller plus loin et créer une sorte d'économie « duale » dans laquelle les biens marchands seraient régis par les forces du marché alors

[1] Cf. « Plaidoyer pour les animaux », Allary Editions.

que les biens communs (air, eau, santé, culture, services publics etc.) seraient soumis à des impératifs d'intérêt général (par exemple, Mouvement Colibris du biologiste Pierre Rabhi).

D'autres enfin veulent croire à la disparition du système capitaliste grâce à la mutation d'une société de propriété et de production matérielle vers une société plus cognitive, plus immatérielle dans laquelle les services humains gratuits primeraient sur les biens matériels (cf. Jeremy Rifkin).

Enfin, un courant libertaire qui s'inspire des pensées de Walter Benjamin, Felix Guattari, Foucault, Char ou Bataille tente d'inventer une autre société de façon vécue et pratique[1]. Gilles Deleuze et Felix Guattari ont utilisé une image botanique qui illustre assez bien ce phénomène. La société moderne se développerait en rhizome, c'est-à-dire un « réseau de tiges souterraines qui forme un système sans racines, ni hiérarchie ». Contrairement à l'image traditionnelle de l'arbre qui forme un tout et crée une hiérarchie, une généalogie depuis les racines jusqu'aux feuilles, le rhizome connecte des points, crée des multiplicités, sans les subordonner à une unité supérieure (cf. Philosophie magazine n°61).

La puissance des réseaux sociaux, la facilité des voyages et des échanges, la culture plus ouverte des jeunes, tout contribue à créer ces liens, cette toile.

Le sociologue Stéphane Hugon considère que cette nouvelle culture de « collaboration horizontale » résulte du développement des réseaux sociaux, du besoin de lien social, de fraternité et enfin de la remise en cause des institutions officielles, hiérarchiques (publiques ou privées) qui n'ont pas pu empêcher les crises.

Ces initiatives représentent peut-être l'amorce d'une opinion publique, la naissance d'une citoyenneté mondiale avec laquelle l'oligarchie sera un jour obligée de composer.

Cette idée, cette espérance d'une citoyenneté mondiale est profonde, elle vient de loin. Au cours des grandes époques de l'Antiquité, de la Renaissance ou des Lumières, nous avons relevé cette aspiration à l'universalité.

La révolution française de 1848, portée par l'idéal de liberté, s'était propagée à toute l'Europe continentale comme une traînée de poudre.

---

[1] Cf. « Constellations. Trajectoires révolutionnaires du jeune XXIe siècle » ; « Collectif Mauvaise Troupe », Editions de l'Eclat, 2014 ; Mouvement Zadiste « Zones à défendre ».

Le mouvement ouvrier du XIXe siècle était animé par l'unité et par le pacifisme.

La création de la SDN puis de l'ONU fut possible grâce à des gouvernements progressistes, épris de droit international, mais surtout grâce à un courant de l'opinion publique qui s'était développé en faveur du règlement pacifique des conflits.

La Déclaration Universelle des Droits de l'Homme de 1948 élargissait les droits de l'homme au champ du développement et aux biens communs de l'humanité (diversité culturelle, eau, éducation, paix etc.).

Ces avancées du droit international s'appuyaient sur les travaux de pionniers (René Cassin, Prix Nobel de la paix en 1968, Citoyens du Monde etc.) mais aussi sur le terreau d'une opinion mondiale plus pacifique.

Il faut citer ici le rôle précurseur de Gary Davis qui renonça en 1948 à sa citoyenneté américaine et fonda un mouvement de « gouvernement mondial des citoyens » en pleine guerre froide. Son ouvrage « My Country is the World » (Putnam 1961) fut soutenu par Albert Einstein, Eleanor Roosevelt ou Albert Camus. Son célèbre sigle en forme de Y renversé fut repris par les jeunes des années 60 « Make love, not war » et est toujours présent.

En période de confrontation Est-Ouest le mouvement de Mai 68 connut un écho mondial en Europe, aux Etats-Unis, dans les pays de l'Est, mais aussi dans le Tiers-Monde, car il condamnait le régime soviétique, s'élevait contre la guerre au Viêtnam, contestait la société de consommation, annonçait l'écologie politique et revendiquait une économie mondiale plus juste.

La révolte du printemps arabe contre les dictatures, notamment en Tunisie et en Egypte, a surpris par sa puissance et ses aspirations. Elle ne constitue probablement que le début d'un processus complexe de révolutions, de conquêtes, de contre-révolutions et au bout du compte de prise de conscience de l'opinion publique.

Les sociologues constatent que « le militantisme total » de l'après-guerre, la « remise de soi » des militants notamment communistes, l'aspiration à une autre société ont disparu au profit d'un « engagement à la carte », d'actions concrètes et ponctuelles, d'associations toujours altruistes mais moins politisées, moins globales[1].

Il est tout aussi possible qu'après des époques de relative passivité des citoyens et d'excès du pouvoir oligarchique viennent ensuite des

[1] Cf. « La fin des militants ? », 1997, Jacques Ion.

périodes de révolte, de contestation et d'accélération de l'histoire. Là encore la contradiction existe au cœur de l'individu entre la recherche personnelle du bonheur et l'aspiration politique à la justice[1].

Nombreux sont les observateurs qui qualifient la jeunesse actuelle de généreuse, mais individualiste, pragmatique, utilitariste.

Or une grande enquête sur plus de 210.000 jeunes conduite par France Télévision (2014) : « Génération quoi ? » conclut que les jeunes ont l'impression que les portes de la société leur sont fermées et plus de 60% d'entre eux sont prêts à participer à un mouvement de révolte de grande ampleur, du type Mai 68, pour faire bouger la société…

L'extraordinaire vivacité de ces initiatives révèle que les citoyens veulent exister face au pouvoir dominant.

Ces initiatives relèvent parfois de défenses locales, ponctuelles, individuelles. Mais parfois aussi de mouvements plus profonds, plus globaux.

La vraie innovation réside dans le rôle du citoyen.

Dès l'entre-deux-guerres, un philosophe américain, **John Dewey**, avait abordé cette question et avait montré que le capitalisme bloquait toute évolution sociale[2]. Il a fondé l'école pragmatiste (en liaison avec des économistes comme Commons ou Veblen). La société n'est pas figée, elle doit s'appuyer sur des expériences scientifiques et humaines pour progresser. La démocratie n'est pas seulement une institution, c'est un mode de vie. Les citoyens doivent retrouver une démarche active pour conduire des enquêtes, tenter des expériences puis évaluer les résultats. Cette conception participative de la démocratie peut déboucher sur des solutions innovantes et une plus grande maturité des citoyens (« empowerment »). La crise de 1929 a confirmé ses craintes et l'a conduit à appliquer sa philosophie auprès des travailleurs et des minorités raciales.

La vie politique ne sera efficace que si elle s'ouvre de façon permanente à la vie associative. La participation des citoyens à l'élaboration des décisions locales, par le moyen d'enquêtes publiques, de débats, de synthèses entre les forces en présence fournit probablement la piste essentielle pour le monde de demain. Une administration moins repliée sur elle-même, des citoyens qui participent davantage, qui se forment et qui prennent ainsi conscience des

---

[1] Cf. « Bonheur privé, action publique », Fayard, 1983, Albert Hirschman.
[2] Cf. « The Public and Its Problems », 1927.

difficultés. Toute décision d'importance entraîne des effets négatifs ou pervers, il ne sert à rien de les découvrir après et de protester après, il faut décider en connaissance de cause. Un avantage majeur de ce type de concertation entre le monde politique et les citoyens est que ce débat formerait les citoyens à la chose publique et ferait émerger des personnalités capables de comprendre les sujets, d'en faire la synthèse et de convaincre les participants. Ces individus formés sur le tas, dans la réalité des problèmes, reconnus par leurs pairs feraient probablement d'excellents femmes et hommes politiques plus habités par le souci du bien public.

Le monde politique pourrait ainsi renouveler sa base alors que la formation et la sélection des élus par les partis politiques repose sur une assiette extrêmement étroite. La totalité des militants de tous les partis politiques français représente moins d'un million de personnes (soit environ un Français sur cent...) et un grand nombre de ces personnes ne sont pas prêtes à assumer des responsabilités. C'est dire que le fonctionnement des partis est fondé sur une base si limitée, si aléatoire, que les candidats politiques sont parfois choisis par défaut, sans véritable concurrence, sans qu'ils aient eu à fournir leurs preuves.

Ce fonctionnement étroit, parfois sectaire, de la vie politique est pernicieux. Bien des personnes dévouées, ouvertes, compétentes, disponibles préfèrent s'engager dans les associations que dans les partis politiques. Il faut redonner de l'air au monde politique, il faut créer une aspiration entre les citoyens et les responsables politiques. Il faut mesurer les qualités morales, intellectuelles, techniques des citoyens avant de leur confier des responsabilités. Ce débat, cette formation doivent être ouverts afin que quiconque puisse y participer et être ensuite reconnu ou non.

Une enquête TNS Sofres (juin 2014) révèle que 54% des Français considèrent que la démocratie fonctionne mal, qu'ils ne sont pas entendus (notamment dans le domaine de l'énergie) et 95% d'entre eux souhaitent être informés et participer (questionnaires, réunions, Internet etc.) aux décisions de grands projets d'aménagement et d'infrastructures.

Pour autant il faut se garder des illusions. Les hommes politiques ont des défauts, les citoyens aussi. Une autre enquête, CSA de novembre 2014, sur les souhaits des Français, montre qu'ils critiquent les politiques mises en œuvre, qu'ils souhaitent des réformes radicales, mais s'opposent sur chacune d'entre elle... Seuls les débats de fond permettraient de progresser.

Ces initiatives individuelles comme ces associations se consolident mutuellement et constituent l'amorce d'une opinion mondiale. Certains crimes des tyrannies politiques comme des entreprises esclavagistes sont parfois divulgués, dénoncés alors qu'ils étaient naguère étouffés. L'immense manifestation française du 11 janvier 2015 pour la défense de la République et de la liberté d'expression, ainsi que le soutien international dont elle a bénéficié, révèlent que les peuples sont prêts à descendre dans la rue au nom de la démocratie, même si les motivations peuvent être diverses.

*

Une entreprise démocratisée.

La démocratisation de l'entreprise est un non-sens dans le système capitaliste.

L'entreprise est un lieu de production, ce n'est ni une commune, ni un pays. La recherche du profit, la conquête des marchés, la compétitivité n'ont rien à attendre de ces billevesées que sont la participation des travailleurs ou le soutien de l'opinion publique.

Cette vision de l'entreprise est née à l'époque monarchique : « Il n'y a qu'un soleil, donc qu'un Dieu, qu'un Roy… ». Le « maître » possède tout : la terre, l'usine, l'argent, il décide de tout : la recherche, l'organisation de la production, les biens à produire, la conquête des marchés, les alliances, les fusions, le recrutement du personnel, les avantages sociaux etc.
Cette conception patriarcale s'appuie sur une longue évolution juridique favorable au capital et à l'actionnaire.

Le concept initial d'« affectio societatis » (volonté commune d'entreprendre) remonte à l'Antiquité et repose sur un contrat d'association en capitaux et en activité. Ce contrat « intuitu personae » entraîne la responsabilité solidaire illimitée de chaque membre.

C'est à la fin du Moyen-Âge que l'on voit apparaître la distinction entre les commandités qui sont des associés gérants et indéfiniment responsables et les commanditaires qui apportent des ressources, n'interviennent pas dans la gestion et ont une responsabilité limitée. Avec la Renaissance, les actions deviennent cessibles, ce qui permet de pérenniser l'activité de l'entreprise. Les grandes compagnies comme la Compagnie des Indes Orientales ne sont plus des sociétés de personnes mais des sociétés de capitaux.

Le concept de société anonyme est ainsi né et sera formalisé dans le code du commerce en 1807. Les associés deviennent des actionnaires qui bénéficient d'une responsabilité limitée et qui peuvent céder leurs actions. Avec la loi de

1867 les actionnaires renforcent leur pouvoir et désignent des « administrateurs » pour les représenter et sous le gouvernement de Vichy il est décidé de fusionner l'administration des actionnaires et la direction de l'entreprise dans la personne du PDG.

Toute cette évolution s'est faite dans l'intérêt du capital. L'actionnaire est libre et il est protégé, même s'il n'a plus vraiment d'affectio societatis. Le salarié a été oublié alors que son sort est bien lié à celui de l'entreprise (cf. Travaux de Blanche Segrestin, enseignante à Mines Paris Tech).

L'entreprise moderne a toujours un chef, symbole charismatique, souvent surpayé, toujours mis en valeur, rarement contesté, mais la réalité du pouvoir est beaucoup plus éclatée.

Les décisions importantes, aussi bien techniques que financières, sont étudiées par des spécialistes, des services entiers, voire des cabinets extérieurs, puis elles sont comparées par des états-majors et le choix final (qui s'impose le plus souvent) est rendu par le PDG.

Ce processus de décision doit tenir compte de la politique du pays, du rôle des collectivités locales, des banquiers de la capacité des sous-traitants, des fournisseurs, du poids des syndicats etc. Ainsi le symbole du capitaine d'industrie, seul maître à bord, cède la place à une réalité plus complexe, plus contrastée.

S'il existe effectivement des personnalités bien trempées, des visionnaires qui ont su utiliser au mieux le cadre de l'entreprise pour réaliser un projet, voire un rêve, une transformation des modes de vie etc., il n'est pas dit que tout entrepreneur réponde à cette image.

Nombre d'études (notamment des chambres de commerce) ont révélé les insuffisances de certains patrons de TPE ou PME (aujourd'hui, sur les 2,6 millions d'entreprises françaises 72% sont possédées par un propriétaire). Combien de petites entreprises ont été créées « à la force du poignet » par des individus courageux, compétents dans leur métier, leur technique, mais qui n'ont pas vraiment su diriger une entreprise car ils ne possédaient pas les compétences de management, de finances, de droit du travail, de langues étrangères etc. Plus grave encore, combien d'entreprises prometteuses ont été confiées à des « héritiers », qui ont joui des avantages de la fonction de patron (repas d'affaires, voyages, mondanités, chasses etc.) mais ont dilapidé le capital accumulé et ont ruiné toute une collectivité humaine…

Les dirigeants de petites et moyennes entreprises n'ont pas toujours les compétences requises, or ce tissu d'entreprises intermédiaires est essentiel pour le dynamisme économique et la création d'emplois.

En effet, la réalité économique révèle (dernière étude en date de KPMG) que durant ces vingt dernières années les PME ont créé 2,3 millions d'emplois sur un total de 2,8 millions. Il faut aussi rappeler que ces entreprises paient en moyenne 33% d'impôts sur les sociétés, contre 8% pour les sociétés du CAC 40. Pourtant les pouvoirs publics ont longtemps eu tendance à négliger ces entreprises et à leur préférer les « grands champions » (aides diverses, fiscalité, marchés publics etc.).

Les grandes entreprises se caractérisent souvent par l'endogamie des dirigeants. Ils sont issus du même milieu social, ont fréquenté les mêmes écoles privées, les mêmes écoles de commerce, ont grandi dans le même moule culturel et sont intimement liés aux autres milieux du pouvoir. Ils sont nés pour devenir des « petits marquis », les voies du pouvoir leur étaient tracées, ils ont même parfois bénéficié de privilèges, de passe-droits, de favoritisme. Dans ce milieu clos, ne cherchez pas trop les femmes, les enfants du peuple, a fortiori les enfants d'immigrés. Ce milieu fermé, conservateur, pétri d'ultra libéralisme ne se renouvelle ni dans ses origines, ni dans ses idées.

François Dupuy, disciple de Michel Crozier en matière d'organisations, relève « l'inculture générale » qui a envahi le monde des managers et qui provoque la « défiance » des salariés.[1]

L'objectif de la direction d'entreprise est d'élaborer une image, une marque, puis une stratégie de conquête, des objectifs de marché et de résultats, qui figurent dans un « business plan », une étude comparative de « benchmarking » avec la concurrence, des fusions-acquisitions qui sonnent comme autant de victoires, une « réformite » permanente des services, une pression sur les salariés etc.

L'ensemble du personnel doit être voué à son entreprise, à sa stratégie, à son chef. Il s'agit d'une guerre, la vraie guerre, la guerre économique. La critique, la contestation, le doute sont considérés comme des trahisons. L'armée doit être solidaire et disciplinée, au service d'un drapeau, d'un slogan, d'un chef. L'objectif est présenté comme noble : nous sommes les meilleurs et devons éliminer les concurrents nécessairement mauvais, malhonnêtes et parfois même étrangers ! La concurrence est une guerre, l'entreprise est une patrie, le salarié doit accepter ce combat.

Cette idéologie de la guerre économique au-dessus de tout, de chauvinisme étriqué reprend l'esprit féodal. Les luttes entre les grandes entreprises rappellent les guerres entre baronnies. C'est peut-être pour cela que le Japon y a excellé. Aujourd'hui les seigneurs de la guerre sont au service du profit,

[1] Cf. « Lost in Management », Seuil.

mais cela ne doit pas se voir, ce qui apparaît c'est le nationalisme d'entreprise. Il faut vaincre, même si c'est pour créer de la misère, même si c'est pour diffuser un produit douteux ou inutile. La réflexion sur la finalité de la production n'est pas permise. Tout le corps de l'entreprise doit être mis au service de la conquête, et finalement au bénéfice de « classes extractives », ces classes dirigeantes qui prélèvent sur la société beaucoup plus qu'elles ne lui apportent.

De grands groupes d'actionnaires (investisseurs institutionnels, fonds de pension, groupes puissants etc.) prennent le pouvoir au sein des AG. La gestion de l'entreprise doit porter sur la « valeur actionnariale » (valorisation de l'action), même au détriment des investissements, de la recherche ou des profits à long terme.

L'entreprise n'a plus pour objectif principal de créer de la richesse, d'investir, de former, elle devient une sorte de portefeuille d'actifs en recomposition permanente (fusions-acquisitions). Elle privilégie son cœur de métier, les activités les plus lucratives à court terme, elle externalise les autres missions à des sous-traitants ou par essaimage, elle supprime tout le « gras » (recherches à long terme, personnels insuffisamment rentables etc.), elle cherche à produire du « cash » (vente de biens immobiliers par exemple), elle privilégie les placements même à risque, elle n'hésite pas à pratiquer les « licenciements boursiers » et les délocalisations.

Pour conduire une telle politique favorable aux actionnaires, les dirigeants d'entreprise reçoivent de confortables salaires, stock-options, primes variables en fonction des résultats immédiats[1].

Une récente étude comparative américaine associe des chercheurs et des cabinets d'organisation (Bloom, Genakos, Sadun et Van Reenen) et porte sur la qualité de management de 10.000 entreprises dans 20 pays (février 2012). Les entreprises françaises sont classées en 6ème position dans un peloton central comprenant l'Australie, l'Italie, l'Angleterre, la Neo-Zélande et le Mexique, loin derrière les entreprises américaines, japonaises et allemandes. Cette étude révèle que les entreprises les mieux gérées sont aussi les entreprises les plus compétitives et ce sont elles également qui traitent le mieux leurs salariés... Elle montre aussi que les entreprises familiales sont plus performantes lorsqu'elles sont dirigées par un PDG étranger à la famille... Cette étude confirme ainsi que la compétitivité des entreprises ne saurait être limitée au coût du travail.

[1] Cf. Michel Aglietta et Antoine Rebériaux « Dérives du capitalisme financier », Albin Michel, 2004.

Le monde économique semble souffrir des mêmes maux que le monde politique. Il est trop replié sur lui-même. Le renouvellement du personnel dirigeant est insuffisant.

Le travailleur est réduit au rôle de « variable d'ajustement ». Les menaces de délocalisation, de licenciement, de chômage partiel pèsent sur les salariés (8 nouveaux contrats sur 10 sont des contrats temporaires). Les conditions de travail se détériorent, la médecine du travail alerte sur le « burn out » et les vagues de suicide, le coût est élevé pour la collectivité (sécurité sociale : accidents du travail et maladies professionnelles). Les spécialistes évaluent ce coût social à plusieurs points de PNB par an[1].

Le bilan de cette politique inspirée de Milton Friedman[2] est effectivement une hausse sensible de la distribution de dividendes, une multiplication des scandales pour comptes truqués (Enron, Q West, World Com, Vivendi, Parmalat, HSBC, Libor etc.), une forte augmentation du lobbying et parfois de la corruption, une stagnation des salaires, un accroissement des inégalités…

Cette « corporate governance », au service des actionnaires, qui s'impose partout dans le monde est obsolète, alors même que les actionnaires (shareholders) n'assument plus les risques du long terme et que ce sont les parties prenantes (stakeholders) : salariés, collectivités locales, groupes associés, qui apportent le travail, la richesse et prennent le risque final[3].

N'est-il pas temps de repenser le rôle des entreprises dans l'économie, de les démocratiser, de les diversifier ?

Nous avons développé l'idée que l'économie devait être remise sur ses pieds, qu'elle ne constituait pas une fin en soi, « produire pour produire du profit », mais qu'elle devait être au service de la société et respecter la biosphère.

Dans une telle perspective l'entreprise ne peut pas être considérée comme une sorte d'île totalement indépendante, libre de tout faire, entre les mains de ses propriétaires.

D'abord l'entreprise doit répondre aux besoins des consommateurs. Comme nous l'avons vu ceux-ci ne sont pas des êtres identiques, interchangeables, mus par leur seul intérêt mercantile. Ils sont capables de s'organiser, de

---

[1] Cf. Philippe Askenazy « Les désordres du travail », Seuil, 2004.

[2] « The social responsability of business is to increase its profits », The New York Times Magazine, 13/09/70.

[3] Cf. P.Y. Gomez et H. Korine « L'entreprise dans la démocratie » De Boesk, 2009.

contester les désordres des marchés et la toute-puissance des groupes internationaux. Cette voix des consommateurs doit être entendue, reconnue.

En outre, les entreprises ne sont pas seules, elles agissent de concert avec de nombreux partenaires : l'Etat, les collectivités locales, les chambres de commerce et d'industrie, les juridictions, les banques, les cabinets d'auditeurs, d'expert-comptables, les fournisseurs, les sous-traitants etc. C'est tout un tissu économique qui est concerné. Des décisions brutales, hâtives, isolées peuvent se transformer en catastrophe pour une ville, une région, un secteur. Il convient d'organiser de façon souple une concertation, une collaboration entre ces différents acteurs.

Mais bien entendu le point important est le rôle des salariés au sein de l'entreprise. Doivent-ils toujours figurer comme des acteurs secondaires face à l'actionnaire qui apporte le capital ? Peut-on reconnaître la valeur du travail comme au moins aussi importante que la valeur du capital ? L'analyse actuelle des entreprises montre bien que les salariés restent plus fidèles, face à des actionnaires volages, toujours à la recherche de meilleurs rendements. Enfin et surtout, les salariés n'ont-ils pas leur mot à dire dans la direction de l'entreprise, ne sont-ils pas capables de faire preuve d'initiatives, de propositions à tous les niveaux de la hiérarchie ? Ne possèdent-ils pas la mémoire, l'expérience, le savoir-faire, la culture de l'entreprise ? Ne sont-ils pas capables de participer aux grands choix, aux engagements à long terme ?

Cette aspiration à la démocratisation de l'entreprise est donc légitime. Des expériences, déjà anciennes, ont fait leur preuve.

Dès le XIIIe siècle, les corporations, les confréries, les compagnonnages ont préfiguré cette conception d'une économie sociale. Les associations ouvrières se sont développées en France à partir de 1848, puis les coopératives agricoles, les syndicats, enfin la loi de 1901 a institué les associations. Il faut souligner les rôles de Robert Owen en Angleterre, de Claude-Henri de Saint-Simon, de Charles Fourrier ou de Pierre-Joseph Proudhon en France.

C'est un Prussien : Friedrich Wilhelm Raiffeisen (1818-1888) qui prit conscience de la misère paysanne et des effets désastreux de l'usure lors de la crise de 1846-47. Il créa alors une association de secours aux agriculteurs impécunieux, à une époque où les agriculteurs étaient exclus du système bancaire européen. Puis il créa une banque rurale, composée de caisses locales solidaires. Cette institution appartenait aux adhérents, ne distribuait pas de dividendes et transformait ses bénéfices en fonds propres qui permettaient de nouveaux développements. La banque résista aux crises économiques et financières, elle s'installa aussi en Alsace et donna naissance au Crédit Mutuel. Aujourd'hui Claude Alphandéry, dans le sillage d'un autre résistant, Stéphane Hessel, plaide pour une économie sociale et solidaire fondée sur des initiatives locales[1].

De nombreux observateurs pensaient d'ailleurs que l'entreprise allait se démocratiser.

Burnham (« L'ère des organisateurs ») voyait naître une « technostructure » composée de cadres et d'ingénieurs qui allaient prendre le pouvoir au détriment des actionnaires.

Dans l'après-guerre, François Bloch-Lainé proposa de prolonger les réformes du Front Populaire et de la Libération (délégués du personnel, comité d'entreprise) pour renforcer le rôle des travailleurs (« Pour une réforme de l'entreprise »).

Antoine Riboud (fondateur de Danone) voulait fixer un « plan social et humain » à cinq ans dans l'entreprise, mais il fut bien mal accueilli par le patronat (discours de Marseille du 25/10/1972).

La République Fédérale Allemande proposait un exemple de cogestion (Mit-Bestimmung) avec ses lois de 1952 et 1976 qui prévoyaient que dans les entreprises de plus de 2.000 salariés, la moitié des membres du Conseil de surveillance serait issue du salariat. « La démocratie ne doit pas s'arrêter à la porte des usines ». Cette cogestion dans l'entreprise, ainsi que la négociation collective (Etat - Salariat - Patronat) des grandes décisions économiques et sociales, et enfin la décentralisation des décisions dans les Länder constituèrent une cause majeure du « miracle allemand ».

Une autre spécificité allemande, à la fois historique et économique, mérite d'être rappelée ici : le « Mittelstand ». En France, la doctrine mercantiliste du XVIIIe siècle a poussé la monarchie à créer des manufactures de luxe capables d'assurer les besoins de la cour, de la noblesse et du clergé (vêtements, objets de décoration, tapisseries, meubles, armes etc.) Ces manufactures dépendaient des commandes de l'Etat et étaient par définition centralisées.

A l'inverse, à la chute du Saint-Empire romain et germanique, l'Allemagne était composée d'environ 300 territoires souverains, en 1870 il en restait 25 et aujourd'hui l'Allemagne compte 16 Länder très autonomes. Dans ces petits Etats, ce sont souvent de modestes entreprises issues des guildes

[1] « Une si vive résistance », Rue de l'Echiquier.

médiévales qui se sont développées pour répondre aux besoins des cours locales et de la population. Ces petites entreprises étaient moins dépendantes de la noblesse, moins hiérarchisées, elles étaient en revanche plus autonomes, plus dynamiques et la formation entre patrons, ingénieurs, agents de maîtrise et jeunes apprentis constituait une priorité. Dès 1900, l'économie allemande était plus productive que l'économie britannique.

Aujourd'hui ce tissu de petites et moyennes entreprises (« Mittelstand ») exporte 40% de sa fabrication et crée plus de 80% des nouveaux emplois. C'est un ensemble très dynamique, ouvert sur l'extérieur, appuyé par les Länder et pratiquant une formation de qualité entre générations. Cette conception de l'économie, proche des gens, utilisant les ressources locales, privilégiant le facteur humain a constitué un gage de succès[1].

De nouvelles idées apparaissent, renforcées par la crise du système ultra libéral.

Déjà Fernand Braudel montrait que l'émergence du capitalisme s'était faite historiquement par un détournement de l'économie de marché : « ce que je regrette pour ma part, c'est que dans le monde capitaliste comme dans le monde socialiste, on refuse de distinguer capitalisme et économie de marché ».

Dans cet esprit, Hugues Sibille et Tarik Ghezali plaident pour des solutions pratiques susceptibles d'encourager l'économie sociale (coopératives, mutuelles, associations de producteurs, social business etc.). Ils dénoncent le « bulldozer néo-libéral des Trente Odieuses (1980-2010) et croient en une démocratie économique qui s'invente par le bas »[2].

Michel Porter, professeur à Harvard, dénonce la maximisation de la valeur pour les seuls actionnaires et prône la création de « valeur sociale » : la valeur créée par l'entreprise doit être évaluée en fonction de ses conséquences sur la société et l'environnement.

Henry Mintzberg, longtemps considéré comme le gourou du management stratégique, est de plus en plus sévère sur le système actuel. « Il y a toujours plus d'entreprises qui exploitent que d'entreprises qui innovent. On peut gagner beaucoup d'argent en étant irresponsable, les incitations aux mauvais comportements restent les plus fortes ». Et il considère que le changement ne viendra ni des gouvernements, ni des marchés, mais du mouvement social. L'espoir réside dans la formation d'un « secteur pluriel », composé

---

[1] Cf. « PME. Le très envié Mittelstand allemand », Reinhard W. Wettmann, Friedrich Ebert Fondation.

[2] « Démocratiser l'économie », Grasset.

d'associations, d'ONG, de coopératives etc. autant d'organisations qui seront libérées du profit, de l'entreprise arrogante mais qui respecteront les biens communs, humains et naturels. C'est un nouveau modèle économique et social qui s'esquisse, fondé sur les idées, les expériences et surtout les mouvements sociaux.

Pour transformer l'entreprise, il est possible d'utiliser les « moyens périphériques » à la disposition des pouvoirs publics : fiscalité plus sévère sur les hauts revenus et suppression des stock-options, chasse aux paradis fiscaux et à l'optimisation fiscale, différenciation fiscale entre les profits réinvestis et les profits distribués, encouragement à la création et à la viabilité des jeunes entreprises, incitations à la formation du personnel etc.

Sur le plan international, il serait utile de « responsabiliser » les multinationales. Leur puissance est énorme : le chiffre d'affaires de chacune des 10 premières est supérieur au PIB de l'Inde ou du Brésil… Or ces entreprises n'ont pas de personnalité juridique internationale. La maison mère n'est pas responsable juridiquement de ses filiales. Elle peut donc se donner une image moderne, jeune, sportive, verte, solidaire etc. et confier à ses filiales le soin d'exploiter des travailleurs, des enfants, des prisonniers et de polluer des territoires. Pas vu, pas pris. Instaurer une « responsabilité délictuelle du fait d'autrui » à l'échelon international pourrait permettre aux victimes des filiales d'accéder aux tribunaux dans les pays des maisons mères.

De même, le PNUE (Programme des Nations Unies pour l'Environnement), engage les entreprises à respecter le reporting social et environnemental dans un cadre juridique mondial. La « Global Reporting Initiative » va dans ce sens, même si elle se heurte à des obstacles nationaux, bureaucratiques ou privés. La norme mondiale ISO 26.000 doit mesurer l'impact environnemental et sociétal de l'activité des entreprises afin de réparer les dégâts mais surtout de prendre les bonnes décisions qui permettront d'éviter ces dégâts.

Le cœur du sujet réside dans la gouvernance de l'entreprise.

Une évolution vers la démocratisation exige de faire participer les salariés aux grands choix de l'entreprise (marchés, investissements, répartition des profits, rémunérations, formation etc.) et d'intégrer les parties étrangères susceptibles d'être concernées par des « externalités négatives » (pollution, marées noires, accidents industriels, contaminations etc.). Cette démocratisation interne et cette insertion locale constituent les pistes de recherche actuelles appelées « responsabilité sociale et environnementale » (RSE) de l'entreprise.

En 2011 le Crédit Coopératif décide de mettre en place la taxe Tobin sur les transactions de change, taxe qui avait été préconisée dès 1972 mais jamais appliquée. Le produit de ce change solidaire devrait être versé à des associations d'aide au développement.

Au Bangladesh, Muhammad Yunus réinvente le micro-crédit et le mutualisme avec la Grameen Bank. Il plaide pour une économie plus humaine fondée sur le « social business »[1]. Le « social business » est une entreprise qui a pour objectif de résoudre un problème social puis de reverser le profit dans une nouvelle activité. Avec l'appui de Franck Riboud, PDG du groupe Danone, il a lancé un yaourt enrichi aux nutriments, destiné aux enfants du Bangladesh.

La plus grande ONG au monde est née au Bangladesh, elle compte 120.000 employés répartis sur 10 pays en Asie et en Afrique et 130 millions de bénéficiaires. La BRAC (Bangladesh Rural Advancement Committee) forme les citoyens et notamment les enfants aux questions économiques, sanitaires, alimentaires etc., elle possède une banque de micro-crédit, elle dispose d'un service d'avocats pour tenir tête aux intermédiaires commerciaux, elle diversifie les activités économiques des bénéficiaires. Sa méthode consiste à identifier les besoins des communautés, notamment rurales, à lancer des programmes et à réaliser des biens ou des services. Les bénéfices de cette ONG sont réinvestis dans l'innovation et l'assistance. Le chiffre d'affaires de cette ONG représente près de 3% du PNB du Bangladesh.

Aux Etats-Unis aussi des expériences ont été lancées depuis une cinquantaine d'année avec « l'entreprise libérée »[2] qui s'oppose au taylorisme. Il s'agit de confier le pouvoir de production et de gestion aux travailleurs en groupes auto-organisés et de réduire la hiérarchie. Cette réforme qui a été popularisée par l'entreprise de chaussures Zappos semble faire quelques émules en France (Poult, Lippi, ChronoFlex, Kiabi, Décathlon, Auchan).

Une mention particulière doit être portée à l'aspect financier, de cette économie alternative. Nous avons vu la naissance, en Allemagne au XIXe siècle, des banques mutuelles, puis le lancement du micro-crédit au Bangladesh avec la Grameen Bank de M. Yunus. Aujourd'hui, face à la crise économique, au chômage et au désintérêt des grandes banques pour les primo-entrepreneurs sont nées des initiatives originales de micro-crédit en Europe.

---

[1] « Pour une économie plus humaine », J.C Lattès.

[2] « Liberté et Compagnie », Isaac Getz et Brian Carney, Flammarion, 2013.

L'Association pour le Droit à l'Initiative Economique (« ADIE » - Fondatrice Maria Nowak, voir « L'Espoir économique », JC. Lattès) accorde des micro-crédits, assure un appui permanent et favorise l'accès aux primes régionales, aux prêts d'honneur à taux zéro, à la formation. Ce type de crédit permet à des petits entrepreneurs de créer une activité ou de se relancer (après le chômage, la maladie etc.) dans la vie économique. « L'argent, comme le fumier, ne fructifie que si l'on prend soin de l'épandre » disait Francis Bacon, (1561-1626).

De même, la « Finance solidaire » se développe et son encours a dépassé 3,5 milliards d'euros. Les fonds sont collectés par des banques ou des mutuelles (« épargne de partage »), des investisseurs solidaires ou l'épargne salariale solidaire. Ils sont investis dans des projets solidaires : plus de 12.000 entreprises ont ainsi été financées et 32.000 emplois créés.

La finance solidaire et la finance participative (« crowd funding ») accompagnent les projets et prennent leur envol depuis quelques années. L'encours des crédits solidaires atteint maintenant près de 3,5 milliards d'euros (+ 15% en un an) et concerne environ 900.000 épargnants (notamment épargne entreprise). Elle vise à la fois des projets d'environnement, de logement social, d'emploi et d'aide aux pays du sud. Ces financements associent en fait des organismes dédiés à la finance solidaire et de grands établissements de crédit qui veulent s'impliquer au moins partiellement. Ainsi la médiation bancaire concerne aussi bien France Active, ADIE, Habitat et Humanisme, NEF (Nouvelle Economie Fraternelle) que Natixis, le Crédit Coopératif, la Carac, la Banque Postale, ou même les grandes banques « classiques ». La forte croissance de la finance solidaire s'est accompagnée d'un mixage entre organismes solidaires et système bancaire traditionnel.

Le micro-crédit se développe dans les pays du sud, au Bangladesh bien sûr (Grameen Bank) mais aussi au Cambodge, en Afrique, en Amérique latine. Les prêts bénéficient souvent aux femmes (artisanat) et le taux de remboursement est généralement excellent (supérieur à 95%).

Des pistes d'évolution sont possibles.

Les pouvoirs publics (locaux, nationaux, régionaux, mondiaux), sous la pression de l'opinion publique, peuvent imposer des règles fiscales, sociales, environnementales, afin de faire respecter l'éthique et l'intérêt général (exemple de la responsabilité juridique de la maison mère sur ses filiales).

De même, une économie de l'offre pourrait être mise en œuvre, non plus dans un sens actionnarial mais plus progressiste. Il s'agirait de renforcer les moyens de recherche et de développement, les relations entre la recherche, l'université et l'entreprise, la formation professionnelle des travailleurs, l'apprentissage et la promotion interne, les organismes de financement de l'économie, les outils de promotion de nouvelles entreprises. Les Etats se sont peut-être trop impliqués dans la défense des grands groupes existants et pas assez dans la naissance des entreprises nouvelles.

Or ces entreprises, ces start-up, sont souvent dynamiques, innovantes, elles recrutent de jeunes salariés et pratiquent parfois une gestion moins hiérarchisée et plus collaborative.

Une enquête de BNP-Paribas (20/01/15) révèle que la génération des moins de 20 ans est réfractaire aux entreprises classiques pyramidales et qu'elle privilégie les entreprises plus humaines, plus innovantes, plus flexibles, avec une hiérarchie « aplatie ». La génération « Z » succéderait ainsi à la génération « Y ».

L'entreprise traditionnelle doit être renouvelée et démocratisée. Elle ne peut plus être dirigée par un seul individu ou une même famille, selon le seul critère actionnarial. Trop de désastres ont été causés par une vision à court terme du profit. L'entreprise doit associer à ses décisions ses principaux partenaires. Mais surtout, les travailleurs doivent participer à tous les niveaux de décision : organisation du travail, relations avec la clientèle, partage de la valeur ajoutée, stratégie de développement. Il est nécessaire de réformer le droit des sociétés et de reconsidérer la place centrale de l'actionnaire, alors même que l'avenir des entreprises repose sur la qualité du personnel et la capacité créatrice. Le système bicaméral comportant un comité de direction et un conseil de surveillance peut favoriser l'exercice démocratique. Le syndicalisme retrouvera sa force et sa légitimité s'il participe effectivement aux prises de décision.

Une telle participation doit être conduite en amont afin que les décisions soient comprises de tous et mises en œuvre avec efficacité.

Le risque évident d'une telle démocratisation est de ralentir et d'alourdir le processus de décision. La solution est d'anticiper les problèmes par l'élaboration de stratégies et non de pratiques hasardeuses. Mais la principale question est celle du partage du pouvoir entre les représentants du capital et du travail. Par leur compétence et leur permanence les travailleurs ont beaucoup à apporter à la vie de l'entreprise. Une telle dyarchie peut être source de frictions mais il est sans doute préférable que les conflits aient lieu avant, dans le cadre du débat, qu'après en pleine période de production. De même, la répartition des salaires, des dividendes et des investissements suscitera des débats âpres. Toutefois, l'expérience montre que la bonne répartition de ces montants détermine la pérennité de l'entreprise. Or les salariés n'ont pas intérêt à exiger « tout et tout de suite » s'ils risquent de subir ensuite la faillite de l'entreprise.

Cette démocratisation de l'entreprise classique peut prendre des formes variées selon la taille, l'histoire, la situation de l'entreprise mais l'évolution doit conduire à une égalité de pouvoir entre les représentants du capital et du travail.

Peut-on aller au-delà ?

L'idée socialo-anarchiste d'autogestion a longtemps été considérée comme utopique.

L'autogestion est née du mouvement ouvrier du XIXe siècle mais elle est restée confidentielle face à la puissance du capitalisme dominant. La contestation du système en Mai 68 a conduit à de nouvelles initiatives, parfois désespérées comme les montres Lip.

Puis les anciennes Sociétés coopératives ouvrières de production sont devenues les Sociétés coopératives et participatives (SCOP) avec un statut original. Les salariés sont associés majoritaires et détiennent au moins 51% du capital social et 65% des droits de vote. Tous les salariés sont appelés à devenir associés avec une égalité de pouvoir : « un homme, une voix ». Les administrateurs et le président sont élus par les employés et rendent compte devant l'Assemblée Générale, le « patron » est renouvelé tous les trois ans. Le partage des résultats est rigoureux entre la société qui reçoit au moins 16% et le personnel au moins 25%. En moyenne les SCOP mettent 40% de leurs résultats en réserve ce qui permet de renforcer les fonds propres et d'assurer la pérennité de l'entreprise. Les écarts de rémunérations entre les salariés les moins qualifiés et les dirigeants sont rarement supérieurs à 10. Ces SCOP sont regroupées dans une Confédération générale.

Cette conception d'une entreprise, qui ne privilégie pas le rendement immédiat des capitaux investis et le pouvoir des actionnaires mais au contraire la participation des salariés aux grandes décisions, la définition de choix stratégiques et la pérennité de l'entreprise instaure une confiance, particulièrement rare en période de crise.

Plus de 2.000 entreprises (SARL, SA etc.) ont adopté le statut de SCOP et emploient plus de 40.000 salariés (Chèque Déjeuner, Acome-fibre et fil de Mortain-Manche, Cepam, Reskoll, PARIS, Aciéries de Ploërmel, Tribu développement durable etc.).

Chaque année, il se crée environ 300 nouvelles SCOP, leur chiffre d'affaires augmente plus vite que la moyenne nationale, leur taux de survie (après 5 ans d'existence) est plus élevé que la moyenne nationale, elles résistent mieux aux soubresauts de la crise et sont souvent bien ancrées dans le tissu économique local.

Les SCOP sont complétées par les SCIC : Sociétés coopératives d'intérêt collectif qui associent aux travailleurs d'autres parties prenantes comme les consommateurs ou les collectivités locales (exemple récent du journal Nice-Matin).

Néanmoins, ces SCOP pèsent peu par rapport à l'ensemble des entreprises et même par rapport au secteur de l'ESS (46.000 salariés pour les SCOP, plus de 2 millions pour la totalité de l'Economie Sociale et Solidaire), elles ne sont que 2.000 en France contre 20.000 en Italie ou en Espagne. En effet, elles se heurtent à l'indifférence des pouvoirs publics et à la méfiance des banques. En cas de difficultés, les salariés-associés ne peuvent prétendre aux indemnités de chômage, ni à l'Aide à la reprise ou à la création d'entreprise (ARCE). Les salariés qui reprennent une entreprise (à la suite du départ du propriétaire, par exemple) ne peuvent bénéficier d'une garantie de l'OSEO sur l'investissement (à l'inverse des sociétés de capital-risque).

Or les SCOP pourraient ouvrir des perspectives nouvelles à la fois à de jeunes travailleurs désireux de donner du sens à leur activité professionnelle comme à des patrons en mal de succession.

« Aujourd'hui 50.000 dirigeants de PME-PMI ont plus de 55 ans et s'interrogent sur l'avenir de leur entreprise, sachant que seules 10% d'entre elles resteront dans le giron familial. Transmettre l'entreprise à ses salariés peut donc constituer une alternative à une revente toujours hasardeuse » (cf. Alternatives économiques, décembre 2012).

Il est vrai que la création d'une SCOP ou la transformation d'une entreprise en SCOP sont des opérations délicates. Les salariés doivent d'abord réunir 50% du capital pour bénéficier du statut de SCOP, or le propre des salariés est qu'ils sont souvent démunis de capital. Il leur faut donc sacrifier leurs économies, leur patrimoine et parfois s'endetter pour une opération qui à la sortie ne dégagera pas de plus-value en capital… Il leur faut trouver une équipe suffisamment motivée et compétente qui soit capable de diriger l'entreprise sans les avantages matériels habituellement accordés au patron et à ses cadres dirigeants.

C'est dire qu'il faut beaucoup de courage, de solidarité, d'amour du métier pour se lancer dans une telle aventure.

Des réformes sont en cours (loi Hamon) : statut de coopérative de transition (exemple québécois) permettant aux salariés d'accumuler les fonds nécessaires à la reprise sur une période de dix ans ; droit préférentiel de reprise des entreprises en difficulté par les salariés ; groupes coopératifs (inspirés des consortiums italiens) permettant aux SCOP de se développer en acquérant des filiales, mais toujours avec la même gouvernance démocratique, financements adaptés de la Banque Publique d'Investissement, aménagement du code général des impôts etc. La Belgique vient de créer le statut de « société à finalité sociale ».

L'expérience a montré que l'Etat n'était pas forcément un bon entrepreneur, l'initiative doit venir du terrain, des individus. De même, il ne s'agit pas de multiplier les lois et les règlements, les contraintes et les limites, il ne s'agit pas de brider l'esprit d'entreprise mais au contraire de stimuler, d'encourager un nouvel esprit d'entreprise, plus ambitieux, plus solidaire, plus durable.

Il faut encourager la naissance d'entreprises novatrices. Leur organisation pourrait reposer, à l'image des SCOP et des SCIC, sur la démocratie interne (un homme, une voix, dirigeants élus) et sur la pérennité (partage équitable des salaires, résultats financiers intégrés dans les fonds propres). Leur activité devrait être viable mais répondre à des objectifs sociaux et environnementaux.

Les pouvoirs publics devraient s'impliquer davantage dans la promotion de ces nouvelles entreprises : formation des futurs dirigeants, appuis à la gestion, financements adaptés, souplesse juridique, etc.

La survie de nombreuses entreprises face au vieillissement du patronat pourrait passer par ce mode d'entreprise si les travailleurs le voulaient et si les pouvoirs publics les accompagnaient.

C'est surtout un nouveau champ d'activité qui pourrait s'ouvrir dans les domaines de l'écologie, des énergies renouvelables, du bâtiment, des transports mais aussi de la culture, de la connaissance, des services à la personne, de la santé etc.

Nous assistons ainsi à la naissance d'une sorte d'économie hybride. La grande majorité des entreprises relève de la conception actionnariale qui s'est renforcée depuis les années 70-80. Néanmoins, les préoccupations sociales et environnementales ont conduit certaines à prendre en compte de nouvelles responsabilités (RSE).

A la marge, de façon plus autonome, se constitue une Economie Sociale et Solidaire (ESS). Elle est très composite : associations, coopératives, mutuelles, fondations etc. mais elle se définit par des objectifs non lucratifs, un mode de gouvernance participatif et la finalité sociale de ses activités. Certains cadres du secteur privé sont attirés par cette nouvelle économie afin de « donner un sens à leur vie ».

De nombreux réseaux d'encouragement et d'encadrement de cette économie alternative se sont constitués : France Active, France Initiative (qui distribue des « prêts d'honneur »), ADIE, Avise, Mouvement des Entrepreneurs sociaux, Ecole d'entreprenariat et d'économie sociale de Montpellier. La Commission européenne, aussi, a lancé une « initiative pour l'entreprenariat social ».

En France, l'ESS représente presque 10% du PIB et plus de 12% de l'emploi salarié, elle connaît une progression modeste mais régulière d'environ 1% par an. Le réseau mondial de l'entreprenariat social « Ashoka » fête ses 30 ans.

Une myriade d'expériences dans tous les pays du monde révèle bien que d'autres voies sont possibles au-delà de la stricte économie marchande : coopératives de producteurs et de consommateurs, mutuelles, économie du partage (share economy), économie collaborative, économie de la fonctionnalité (en substitution de la propriété), micro-crédits, social business, entreprise libérée, responsabilité sociale et environnementale (RSE), économie sociale et solidaire (ESS), SCOP, SCIC, autogestion…

Une telle économie hybride présenterait l'immense mérite de créer une véritable concurrence entre l'économie marchande et l'économie solidaire. En outre, elle devrait permettre l'apparition de nouveaux biens ou services plus économes, plus robustes, mieux adaptés aux besoins réels des populations.

Ajouter un produit quasi-identique aux autres sur une gondole de magasin n'aiguise pas vraiment la concurrence. Multiplier les conditionnements et les formats ne constitue pas vraiment une innovation.

En revanche, proposer de nouveaux biens et services qui permettent de nouvelles fonctionnalités, de nouveaux modes de vie serait beaucoup plus innovant.

Aux pouvoirs publics d'encourager une telle économie hybride, aux individus de lancer ces initiatives, aux consommateurs de choisir. En tout état de cause, que le meilleur gagne ! Que l'être humain puisse enfin choisir entre deux façons de travailler, deux façons de consommer, deux façons de vivre.

A plus long terme, on peut espérer, comme Edgar Morin, que l'économie à finalité sociale, solidaire et environnementale « refoule progressivement et systématiquement l'aire économique déterminée par le seul profit ».

Néanmoins, une telle ambition suscite une nouvelle exigence. La finalité du capitalisme présente le mérite d'être clairement identifiée : le profit. Comment traduire la finalité du développement humain et durable en termes économiques ?

Chapitre 3-2. *La finalité : le développement durable et humain.*

« Quand l'homme blanc aura anéanti nos troupeaux de bisons, pollué nos rivières et brûlé nos sols, que ferons-nous avec ses dollars ? ».
Propos attribué au chef apache Geronimo.

*

Encourager l'initiative individuelle ou collective du consommateur, du citoyen, de l'entreprise constitue bien le ressort, le moteur de l'économie. Mais pour quoi faire ?

Susan George, présidente d'honneur d'Attac, considère que la population est en prison. Une prison dorée où il est possible de se promener, de voir des films, à condition de ne pas intervenir dans les décisions importantes. Elle lance alors des projets ambitieux : le New Deal vert, la restauration du Glass-Steagal Act de Roosevelt (séparation des banques d'affaires et des banques de dépôt), l'interdiction des produits structurés tels que les CDS (Credit Default Swaps), la création d'agences de notations publiques, l'abolition des paradis fiscaux etc. (cf. « Leurs crises, nos solutions », Editions Albin Michel).

Daron Acemoglu et James Robinson ont analysé ces « groupes extractifs » qui accaparent beaucoup trop de richesses par rapport à ce qu''ils créent. L'exemple de grands patrons qui perçoivent plus de 300 fois le salaire moyen de leur personnel constitue à la fois une distorsion sociale et une absurdité économique (« Pourquoi les nations échouent »).

De même, le prix Nobel de la paix et inventeur (ou réinventeur) du micro-crédit, Mohammad Yunus constate la déviation du marché et propose que l'économie réponde à nouveau aux besoins des êtres humains. Il plaide alors pour le « social business » dont l'objectif est de résoudre les problèmes sociaux.

Face à un capitalisme tout puissant qui accroît les contradictions sociales et environnementales, il s'agit donc de rappeler la finalité de l'économie : répondre aux besoins des êtres humains, dans le respect de la biosphère.

Comment changer de modèle, de paradigme ? Comme privilégier l'utilité plutôt que la rentabilité ? Comme fixer de nouveaux objectifs et comment les mesurer ?

*

Pour une comptabilité globale.

Loin des envolées lyriques, la première question qui se pose effectivement est de choisir les critères d'évaluation. La mesure de l'économie détermine les valeurs, donc les objectifs.

C'est toute la comptabilité, aussi bien d'entreprise que nationale, qu'il faut reconsidérer, réinventer, pour « encastrer » l'économie dans son milieu social et son environnement naturel. Cela peut paraître technique, c'est en fait essentiel, déterminant. Mesurer c'est gouverner.

Le critère de réussite du capitalisme est le profit. Mais faire du profit et rémunérer le capital ne signifie aucunement être utile. Une activité lucrative peut détruire des ressources naturelles rares, polluer la planète, diffuser des produits nocifs (objets dangereux, médicaments douteux, cigarettes cancérigènes etc.). Qu'importe même si cette activité est illicite (drogues, prostitution, jeux, détritus etc.). Qu'importe encore si cette activité se réalise au prix de l'exploitation d'enfants ou de l'utilisation de prisonniers, au mépris des règles sociales et environnementales… La seule finalité, le seul résultat est l'argent gagné.

Or qui paiera les dégâts de ces activités ? Qui subira les sols abimés, l'air pollué, les mers et les nappes phréatiques souillées ? Qui soignera les victimes du tabac, de l'alcool ou de la drogue ?

Toutes ces charges énormes seront subies par la collectivité, se transformeront en impôts mais n'apparaîtront pas (ou rarement) dans les résultats des entreprises.

Il a fallu des siècles pour mettre au point la comptabilité patrimoniale qui permet de mesurer la richesse matérielle d'une personne ou d'une entreprise (en termes de stocks), les mouvements positifs ou négatifs au cours d'un exercice (en termes de flux) et les résultats obtenus qui déterminent le profit.

Il a fallu plusieurs décennies depuis l'ébauche du PIB en 1934 par S. Kuznets, pour élaborer une comptabilité nationale qui regroupe les grands agrégats de l'économie (Production - Consommation intermédiaire - Valeur ajoutée - Revenu - Balance des paiements etc.) et les acteurs (Administrations - Ménages - Entreprises non financières - Etablissements financiers). Cette comptabilité a permis de mettre en œuvre des politiques « macro-économiques », avec une vision plus large.

La comptabilité patrimoniale est fondée sur le capital et le résultat financier. Le capital (fonds propres, emprunts) constitue le cœur de l'entreprise et permet l'investissement. Il est logé en haut du bilan comme la richesse, la référence de l'entreprise (même si les détenteurs de ce capital, les actionnaires, sont volatils…). A l'inverse, le travail des salariés figure comme une charge dans le compte d'exploitation annuel, donc précaire (même si les salariés sont stables).

Dans cette vision « unidimensionnelle », seul le capital est le moteur de l'entreprise. Le travail des salariés, le savoir-faire, l'accumulation d'expérience, la capacité d'organisation, la culture de l'entreprise, l'innovation apparaissent comme des coûts, des limites au profit.

A titre d'exemple, une entreprise qui acquiert une nouvelle machine réalise un investissement et améliore sa compétitivité. En revanche, si elle forme les travailleurs pour utiliser cet équipement, elle enregistre des dépenses et détériore ses résultats.

Une telle comptabilité, imprégnée d'idéologie capitaliste, fondée sur le seul profit financier, ne peut mesurer les effets sociaux et environnementaux de l'activité de l'entreprise.

La comptabilité nationale présente aussi des anomalies. Les heures passées par les familles à faire le ménage, le jardin, l'éducation des enfants etc. n'ont évidemment pas d'existence dans le système puisque ce ne sont pas des activités marchandes, elles n'apparaissent donc pas dans le PIB. Cette question posée depuis des décennies, comme une boutade, a fini par intéresser l'INSEE, à la suite de la recommandation du rapport Stiglitz. L'évaluation réalisée en 2010 est surprenante : le travail domestique représenterait 60 milliards d'heures en France, soit 160% du volume national d'heures de travail rémunéré ! L'INSEE a évalué ce travail à environ 33% du PIB, mais en prenant comme valorisation horaire le Smic, c'est-à-dire le salaire le plus bas… Ce n'est plus une « valorisation », c'est une

« dévalorisation » a pu écrire Jean Gadrey. Mais le fait est là, la principale activité humaine n'est pas présente dans la comptabilité nationale[1].

Bien d'autres contradictions pourraient être soulevées. Un embouteillage de véhicules participe à la création de PIB puisqu'il se traduit par une consommation de carburants, donc une activité marchande… La destruction d'une forêt tropicale par des engins de chantier aussi…A plus forte raison, une guerre (dépenses militaires), suivie d'une reconstruction vont stimuler la croissance du PIB…

Les économistes James Tobin et William Nordhaus ont dénoncé ces absurdités et montré que beaucoup de dépenses étaient « défensives », elles servaient à réparer les dégâts de la « croissance ». Là encore les profits sont privés, les charges sont publiques. C'est au contribuable de payer, ou plutôt à ses enfants.

La question essentielle est que l'économie ne vit pas en vase clos, elle prélève des richesses sur la nature (matières premières, minerais, énergies, eau, terre, air etc.) et déverses des déchets, des pollutions etc. La comptabilité patrimoniale ignore ce lien et se révèle tout à fait artificielle. De même, le marché compare à un moment donné la demande en énergie et l'offre d'énergie, ce qui détermine un prix, là encore un prix immédiat, illusoire. Ce qui est important est le stock encore disponible de charbon, de gaz, de pétrole ou de minéraux pour pouvoir évaluer la valeur réelle de ces biens.

Le marché est myope. Faut-il attendre une crise brutale (crise politique, guerres locales etc.) ou un réel tarissement d'un bien pour prendre conscience de sa valeur ? [2]

Ainsi, l'activité économique ne peut plus être mesurée « hors sol », de façon artificielle, purement marchande, elle doit être évaluée en tenant compte du capital naturel, qu'elle détériore le plus souvent, qu'elle améliore parfois.

Le travail est immense car il remet en cause une construction comptable de plusieurs siècles et une logique capitaliste refermée sur elle-même.

Bien des chercheurs, des scientifiques se sont penchés sur ces contradictions et ont proposé des pistes[3]. Mais le plus souvent ces réflexions n'ont pas été portées à la connaissance du grand public.

---

[1] Cf. « Le travail domestique », INSEE, novembre 2012.
[2] Cf. Alternatives Economiques, Hors-série « La richesse autrement », n° 48 – mars 2011.
[3] Cf. D. Méda « Qu'est-ce que la richesse », Editions Aubier.

Dès 1987, le rapport Brundland (remis à l'ONU) introduisait la notion de développement durable et fixait neuf bornes au développement économique : le changement climatique, l'érosion de la biodiversité, la pollution chimique, la diminution de la couche d'ozone, la déforestation, la disponibilité en eau potable et l'acidification des océans.

En effet, les chercheurs Mathis Wackernagel et William Rees ont bien montré que la sphère des activités humaines (« l'éconosphère ») était intimement dépendante de la biosphère dont elle tire son énergie et ses matières premières. Ainsi l'éconosphère ne doit pas mobiliser plus de services de la biosphère que celle-ci peut en régénérer[1].

Chacun comprendra que si le stock de tel poisson ou de tel cheptel dans le monde est de 100 en année 0 et de 110 en année 1, la population humaine pourra consommer 10 mais si elle consomme 20 ou 30 elle commence à détruire le capital naturel et ruine ses propres enfants. C'est « l'empreinte écologique ». Or il est apparu dès 1987 que l'humanité consommait plus de services naturels (animaux, minéraux, ressources énergétiques etc.) que la biosphère ne pouvait en régénérer. Ce calcul de consommation des ressources naturelles a été ramené à une unité de mesure afin de permettre les comparaisons : « l'hectare global » (hag) c'est-à-dire la superficie nécessaire à l'activité d'un Terrien.

L'empreinte écologique peut aussi se décliner selon certains critères cruciaux : empreinte carbone, empreinte eau etc.

De même, la biodiversité a fait l'objet d'un indice spécifique : indice planète vivante (IPV) qui porte sur la surveillance de plus de 5.000 populations de mammifères, poissons, reptiles ou amphibiens répartis autour du globe.

Dans cet esprit, le Premier Ministre britannique Tony Blair demandait en 2006 à Nicholas Stern d'évaluer à moyen et long terme le coût économique du réchauffement climatique. Si la croissance continue dans les mêmes conditions, le coût du réchauffement serait de 7.000 milliards de dollars en 2050 (effondrement du PIB de 5 à 20% selon les pays).

Nous sommes donc en train de détruire notre capital naturel. Et ce capital naturel est d'une toute autre importance que le capital financier pour l'avenir de l'humanité. Certes, le calcul de l'empreinte écologique est encore balbutiant, complexe mais il pose la question essentielle. La production n'est pas une fin en soi si elle appauvrit les générations futures. Nous vivons dans un monde fini. Toute activité humaine doit être mesurée en fonction de ce

[1] Cf. l'ouvrage « L'Empreinte écologique » d'Aurélien Boutaud et Natacha Gondran, La Découverte Repères.

qu'elle ponctionne sur la nature (biosphère) et de ce qu'elle apporte à l'homme. Une activité qui pollue une rivière, détruit des sols ou utilise des minerais pour un objet sans importance (futile ou renouvelable trop rapidement) peut être considéré comme nuisible pour l'humanité, même si elle dégage de confortables profits.

Le développement économique ne doit pas se faire au détriment du capital naturel, en outre il convient aussi de mesurer son efficacité pour la population. Le PNB mesure aussi bien la production agricole, que la production d'armement ou la production de pétrole. Ainsi en termes de PNB/par habitant une dictature pétrolière se place bien avant un pays rural autosuffisant ou même un pays industriel.

L'économiste américain Richard Easterlin, avait révélé que la croissance économique et l'augmentation des revenus ne rendaient pas les populations plus heureuses (enquête conduite de 1947 à 1970 aux Etats-Unis). Ce « paradoxe d'Easterlin» s'expliquerait par les mécanismes du marché. La satisfaction ne viendrait pas de posséder plus, mais plus que le voisin. Ce qui compte, c'est l'écart avec le voisin, c'est le besoin de domination.

Daniel Cohen (« Homoeconomicus », Albin Michel) montre aussi que les périodes de forte croissance économique (Europe hier, Chine aujourd'hui) ne renforcent pas le sentiment de bonheur chez les habitants. Au contraire, les rivalités sociales, les pressions sur les consommateurs suscitent un mal-être. Le déclin de l'Empire romain a commencé au IIIe siècle avec les inégalités sociales affichées, la perte des repères moraux et la crise des finances publiques…

Les Nations Unies (à l'initiative d'Amartya Sen) ont élaboré en 1990 l'Indice de Développement humain (IDH) qui intègre, en plus de la richesse nationale, l'espérance de vie, l'état de santé de la population, son taux de scolarisation etc.

Cet indice est largement utilisé par les organismes de coopération et de développement et permet de mesurer l'efficacité sociale des Etats. A l'échelle mondiale, il valide les efforts des pays du nord de l'Europe comme exemples démocratiques.

Certains, comme Amartya Sen, voudraient aller plus loin en mesurant le bien-être et le bonheur des populations. En 2000 a été créé « l'indice du bonheur mondial » couvrant 60 pays (paix et sécurité, liberté et démocratie, qualité de vie et recherche, formation et information). Là encore les pays du nord de l'Europe (notamment le Danemark et la Norvège) figurent en bonne place.

L'économiste américain Mancur Olson (1932-1998) a aussi été un pionnier en contestant le PIB ou le Revenu National pour leur préférer le concept de « Bien Etre National » qui serait assis sur une définition beaucoup plus large : état du climat, biodiversité, santé de la population, degré d'éducation, stabilité institutionnelle, politique, économique etc.

Dans le sillage d'Easterlin, l'économiste française Claudia Senik montre qu'il faut compléter les critères marchands par des critères plus subjectifs de mesure du bonheur (vie en société, liberté, sécurité). Toute démocratie devrait évaluer cet objectif. Il existe un « mystère français » : à situation identique les Français se déclarent moins heureux que d'autres peuples, ce décalage proviendrait du sentiment d'une grandeur ancienne (puissance mondiale, pays des Lumières et de la Révolution) qui serait aujourd'hui disparue[1].

Le cas du Bhoutan qui a érigé l'objectif de Bonheur national brut (conservation de la nature, éducation, culture, gouvernance, capacité de résilience etc.) mérite aussi d'être étudié.

Ces différentes recherches sont encore exploratoires mais elles ont en commun de remettre en cause le monopole de pensée qui a prévalu pendant des siècles selon lequel toute production était source de croissance donc de profit. Une prise de conscience apparaît sur le coût « naturel » de la production et sur la finalité de celle-ci.

Mais comment passer des concepts à une traduction réelle dans le monde économique ? D'abord le calcul est complexe : comment donner un prix à la nature ? Comment évaluer le renouvellement des ressources naturelles ? Comment chiffrer la qualité de l'eau ou de l'air ?

Dès le début du XXe siècle l'économiste anglais Arthur Cecil Pigou considérait que les activités économiques provoquant des dommages à l'environnement devaient être taxées, comme une forme de dédommagement. Cette taxe aurait forcé les acteurs économiques à évaluer les externalités négatives et ce « signal prix » aurait pu modifier les comportements.

La première disposition qui vient donc à l'esprit, dans la cadre du système existant, est de chiffrer une valeur marchande à un bien qui en était dépourvu. C'est le cas du marché du carbone, institué en Europe en 2005 puis en 2008 au niveau mondial, un prix à la tonne de CO2 émise. Ainsi tout carbone rejeté dans l'air entre dans les coûts de production des entreprises et doit être pris en compte dans les calculs de rentabilité. A l'échelle des Etats

[1] Cf. « L'économie du bonheur », Claudia Senik, Seuil, 2014.

(protocole de Kyoto) tout pays qui produit trop de carbone devra racheter des « crédits carbone » à des Etats plus vertueux.

Cette prise de conscience environnementale est essentielle car elle élargit le champ de la comptabilité à des biens, comme l'air, qui trop longtemps ont été considérés comme des « non-valeurs ». En outre, la fiscalisation permet d'exercer une pression financière qui peut modifier progressivement les modes de production. Ainsi la mise en cause de la comptabilité traditionnelle, fondée sur les seuls biens marchands, constitue une brèche, qui paraissait « utopique » lorsqu'elle était évoquée dans les années 60.

Néanmoins, ces formules sont encore artificielles et les détournements, les trafics liés au marché du carbone ne sont pas niables.

Une méthode plus globale revient à évaluer « les coûts évités ». Si la croissance économique conduit à détruire un bien durable (pollution d'une rivière, assèchement d'un marais etc.) quel sera le coût (usines de retraitement des eaux, barrages etc.) pour remédier à la dégradation de l'éco-système ? La ville de New-York a calculé que la préservation préventive du bassin versant lui couterait 1,5 milliard de dollars alors que des usines de retraitement des eaux nécessaires s'élèveraient à une charge de 8 milliards de dollars...

Une autre méthode, actuellement utilisée par les Etats ou les collectivités locales, est de mieux en mieux cerner les souhaits et les besoins des populations concernées. « L'évaluation contingente » consiste à interroger les gens sur l'importance qu'ils accordent à la pureté de l'air, au calme etc., quitte à chiffrer ce besoin. « Combien êtes-vous disposés à ajouter au prix d'un logement de base pour disposer, d'une forêt, d'une rivière, d'un lac etc. à proximité de chez vous ? ».

Les méthodes peuvent se croiser, s'opposer. Les industriels européens avaient chiffré le coût de l'adoption de la directive Reach sur le contrôle des produits chimiques à près de 30 milliards d'euros. La Confédération Européenne des Syndicats (CES) a diligenté un centre de recherche anglais pour évaluer, à l'inverse, les gains escomptés en termes de dépenses de santé, et de bien-être, ce gain a été évalué à 90 milliards d'euros.

La réflexion est donc bien en marche et permet de ne plus négliger les biens communs de l'humanité, quitte à leur donner une valeur marchande, même artificielle et approximative, dans le calcul économique.

Ainsi la démarche globale constitue certes une prise de conscience et un progrès mais elle ne doit pas rester théorique, elle doit s'intégrer dans chacun de nos calculs. Elle ne peut rester l'apanage de certains Etats, collectivités décentralisées ou associations, elle doit s'appliquer dans la vie économique et s'imposer aux entreprises.

Des chercheurs, des associations, des syndicats ont plaidé pour que soit élaboré une « comptabilité durable » qui rendrait compte de l'impact d'une entreprise sur la société dans son ensemble. En termes comptables il s'agit d'intégrer les « externalités » positives ou négatives sur l'environnement ou sur les populations.

En 2006, l'ONU a publié les Principes d'Investissement Responsable (PRI) puis en 2007 la Global Reporting Initiative (GRI) pour guider le choix des investisseurs. En France, la loi sur les nouvelles régulations économiques (2001) et le Grenelle de l'Environnement (2010) ont conduit d'abord les entreprises cotées puis les entreprises de plus de 500 salariés à fournir des informations dans leur rapport annuel sur les conséquences sociales et environnementales de leurs activités. Cette heureuse initiative française vient d'être reprise dans le cadre européen (Directive du 15/11/2014).

Les Nations-Unies ont adopté la norme ISO International Organization Standardization 26.000 qui fixe la responsabilité sociétale des entreprises de plus 500 salariés. Les indicateurs seront vérifiés par un organisme indépendant et seront présentés aux institutions représentatives du personnel et des parties prenantes. Si 77 pays ont approuvé cette norme, 5 l'ont refusé (dont les Etats-Unis et l'Inde).

Ce concept de la Responsabilité Sociale et Environnementale (RSE) devient une véritable discipline de recherche comptable, environnementale et sociale et commence à être pris en compte dans les sommets internationaux.

Le « reporting » social et environnemental peut-être « stratégique » (politique de l'entreprise pour s'adapter) ou « d'impact » (mesures des effets de l'entreprise sur le milieu humain et naturel). Toutefois, cela reste un rapport, une information, un constat. Il faut aller plus loin en intégrant ces effets dans les comptes. « On ne gère bien que ce que l'on mesure » dit l'adage.

Il s'agit maintenant d'élaborer une comptabilité globale qui intègre l'activité humaine dans la biosphère. Toute création de biens ou de services apporte une valeur à la collectivité mais peut aussi provoquer des « externalités » sur la planète, parfois positives (reforestation, amélioration de la qualité de l'eau etc.), souvent négatives (épuisement d'une ressource naturelle, pollution etc.) L'activité économique est aveugle et peut être dangereuse si elle ne tient pas compte de cette vision globale.

L'économiste et anthropologue, Jacques Weber, qui vient de disparaître, a élaboré avec Robert Barbault une esquisse de nouvelle comptabilité d'entreprise qui intègre les flux entrants et sortants de matières vivantes dans le bilan des sociétés (Association OREE : Organisation pour le respect de l'environnement dans l'entreprise). Ce mot « orée » fait écho à une phrase du grand romancier américain Henry David Thoreau « Quand l'économie avance, l'orée du bois recul » tirée de son célèbre roman « Walden ou la vie dans les bois ».

Des recherches et des expérimentations sont en cours pour faire émerger une comptabilité environnementale : analyse des « coûts/bénéfices », évaluation du « coût complet », méthode du « cycle de vie », impact de la « durabilité » dans la reddition des comptes etc.[1]

De leur côté, Olivier Abel (philosophe) et Jacques Varet (géologue) évaluent l'extraction de charbon à 160 milliards de tonnes et celle de pétrole à 155 milliards de tonnes depuis l'origine. Or le prix instantané de ces ressources ne correspond absolument pas à la valeur résiduelle d'un stock qui s'épuise. De même, les réserves de minerais s'appauvrissent sans que les prix en tiennent compte. Ils suggèrent la création d'un GIERM (Groupe international d'étude des ressources minérales), à l'image du GIEC, pour évaluer les stocks disponibles et la valeur d'épuisement des ressources. De tels calculs nous permettraient de prendre conscience de la rareté de ces biens et de devenir plus réalistes dans leur exploitation.

Toutes ces recherches vont dans le même sens. Evaluer, même de façon approximative, progressive, le capital naturel que nous utilisons et le stock disponible. Chiffrer les externalités positives ou négatives de l'activité économique sur la biosphère.

Une telle comptabilité globale devrait permettre d'affirmer que telle activité est utile ou nuisible pour l'environnement. Substituer à la « valeur financière » une « valeur durable » ou une « valeur globale » constituerait une véritable révolution comptable et économique.

Les principales pistes de recherche pourraient être les suivantes.

A l'échelle planétaire, il conviendrait d'élaborer un inventaire des richesses (animales, végétales, minérales), particulièrement des richesses que nous exploitons dans notre cycle de production afin d'en évaluer la profusion ou la rareté, donc la valeur intrinsèque (et non la valeur instantanée résultant des aléas des marchés). Cet inventaire serait actualisé pour être pertinent mais il

[1] Cf. travaux de Bowen, Gray, Rubinstein, KPMG, Michaud, les Ateliers de la Terre etc.

devrait être assorti de mesures fiscales, réglementaires et parfois même coercitives afin de ne pas dépasser les seuils d'exploitation tolérables.

A l'échelle nationale, il conviendrait d'abord d'évaluer le patrimoine d'un pays (l'équivalent du bilan d'une entreprise). Cette évaluation de la richesse d'un pays porterait sur les ressources naturelles (terres, forêts, fleuves, mines etc.) qui pourraient s'accroître (reforestation par exemple) ou se dégrader (marée noire, épuisement d'une ressource etc.) d'une année sur l'autre. Ensuite la richesse humaine : les habitants, leur santé, leur éducation, leurs activités, en s'inspirant de l'IDH. Là encore cette richesse pourrait s'améliorer (progrès de la médecine, longévité etc.) comme se détériorer (épidémie, famine, guerre, dictature etc.). Enfin apparaîtrait la richesse matérielle (biens fonciers, immobiliers, équipements de base, outils de production, biens de consommation, capital financier etc.).

Cette analyse bilantielle « en stocks » devrait bien sûr être complétée par une analyse « en flux ». L'actuel Produit Intérieur Brut (PIB) devrait voir son assiette « marchande » complétée par les activités humaines non marchandes et par les externalités (souvent négatives) avec l'environnement. L'objectif serait de raisonner en « net » : quel est le produit annuel d'un pays, déduction faite des prélèvements et des pollutions sur l'environnement ?

De tels tableaux seraient complexes à réaliser, au moins dans un premier temps, mais ils permettraient d'évaluer de façon globale, en positif ou négatif, le patrimoine d'un pays et son activité. Un pays qui crée de la valeur (humaine, cognitive, technologique etc.) progresse plus qu'un pays qui vit de ses rentes pétrolières, minières etc.

Les Nations Unies et la Banque mondiale, conscientes des insuffisances des mesures actuelles, s'intéressent à ces concepts de « PIB Vert », d'empreinte écologique et de « taux d'épargne net ajusté » (richesse globale naturelle, humaine et matérielle déduction faite des détériorations).

La comptabilité des entreprises devrait s'inscrire dans cette réflexion globale. Le bilan d'une entreprise repose sur un patrimoine humain, matériel et financier. Il convient d'évaluer la totalité de ces richesses et de les regrouper dans un même registre patrimonial, le bilan. Là encore, le milieu des affaires s'oppose à des réformes radicales, mais les choses bougent néanmoins. La réflexion sur la responsabilité sociétale des entreprises a conduit à évaluer les conséquences sociales et environnementales des activités des entreprises. De même, des entreprises pilotes commencent à évaluer leurs « actifs immatériels » : capital humain (compétences, motivations etc.), capital clients (fidélité, durée des contrats etc.), organisation (gestion, procédures etc.), système d'information (sécurité, obsolescence etc.). Des cabinets extérieurs évaluent ces actifs, qui ne sont pas, pour le moment, monétarisés et intégrés dans le bilan.

Le compte d'exploitation doit aussi traduire cette activité économique en relation avec la nature. L'entreprise réalise une production de biens ou de services ainsi que des flux entrants ou sortants sur la nature. Il convient de chiffrer ces externalités, les prélèvements sur le capital naturel (exploitation d'une mine, utilisation de l'eau d'une rivière, détérioration des sols etc.), comme les apports (développement d'une espèce animale, régénération de nappes phréatiques etc.). C'est en tenant compte des effets sociaux et environnementaux que la comptabilité d'entreprise pourra véritablement conclure qu'une activité est utile ou non[1].

La comptabilité ne doit plus mesurer seulement le profit immédiat résultant d'une activité marchande, mais l'utilité globale d'une activité, en intégrant les composantes humaines et les externalités avec la nature.

Ce concept d'utilité est ancien (cf. Aristote) et a été repris par le philosophe anglais David Hume (qui a influencé Adam Smith), puis par Jeremy Bentham (utilité marginale selon le degré de richesse) et par Walras (équilibre général). Mais il ne s'agit plus de mesurer l'utilité au prix du marché, il s'agit d'évaluer les différentes composantes de l'utilité.

Un investissement peut-être évalué en fonction de sa stricte rentabilité financière (retour sur investissement). Le détenteur de capitaux comparera le rendement annuel qu'il obtiendrait de cet investissement par rapport à un placement bancaire plus sûr.

Le même investissement peut-être évalué en fonction de ce qu'il apporte à la balance des paiements d'un pays (un barrage hydroélectrique exigera des importations de matériels pendant sa construction mais permettra ensuite de produire une électricité nationale).

Cet investissement pourra être évalué en fonction de ce qu'il apporte au budget de l'Etat (par exemple bonification financière de l'Etat sur l'emprunt, mais ensuite recettes fiscales), ou à l'économie de la région etc.

Des variantes peuvent être calculées selon certaines simulations : qu'arriverait-il (sur la rentabilité financière et la rentabilité économique de cet investissement) en cas de crise pétrolière, ou de boom des matières premières ou de sécheresse exceptionnelle etc. ? Ainsi les outils existent déjà

---

[1] Cf. les travaux de Nicholas Stern « New Deal Vert » ; Eloi Laurent « L'économie verte contre la crise », PUF, 2012 ; Jean Gadrey « Adieu à la croissance », Les Petits Matins 2010 et 2012 ; Dominique Méda « La mystique de la croissance », Flammarion, 2013 ; l'association OREE et le cabinet « compta durable ».

pour mesurer les effets d'un investissement ou d'une activité. On sait distinguer la rentabilité économique d'un investissement (pour un pays, une collectivité) et sa rentabilité financière (pour le bailleur de fonds, l'investisseur).

L'idée nouvelle serait d'évaluer le « retour social et environnemental d'un investissement », afin d'appréhender cet investissement dans sa globalité, dans son utilité finale. Cette utilité sociale et environnementale nous paraît bien plus importante pour notre avenir que la seule rentabilité financière (un fonds philanthropique de San Francisco a commencé, depuis 2000, a évalué ce retour social et environnemental de l'investissement selon les méthodes issues du capital-risque).

Quelle serait l'utilité finale d'un investissement pour le pays (environnement, travail, balance des paiements, budget etc.), pour la région, pour le consommateur ? Quelle serait sa rentabilité globale (économique, environnementale, sociale) par rapport à d'autres investissements ?

La comptabilité ne serait plus bridée par la seule valeur marchande, elle s'inscrirait dans le cadre plus large, plus réel aussi, du monde vivant. Elle permettrait de résoudre les contradictions actuelles, souvent méconnues : telle activité profitable pour une entreprise est finalement nuisible pour la collectivité. Elle constituerait un outil indispensable pour conclure qu'une activité est plus ou moins utile. Elle pourrait déboucher sur des dispositions et des politiques à long terme plus conformes aux intérêts des hommes et de la planète.

La mesure économique n'est donc pas un simple instrument technique. Sa définition (marchande ou globale) détermine le choix des investissements, l'orientation des politiques.

Il va de soi que l'élaboration de tels instruments (un inventaire mondial des richesses naturelles, une comptabilité nationale fondée sur un bilan global du patrimoine et sur un flux net annuel d'activités, une comptabilité d'entreprise fondée aussi sur un bilan global et sur un flux net annuel d'activités) nécessiteront beaucoup de recherches, de concertations, d'applications.

Néanmoins nous ne pouvons plus nous satisfaire d'une comptabilité limitée, voire aveugle. Nous devons replacer, enchâsser l'économie dans son milieu social et environnemental. Une telle comptabilité globale nous permettrait de savoir si notre activité est utile, si notre civilisation est mortelle.

*

Pour un développement durable.

Une comptabilité globale devrait permettre de définir le « chemin critique » entre la nécessité de produire pour répondre aux besoins de la population et le souci de préserver le capital naturel pour les générations futures.

Il a fallu de longues années aux hommes pour prendre conscience de leur responsabilité (cf. 2,3. « Le péril environnemental »).

Or, au fil des ans la situation environnementale s'aggrave. Les constats scientifiques sont de plus en plus alarmants et les effets de cette dégradation deviennent perceptibles par la population (disparition d'espèces vivantes, pollutions multiples, marées noires, CO2 et particules fines, réduction rapide des glaciers, montées des océans, tempêtes, ouragans etc.). En outre, les contradictions de la vie quotidienne se multiplient : chacun veut une voiture mais maudit les voitures en ville, chacun veut voyager mais refuse d'habiter à proximité d'un aéroport, chacun veut un téléphone, une radio, une télévision mais ne supporte plus le bruit ambiant, chacun veut consommer à loisir mais se plaint de la prolifération des déchets etc.

Les peuples seraient-ils aveugles, stupides, égoïstes ? Ou le pouvoir économique qui domine les médias aurait-il étouffé, discrédité ces « vérités qui dérangent » ?

Comment peut-on aujourd'hui, de façon plus lucide et mieux comprise de l'opinion, concevoir un véritable développement durable et humain ? **Quelle doit être la hiérarchie des priorités pour définir une économie « soutenable » ?** La logique paraît s'imposer d'elle-même.

La priorité essentielle et même contraignante est de respecter notre planète qui constitue à la fois notre maison, notre cadre de vie, mais aussi la richesse naturelle qui nous permet de produire. Une économie qui détruit son milieu naturel est appelée à disparaître.

La priorité qui s'impose ensuite est le développement humain. « L'homme est la mesure de toutes choses » disait Protagoras. Le développement humain porte sur l'amélioration des capacités humaines : santé, alimentation, hygiène, éducation, culture, création artistique, recherche, sports, loisirs, vie affective etc. C'est la condition même du bonheur.

Le troisième axe porte sur les supports du développement économique : infrastructures, logements, transports, énergies, commerces etc. Une économie ne peut pleinement se développer sans ces infrastructures et ces réseaux.

Enfin, les biens de consommation rendent la vie plus facile, plus confortable mais ils n'ont de sens que si ces conditions préalables sont remplies. A quoi servirait-il d'acquérir un véhicule si nous ne savions pas conduire, s'il n'y avait pas de routes ou si nous ne disposions plus d'énergie ?

Cette hiérarchie n'est pas seulement logique, elle est nécessaire.

Or tout le système capitaliste a retourné ces priorités en privilégiant le profit, donc la marchandise.

Pour remettre l'économie sur ses pieds, il convient d'opérer des réformes radicales.

La **transition écologique** aurait pour objectifs de préserver les ressources naturelles, de permettre aux individus de vivre mieux et de susciter de nouveaux modèles productifs : coopération entreprises-collectivités locales, recherches, création de petites entreprises, associations etc.[1]

Globalement, d'après les études du PNUE et de l'OIT, la conversion à une économie verte créerait de 15 à 60 millions d'emplois nouveaux dans le monde, selon plusieurs variantes. Cette transition affecterait la moitié de la main d'œuvre mondiale, soit 1,5 milliard de personnes, par les lieux ou les modes de production. Les secteurs clefs concernés par cette croissance verte sont les énergies renouvelables, notamment l'électricité solaire, éolienne, hydraulique et géothermique (les effectifs sont passés de 2,3 millions en 2007 à 5 millions en 2011).

Dans la réalité, l'objectif fixé en décembre 2010 à la conférence de Copenhague de limiter à 2% l'augmentation de la température de la planète paraît fort modeste. Il oblige néanmoins à diviser par deux les émissions de gaz carbonique d'ici 2050.

Or l'exploitation des réserves fossiles s'est poursuivie à marche forcée au cours des dernières décennies. Aujourd'hui, les réserves prouvées de pétrole devraient couvrir 40 à 50 ans de consommation au rythme actuel, il en est à peu près de même pour le charbon, les réserves de gaz sont plus importantes, les ressources en uranium pourraient couvrir un siècle de consommation, les schistes bitumineux ouvrent de nouvelles perspectives avec des risques

---

[1] Voir « Transition écologique, mode d'emploi », Institut Veblen – Petits Matins – Alternatives Economiques, 2014 ; « Miser (vraiment) sur la transition écologique », Alain Grandjean et Hélène Le Teno, Editions de l'Atelier, 2014.

considérables d'exploitation et un accroissement de l'effet de serre. Globalement 90% des besoins énergétiques sont pourvus par des prélèvements sur des stocks qui se tarissent.

Faut-il attendre l'extinction de ces énergies fossiles et les conséquences irréversibles de l'effet de serre ? Lester Brown appelle cette période vers laquelle nous nous engageons « l'âge de l'imprédictibilité » tant les phénomènes de dérèglement risquent de se conjuguer et de devenir incontrôlables : effet de serre, perte d'efficacité des puits de carbone que représente la mer, fonte des glaciers et du pergélisol sibérien qui libèrera du CO2 etc. Quelles sont les solutions ou plutôt les remèdes ?

La première piste, la plus radicale, la plus impérieuse, est d'économiser l'énergie. Elle porte d'abord sur une nouvelle conception des bâtiments (Label bâtiment basse consommation. bbc). Dès à présent un logement français consomme en moyenne 180 KWH/m²/an contre 140 en Allemagne, pays pourtant plus froid… Les gains en énergie peuvent être considérables et les maisons pourraient même dégager une énergie positive (études de l'institut allemand Passiv Haus). Les appareils électriques ont été conçus pour consommer beaucoup, parfois inutilement (ampoules classiques, écrans plasma, voyants de veille, ordinateurs, « datacenters », éclairage public etc.). Le tri sélectif devrait permettre de réduire les déchets à la source (l'Allemagne recycle l'essentiel de ses déchets et n'a plus recours aux décharges).

La nourriture aussi a été orientée vers plus de valeur ajoutée donc un prix final élevé. La production de viande a triplé en 40 ans dans le monde, avec pour conséquences le méthane dégagé par les bovins, l'exploitation du soja transgénique, les antibiotiques vétérinaires etc. La surpêche utilise les techniques du chalutage de fond qui détruit les fonds marins et de nombreuses espèces. Enfin le gaspillage des produits : sur les 900 kg d'aliments produits par an pour chaque consommateur occidental, environ 100 kg sont jetés… Ces tendances lourdes se font au détriment de l'agriculture biologique et des protéines végétales (lentilles, haricots, céréales, fruits secs etc.). Toute cette production coûteuse repose sur l'essor des porte-conteneurs (90% du commerce mondial), sur les camions très polluants qui sillonnent les autoroutes et sur la production sous serre et hors-sol.

Les mécanismes de compensation imaginés dans le protocole de Kyoto permettent de vendre ou d'acheter des crédits carbone sur le marché mais ils ne conduisent pas à une véritable transformation de notre modèle pour réduire la consommation de CO2.

Ainsi cette piste majeure de maîtrise de la consommation globale d'énergies n'a pas donné de résultats tangibles pour le moment.

Elle est souvent présentée de façon restrictive pour le pouvoir économique (moins de consommation, donc moins de chiffre d'affaires), comme pour le consommateur (moins de confort). Cette maîtrise devrait pourtant constituer une transformation des modes de vie reposant sur une collaboration pouvoirs publics – recherche – entreprises – citoyens.

La deuxième piste est celle des énergies renouvelables, c'est-à-dire des sources d'énergie naturelles (eau, soleil, vent etc.) qui ne dégagent pas de carbone.

Ces énergies sont nombreuses, parfois anciennes (moulins à vent ou à eau etc.), souvent prometteuses. La recherche et les investissements ont déjà été lancés. A l'échelle européenne des objectifs ont été fixés pour 2020, les résultats peuvent être comparés sur la période d'étude 2004-2020 (Eurostat).

Certains pays ont déjà accompli l'essentiel de l'effort demandé (Danemark, Portugal, Allemagne, Italie, Autriche, Suède, Estonie etc.). Les plus mauvais (France, Royaume-Uni, Pays Bas) n'ont presque rien fait entre 2004 et 2011, ainsi la France devra faire progresser sa part des énergies renouvelables de 2,2% à 11,5% en moins de dix ans…

L'énergie hydraulique (moulins, barrages etc.) a été mise en valeur depuis longtemps, elle est rentable et représente près de 16% de la consommation mondiale, toutefois, la plupart des sites sont maintenant équipés. En France le coût du KWH d'origine hydroélectrique varie de 2 à 8 centimes d'euro, face à un prix moyen de l'électricité de 6 centimes.

Les énergies marines peuvent utiliser les marées (usines marémotrice de la Rance prés de Saint-Malo), le courant (hydroliennes), les vagues ou encore les différences de températures entre eaux de surface et eaux profondes. Les recherches sont en cours dans de nombreux pays (Royaume-Uni, France etc.).

L'énergie solaire est thermique (capteur solaire encore cher), ou photovoltaïque (en pleine expansion, aussi bien en Asie qu'en Europe), ou solaire à concentration, rayons concentrés grâce à un miroir (particulièrement adaptée pour des régions sèches ou désertiques, aux Etats-Unis, en Afrique, en Australie).

L'énergie éolienne peut être terrestre : développement très rapide en Allemagne (16% de la production électrique) et en Espagne (6%), mais aussi en Chine car les coûts baissent très vite, ou offshore (Royaume-Uni, Pays

Bas, Suède, Danemark, Chine, avec des coûts encore élevés mais avec des centrales de plus en plus grandes de 5 à 10 méga watts).

La géothermie utilise la chaleur de la terre pour produire de l'électricité (Etats-Unis, Philippines, Indonésie) ou des réseaux de chaleur à base géothermale. De même, les pompes à chaleur peuvent équiper des locaux à condition d'être bien utilisés (isolation des bâtiments, risques des fluides).

Les agrocarburants (éthanol, biodiesel) ont été développés par certains pays (Brésil, Etats-Unis) mais leur exploitation a entraîné une déforestation et une concurrence des cultures vivrières et le bilan est fort discutable.

La bio-masse (sous-produits agricoles et surtout bois) représente 10% de la consommation d'énergie mondiale, elle n'est pas chère (3 à 8 centimes en France au KWH) mais elle repose sur la reconstitution des forêts (le bilan climatique est alors neutre puisque l'émission de CO2 lors de la combustion est compensée par le volume de CO2 absorbé par les arbres en croissance…).

Enfin, le biogaz est particulièrement ingénieux puisqu'il est le produit de la fermentation naturelle des matières organiques (méthane, dioxyde de carbone). Il est récupéré par des stations d'épuration sur des déchets. Ainsi de puissants gaz à effet de serre sont transformés en énergie. Les principaux producteurs sont la Chine, l'Inde et l'Allemagne (méthanisation à la ferme).

L'inventaire de ces types d'énergies renouvelables est relativement riche et prometteur, on peut donc s'étonner que leur exploitation ait été si faible et si tardive. Le poids des lobbies industriels (pétrole, gaz, charbon etc.) et l'obsession du rendement financier immédiat expliquent cette myopie. Les grands choix qui ont entraîné la pollution de la planète ont été pris par quelques groupes puissants, sans concertation avec les populations.

Le cas de la France est singulier et révèle particulièrement cette absence de débat sur les sujets majeurs.

Après la Seconde Guerre mondiale, les dirigeants de la IVe République avaient pourtant compris l'intérêt de diversifier les sources d'énergie en utilisant les richesses naturelles du pays : modernisation des installations dans les mines de charbon, exploitation du gaz de Lacq, exploration du pétrole dans le Bassin Parisien et prospection des hydrocarbures en Algérie (Sahara), recherche fondamentale en matière d'énergie nucléaire (CEA – Saclay), usine marémotrice de la Rance, recherches sur l'énergie solaire à concentration qui devait déboucher sur le four solaire d'Odeillo et la centrale à tour Thémis (Pyrénées Orientales), lancement d'entreprises photovoltaïques (il faut rappeler que l'effet photovoltaïque fut découvert en 1839 par Antoine Becquerel) etc.

La décision du Général de Gaulle de doter la France d'une force de frappe nucléaire changea la donne, en fusionnant (si l'on peut dire) les énergies nucléaires militaire et civile et en privilégiant le nucléaire par rapport aux énergies renouvelables.

Les recherches et les essais nucléaires furent conduits sous le sceau du secret, les accidents furent longtemps niés (aussi bien dans le Sahara que dans les atolls polynésiens), enfin les coûts réels de l'énergie nucléaire furent masqués (ils étaient estimés à 4 centimes d'euro / KWH, à titre de comparaison la Suisse estime ce coût à 10 centimes d'euro).

C'est un simple décret du 11/12/1963 qui permit la construction de 58 réacteurs français, en violation avec l'article 34 de la Constitution, sur la compétence du Parlement. Il se constitua une sorte de technostructure associant l'appareil d'Etat, les entreprises publiques concernées (CEA, EDF, Areva) et les grands groupes privés.

Au nom de la raison d'Etat, la France a choisi le « tout nucléaire », sans qu'aucun gouvernement ne remette en cause cette décision, sans qu'un débat public n'ait véritablement lieu (cf. « La vérité sur le nucléaire », Corinne Lepage, Albin Michel).

Pourtant les interrogations ne manquent pas. Contrairement aux discours officiels, le nucléaire n'est pas une énergie nationale puisqu'elle repose sur l'importation d'uranium (Niger, Canada, Russie etc.). Le coût réel du nucléaire a été masqué (recherches en amont non incluses, vieillissement des centrales et démantèlement, traitement des déchets etc.). Un rapport de l'ENA évalue le soutien budgétaire à la filière nucléaire depuis 1974 à 159 milliards d'euros… Par ailleurs, EDF présente un endettement supérieur à 40 milliards d'euros.

Mais surtout ce choix du tout nucléaire français et ce coût d'exploitation artificiellement bas (4 centimes le KWH, contre 8 centimes pour le biogaz, 8 centimes pour l'éolien, 26 centimes pour le solaire voltaïque) ont ruiné tout espoir de diversification.

L'électricité photovoltaïque qui avait connu un certain développement dans les années 80 (sur les 4 premières entreprises mondiales de photovoltaïque, 2 étaient françaises) a connu une crise lorsque le gouvernement a remis en cause les engagements de prix sur le rachat de cette électricité.

La France qui dispose d'une riche agriculture n'a pas été capable de mettre en place une véritable filière biogaz : 500 KT équivalent pétrole, contre 4.200 KT pour l'Allemagne (Référence Alternatives Economiques « L'énergie autrement », Hors-série n°54, février 2012).

Or l'expérience des pays voisins a montré que de nouvelles énergies, d'abord coûteuses, devenaient de plus en plus performantes grâce à la recherche et aux gains de productivité.

L'Ademe (Agence de l'Environnement et de la Maîtrise de l'Energie) estime le nombre d'emplois directs dans le secteur des énergies renouvelables à moins de 100.000, bien loin des 350.000 emplois en Allemagne. Selon elle, notre retard sur le voisin allemand serait d'environ 10 ans, ce qui confirme le tableau des objectifs européens (cf. supra).

Dans la compétition mondiale qui s'engage (recherche / technologie / expérience des entreprises / formation du personnel / règlementations) il n'est pas sûr que ce retard soit rattrapable alors même que la France est richement dotée par la nature : trois régimes de vents pour l'énergie éolienne, fort potentiel hydraulique, surfaces importantes agricoles et forestières, régions ensoleillées, différentes expositions maritimes etc.

Le choix du nucléaire entraîne de nombreuses implications. Faut-il privilégier une énergie liant le civil et le militaire ? Une énergie dangereuse, nécessitant donc un secret de fabrication, une surveillance coûteuse, un entretien régulier, des équipes lourdes, un centralisme industriel ? Ne faut-il pas préférer des énergies renouvelables, adaptées aux besoins locaux, gérées de façon décentralisée ? Ces énergies soulèvent néanmoins des questions de stockage et d'interconnexion des réseaux. Les recherches actuelles sur le stockage grâce à des réseaux d'eau (Alpes) ou à des batteries géantes (Réunion,
Saint André) pourraient déboucher prochainement.

L'association Néga Watt a modélisé un schéma de sortie du nucléaire en 20 ans. Le scénario repose sur les économies de consommation et de production ainsi que sur la diversification des énergies renouvelables. Rappelons que le nucléaire représente en France environ 75% de la production électrique contre 13% dans le monde. Une telle singularité aurait mérité le débat.

A l'échelle mondiale, le parc nucléaire a permis de réduire de façon significative la diffusion de CO2 dans l'atmosphère, donc l'effet de serre. En outre, il a permis à des pays dépourvus de ressources fossiles de se doter d'une énergie « relativement » indépendante et puissante.

Toutefois, les questions qui se posent de façon cruciale en France, se posent aussi ailleurs.

Les centrales nucléaires ont été d'abord construites dans des pays développés depuis plus de 40 ans mais ces pays ne maîtrisent toujours pas vraiment le démantèlement des centrales obsolètes, pas plus que le traitement des déchets.

Aux Etats-Unis, 14 centrales ont été démantelées mais certaines dégagent toujours de la radio activité (Maine Yankee) et le gouvernement hésite à démanteler des usines de plus de 40 ans, en mauvais état (Vermont Yankee).

En France, la centrale de Brennilis (Bretagne) est en déconstruction depuis 20 ans… et la phase 3 (réacteur) n'est toujours pas commencée.

Le coût de ce démantèlement constitue une énigme : EDF a provisionné 18 milliards d'euros pour démanteler 50 réacteurs (certains spécialistes indépendants comme Corinne Lepage évaluent ce coût à 150 milliards d'euros), l'Allemagne prévoit une charge de 50 à 300 milliards d'euros pour 17 centrales seulement…

Les déchets nucléaires posent un problème aussi grave. En 1967 et 1969 les Autorités françaises ont jeté des fûts de déchets radio-actifs dans la Manche. En Allemagne, les mines de sel de Asse n'ont pas abrité convenablement les déchets, à la suite de mouvements de sols, et l'injection massive et urgente de béton a représenté un coût considérable. La durée de confinement des centres de stockage (Soulaines ou Bure en France, Konrad en Allemagne etc.) est d'environ 300.000 ans. Qui peut affirmer que la sécurité sera toujours assurée sur une telle durée ?

Enfin, la gestion des centrales, des opérations de démantèlement, des lieux de stockage des déchets exige une haute technicité et une continuité des services. Or la privatisation au nom du profit (TEPCO au Japon) comme l'utilisation massive de sous-traitants (EDF) multiplient les risques, sans que la population en soit vraiment avisée.

L'énergie nucléaire a permis de produire de l'électricité sans accroître l'effet de serre et pour un prix compétitif. Mais du fait des coûts indirects, des incertitudes technologiques et des risques à très long terme, elle a certes apporté du confort aux populations actuelles mais elle fera supporter son coût réel sur les générations à venir.

En marge de la transition énergétique, **bien d'autres réflexions et expériences sont conduites pour transformer l'économie de la ville, des transports, des systèmes de santé etc.**

L'urbaniste Jean Haëntjens essaie d'intégrer les exigences écologiques dans la ville et crée le concept de « ville frugale ». Encourager les modes de transports propres, marche à pied, vélo, en reconquérant des espaces, en sécurisant les itinéraires, est utile pour l'environnement, le porte-feuille des habitants mais aussi leur santé. Un Néerlandais parcourt en moyenne 1.000 km à vélo par an, soit dix fois plus qu'un Français. Les Italiens appellent ce nouveau mode de vie « Citta-slow », à l'opposé du « fast-food ».

Les recherches conduites sur le milieu urbain concluent à un modèle de ville durable : raccourcir les flux, les déplacements, recycler les matières et les fluides, mutualiser certains équipements entre les acteurs (entreprises, administrations, habitants), développer l'habitat coopératif (maisons privées, parties communes), encourager la participation des populations aux décisions (notamment avec les sociétés d'intérêt collectif. SCIC).

En matière de transports, la politique ultra-libérale a conduit à la déréglementation des modes de transport routiers et aériens, au détriment du fret ferroviaire qui a été divisé par deux en France entre 2000 et 2010. Or c'est ce dernier qui aurait dû être développé aussi bien en termes d'environnement que de sécurité sur les routes.

De même, le système de santé est de plus en plus fondé sur la puissance des laboratoires qui utilisent les médecins libéraux pour diffuser leurs produits. Un Américain dépense plus qu'un Français pour sa santé (médecine libérale, assurances privées) et vit pourtant moins longtemps (environ 2 ans). Mais un Japonais dépense moins qu'un Français et vit encore plus longtemps. Le mode de vie (alimentation, activités physiques, hygiène etc.) compte probablement davantage que les dépenses de santé.

*

Pour une mutation sociale.

Tout notre système économique a été fondé sur le profit, la production, l'incitation des consommateurs à des achats compulsifs, toujours plus, plus vite, plus souvent. Tout cela au détriment de notre patrimoine collectif.

Jamais les décisions qui engagent l'avenir de la terre et de l'humanité n'ont été prises par un aussi petit nombre de personnes, en fonction de leur intérêt propre[1]. Marx comme Schumpeter avaient annoncé l'aboutissement et la contradiction de ce capitalisme mondial, concentré, financier et technoscientifique.

La réflexion écologique conduit à une analyse critique de notre mode de vie. La technologie mérite d'être analysée non comme une fin en soi ou une mode mais en termes d'utilité. La voiture électrique ne pollue pas les villes mais elle reste polluante (batteries) et consomme de l'énergie. Il s'agit donc d'un progrès relatif. Les transports collectifs présentent la meilleure efficience. De même, le vélo devrait être encouragé (pistes cyclables prioritaires notamment en zones urbaines ou péri-urbaines).

La culture geek, la high-tech peuvent constituer des progrès, notamment en termes de communication, mais elles comportent aussi de graves inconvénients : les équipements électroniques exigent l'incorporation de titane, d'or, de zinc etc. La multiplication de petits appareils rendra impossible la récupération de ces nanomatériaux qui se dispersent dans la nature. De même, 95% du titane extrait est utilisé comme colorant blanc universel, qui se retrouve dans les matières plastiques, les dentifrices, les crèmes solaires, les peintures et ne peut être récupéré. Les chaussettes « anti-odeurs » comportent du nano-argent. Ainsi de l'argent est extrait de mines pour finir dans des chaussettes, puis dans l'eau des machines à laver…

Le consommateur devrait raison garder et évaluer sereinement l'utilité des nouvelles technologies. Peut-être aussi devrait-il se méfier des entreprises et de leur publicité qui ont intérêt à imposer ces modes nouvelles, souvent dispendieuses… (cf. Le cri d'alarme de l'ingénieur Philippe Bihouix « L'âge des low-tech : vers une civilisation techniquement soutenable », Seuil, 2014, ou les fameux écrits de Jacques Ellul 1912-1994 sur le « bluff technologique », ou enfin les essais de Pierre Rabhi « Vers la sobriété heureuse », Babel, Actes sud).

La combinaison d'agences indépendantes contrôlant les produits et donnant l'autorisation de mise sur le marché et d'associations de consommateurs communiquant leur avis sur la qualité des produits nous paraît plus efficace et plus incontestable que les campagnes de publicité des entreprises.

La culture occidentale est fondée sur l'idée de progrès, notamment progrès de la science, de la technologie, du progrès matériel. Savoir distinguer les progrès porteurs, des gadgets éphémères exige réflexion et débats. C'est en se libérant de la pression marchande que les citoyens inventent le développement humain et durable.

[1] Cf. Michel Beaud « Histoire du capitalisme », Seuil.

En effet, nombre de penseurs, considèrent que cette transformation technologique et scientifique de l'économie va justement requérir plus de recherche, d'innovation, d'invention. La force de demain ne sera plus le capital mais l'information, la formation, le savoir. La logique marchande sera dépassée par une logique de la connaissance, de la gratuité[1].

Une autre contradiction réside dans l'inégalité du monde. La question environnementale ne se pose pas de la même façon aux Etats-Unis et au Burkina Faso. Peut-on demander aux pauvres d'aujourd'hui de rester pauvres et de ne pas polluer car les riches ont abusé de la nature ?

Les pays du sud ont été soumis pendant des siècles au modèle occidental, ils ont été conditionnés par la « vitrine » occidentale (villes, magasins, cinéma, télévision, publicité, modèle de réussite etc.) et les habitants aspirent à réaliser ce modèle ou même à venir vivre dans ce paradis. Les régions ou les pays en expansion (grandes villes, façades maritimes, zones d'extraction minière etc.) commencent à goûter à cette société de consommation avec ses satisfactions et ses excès. Comment tenir à ces populations un langage univoque de renoncement ? Ne nous imitez pas, ne venez pas chez nous !

Les populations les plus déshéritées sont celles qui souffrent le plus des désordres écologiques : ce sont celles qui vivent souvent dans des maisons insalubres, près des autoroutes, des usines, dans les zones dangereuses ou inondables etc. Et pourtant ce sont souvent ces mêmes populations qui polluent le moins, dans le monde, comme au sein d'un pays (en France, l'INSEE a calculé que la tranche supérieure des ménages consommait 22 tonnes de CO_2 par an, contre 8 pour la tranche inférieure). Les mesures écologiques doivent donc être accompagnées de mesures de justice sociale afin d'éviter des abus préjudiciables à toute la population. A titre d'exemple, rappelons que la circulation des voitures individuelles à Paris est source d'une forte pollution alors qu'elle ne représente guère plus de 10% des transports totaux…

Le même raisonnement de justice sociale doit être tenu à l'échelle mondiale. C'est aux individus les plus pollueurs de faire le plus d'efforts. Les populations des pays riches peuvent facilement réduire leurs déchets qui sont considérables alors qu'il est malaisé de demander à un paysan burundais de réduire sa consommation de carburant.

Il faudra aussi aborder la question de la croissance démographique. En cinquante ans ce sont presque 4 milliards d'humains supplémentaires qui ont accru les problèmes environnementaux. L'augmentation d'environ 2 milliards (de 7 à 9) d'ici le milieu du siècle, notamment en Afrique et en

[1] Cf. P. Drucker, Jeremy Rifkin ou Daniel Cohen.

Asie, devra s'accompagner de mesures décisives sur les modes de production et de consommation.

La mutation vers le développement durable et humain concerne en premier chef les pays les plus développés mais elle s'appliquera aussi aux pays émergents et en voie de développement, avec bien sûr des spécificités locales (problèmes de surpopulation, de sécheresse, d'inondations, de déchets etc.).

Enfin les crises environnementales qui s'annoncent vont poser un grave problème de fonctionnement des démocraties. Les populations vont se trouver directement confrontées à ces désordres naturels : fonte des glaciers, montée des eaux et évacuations des populations, pénuries d'eau potable dans de nombreuses régions, reculs des superficies de sols cultivables, déforestations, désertifications, pollutions de l'air, de l'eau, de la terre, multiplication des déchets, risques liés aux industries, à l'énergie nucléaire, à l'exploitation des gaz de schistes, accroissement des zones bétonnées (villes, infrastructures etc.), destruction des ressources naturelles (animales, végétales, minérales), réduction de la bio-diversité, maladies environnementales, baisse de la fécondité masculine dans les pays industriels etc.

Pendant longtemps, les pouvoirs économiques et politiques, les médias et même les individus n'ont pas voulu regarder en face cette montée des périls. Le travail de lobbying a été intense (climat, pétrole, nucléaire, mines, agrochimie, cigarettes etc.) pour empêcher toute prise de conscience et toute régulation. Depuis plus d'un siècle que ces sujets sont connus, peu de décisions ont été prises.

A titre d'exemple, rappelons que F. D. Roosevelt avait lancé durant la Seconde Guerre mondiale, avec le concours du MIT (Massachusetts Institute of Technology), un programme de maisons solaires afin d'économiser l'énergie. Dès les années 50 une coalition de promoteurs immobiliers et de producteurs d'électricité obtinrent l'abandon de ce programme…

Face à une opinion encore versatile et à de puissants groupes de pression, les démocraties paraissent bien faibles. Comment prendre une décision salutaire pour le long terme mais impopulaire dans l'immédiat ? Comment décider de réduire des consommations, d'augmenter des taxes, de pénaliser des habitudes lorsque les élections dans un an, dans trois ans viendront sanctionner l'homme politique courageux ?

Nicholas Stern, qui a chiffré le coût du réchauffement climatique en 2006, a pu écrire : « Nous sommes la première génération qui a le pouvoir de détruire la planète ».

Or, il faut craindre que lorsque ces désordres naturels se multiplieront et maltraiteront les populations, celles-ci, oubliant leur aveuglement et leur passivité, exigeront des solutions immédiates et peut-être brutales.

Il faut craindre que les désordres naturels entraînent des désordres sociaux et que les populations se jettent alors dans les bras de régimes autoritaires, nationalistes et que des conflits en résultent.

Une étude des universités américaines de Princeton et de Berkeley, dirigée par Solomon M. Hsiang et publiée dans la revue Science (01/08/13), renforce notre inquiétude car elle a exploré les liens entre réchauffements et violence. Cette étude part de simples constats de société (les périodes de forte chaleur entraînent une augmentation de l'agressivité : violences familiales, routières, compétitions sportives, crimes, viols etc.), mais elle porte aussi sur des affrontements sociaux plus durables (hindous et musulmans en Inde, occupations de terres au Brésil, émeutes de la faim en Afrique ou en Asie, El Niño dans le Pacifique etc.) et enfin sur l'effondrement de civilisations (Mayas, royaume khmer d'Angkor, culture andine de Tiwanaku, ou empire akkadien de Mésopotamie).

Certes, le climat ne peut être considéré comme unique responsable de ces désordres mais le dérèglement du climat et le réchauffement de la planète constituent probablement un facteur d'instabilité et de troubles.

Les experts du GIEC avaient présenté un premier rapport en 2007 qui décrivait l'impact du réchauffement climatique sur les écosystèmes, les glaciers, les océans etc.

Le nouveau rapport de mars 2014 est beaucoup plus alarmiste, plus précis, plus immédiat aussi car il concerne les sociétés humaines. Un nouveau cri d'alarme a été lancé fin 2014.

Les grandes cultures, riz, maïs, blé etc., vont voir leur rendement décroître (2% par décennie ?) ; la production globale de phytoplancton devrait chuter d'environ 9% d'ici la fin du siècle, ce qui aura un impact sur la pêche ; l'acidification des océans menacera les coraux et les coquillages ; la baisse de disponibilité en eau pourrait provoquer des crises majeures en Afrique, au Proche Orient ; l'élévation du niveau marin entraînera des migrations importantes notamment en Asie ; certaines forêts européennes risquent de dépérir, de même que les arbres fruitiers et certaines vignes etc. A titre d'exemple, la grande canicule de l'été 2010 en Russie a provoqué des incendies de forêts, une pollution atmosphérique, des maladies respiratoires, une récolte de blé catastrophique qui a fait flamber les cours.

L'enchaînement des désordres est tel qu'il ne pourrait être ralenti avant 30 ou 40 années si des mesures drastiques étaient prises. Or ce n'est pas le cas.

Dès à présent, un rapport de l'ONU (2014) révèle que 3,5 milliards de personnes ne bénéficient pas d'une eau sûre et propre, alors que la croissance économique mondiale et le boom des énergies vont encore restreindre la disponibilité en eau pour les populations déshéritées.

Comment réussir alors cette mutation vers un modèle de développement durable et humain et résoudre les contradictions de notre époque ?

Comment les démocraties, soumises aux aléas de la conjoncture, aux groupes de pression, aux intérêts capitalistes, pourront-elles privilégier l'intérêt général à long terme des populations ?

La transformation radicale de la société implique une participation de tous, des mécanismes de concertation entre citoyens, scientifiques, opérateurs économiques, responsables politiques, pour que soient élaborées de nouvelles orientations. Ces décisions exigeront des analyses, des prises de conscience, des compromis, des efforts sur le long terme. C'est toute une démocratie participative, à l'échelle locale ou nationale, qui peut obtenir de tels résultats[1]. La démocratie participative ne doit pas devenir un mot creux, un slogan, elle doit s'appliquer à des réalités, à des décisions économiques et écologiques qui concernent directement la population.

Dans la démocratie traditionnelle, le citoyen se contente d'élire, de déléguer, alors qu'il doit participer, contrôler.

Dans le marché, le consommateur se trouve dans une situation captive, il n'est pas informé au même titre que l'entreprise, il se contente de choisir par défaut.

Or, la remise en question d'un système repose sur le débat, avec l'expression de toutes les opinions, de toutes les expertises. Le débat doit être ouvert, contradictoire, objectif. Il est soumis à des arguments, à des faits et non à des messages publicitaires ou à des positions dominantes. Ce débat peut permettre une prise de conscience et l'émergence de solutions : quelle priorité définir ? Quels types de services publics, associatifs ou privés promouvoir ? Quels financements privilégier ? Quelle fiscalité retenir ? Quelles normes de production et de consommation élaborer ?

---

[1] Cf. Dominique Bourg et Kerry Whiteside « Vers une démocratie écologique. Le citoyen, le savant et le politique », Le Seuil, 2010.

C'est une nouvelle démocratie participative et vivante qui peut déboucher sur des mutations radicales. C'est une volonté collective qui peut faire éclore une société plus humaine, plus solidaire, plus libre.

Tim Jackson rappelle que l'étymologie latine du mot « prospérité » signifie « espoir ». Cet espoir pour notre avenir, pour nos enfants ne peut pas être limité à plus de voitures ou de réfrigérateurs. Certes, nous cherchons le confort et les biens matériels mais nos principales priorités sont la santé, l'éducation, l'alimentation, les services sociaux et culturels etc. La prospérité vient davantage de notre capacité à bien vivre que de l'accumulation de marchandises.

Dans leur ouvrage « Vivement 2050 » publié en 2012 (Institut Veblen) des chercheurs travaillant pour l'ONU, Robert Costanza, Carol Franco et Ida Kubiszewski, ont élaboré un programme pour une économie soutenable et désirable. Ils montrent en effet qu'une telle économie ne serait pas restrictive mais qu'elle serait plus juste, plus participative et qu'elle apporterait plus de liberté, d'initiative, de qualité de vie.

Cette volonté de participer, de s'investir doit à la fois reposer sur des institutions décentralisées mais aussi sur des infrastructures adaptées.

On imagine difficilement une association locale prendre la direction d'une centrale nucléaire. En revanche, une éolienne, des capteurs voltaïques, une ferme de biomasse pourront être pris en charge par des associations, des particuliers, des petites entreprises.

Nous avons constaté la prise de conscience d'un consommateur responsable, plus critique et plus autonome face aux puissances du marché.

Au-delà de la consommation, c'est peut être **un nouveau mode de vie qui commence à apparaître :** économie du partage de matériels entre voisins ou par le biais d'associations, habitat coopératif et écoquartiers, covoiturage (pratiqué par 3 millions de personnes en France), renaissance des « jardins ouvriers », échanges de compétences (1 heure de jardinage contre 1 heure d'anglais etc.), tourisme économique, écologique ou solidaire, liens directs producteurs-consommateurs, soutien aux paysans des pays en développement, succès grandissant du vélo et revendication d'un réseau important et sécurisé, remise en cause de certains médicaments inutiles etc…

L'économie circulaire (récupération et complémentarité des productions) permet d'économiser les matières premières et de réduire les déchets. Cette économie « où rien ne se perd » est illustrée par le petit port danois de Kalundborg où la centrale électrique et les industries récupèrent leurs sous-produits.

Cet esprit de consommation citoyenne donc raisonnée a conduit un chercheur helvétique Walter Stahel à imaginer au milieu des années 1990 le concept **« d'économie de fonctionnalité ».**

L'idée est de limiter l'achat d'un produit mais de lui préférer la prestation de services, l'utilisation en commun etc. Il est vrai qu'un équipement utilisé par plusieurs personnes est plus facilement amorti et entraîne moins de gaspillage pour la société. Ce concept prend vie, notamment chez les jeunes générations, avec les vélos ou les autos en libre circulation, la location de pneus, de photocopieurs, d'appareils ménagers ou de jardinage etc.

De même, l'idée d'ajuster les moyens aux objectifs commence à apparaître. Est-il judicieux d'utiliser un véhicule de plus d'une tonne pour transporter une personne de 60 kg sur une faible distance ? Peut-être entrons-nous dans une société nouvelle où la « fonctionnalité », l'utilisation collective, économe et raisonnée de services primerait sur la propriété individuelle, certes ancestrale, mais dispendieuse et inefficace (utilisation faible donc coûteuse).

Une société plus économe en énergie et en biens de consommation, mais plus orientée vers le développement humain, l'épanouissement humain, impliquerait une réduction du temps de travail. Une telle réduction aurait pour objectif immédiat de libérer des postes pour les jeunes et les chômeurs et de résoudre ainsi le « cancer » de nos sociétés. L'oligarchie dirigeante a tout intérêt à encourager le chômage, ce « volant de main d'œuvre » qui pèse sur les travailleurs et leurs salaires. A l'inverse, les citoyens ont tout intérêt à vivre dans une société plus équilibrée, plus juste qui réduit les drames sociaux et familiaux, qui donne ses chances aux jeunes et qui limite une des causes de l'insécurité. Le passage aux 35 heures en France avait permis la réduction du chômage de 3 points, deux millions d'emplois avaient été créés entre 1998 et 2001, les profits des entreprises n'avaient pas reculé et les comptes de la Sécurité Sociale étaient en équilibre.

Sans forcément rechercher une nouvelle mesure uniforme, il serait utile de réfléchir à des congés adaptés, de type sabbatique, pour permettre aux travailleurs de satisfaire des besoins de développement : culture, éducation des enfants, formations, recherches, nouvelles orientations etc. Les économistes Bruno Colmant et Paul Jorion constatent « une loi de baisse tendancielle des taux de travail ». Faudra-t-il subir une telle évolution (chômage, insécurité), ou l'organiser, la fluidifier ?

Une démocratie plus participative, une société plus fondée sur les liens que sur les biens, constituent les conditions du développement durable mais il ne faut pas négliger la question sociale.

Une société fondée sur le développement durable et humain devrait permettre plus d'épanouissement pour l'individu, dans le respect de l'environnement. Mais ce type de développement ne peut être imposé ni par un marché, ni par un Etat, il doit être accompli pour l'homme et par l'homme.

A cet égard, les travaux d'**Elinor Ostrom** sur les biens communs prennent tout leur sens et portent aujourd'hui leurs fruits.

Le terme remonte aux « Commons » anglais : ces terres de pâture, ces forêts, ces étangs faisaient l'objet d'un usage collectif régi par des droits coutumiers et permettaient aux plus pauvres de survivre. A partir du XVe siècle les nobles ont borné ces terres (« enclosures ») et les ont fermés aux paysans malgré de nombreuses révoltes et un exode rural massif.

Plus tard, un autre événement est venu enrichir le concept : la commune de Paris (1871), la révolte des travailleurs, l'auto-organisation, la prise en main de son destin par la population, le communisme (dans son sens originel).

Les « biens communs » ou le « commun » concernent toutes les ressources matérielles ou immatérielles qui sont nécessaires à la vie des populations, à la survie de l'espèce : eau, air terre, forêt...mais aussi connaissance, éducation, culture, santé etc.

Or l'expérience montre que ces biens sont mieux entretenus et préservés lorsqu'ils sont gérés directement par les habitants ou leurs coopératives que lorsqu'ils sont pris en charge par le marché ou les pouvoirs publics.

Jeremy Rifkin pense que le « vieux capitalisme » va être dépassé par cette « révolution collaborative ». Le coût marginal de production se rapproche de zéro et va rendre nombre de produits ou services quasi-gratuits. La musique s'échange par fichiers, les journaux deviennent gratuits, les MOOC (« massive open online courses ») ouvrent l'accès du savoir au plus grand nombre, les consommateurs s'échangent directement des biens et des services, les « fab labs » (imprimantes 3D et ateliers de quartier) permettent aux consommateurs de devenir aussi producteurs (« prosumers ») etc. Tout le fondement du capitalisme (propriété privée des moyens de production, contrôle du marché par les grands groupes, centralisation économique et financière) deviendrait obsolète devant cette nouvelle économie de l'innovation, du partage et de la gratuité[1].

[1] Cf. « La nouvelle société du coût marginal zéro », Jeremy Rifkin, Les liens qui libèrent, 2014.

Ce courant de pensée conteste à la fois le néo-classicisme fondé sur l'argent comme le collectivisme d'Etat, il inspire au contraire des formes novatrices de coopération, d'auto-organisation, de démocratie locale. Il s'inscrit, à nos yeux, dans cette économie hybride qui permet l'éclosion de telles innovations. Il est probable que cette nouvelle économie en train de naître, plus proche des gens, libérée de l'oligarchie, saura innover à la fois dans les produits mieux adaptés aux besoins de la population et dans les modes d'organisation et de production[1].

Nous tentons d'esquisser un autre monde possible. Le ressort, l'initiative ne pourraient venir que d'un consommateur responsable, d'un citoyen participatif, d'une entreprise démocratisée. La finalité de cette société reposerait sur le développement durable et humain ce qui impliquerait une nouvelle mesure de l'économie, une comptabilité globale, de nouvelles orientations économiques et une véritable mutation sociale. Il reste enfin à préciser la mise en œuvre, le cadre : les rapports entre le marché et l'Etat.

Là encore, quelles idées, quelles expériences, quels signaux nous paraissent précurseurs ?

[1] Voir sur ce sujet : Aristote, Foucault, Elinor Ostrom et plus récemment, Béatrice Parance et Jacques de Saint-Victor « Repenser les biens communs », CNRS ; David Bollier « La renaissance des communs. Pour une société de coopération et de partage », Mayer ; Pierre Dordot et Christian Laval « Commun. Essai sur la révolution du XXIe siècle », La Découverte.

Chapitre 3-3. *Le cadre : le marché hybride et l'intérêt général*

« Entre le riche et le pauvre, entre le puissant et le faible, entre le maître et le serviteur, c'est la liberté qui opprime et la loi qui libère ».
Henri Lacordaire, 1848.

*

Le débat est ancien selon lequel le marché serait censé représenter l'équilibre économique et l'Etat l'intérêt général de la société. Les termes de ce débat méritent d'être vérifiés avant d'esquisser des pistes d'évolution.

Un marché hybride.

Le marché primitif, comme nous l'avons vu dans la première partie, est fondé sur des complémentarités « naturelles ». Le pêcheur échange ses poissons contre des fruits, des légumes ou du sel. Après ce troc viendra l'intermédiation d'un étalon de valeur (coquillages, métaux etc.) puis la monnaie. Ce marché est fondé sur les lois de l'offre et de la demande : si le poisson est rare les acheteurs seront prêts à payer plus cher. Ce marché se pratique dans des conditions de transparence et d'égalité : les acteurs savent que le poisson est rare à cause de la tempête. Enfin les acheteurs et les vendeurs ont intérêt à cet échange qu'ils pratiquent sur une base relativement équitable.

Le développement de l'agriculture, du commerce, de l'artisanat puis des manufactures va conduire à la naissance de grandes fortunes familiales. La comptabilité, le droit, la finance vont être conçus dans l'intérêt des plus puissants.

Leur richesse leur permet de prêter aux rois et aux princes (croisades, conquêtes etc.). En retour, ces familles fortunées des Jacques Cœur, Médicis, Borgia, Fugger etc. obtiendront bien des privilèges (battre monnaie, exploiter des mines, installer de nouveaux comptoirs avec l'aide des Etats etc.).

Le capitalisme est né. Il est né de cette alliance ente fortunes privées et pouvoirs publics, de cette distorsion, de cette soumission du marché aux intérêts les plus puissants.

L'autre facteur important est que le marché ne va plus se limiter à l'échange de « produits marchands » mais qu'il va couvrir toutes les activités humaines, y compris le « commerce des hommes ». C'est l'esclavage à grande échelle, sur des millions de personnes, qui va permettre le commerce triangulaire, la constitution d'immenses fortunes et la première esquisse de mondialisation économique.

Lorsque l'économie politique commence à naître aux XVIIe et XVIIIe siècles (mercantilisme, physiocratie puis libéralisme économique) la plupart des économistes cherchent à expliquer les mécanismes et à les justifier.

Ainsi la théorie libérale du capitalisme est née de penseurs conservateurs qui cherchaient à justifier l'ordre du monde, à la façon de Leibniz « Tout est pour le mieux dans le meilleur des mondes possibles ». Voltaire n'était pas économiste mais il avait perçu le caractère religieux de cette idéologie.

Le cadre étant ainsi fixé, puis figé, de façon « naturelle », idéologique, les économistes modernes ne devaient plus s'interroger sur la critique, les évolutions possibles mais tout simplement accepter un système indépassable qui ne pouvait être amélioré qu'à la marge, sur des points techniques. C'est ainsi qu'est née une école économétrique, mathématique qui a dominé les universités (notamment américaines), les centres de recherche, les grandes institutions financières et internationales et qui a récolté nombre de prix Nobel…

Cette nouvelle théorie néo-classique idéalise le marché capitaliste en considérant que l'homme économique est suffisamment bien informé pour établir de « anticipations rationnelles » dans des « marchés efficients » (John Muth, Eugène Fama, Robert Lucas Prix Nobel 1995). Certains économistes furent même récompensés pour avoir démontré la juste prise de risque des produits dérivés.

Nous avons vu comment cette idéologie s'était développée à partir des années 1970-1980, d'abord aux Etats-Unis, puis dans le reste du monde. Il s'agissait d'une reprise en main de l'économie par les conservateurs après les « Trente glorieuses », d'une revanche des actionnaires sur les travailleurs, mais aussi des économistes classiques sur les keynésiens, évolutionnistes ou autres socialistes (cf. 2,1. « Les crises du capitalisme »).

Dans un tel contexte aussi fermé, à la fois en matière de recherche fondamentale, d'analyse économique ou de politique économique, Paul

Krugman (professeur à Princeton, Prix Nobel 2008) a pu montrer que les chercheurs comme les praticiens qui prédisaient une crise ne pouvaient être entendus car ils remettaient en cause les dogmes du marché auto-régulé. Lorsque la Reine d'Angleterre s'est étonnée : « Mais pourquoi les économistes n'ont-ils rien vu venir ? » Il aurait fallu lui répondre que certains économistes (ou philosophes, ou hommes politiques, ou hommes d'affaires) avaient bien vu venir mais que malheureusement ils n'étaient pas bien en cour… « There is no alternative ».

Cette cécité « institutionnelle » face à la crise a révélé le caractère idéologique et dominateur du système capitaliste. Les analyses critiques sur l'environnement, le climat, la pollution industrielle, les conditions de travail, les abus des laboratoires pharmaceutiques, le « shadow banking », les paradis fiscaux, les tricheries comptables et fiscales, le blanchiment de l'argent sale à grande échelle etc. ont trop souvent été occultées, étouffées.

Un élément caractéristique des marchés financiers a aussi été négligé par les classiques mais bien relevé par Keynes. L'esprit « moutonnier » (herding) : il vaut mieux avoir tort avec la majorité qu'avoir raison seul. En effet, si vous pensez que telle cotation (un pays, une entreprise, un produit etc.) doit monter car elle a une valeur potentielle et que vous achetez des titres, vous perdez rapidement de l'argent si la majorité vend ses titres et fait baisser la cotation. Même si vous avez raison… C'est l'image de la mariée, vous ne devez pas choisir celle qui vous plaît mais celle qui devrait plaire au plus grand nombre.

André Orléan critique l'aveuglement de cette pensée unique, ce « mainstream », et remet en cause la théorie de la valeur. Dans la réalité, la valeur d'un produit ne se mesure pas à la quantité de travail (comme le pensaient A. Smith ou Karl Marx), ni même à son utilité (Walras, Menger Jevons). La valeur d'un produit ne se réduit pas à des bases objectives, elle est plus complexe. Les affects humains (désirs, goût du prestige, consommation ostentatoire, mimétisme, mode etc.) jouent un rôle de plus en plus important dans la demande d'un produit. Par ailleurs, les acteurs économiques ne sont pas égaux sur le marché, il existe une asymétrie d'informations, de connaissances, de pouvoirs entre l'entreprise qui vend et le client qui achète. Ainsi la hausse du prix d'un produit ne réduit pas forcément la demande. C'est exactement ce qui se passe sur le marché financier : plus un actif prend de la valeur, plus il est recherché par les investisseurs, c'est ainsi que naissent les bulles spéculatives. Le « herding » de Keynes s'est révélé plus réaliste que « l'efficience des marchés financiers » d'Eugène Fama.

Le libre jeu du marché capitaliste conduit à de graves distorsions sociales qui entraînent des crises spéculatives chez les plus riches et des crises d'insolvabilité chez les plus pauvres. Ainsi le slogan du « trickle down », la richesse des uns profitent à tous, est contredit dans les faits. La fortune de certains est injustifiée par ses excès et elle est captée, par l'optimisation fiscale, dans des paradis fiscaux. Ces classes dirigeantes prélèvent davantage sur l'économie qu'elles ne lui apportent (« extractive groups » ou prédateurs).

Enfin certains économistes ont montré les tendances lourdes des entreprises à se développer pour couvrir un segment de marché, puis à s'entendre avec certains concurrents, puis à occuper des positions d'oligopoles ou de monopoles. Curieusement la tendance des grandes firmes mondiales est de tuer le marché... Cette contradiction interne au système a été analysée par Paul Sweezy.

Le débat habituel entre le marché qui assurerait l'équilibre économique et l'Etat qui porterait l'intérêt général nous paraît donc assez illusoire.

Le capitalisme n'est pas né d'une tension, d'une opposition vertueuse entre le marché et les pouvoirs publics, il est le résultat de leur alliance, de leur fusion. Le marché ne s'est pas limité aux « produits marchands », il a gagné le commerce des hommes, il a conquis tous les aspects de la vie humaine, il s'est globalisé. Ainsi les sociétés sont progressivement soumises dans leur fonctionnement, comme dans leur finalité, aux lois de l'argent.

Le capitalisme a correspondu à une étape de l'évolution économique mondiale. Il a permis la concentration des moyens financiers et industriels, la production de masse, les révolutions technologiques. Mais les contradictions qu'il crée ne sont plus soutenables.

Face à cet ordre tout-puissant qui réduit l'être humain et menace la planète, se lève l'espoir d'une société aspirant à la démocratie participative, au développement humain et durable, au progrès cognitif. Les expériences et les idées que nous croyons percevoir peuvent-elles avoir un effet sur le marché ?

Les consommateurs, au fil des siècles, ont su réagir contre les abus du système (sucre lié à l'esclavage), ils ont su s'organiser (coopératives de consommateurs), résister à la puissance des marchés (R. Nader, No Logo, actions de classe etc.), créer des labels sociaux et écologiques et même intervenir dans le secteur financier (ONG Finance Watch).

Plus récemment, des réseaux se sont créés, fondés sur la coopération, le partage, la solidarité, la fonctionnalité, l'économie circulaire etc. Ces mouvements peuvent remettre en cause, de façon théorique et pratique, le fonctionnement traditionnel du marché ainsi que ses bases juridiques.

Ainsi un contre-pouvoir s'esquisse qui peut exiger de nouveaux moyens (défense collective des consommateurs, contrôle de la publicité, actions contre les produits dangereux, défense des petites entreprises innovantes etc.) pour contrer le conservatisme et la toute-puissance de l'oligarchie.

De même, l'objectif de transformer l'économie des biens de consommation en une économie plus durable, moins dispendieuse en matières premières et en énergies, relève de la volonté des consommateurs. Nombreux sont ceux qui sont las d'acquérir les mêmes types de produits et de les renouveler de plus en plus fréquemment au gré des pannes. Les produits nouveaux devraient donc être plus durables et il conviendrait de lancer les recherches appropriées, découvrir de nouveaux brevets, améliorer la qualité et innover en matière d'utilité et d'esthétique. Cela implique évidemment que les entreprises répondent à cette demande.

L'apparition de coopératives, d'entreprises responsables (RSE), d'une économie sociale et solidaire (ESS), d'ONG du business social, du micro-crédit, de la finance solidaire etc. constituent des signes encourageants. La démocratisation des entreprises classiques (égalité de représentation du travail et du capital, participation des partenaires de l'entreprise) et la promotion d'entreprises innovantes (SCOP, SCIC, autogestion etc.) marqueraient une étape décisive.

Un marché hybride permettrait une véritable concurrence entre secteur marchand traditionnel et secteur solidaire. Les nouvelles entreprises constitueraient le pivot d'un changement possible à la fois dans la nature et le fonctionnement de l'entreprise, comme dans le choix des recherches, des investissements, des produits.

Les jeunes qui entrent sur le marché du travail préfèreront-ils un salaire supérieur, assorti du stress, de la soumission à l'ordre établi, de la menace de licenciement ou un salaire moindre, compensé par une raison de travailler, une solidarité humaine, une perspective de développement ?

Les travailleurs de ces nouvelles entreprises auront-ils l'audace de concevoir, de produire et de diffuser des produits véritablement innovants ?

Les consommateurs, las d'une économie capitaliste mondialisée qui uniformise les objets et les modes de vie, marqueront-ils leur préférence pour ces nouveaux produits plus robustes, plus économes, plus originaux ?

Les pouvoirs publics, les collectivités locales, les organismes de financement sauront-ils soutenir ces « pouponnières » d'entreprises, bien fragiles face aux multinationales ?

En écho à ces interrogations, il faut considérer que la mise en œuvre d'une comptabilité globale, à l'échelle nationale comme à l'échelle de l'entreprise, devrait encourager l'innovation.

En effet, les entreprises prédatrices (en matière sociale comme en matière environnementale) seraient pénalisées par ces nouvelles règles comptables, donc fiscales.

Les nouveaux modes de mesure tenant compte des externalités favoriseraient les entreprises appliquant leur responsabilité environnementale. Il est probable que les petites et jeunes entreprises s'adapteront mieux à ces enjeux que des entreprises qui ont forgé leur puissance sur l'émission de carbone et sur la pollution.

Une comptabilité privilégiant l'utilité sociale et environnementale d'un investissement et d'une production devrait faciliter l'accès aux aides publiques et aux financements pour les entreprises respectueuses de ces normes.

Enfin, la mise en œuvre d'une politique nationale de développement durable et humain devrait constituer un terrain favorable aux entreprises qui viseraient de tels objectifs.

Il ne s'agit donc pas d'étudier de façon académique les relations supposées équilibrées entre le marché et l'Etat.

Il convient plutôt de renouveler la pensée, de ne point chercher un équilibre mais un dynamisme. Un marché hybride peut permettre l'éclosion de nouvelles formes d'organisation et de production. Un tel marché peut devenir le pivot de la mutation, si les citoyens le souhaitent.

Une telle perspective de mutation repose à la fois sur des expériences existantes, sur des évolutions en cours et sur un pari.

Nous avons décrit toutes les expériences novatrices en cours (coopératives, RSE, ESS, ONG, SCOP, économie du partage etc.).

Nous avons relevé l'apparition d'une révolution cognitive. Les plus grandes fortunes contemporaines se sont constituées autour d'Internet et non plus sur l'acier. De même, les recherches et les investissements dans le domaine de la santé paraissent primordiales dans une société qui vieillit et qui devient plus exigeante. Les crédits pour l'éducation nationale, les universités, la recherche, la formation professionnelle sont une condition majeure de la compétitivité de demain. La transition écologique et énergétique permettra de découvrir des brevets, de créer des entreprises, de former des travailleurs.

Privilégier le développement humain et durable ne constitue donc point une utopie, c'est un mouvement qui s'amorce, c'est la meilleure façon de préparer l'avenir. Il est probable que la production, les salaires, les recettes fiscales et les devises résulteront davantage de cette nouvelle économie cognitive, immatérielle, écologique que des industries traditionnelles.

Cet ensemble de réformes que nous proposons sur le rôle responsable des consommateurs, sur la participation des citoyens, sur les entreprises démocratisées et nouvelles, sur la comptabilité globale, sur la priorité portée au développement humain et durable, sur un marché hybride, devraient créer dynamisme et innovation.

Un tel marché hybride permettrait aux individus de comparer à la fois des produits et des modes de vie, des façons de travailler, de consommer, d'exister et cela à l'échelon local, national ou mondial.

Il reste néanmoins un dernier point à aborder. Devant l'innovation d'un marché hybride qui permettrait le changement, comment va réagir l'oligarchie mondiale ? Qui peut faire respecter les règles du jeu, l'intérêt général ?

*

Un Etat plus démocratique.

Le rôle de l'Etat a été reconnu par les libéraux pour ses fonctions régaliennes, (administration, affaires étrangères, armée, police, justice) : assurer l'ordre pour protéger les hommes, les biens et faire prospérer les affaires.

Toutefois, les concepteurs du capitalisme et notamment Adam Smith étaient aussi conscients des risques inhérents au fonctionnement des marchés et ils considéraient que l'Etat devait jouer le rôle indispensable d'arbitre. A leurs yeux le marché était l'expression de la Providence, mais les entrepreneurs pris individuellement pouvaient être tentés par les ententes, les abus de position, les oligarchies. Idéalisation d'un marché abstrait, d'origine quasi divine, mais méfiance à l'égard des hommes…

Au fil des siècles les crises répétées du système capitaliste, les contradictions sociales et enfin les périls environnementaux sont venus démontrer que les marchés étaient myopes et n'indiquaient pas d'orientation pour une société. Il est alors apparu que l'Etat ne devait pas se limiter au seul rôle d'arbitre, de régulateur, mais qu'il devait intervenir dans le jeu économique, afin de faire respecter l'intérêt général, protéger les populations et préparer l'avenir du pays.

Cette nouvelle culture de l'Etat, comme chef d'orchestre et régulateur des marchés, s'est imposée avec la crise de 1929 puis avec la reconstruction d'après-guerre et les « Trente glorieuses ».

Les ultra-libéraux d'aujourd'hui sont plus doctrinaires et plus intransigeants que leurs prédécesseurs des XVIIIe et XIXe siècles. A. Smith ou J. Bentham étaient conscients que l'économie libérale n'apporterait pas le bonheur pour tout le monde mais qu'elle était un moindre mal. Les conservateurs d'aujourd'hui exècrent l'Etat, exigent des régressions humaines et sociales qu'ils appellent « réformes ».

Le fiscaliste Thomas Piketty[1] a montré que ce sont les classes moyennes qui paient le plus d'impôts par rapport à leurs revenus, suivies par les classes populaires, les plus riches venant loin derrière.

L'application de la doctrine ultra-libérale depuis les années 70-80, quasiment à l'échelle planétaire, n'a pas corrigé les contradictions du capitalisme, bien au contraire : bulles spéculatives, crises à répétition, mauvaises anticipations des marchés, distorsions sociales, aggravation des périls environnementaux, réparation des dégâts par la collectivité publique d'où crise des dettes publiques. A tel point que nombre d'observateurs qualifient cette nouvelle période économique des « Trente odieuses ».

L'économiste français, Maurice Allais, Prix Nobel 1988, était un fervent partisan du marché comme mécanisme d'optimisation et d'équilibre. Néanmoins, il considérait que le marché ne pouvait fonctionner que s'il était contrôlé par l'Etat. Il se méfiait des récentes évolutions doctrinales comme des dérives mathématiques qui faisaient perdre de vue l'essentiel et il souhaitait que la réflexion économique soit reliée à la sociologie, à la psychologie, à l'histoire. Il constatait avec effroi la naissance d'un système de libre-échange mondialisé reposant sur de « gigantesques pyramides de dettes »…

Une étude récente du cabinet anglais Linklaters a confirmé ses craintes et révélé les abus des sociétés notamment européennes, dans le mécanisme de

---

[1] Cf. « Pour une Révolution fiscale », « Le capital au XXIe siècle ».

LBO (Leveraged buy out - ou effet de levier) qui consiste à acquérir des entreprises avec un peu de fonds propres et beaucoup de prêts. Les profits escomptés de cette opération devraient permettre d'apurer assez rapidement ces dettes. Ce « mur de la dette » est évalué par le cabinet à environ 550 milliards de dollars et constitue une menace sérieuse de pyramides qui s'effondrent...

Le pouvoir politique et administratif est pris en otage par la puissance oligarchique. Les décisions ne sont plus prises en fonction de l'intérêt des populations mais de la réaction des marchés...[1]

L'économiste américain Simon Johnson qualifie ce monopole idéologique ultra libéral qui a conquis les grandes institutions, les Etats, les Universités, de « coup d'Etat silencieux ».

Le débat est donc ouvert sur le rôle de l'Etat et sur son périmètre. Faut-il réduire l'Etat à ses fonctions régaliennes et faire toute confiance au marché pour développer l'économie, comme au XIXe siècle ? Faut-il accorder à l'Etat un rôle d'arbitre et de régulateur des marchés pour éviter les désordres, les crises et les injustices, ainsi qu'un rôle dynamique pour promouvoir les investissements ?

Dans le système existant, les entreprises doivent répondre aux besoins de l'économie marchande (biens et services). Cette fonction est importante pour la consommation des ménages.

Pour autant, les services publics concernent des secteurs qui paraissent essentiels à la vie des populations : santé publique, éducation, culture, recherche, transports, logements sociaux, protection sociale, sécurité (policière et militaire) etc.

L'évolution des sociétés vers plus de civilisation conduit même à stabiliser progressivement la consommation de biens matériels (tout en les perfectionnant), alors que les biens humains et collectifs (santé, éducation etc.) peuvent toujours progresser. C'est la loi de Wagner (Adolph Wagner) qui justifie sur le long terme que plus une société se civilise plus le besoin de dépenses collectives s'accroît.

Dans la vie courante, l'individu cherche à satisfaire ses besoins matériels de confort, mais il est aussi conscient que l'allongement de la vie, un meilleur système de santé, une meilleure éducation, une meilleure protection de la nature etc. prennent une importance croissante.

---

[1] Cf. « La Capture », Christian Chavagneux et Thierry Philipponnat, La Découverte, 2014.

La contrepartie de cette politique sociale au sens large est une augmentation des prélèvements obligatoires (impôts, taxes, cotisations…).

Les ultra-libéraux et leurs médias s'efforcent de montrer à l'opinion publique que cette charge est insupportable, quitte à biaiser le débat.

En effet, ces prélèvements (qui sont effectivement élevés dans les pays sociaux-démocrates, de l'ordre de 50% du PNB) financent deux catégories de dépenses complètement différentes.

Le premier objet est bien connu : il s'agit de financer l'Etat, les collectivités locales et l'ensemble des services publics. Ce périmètre est variable selon les pays. Dans les pays ultra-libéraux, les prélèvements sont réduits mais les prestations publiques doivent être remplacées par des prestations privées souvent plus onéreuses et plus sélectives (éducation, santé, culture, transports etc.). Sans l'Etat, une année scolaire de collégien nous coûterait 8.000 euros, un accouchement 3.500 euros etc. (cf. Vincent Drezet).

L'autre partie des prélèvements obligatoires est aussi collectée par l'Etat sous forme de cotisations mais est redistribuée à l'ensemble de la population. Il s'agit alors d'une sorte de mutuelle nationale qui finance les allocations familiales, les remboursements des frais médicaux et des accidents du travail, les allocations chômage, les retraites et même les aides aux entreprises… Les sommes collectées sont donc redistribuées.

Certes l'Etat a un coût, mais il apporte à la fois des services essentiels et des allocations substantielles.

Ainsi l'augmentation des prélèvements sociaux n'indique pas nécessairement une « étatisation » de l'économie mais plutôt la mise en place de services publics et l'organisation d'une mutuelle nationale qui protège toute la population.

Toutefois, cette question des impôts et des cotisations est redevenue plus aiguë avec l'augmentation de la dette publique (cf. 2,1).

En 1939 la dette publique française était de plus de 93% du PIB (donc comme aujourd'hui…), elle culmina à 250% en 1944, puis elle tomba à 30% en 1950, grâce à une inflation galopante. Certains observateurs suggèrent de relancer une telle inflation pour réduire la valeur réelle de la dette publique actuelle. Ils oublient de rappeler qu'après-guerre les retraites par capitalisation s'effondrèrent et ruinèrent les populations âgées du fait de l'inflation. C'est de cette faillite que sont nées les retraites par répartition.

Un certain volume de dette publique est concevable s'il permet de financer des investissements ou s'il est équilibré par des réserves de change et de devises. Mais depuis 2002, la dette s'est considérablement accrue par les cadeaux fiscaux accordées aux plus fortunés, par l'évasion fiscale des grandes entreprises et par les mesures de lutte contre la crise de 2008 (aides aux banques, crédits bonifiés etc.).

Or, comme le montrent Michel Rocard et Pierre Larrouturou les Banques centrales (BCE, FRB) accordent des prêts extrêmement avantageux aux banques (parfois 0,01%...) alors que certains Etats en difficulté doivent payer des taux 600 fois plus élevés. « Etre gouverné par l'argent organisé est aussi dangereux que par le crime organisé » ironisait déjà F. D. Roosevelt.

Ce sont les politiques ultra libérales qui ont mis en œuvre la dérégulation et permis le développement de l'optimisation fiscale et des paradis fiscaux. Ce sont des ressources gigantesques qui échappent ainsi aux Etats et provoquent les déséquilibres des finances publiques. Ces ressources qui s'évanouissent devront être compensées par des charges supplémentaires sur les entreprises et les ménages.

La question de la dette publique doit donc être replacée dans son contexte : coût de la crise bancaire supporté par les Etats, évasion fiscale des groupes internationaux.

Cette justification des coûts des services publics et des régimes sociaux ne doit pas conduire pour autant à la passivité.

D'abord une dette excessive paralyse l'action des pouvoirs publics. Il faut donc réduire cette dette, mais de façon équitable et en luttant contre l'évasion fiscale.

L'Etat, les collectivités locales, les services publics doivent être capables d'évaluer leurs résultats, de reconsidérer leurs missions, leurs moyens, leurs méthodes de fonctionnement. La tentation qui consiste à ajouter de nouvelles strates administratives ou de nouvelles fonctions sans vue d'ensemble, sans économie d'échelle est très dispendieuse. De même, la lourdeur et la lenteur des procédures nuit à la responsabilité, à l'initiative des acteurs et peut conduire à des décisions trop tardives, mal dimensionnées. Les méthodes et les expériences des entreprises pourraient être transposées avec utilité, à condition évidemment que la finalité de l'intérêt collectif soit toujours privilégié. Par ailleurs l'Etat doit, comme l'entreprise, réexaminer ses dépenses administratives ou sociales en fonction des impératifs écologiques.

Il faut repenser le rôle de l'Etat dans cette nouvelle économie participative et hybride que nous proposons.

Prenons l'exemple de la crise de 2008. Si l'Etat avait joué son rôle et si les citoyens avaient été mieux représentés, d'autres moyens de lutte auraient peut-être été imaginés.

L'origine de cette crise est venue des secteurs immobiliers et bancaires américains. La crise des subprimes a révélé que des sommes considérables étaient investies dans des bulles spéculatives (« économie de casino »), alors que les travailleurs avaient une situation de plus en plus précaire, parfois insolvable.

La crise résulte à la fois des politiques ultralibérales mises en œuvre et des prises de risques excessives prises par certains milieux professionnels. Les Etats du G20 ont voulu masquer cette double responsabilité et se sont abrités derrière le paravent de la « crise » (imprévisible par nature…). Le remède a donc consisté à sauver les banques par des appuis considérables des Etats et des crédits hyper-bonifiés des banques centrales, puis à répercuter ces montants gigantesques sur les Etats, donc sur les contribuables.

Si les citoyens avaient pu faire entendre leur voix d'autres solutions auraient sans doute été envisagées :

- les sociétés immobilières et les banques qui ont couru de tels risques par l'appât de gains exceptionnels, devraient honorer leur responsabilité, solder les comptes et être mises en faillite en cas de besoin, ce qui obligerait les dirigeants et les actionnaires à devenir plus réalistes et moins gourmands. L'argument « too big to fall » a conduit à une impunité totale, que le bon sens a traduit par « les profits sont privés, les pertes sont publiques ».
- les agences de notation qui ont accordé des notes excellentes à ces entreprises ou ces produits devraient aussi être sanctionnées, de même que les commissaires aux comptes et les sociétés d'audit.
- les individus qui ont commis des actes délictueux devraient être présentés devant les tribunaux.
- les fonds spéculatifs (hedge funds) devraient être contrôlés et sanctionnés de la même façon.
- les paradis fiscaux qui abritent une part considérable des capitaux et notamment de l'argent sale devraient être fermés.

Des mesures aussi radicales mais justifiées impliqueraient que :

- les épargnants soient protégés des abus bancaires, les dépôts devraient faire l'objet d'une véritable garantie à l'échelon national ou international (les fonds de garantie actuels ne sont qu'une timide avancée) afin que les responsables soient sanctionnés et non les épargnants ou les contribuables.
- le personnel des banques, les épargnants, les associations locales, les pouvoirs publics devraient disposer d'un véritable pouvoir de contrôle au

sein des banques pour surveiller les orientations, les décisions stratégiques, les rémunérations etc.

Equilibrer le pouvoir des actionnaires et des dirigeants par le contre-pouvoir des salariés, des épargnants, des collectivités locales et autres intervenants économiques serait une façon de « socialiser le capitalisme » selon l'expression de Peter Drucker, c'est-à-dire de le rendre responsable vis-à-vis de la société. L'expérience montre que les salariés présents au sein d'un CA sont généralement plus stables à leur poste et plus vigilants sur l'avenir de leur établissement que ne le sont les actionnaires.

Si l'on considère que l'intérêt général du pays doit prévaloir sur les intérêts particuliers, le rôle de l'Etat est d'abord d'élaborer une stratégie de développement. C'est une façon de donner un sens à la démocratie.

Les élections ne serviraient plus seulement à élire les représentants du peuple. Elles deviendraient l'occasion d'un vaste débat sur les enjeux, les priorités, les perspectives du pays. L'Etat dispose déjà de nombreux rapports, études dans de multiples domaines. L'Etat peut ainsi offrir un lieu de réflexion entre les forces vives de la nation (fonctionnaires, chercheurs, entrepreneurs, syndicalistes, usagers etc.). Cette préparation des dossiers, cette concertation nationale peuvent alors déboucher sur la définition de grands choix à l'occasion des élections. Il est curieux de constater que les forces conservatrices récusent toute forme de stratégie ou de planification et leur préfèrent le strict jeu aléatoire et fluctuant des marchés, alors même que les multinationales élaborent bien des stratégies de développement, définies dans le temps et déclinées par produit et par pays. Il s'agit d'un véritable aveu sur l'endroit où se trouve le vrai pouvoir de décision…

Un débat sur les grandes orientations du pays redonnerait du sens et du contenu à la vie démocratique qui ne se limiterait plus à l'élection d'individus (avec des débats souvent subjectifs, superficiels qui s'apparentent au marketing), mais porterait sur des orientations de fond concernant toute une population. Par ailleurs, les différentes politiques de l'Etat prendraient alors un sens, une cohérence, avec ce que cela implique d'adhésion, mais aussi d'efforts à fournir par chacun.

C'est une façon de redonner sens au Contrat Social. Force est de constater que l'opinion publique se lasse de plus en plus de la vie politique « représentative », se détourne de ses élus mais montre simultanément un réel appétit pour les débats de société ou les débats économiques.

Alain Touraine suggère que l'élection présidentielle soit précédée d'une période de débats entre les partis, les candidats et la population pour élaborer des programmes stratégiques et les comparer[1]. Ce serait un premier pas.

Le pari démocratique est de faire confiance aux citoyens et de penser qu'ils s'intéresseront davantage à la transition énergétique, aux délocalisations, à la biodiversité, à l'égalité homme-femme, à la politique de la ville, à la sécurité etc. qu'à l'élection de Monsieur X. Ce type de débat peut se conduire à tous les niveaux, local, régional, national, international. Le tout est d'associer suffisamment de participants de tous horizons afin que ces débats ne se limitent pas aux seuls initiés.

Les ultra-libéraux sont opposés à ce rôle central de l'Etat et considèrent que les actions sociales et économiques de l'Etat devraient être confiées soit à des organisations caritatives (« charities » de R. Reagan), ou au secteur privé (fonds de pension gérant les retraites capitalisées, au gré des aléas boursiers). Mais surtout ils considèrent que le marché est le seul lieu de décision et d'équilibre.

Or, un consommateur qui achète tel produit le fait en fonction de critères psychologiques personnels (urgence, rationalité, humeur etc.) mais aussi en fonction de contingences (proximité du magasin, publicité, mode, marques, informations partielles et asymétriques etc.). Son choix est donc limité, subordonné. Ce choix contingent a-t-il la même valeur qu'un débat démocratique dans lequel des arguments contradictoires sont présentés par des spécialistes, des usagers, sur des sujets majeurs ? Sur un marché c'est le plus puissant (finances, réseau, médias, publicité etc.) qui l'emporte. Dans un débat, c'est le mieux argumenté, le plus convaincant. En outre, le marché réduit la démocratie économique à un scrutin « censitaire » puisque le consommateur riche qui consomme dix fois plus qu'un consommateur moyen ou cent fois plus qu'un pauvre dispose donc de fait de 10 ou 100 voix sur le marché…

Ainsi les grandes orientations d'un pays ne sauraient être confiées aux puissants dominant les marchés ni au seul appareil d'Etat. Elles devraient relever d'une concertation avec les citoyens.

L'organisation de ces débats, au niveau approprié, avec la participation d'experts, de chercheurs, de fonctionnaires, d'usagers, d'entrepreneurs etc. pourrait porter sur les sujets essentiels.

- La recherche fondamentale et appliquée est évidement la clef de notre avenir. Or les investissements en Recherche et Développement représentent

[1] Cf. Le Monde 28/10/14.

seulement 2,1% du PIB en France, contre 2,7% en Allemagne ou aux Etats-Unis et plus de 3,5% au Japon, en Suède ou en Finlande (source OCDE). Si la France a une industrie dépassée cela réside notamment dans le manque chronique d'investissements dans ce secteur. Si la France laisse chaque année entre 20 et 30% de personnes non qualifiées et présente un niveau si élevé de chômeurs cela résulte probablement de l'insuffisance de la formation. Lorsque la Suède a réformé l'Etat, dans les années 1990, une partie des économies a été dirigée vers l'investissement social, la formation, l'innovation et la recherche[1]. Un tel effort impliquerait de revoir les liens entre les instituts de recherche, l'université, les entreprises, les centres de formation professionnelle mais aussi les citoyens.

- Les priorités retenues par la société exigent des débats entre les bénéficiaires, les professionnels, les experts, les financiers etc. concernant la santé, l'éducation, le logement, les transports, l'eau, les énergies, l'agriculture.
- Les biens de consommation doivent être innovants, séduisants, mais aussi plus durables, plus économes.
- La fiscalité doit être efficace, compréhensible mais aussi équitable entre les types d'entreprise. La lutte contre les tricheries comptables et l'optimisation fiscale exige des expertises mais aussi des décisions difficiles et internationales.
- La promotion des entreprises et notamment des nouvelles formes d'entreprenariat (coopératives, SCOP, SCIC etc.) impose une vision à long terme.
- La transition énergétique, la réorganisation des circuits de production et de consommation pour favoriser l'économie de proximité, impliquent une compréhension, une participation des populations car des efforts seront peut-être nécessaires dans l'immédiat[2].

Ces débats seraient la source des grandes orientations économiques du pays, le fondement des grands investissements. Dès à présent 15% des investissements sont réalisés par la puissance publique dans des secteurs aussi essentiels que la santé, l'éducation, l'énergie ou les transports. Le choix de ces investissements devrait exiger une consultation des populations, de même que des outils d'analyse plus approfondis (environnementaux, sociaux, économiques, financiers) et des études ex post pour en tirer les résultats et les enseignements[3].

De nouveaux instruments existent pour évaluer l'utilité et la valeur des grands investissements. L'administration du président Obama semble en faire bon usage (« Value Engineering »). Or ces méthodes reposent sur la

---

[1] Cf. Bruno Palier, Directeur du CNRS à Sciences Po.
[2] Cf. « L'urgence industrielle ! » de Gabriel Colletis.
[3] Cf. Travaux de Marcel Boiteux en 1994.

participation des citoyens ou des clients et mettent en cause les hiérarchies centralisées, le goût du secret, les contrôles tatillons, les rivalités entre services…. (cf. 3,1. « Le ressort : l'initiative », « Un citoyen participatif » et l'apport de J. Dewey).

Enfin l'Etat devrait jouer un rôle plus actif dans le renouveau de la vie économique et des libertés publiques.

Est-il normal que les grandes agences de notation qui évaluent les Etats, les régions, les entreprises etc. soient entre les mains de groupes privés aux intérêts opaques ? La fonction d'évaluation est utile à condition d'être conduite par des experts indépendants.

Il est choquant que la liberté d'opinion et la liberté de la presse, fondements de la démocratie, soient aujourd'hui confisquées par une « industrie médiatique » là encore aux mains de grands groupes industriels et financiers qui ne recherchent pas la pluralité des points de vue mais imposent leur idéologie. Le « bourrage de crâne » durant la guerre de 1914-18 et les guerres coloniales, la lâcheté vis-à-vis du fascisme et le conditionnement permanent de notre époque, constituent des atteintes à la démocratie. Il faut redonner l'indépendance et la pluralité à la fonction médiatique.

Il est décevant que les universités s'alignent sur la pensée dominante (« mainstream ») et consacrent l'essentiel de leurs disciplines et de leurs cours à la doctrine néo-classique et à ses applications techniques, mathématiques, en négligeant les travaux critiques et novateurs. Ce rétrécissement de la pensée n'est pas le fruit du hasard.

Un Etat moderne est un Etat qui vit en osmose avec les citoyens, qui ouvre les débats et invite aux vocations. C'est un Etat qui lance les grandes orientations politiques et économiques, qui joue un rôle d'arbitre et de régulateur vis-à-vis du marché, qui revivifie les libertés publiques.

Pour autant, un tel Etat doit-il s'occuper de tout ? L'Etat doit-il être un chef d'orchestre vigilant, stimulant ou doit-il devenir le gestionnaire de notre vie ?

La réforme de l'Etat existe depuis que l'Etat existe. Après la Seconde Guerre mondiale, le Conseiller Racine avait distingué l'administration de mission (stratégie, études, innovations) et l'administration de gestion.

Face à la lourdeur de l'Etat, la réforme de la décentralisation était inspirée par une noble volonté : rapprocher l'Etat du citoyen. Mais la superposition de niveaux politiques et administratifs constitue t'elle la solution ?

Avec plus de 36.000 communes, les cantons, les départements et les régions, la France est un pays « sur-administré ». La multiplication des échelons et des responsables ne conduit pas forcément à un renforcement du dispositif mais bien souvent à sa dissolution et à des conflits de compétence (sécurité, routes, écoles etc.).

La réduction des dépenses publiques par voie arbitraire (non remplacement des départs à la retraite ou gel des crédits) peut donner des résultats absurdes. En revanche, il paraît indispensable de reconsidérer les moyens de l'Etat en privilégiant ses fonctions de coordination, d'impulsion, au détriment des fonctions de gestion qui peuvent être confiées à des agences ou d'autres organismes déconcentrés. De même, il parait indispensable d'éviter les empilements, les doublons et de mieux répartir les missions entre l'Europe, l'Etat, les régions et les communes. Les départements ont moins de raison d'être dans le cadre européen face aux régions allemandes, espagnoles ou italiennes.

Le statut des fonctionnaires pourrait aussi être reconsidéré dans le sens de la souplesse afin de permettre plus de mouvement avec le reste de la société. Tel ou tel professionnel pourrait devenir, s'il en a la compétence, enseignant ou chercheur. Tel ou tel fonctionnaire pourrait de même, devenir responsable d'ONG ou d'entreprise.

L'Etat ne doit plus être une citadelle, une tour d'ivoire, héritages de la royauté. L'Etat remplit des missions essentielles, il doit le faire en harmonie, en association avec la population. Toutefois, le statut doit protéger les fonctionnaires de toute pression politique, religieuse, financière etc.

Dès à présent, des mouvements, des expériences vont dans ce sens. Des citoyens veulent se faire entendre face au marché, face à l'Etat.

Nous nous trouvons au cœur de la contradiction du système. Le pouvoir oligarchique contrôle et détourne le fonctionnement du marché, il investit et colonise l'Etat et l'administration. Le rôle de l'argent devient essentiel dans les élections, la corruption s'étend. Le citoyen se sent inutile et se désintéresse du jeu politique. La démocratie est dévoyée et l'oligarchie a les mains libres (un sondage réalisé aux Etats-Unis nous apprend que 95% des sondés considèrent que l'argent a trop d'influence dans la vie politique, mais 91% d'entre eux pensent qu'il n'y a rien à faire…). La solution à cette crise démocratique nous paraît être plus de participation des citoyens au fonctionnement des pouvoirs publics.

Or comme nous l'avons vu, bien des consommateurs responsables, des citoyens participatifs ont lancé des idées, des expériences pour se faire entendre.

Ce sont tous ces courants d'économie du partage, de la fonctionnalité, du social business, des liens directs (Amap), de soutien aux producteurs des pays pauvres (commerce équitable) etc.

Ce sont des salariés qui refusent la liquidation de leur entreprise et créent une SCOP. Ce sont ces habitants du pays de Redon en Bretagne qui se regroupent, conçoivent et financent un projet de parc éolien (en Allemagne l'essentiel de ces éoliennes est financé par des particuliers).

Ce sont ces clubs d'investisseurs qui militent pour une gestion alternative et locale de l'épargne solidaire (CIGALES).

De même, l'association de l'Etat et des citoyens peut-être novatrice en matière de politique de la ville. Plutôt que de laisser l'urbanisation aux mains de groupes immobiliers puissants imposant souvent leurs vues aux administrations, on peut imaginer une nouvelle « gouvernance ». Les « sociétés coopératrices d'intérêt collectif » (SCIC) permettent un partenariat public-privé regroupant des collectivités locales, des acteurs économiques, des associations et des usagers afin d'élaborer un projet d'utilité sociale[1].

De façon plus générale, les appels se multiplient dans le monde pour une réelle participation des citoyens aux grandes décisions.

Les fameux « lanceurs d'alerte » ont joué un rôle précurseur et ont relevé les dérives, les abus, parfois les crimes de leur propre pays (guerre du Viêtnam, Irak, Wikileaks, NSA etc.) Ils ont été dénoncés, pourchassés mais aujourd'hui ils sont de plus en plus soutenus par l'opinion publique et la « Fondation Courage » vient d'être créée à Oxford pour leur venir en aide.

C'est aux Etats-Unis le 17 septembre 2011 qu'est né un mouvement d'opposition au capitalisme financier « Occupy Wall Street », mouvement largement issu des jeunes cadres du secteur financier ou d'étudiants. Or ces jeunes « occupants » nourris du système capitaliste font le constat, dans leur activité professionnelle comme dans leur vie de citoyen, que des individus privilégiés s'octroient des salaires, des dividendes, des parachutes dorés, qui sont sans commune mesure avec les services réels qu'ils rendent à

[1] A titre d'exemple, le Centre Ressource du Développement Durable (CERDD) Nord-Pas de Calais a proposé quelques principes pour des villes durables :
- circuits courts, liens directs producteurs-consommateurs afin d'optimiser et de réduire les déplacements
- économie de matières et de fluides par l'analyse des cycles de vie des matériaux, le recyclage, le réemploi
- co-élaboration des activités entre autorités et usagers
- créativité, par une participation des acteurs économiques et sociaux et adaptabilité des équipements en fonction de l'évolution des besoins
- responsabilisation de tous les acteurs dans les choix retenus.

l'économie. Ils accaparent ainsi bien plus qu'ils n'apportent, à l'image de la noblesse et du clergé d'ancien régime. Il convient donc de lutter contre ces « groupes extractifs », ces prédateurs, qui en s'enrichissant ruinent les autres.

Ces jeunes ne sont pas seulement révoltés par le spectacle de « psychopathes asociaux » qui abusent des libertés du marché, ils cherchent à imaginer d'autres voies. Contre le « shadow banking », ils inventent l' « alternative banking », des banques à but non lucratif qui appartiennent collectivement à leurs clients et qui peuvent offrir des services aux plus démunis. Ils soutiendront la loi Dodd-Franck qui permet de renforcer le contrôle des autorités sur le système financier. Ils contesteront l'arrêt de la Cour suprême rendu en 2010 autorisant les entreprises à financer sans limites les campagnes électorales...[1]

Le juriste américain, Lawrence Lessig, condamne le financement de la vie politique par des groupes privés qui décident en fait des sujets à débattre et des solutions à privilégier. Il exige un financement public des campagnes électorales et organise une marche populaire.

Un collectif français « Roosevelt 2012 » animé par Pierre Larrouturou, Michel Rocard, Stéphane Hessel, Edgar Morin rappelle les grandes lignes du New Deal face à la crise de 1929 [2]. Ces mesures radicales et courageuses permirent de rétablir la situation économique et sociale. En creux, ce programme souligne la faiblesse des mesures prises par les gouvernements nationaux, l'Union Européenne et le G20 face à la crise de 2008 : la seule mesure véritablement importante a été l'aide massive accordée aux banques puis en corrélation l'augmentation de la dette des Etats et les mesures de restriction budgétaire...

Le réalisateur américain du film « Inside Job », Charles Ferguson a écrit un ouvrage « L'Amérique des prédateurs » dans lequel il révèle les affaires douteuses au sein de l' « establishment » (fraudes sur titre, fraudes comptables, corruption, fausses déclarations etc.). En conclusion, il constate que cette oligarchie n'a nullement été sanctionnée...

---

[1] Cf. Martin Greif « Occupy Wall Street ! », Les Arènes.

[2] Contrôle de l'activité des banques, séparation des activités de crédit et de marché, supervision des opérations de bourse (Glass-Steagall Act, Emergeney Banking Act, Securities Act), vaste programme de travaux publics (Tennessee Valley Authority, National Industrial Recovery Act), fiscalité alourdie sur les hauts revenus, création d'emplois publics pour les jeunes (500.000 en 2 ans), semaine de 35 heures, interdiction du travail des enfants, salaire minimum (Social Security Act), suspension de la convertibilité du dollar en or et dévaluation de 40%.

La criminalité organisée a pris une importance considérable avec le rôle grandissant des paradis fiscaux et le concours des grandes banques internationales. La seule fraude fiscale est évaluée entre 60 et 80 milliards d'euros en France (Office Central de lutte contre les infractions financières et fiscales, OCLCIFF) et 1.000 milliards d'euros en Europe (Commission Européenne).

Le mouvement Tax Justice Network révèle que c'est la pression de l'opinion publique (articles, manifestations etc.) qui a conduit les pays du G20 à prendre enfin les premières mesures contre les paradis fiscaux : loi Fatca aux Etats-Unis, directive épargne en Europe (cf. « Les Paradis fiscaux », Nicholas Shaxson, André Versaille éditeur, 2012).

Même les organisations internationales (FMI et BIRD) prennent conscience dans leur « Rapport 2014 » que la prééminence des marchés et les politiques ultra-libérales sont porteuses de risques. La persistance de la crise économique, l'importance du chômage mondial, l'accroissement des inégalités sociales, les risques environnementaux majeurs doivent conduire à redonner plus de pouvoir à l'Etat pour mieux contrôler les marchés, corriger les injustices, réduire le risque environnemental. L'Etat doit être à la fois stratège, mais aussi pompier, policier, assistant social, médecin, banquier ; pour cela il a besoin d'argent et il ne faut pas hésiter à taxer les classes sociales les plus aisées…

Une étude du FMI de juin 2015 sur « les causes et les conséquences des inégalités » constate que la forte concentration des richesses nuit à la croissance globale de l'économie et cette étude conteste même la fameuse théorie capitaliste du « ruissellement » (trickle down) !

Ces institutions commenceraient-elles à prendre au sérieux les alertes du GIEC, de S. Hessel, de P. Krugman, de J. Stiglitz, de Th. Piketty ou des mouvements d'étudiants exigeant de renouveler la pensée économique (Canada, Harvard, Appel international pour le pluralisme) ?

Tous ces courants de pensée montrent que c'est la puissance de l'oligarchie qui entraîne la faiblesse de l'Etat.

C'est la démocratie qui se trouve menacée. Menacée par un pouvoir économique envahissant et globalisant. Menacée aussi de l'intérieur par une population qui se lasse de jeux stériles, éloignés du monde réel.

Or la démocratie n'est pas un idéal statique, elle est dynamique, dialectique.

Soit elle meurt de ces contradictions, soumise à des intérêts oligarchiques, abandonnée par sa population.

Soit elle s'ouvre, elle permet de nouvelles conquêtes aux citoyens. Ceux-ci s'investissent dans la régulation du marché, dans la prise de décision des pouvoirs publics.

De nouveaux sujets peuvent être abordés avec la comptabilité globale, la nouvelle économie, les nouvelles formes d'entreprises participatives, les nouveaux produits, la transition énergétique, les biens communs etc.

L'Etat, ne doit pas être limité à ses fonctions régaliennes, ni enfermé dans une gestion pesante. Il doit retrouver la légitimité et la vitalité pour organiser les débats et imposer l'intérêt général face aux multinationales.

La véritable réforme de l'Etat repose sur la participation des citoyens. L'extraordinaire réseau d'associations et l'étonnante somme de travail de tous ces bénévoles montre que la démocratie participative existe déjà, notamment au niveau local (environnement, solidarité, transports, jeunesse, éducation, culture, loisirs, sports etc.).

La participation des usagers et des citoyens aux débats locaux, régionaux, nationaux doit permettre d'enrichir les termes de la discussion et une responsabilisation.

Les plus motivés, les plus capables poursuivront le débat à un niveau supérieur. Cela permettra un véritable enrichissement, un renouvellement du personnel politique sur des bases plus larges, sur des sujets plus importants. Il n'est pas souhaitable que les élus du peuple deviennent des professionnels. Ils se coupent alors des réalités du pays, limitent la vie politique aux périodes électorales et construisent une carrière en fonction d'objectifs personnels. La démocratie exige de vrais débats et repose sur la participation des citoyens. Tout citoyen est un homme politique.

L'oligarchie et le pouvoir médiatique à sa disposition prétendent mettre en œuvre une « économie moderne » et conduisent des « réformes » qui vont toujours dans le sens de leurs intérêts.

Pour nous, le modernisme c'est élaborer une conception globale de l'économie dans son cadre social et environnemental. Le modernisme, c'est donner le pouvoir aux citoyens et mettre l'économie au service des populations.

Seul un Etat ainsi vivifié, irrigué par la participation des citoyens, aurait assez de force pour résister à l'oligarchie et imposer l'intérêt général.

La « crise démocratique » que nous vivons et qui résulte largement de la domination de la société marchande ne peut trouver de solution que dans plus de démocratie.

*

Une Europe en mouvement.

A bien des titres l'Europe est un mythe.

L'Europe est née de la civilisation gréco-romaine. La puissance occidentale est née de l'Europe. Le mythe de l'Europe réside dans cette longue histoire de l'homme vers le progrès : la Renaissance, la découverte du monde, les Lumières, les révolutions et les droits de l'homme, la démocratie, les révolutions technologiques et économiques, le libéralisme, le socialisme, l'internationalisme.

Mais l'Europe, c'est aussi la conquête des marchés, les colonisations, l'esclavage, l'oppression culturelle, l'impérialisme, les guerres coloniales. L'Europe a donné naissance aux nationalismes, racismes, fascismes qui ont débouché sur deux guerres mondiales.

Ce mythe a donc le visage de Janus.

Si Montesquieu considérait déjà que l'Europe était un Etat composé de provinces, si Victor Hugo annonçait les Etats-Unis d'Europe, le général de Gaulle se gaussait de l'illusion que puisse un jour exister une nation européenne…

La responsabilité historique de l'Europe est immense et pourtant son héritage est reconnu dans le monde entier.

L'écrivain afro-américain Richard Wright décida d'assister en 1955 à la Conférence de Bandung (Indonésie) réunissant les anciens pays colonisés. Il fut surpris de constater que les dirigeants s'opposaient à l'impérialisme des pays européens (Grande-Bretagne, France, Espagne, Portugal, Allemagne, Pays-Bas etc.) tout en s'inspirant de l'esprit des Lumières et de la modernité européenne…[1] De même, Frantz Fanon écrivit ce puissant brûlot anti-

[1] Cf. Dipesh Chakrabarty « Provincialiser l'Europe », 2009.

impérialiste « Les Damnés de la terre » (1961) qui est aussi un hymne à la pensée des Lumières.

L'Europe moderne présente toujours ce double visage. Elle a su constituer une union sur les décombres de la guerre. Elle a su forger une politique de coopération avec les pays du sud, là encore sur les débris des guerres coloniales. Elle s'est efforcée de «civiliser » le capitalisme par un modèle social-démocrate. Elle apparait souvent comme un « bon élève » dans le soutien de l'ONU pour circonscrire les crises nationalistes et religieuses ou pour lutter contre le réchauffement climatique.

Dans le même temps, l'Europe est souvent présentée, sous la forme d'une population vieillissante, repliée sur elle-même, enfermée dans un bastion, gouvernée de façon bureaucratique et reprenant sans imagination le modèle économique libéral.

L'histoire de la construction européenne reflète cette ambivalence.

La social-démocratie est née en Europe des mouvements sociaux du XIXe siècle et notamment de la pensée d'Eduard Bernstein qui voulait faire l'économie de la révolution prolétarienne. Ses idées furent reprises en Angleterre (fabianisme, trade-unions), en Allemagne, en Autriche et surtout en Scandinavie par une forme de tripartisme de gouvernement (Etat, syndicats de travailleurs, associations d'employeurs). Cette social-démocratie a constitué une référence, un modèle de civilisation mais elle n'a pas pu s'imposer à l'échelle européenne, pas plus que le socialisme à la française ou que le communisme italien à « visage humain » (Gramsci).

Jaurès voulut éviter la Première Guerre mondiale. Le traité Briand-Stresemann (Prix Nobel de la paix en 1926) aurait pu éviter la seconde, si la construction européenne fédérale avait été amorcée. Les esprits n'étaient pas prêts, pas plus que les intérêts économiques.

Dans la réalité, l'Europe s'est faite sur la base d'un marché.

A l'occasion du vote du traité de Rome le 25 mars 1957, créant la Communauté Economique Européenne (CEE), des esprits clairvoyants comme Pierre Mendès-France ou Maurice Duverger émirent la crainte qu'un grand marché européen favorise le « dumping social », profite avant tout aux entreprises multinationales et se fasse au détriment des travailleurs. Seule une fédération politique aurait permis de contrôler ce grand marché.

Le chercheur Robert Salais a soigneusement reconstitué les étapes de cette construction européenne. Bien souvent des propositions fédérales et démocratiques ont été présentées : congrès des mouvements européens à La

Haye en 1948, projet de communauté politique européenne de 1952, rapport Werner de 1970, proposition Spinelli de 1984 etc. mais elles n'ont jamais abouti.

Dans le rapport Spaak (1956), qui devait servir de base au traité de Rome (1957) la cause était entendue : l'objectif d'ouverture et de libéralisation des marchés (notamment financiers) devrait l'emporter sur celui d'une union politique, quant à l'Europe sociale elle était oubliée[1].

L'alliance des forces du marché et des gouvernements nationaux a empêché la construction d'une Europe fédérale novatrice. Cette combinaison a débouché sur une construction politique complexe et faible qui laisse le pouvoir aux grands intérêts économiques.

L'organisation européenne traduit bien cette complexité et comprend le Conseil européen (réunion des chefs d'Etat et de gouvernement pour donner l'impulsion, fixer la direction), la Commission européenne (administration plus fédérative, représente l'intérêt européen et initie les lois), le Conseil de l'Union européenne (ex Conseil des Ministres, examine les textes de lois de la Commission et se prononce à la majorité qualifiée), enfin le Parlement européen (élu au suffrage universel depuis 1979 et composé sur une base politique et non sur une base nationale, amende et vote les lois européennes ainsi que le budget de l'Union). Le processus de décision est nécessairement complexe entre la représentation des courants politiques qui tentent de se regrouper au niveau européen (Parlement), la Commission qui se trouve au cœur de l'exécutif européen et les intérêts des Etats qui s'expriment dans les deux Conseils.

L'oligarchie internationale a bien compris le parti qu'elle pouvait tirer de cette organisation facile à infiltrer. Ainsi Bruxelles est devenue le siège d'un lobbying exacerbé, environ 1.000 lobbies dans les années 1980 et aujourd'hui entre 10.000 et 15.000… dont les trois quarts sont aux services d'intérêts commerciaux. A l'image de ce qui s'est passé aux Etats-Unis, les lobbies européens interviennent de façon opaque, à toutes les étapes des décisions, et font intervenir des chercheurs, des experts, des cabinets soi-disant indépendants, puis des avocats pour formuler des amendements aux textes de lois. Ainsi de grands groupes industriels ont créé la « Table Ronde Européenne » pour infiltrer l'administration européenne et influencer la Commission. De même, à la suite de la crise de 2008, les « Amis de l'Europe » ont désigné un collège d'experts financiers pour proposer des solutions : la majorité de ces experts venaient du monde bancaire et ont suggéré une aide massive aux banques pour sortir de la crise… Des

[1] Cf. Robert Salais « Le Viol d'Europe - Enquête sur la disparition d'une idée », PUF, 2013.

initiatives souhaitables peuvent aussi être transformées, retournées dans leurs modalités d'exécution[1].

L'objectif de cette oligarchie est de faire converger les politiques publiques vers ses intérêts propres, dans une sorte de congruence mondialisée.

La technocratie au sommet a pour miroir le populisme à la base. Cela vaut pour les Etats et davantage encore pour l'Europe, réceptacle de tous nos maux.

Les peuples ne s'identifient pas à des structures impersonnelles et complexes. Seul le Parlement est issu des urnes mais les élections sont rarement l'occasion de poser les enjeux européens.

L'Europe est accusée de s'occuper de tout (règlementations locales) mais d'oublier l'essentiel (la croissance, le chômage). Les gouvernements nationaux font souvent preuve de duplicité, en laissant prospérer des critiques, comme s'ils n'avaient pas participé aux prises de décision.

L'euro avait été conçu pour unifier le marché et favoriser les échanges. Toutefois, les Etats n'ont guère respecté les critères de Maastricht (déficits publics, dette) et l'Europe n'a pas échappé à la crise de 2008. Avec le recul, une prise de conscience apparaît. Une monnaie unique implique un fédéralisme politique, des mesures budgétaires, fiscales, sociales convergentes. Une solidarité qui permette de rapprocher et d'unifier à terme des économies nationales aujourd'hui divergentes. Ce qui s'est réalisé avec le Zollverein sera beaucoup plus long et plus complexe à l'échelle européenne.

De façon plus globale l'Union européenne paraît livrée aux grands intérêts privés internationaux. Une mission parlementaire française a remis un rapport sur les paradis fiscaux, fin 2012. Le manque à gagner pour les finances publiques serait de 60 à 80 milliards d'euros par an pour la France et au moins 1.000 milliards pour l'ensemble de l'Union européenne. Le constat est connu et réévalué fréquemment. Mais que fait l'Europe (au sens large), alors même qu'elle abrite certains paradis fiscaux ? Faut-il s'étonner que Jersey soit le premier exportateur de bananes dans le monde et que Genève soit le premier exportateur de pétrole ? Sans omettre Monaco ou Luxembourg (les « tax rulings », accords fiscaux secrets avec plus de 300 multinationales, dévoilés par un lanceur d'alerte).

L'actualité aiguise ces soupçons. Un Accord multinational sur les investissements (AMI) avait été bloqué en 1998, à l'initiative de Lionel

---

[1] Cf. Thèse de sciences politiques de Mathieu Lietaert.

Jospin, car cet accord permettait aux multinationales de contester les décisions des Etats devant les tribunaux. Aujourd'hui, la Commission européenne et le gouvernement américain négocient avec discrétion un Accord de partenariat transatlantique de commerce et d'investissement (APT) afin de créer un marché de plus de 800 millions de consommateurs. L'inconvénient majeur est que cet accord est dicté par les multinationales qui exigent que les « obstacles non tarifaires » soient remis en cause. C'est toute une conception de l'économie : principe de précaution pour le consommateur, prévention du risque de toxicité, goûts locaux (pasteurisation, fermentation), cultures régionales (notion de terroir, produits d'origine, appellation contrôlée), niveau de libertés (intrusion du numérique dans la vie privée) etc. qui serait sacrifiée au profit d'un marché uniforme.

Cet accord risque de faire la part belle aux multinationales : contestation de décisions nationales par des juridictions spéciales, développement des OPA hostiles, remise en causes du règlement Reach en matière environnementale car il n'existe pas aux Etats-Unis etc.

Les observateurs relèvent souvent le retard de l'Europe face aux Etats-Unis. Certes les Etats-Unis présentent l'avantage de constituer un Etat disposant d'un marché unifié. En outre l'effort de recherche-développement et d'investissement est plus élevé qu'en Europe. Enfin, cette confiance dans l'avenir conduit les Américains à privilégier la naissance et le développement des entreprises plutôt que la protection des anciens champions.

Pourtant les critiques à l'égard de l'Union européenne méritent d'être nuancées.

Contrairement à ce qui est souvent proclamé le budget de l'Union européenne est relativement faible par rapport aux dépenses publiques globales : 2%, contre 37% pour les dépenses fédérales canadiennes ou 63% pour les américaines. Ce budget européen est limité à quelques grands postes.

La Politique Agricole Commune a été exigée par la France et a été mise en œuvre depuis 1962. L'objectif était de rendre l'agriculture plus moderne et plus productiviste. Rapidement les besoins européens ont été satisfaits et il a fallu exporter. Les coûts européens étant trop élevés il a fallu subventionner ces exportations qui ont parfois détruit les agricultures de pays pauvres… Cette politique contradictoire est à reconsidérer d'un point de vue social et environnemental.

Le Fonds européen de développement régional (1974), en liaison avec la Banque Européenne d'Investissement (BEI), a facilité l'intégration de nouveaux pays comme l'Espagne, le Portugal, l'Irlande et aujourd'hui les pays de l'Europe de l'Est.

Enfin le soutien à la recherche européenne et l'aide au développement des pays du sud (Fonds européens de développement – FED et BEI) constituent les deux autres axes budgétaires.

L'Europe joue aussi un rôle important dans le contrôle de la concurrence au sein de l'Union, dans la liberté de circulation des citoyens (accords de Schengen), dans les échanges universitaires (programme Erasmus) et dans le respect des normes environnementales (Reach).

L'Union européenne enregistre aussi quelques succès.

Un courageux commissaire européen (d'origine estonienne) est parvenu à réaliser, après trois ans de travail acharné, un simple inventaire des lobbies présents auprès des institutions européennes. Début de transparence ?

Des réformes sont en cours d'élaboration pour lutter contre les mauvaises pratiques à l'origine de la crise de 2008. Renforcement des banques (fonds propres) et tests de résistance. Union bancaire comportant une assurance pour les dépôts des particuliers et un schéma de sortie de crise. La BCE a fait preuve de réactivité face à la crise de l'euro et son rôle de surveillance des banques serait renforcé. Marchés mieux contrôlés. Lutte contre les « dark pools » : ces plate-formes de l'ombre qui représentent plus de 40% des transactions globales. Identification et réduction de « l'optimisation fiscale ». Renforcement des chambres de compensation qui permettent de mieux suivre les ordres de marché. L'Autorité européenne des marchés financiers a commencé à s'élever contre les agences de notation qui ont occulté les risques financiers des subprimes et qui sont souvent soumises à leurs clients.

Il faudrait aussi mettre à l'actif de l'Europe, le programme spatial (ESA) ou la création de l'EADS (Airbus) qui représentent des marqueurs pour l'avenir.

Le bilan de la construction européenne peut donc être évalué différemment selon la conjoncture ou selon le point de vue retenu.

Comment les penseurs voient-ils la place de l'Europe dans le monde de demain ?

Retrouvera-t-elle le « mythe européen », terre des cultures, des droits de l'homme, des innovations, des révolutions, nouvelle Grèce à l'échelle planétaire, ou déclinera-t-elle progressivement par vieillesse démographique et repli économique ? Ces réflexions constituent un écho aux débats qui traversent les opinions européennes.

L'un des chefs de file des néo-conservateurs américains, Robert Kagan, a publié la « Puissance et la faiblesse » (Plon), ouvrage dans lequel il oppose la philosophie kantienne de l'Europe, le respect du droit international, la méfiance à l'égard de la force et la puissance américaine qui privilégie les rapports de force, l'intervention dans les affaires des nations, selon la philosophie de Hobbes.

Certains écrivains français, André Glucksmann ou Pascal Bruckner, ont d'ailleurs soutenu l'intervention en Irak des Etats-Unis et brocardent l'angélisme français, la passivité européenne et l'expiation des années passées (de l'esclavage au nazisme). Pour s'affirmer l'Europe devrait s'opposer aux tyrannies : islamisme, Iran, autocratie russe etc. L'Europe ne devrait plus être Vénus mais Mars.

D'autres penseurs au contraire, comme Antonio Negri, théoricien de l'altermondialisme[1] mettent en garde contre ces luttes intestines entre les peuples et considèrent que le capitalisme est devenu un Empire. Cet Empire amorce un totalitarisme et menace l'ensemble de la planète. Il faut créer un contre-empire qui s'appuie sur la multitude à l'échelle mondiale.

La troisième voie est celle qui veut faire revivre le mythe européen. C'est un peu l'Europe des Lumières que loue Jürgen Habermas (« La constitution de l'Europe »), cette éthique européenne du débat et de l'entente, d'ailleurs reconnue dans le monde. Sloterdijk[2] considère que le monde traverse une crise de civilisation et que l'Europe ne doit pas se limiter à une coopération économique mais doit apporter une nouvelle idée du bonheur (chère à Saint-Just). Ainsi, une civilisation plus élevée fondée sur la culture, les sciences, les innovations, les solidarités, les liens sociaux s'opposerait au « fondamentalisme marchand » (expression de J. Stiglitz).

L'écrivain Ismail Kadaré rappelle que son pays, l'Albanie, a perdu l'Europe deux fois : au XVe siècle durant l'occupation ottomane, puis au XXe siècle, durant la période communiste. Cela donne une sensibilité particulière car si l'Europe est le continent qui a le plus « profité » de la planète, c'est aussi celui qui a le plus « donné ». En effet, les valeurs spirituelles (la philosophie, l'art, la littérature, la démocratie, la liberté d'expression) sont créées pour être diffusées, offertes aux autres.

Dans le même esprit, Edouard Glissant pense que le monde est engagé dans un processus de « créolisation », une éthique d'ouverture et de transformation, qui est à l'origine même de l'Europe.

---

[1] « Inventer le commun des hommes », Bayard, 2010.
[2] « Si l'Europe s'éveille », Mille et une Nuits.

C'est toute la philosophie de Kant, rationnelle, démocratique, cosmopolite et d'Edmund Husserl, fondateur de la phénoménologie, qui est reprise par des penseurs comme Jean-Marc Ferry ou Jorge Semprún. C'est ce dernier, écrivain espagnol, révolutionnaire, internationaliste, germanophone et emprisonné en Allemagne pendant la guerre qui a écrit cette phrase saisissante : « L'Europe est née à Buchenwald ».

La rationalité héritée des Grecs a ouvert la voie aux droits de l'homme, à la tolérance. C'est cette philosophie qui a permis de lutter contre « l'ordre nouveau » du nazisme ou « l'homme nouveau » du stalinisme et de faire de l'Europe un esprit sans frontières.

L'Europe a besoin d'un projet et d'une volonté.

Les pères fondateurs (Monnet, Schuman, Adenauer, De Gasperi puis Delors) paraissent oubliés et il ne reste plus que la réalité d'un marché.

Le fameux tandem franco-allemand a constitué le moteur pour progresser dans l'intégration : Traité de Maastricht, Euro et BCE, Accords de Schengen, Mécanisme européen de stabilité, Traité de Lisbonne, Pacte de stabilité et de croissance, Accord bancaire etc.

Mais ce tandem est accepté par défaut, il ne représente pas toute l'Europe dans sa diversité, il n'est pas l'expression des peuples (faut-il rappeler que le traité constitutionnel européen, TCE, a été rejeté par les peuples français et néerlandais, puis est réapparu en 2007 sous la forme du Traité de Lisbonne…).

L'histoire de l'Europe n'est pas écrite d'avance. **Plusieurs perspectives sont possibles.** Seuls un véritable débat et une consultation des peuples permettraient de progresser.

- Faut-il une Europe a minima, réduite à un marché unique, ne disposant pas d'une monnaie ni de véritables institutions centrales, comme le suggèrent le gouvernement britannique, certains mouvements dits populistes et de nombreux groupes privés internationaux ?
- Faut-il une Europe technocratique qui impose des règles de bonne gouvernance, supervise les Etats et permette une intégration progressive ?
- Faut-il une Europe souple qui facilite le rapprochement d'économies disparates ? L'idée du « bancor », proposée par Keynes lors de la conférence de Bretton Woods, était fondée sur une monnaie de compte commune, avec des parités variables selon les monnaies nationales. Ce système a fonctionné de 1950 à 1958 dans le cadre de l'Union européenne des Paiements (UEP). Dans ce système, le pays créditeur et le pays débiteur doivent coopérer pour remettre leur balance des paiements à l'équilibre et pour lutter contre les

capitaux spéculatifs. La crise de 1929 avait en effet montré que faire peser la charge du retour à l'équilibre sur le seul pays débiteur conduisait à une spirale d'austérité… Une telle formule souple et progressive pourrait réduire les contradictions nord-sud des pays européens et n'interdirait pas des actions communes. Dans le même esprit de souplesse on pourrait revenir à la forme du Système Monétaire Européen qui a prévalu de 1979 à 1993 pour faciliter le rapprochement des monnaies dans le cadre du « serpent »[1].

- Enfin, faut-il une Europe plus audacieuse, plus démocratique, une Europe fédérale ? Elle pourrait reposer sur un Parlement bicaméral composé d'une assemblée des peuples (parlementaires élus au prorata des populations, partis transeuropéens) et d'un sénat des pays (tout pays serait représenté quelle que soit son importance). La Commission exécutive serait composée en fonction des résultats des votes au Parlement (proposition de Felipe Gonzalez). Un tel pouvoir Parlement / Commission tirerait donc sa légitimité des urnes face aux gouvernements nationaux et aux marchés. Une telle unification politique devrait s'appuyer sur une démocratie participative, à tous les niveaux (cf. « l'initiative citoyenne européenne » comme mode de saisine des autorités sur des sujets importants). Ce que nous avons écrit de l'Etat ouvert vaut a fortiori pour l'Europe. Le citoyen ne peut se contenter d'élire des représentants à des échelons de plus en plus éloignés. Il doit participer aux prises de décisions, se former et s'investir.

Les missions principales de l'Europe devraient être conduites par ce pouvoir fédéral en liaison avec les Etats et les citoyens (associations, usagers, chercheurs etc.) :

- conception globale de grands investissements dans les secteurs de la recherche, de l'innovation, des énergies renouvelables, de la transition énergétique, des logements, des transports, de l'agriculture biologique etc.
- élaboration d'une politique étrangère commune et d'une défense européenne.
- régulation du système financier et bancaire, instruments de surveillance (BCE et agence européenne de notation), règles communes (dans le prolongement de Bâle III), protection des épargnants (fonds de garantie), rapprochement des fiscalités et éradication des maux qui ont provoqué la crise bancaire (produits dérivés, ventes à découvert, hedge funds, dark pools, shadow banking, évasion fiscale, paradis fiscaux etc.)
- élaboration d'un système social européen (salaires, couvertures sociales, retraites etc.) afin d'éviter le dumping social.

[1] Cf. réflexions sur ces différentes pistes, Mark Leonard « Quatre scénarios pour réinventer l'Europe » ; Robert Boyer « The Euro Crisis », 2013 ; Robert Salais « Le Viol d'Europe », PUF, 2013 et « Casser l'Euro pour sauver l'Europe » ; « Que faire de l'Europe », Collectifs, Les liens qui libèrent, 2014.

- révision de la PAC dans un sens plus écologique et plus diversifié selon les pays, en sachant que le potentiel agricole de l'Europe constituera un atout majeur face à une population mondiale qui s'accroît et devient plus exigeante.
- transition vers une économie hybride, élaboration d'une comptabilité globale en liaison avec les Etats, nouvelles formes d'entreprises démocratiques, nouveaux modes de production, nouveaux droits des consommateurs, associations entre producteurs, consommateurs, organismes régionaux etc.

Une Europe unifiée serait un grand pays composé d'une trentaine de nations et de 500 millions d'habitants, elle serait la première puissance économique mondiale (20% du PIB mondial), la première puissance commerciale (20% du commerce mondial), la 2ème puissance monétaire (25% des réserves de change mondiales), le premier donateur de l'aide publique au développement (APD).

Mais elle serait forte aussi de sa diversité : des cultures, des langues, des traditions, des universités, des paysages, des climats, des économies allant de l'agriculture traditionnelle à l'aéronautique, du petit artisanat à la multinationale. L'Europe dispose de toutes les infrastructures, de toutes les recherches et les compétences, de toutes les entreprises pour intervenir dans toutes les disciplines.

Ce potentiel européen aurait plus de chance de se révéler dans un cadre fédéral, alors même que la disparition de l'Europe livrerait des Etats affaiblis à une oligarchie mondiale dominante.

Or, si l'on prend un peu de recul sur les insuffisances de l'Europe actuelle, si l'on s'interroge sur la nation européenne, on constate que les choses bougent mais que les choses importantes ne se voient pas tout de suite.

Les Etats et les peuples européens se sont brassés depuis des siècles. L'empire des Habsbourg couvrait aussi bien Madrid que Budapest, Bruxelles que Prague, Vienne que Florence. Les Bourbons s'allièrent à des principautés italiennes, bavaroises, espagnoles ou polonaises. Les alliances se faisaient et se retournaient.

Dès qu'un Etat versait dans l'autoritarisme, nombre d'habitants fuyaient dans un pays voisin (juifs, huguenots, intellectuels etc.) Les marchands, les étudiants fondaient des corporations qui facilitaient les mouvements. Les banquiers (notamment lombards) créaient les outils pour permettre les transactions etc.

Le Concile de Constance en 1414 fut organisé sur la base d'une nation, une voix... Les nombreuses guerres débouchèrent sur de grands traités de paix (Westphalie en 1648, Vienne en 1815, Versailles en 1919) qui façonnèrent peu à peu la carte européenne.

Des Etats qui se sont battus pendant des siècles coopèrent aujourd'hui dans les mêmes institutions, pour les mêmes politiques, pour leurs peuples. Des pays aussi différents que Chypre ou la Lituanie, la Suède ou la Croatie participent à cet ensemble. Les accords de Schengen permettent la circulation et l'installation des citoyens au sein de cette Union. Le système Erasmus offre aux étudiants la possibilité de faire une partie de leurs études dans d'autres pays européens. L'euro facilite grandement les voyages, les échanges au sein de l'Union. D'ailleurs l'essentiel des importations et des exportations des pays européens se fait avec d'autres pays européens... En outre, la balance commerciale globale de l'Europe avec le reste du monde est créditrice.

La population européenne se caractérise par de grands traits communs : c'est une population vieillissante avec un taux de fécondité insuffisant pour son renouvellement. L'immigration suscite des difficultés, des résistances mais elle est nécessaire et elle constitue un enrichissement. Or, la diversité des peuples au sein de l'Europe existe déjà au sein de chaque pays (Andalous et Catalans, Bretons et Alsaciens, Brandebourgeois et Bavarois. Qu'aurait été Nice sans les Piémontais, les Russes et les Anglais ?). Les peuples européens ont toujours su composer avec cette diversité.

Les sociologues constatent que les ferments des haines ethniques et des guerres de religions s'estompent progressivement même s'il ne faut pas exclure quelques incidents résiduels (Irlande du Nord, Roumanie, ex-Yougoslavie, Chypre etc.). L'Europe a joué un rôle majeur dans le dépassement de ces conflits.

Globalement, un esprit de tolérance se manifeste : détachement de l'emprise religieuse et nationaliste, aspiration à la démocratie, au respect des droits de l'homme, à la laïcité, reconnaissance des minorités. Certes, on ne peut occulter des faits divers à l'encontre de Roms, de juifs, de musulmans, d'homosexuels, de prostituées etc. mais l'opinion publique ne semble pas soutenir ces actes de violence.

La « question musulmane » est particulièrement cruciale et complexe en ce début du XXIe siècle. Des mouvements islamistes internationaux se livrent à une véritable guerre religieuse et identitaire. Les risques de propagation en Europe ne doivent pas être négligés. Certains jeunes musulmans considèrent qu'ils sont traités comme des parias et peuvent être tentés de rejoindre ces groupes. En réaction, le courant populiste xénophobe, qui est minoritaire mais très actif, pourrait conduire des actions « punitives ».

Ces deux courants peuvent s'auto-entretenir, créer un climat de guerre civile et menacer la démocratie. Les manifestations citoyennes (en France comme au Danemark) ont montré que les digues démocratiques tenaient, mais le risque demeure.

Il faut pourtant garder à l'esprit que le mouvement islamiste ne s'attaque pas spécifiquement à l'Europe mais concerne le monde entier (Etats-Unis, Canada, Japon, Chine, Inde, Afrique, Moyen Orient etc.).

Il faut aussi relever que le plus grand nombre de musulmans qui vivent en Europe adhèrent à la culture démocratique et au mode de vie européen, tout en contribuant à la diversité culturelle. Olivier Roy (spécialiste de l'Islam) rappelle le rôle important que jouent aujourd'hui ces musulmans au cœur de la société française : armée, police, hôpitaux, services publics, mais aussi commerces, entreprises, mais encore culture, cinéma, musique, danse etc.

Nombre d'entre eux recherchent le succès professionnel, la réussite matérielle, le mariage mixte. Ils sont perçus comme « communautaristes » alors qu'ils sont peut-être aussi individualistes… que les Gaulois ? (cf. « En quête de l'Orient perdu », Seuil).

L'égalité entre hommes et femmes constitue un objectif souhaité par la majorité de la population, même s'il n'est pas toujours atteint. Cette égalité déjà reconnue dans les pays industrialisés est de moins en moins contestée dans les pays agraires.

L'urbanisation gagne à peu près tous les pays et introduit un mode de vie plus collectif, plus collaboratif. Les équipements publics et les infrastructures unifient progressivement tout le territoire et facilitent aussi bien les échanges de marchandises que les mouvements de population.

La préoccupation écologique, encouragée par Bruxelles, fait de l'Europe un bon élève à l'échelle planétaire (plus de 2.000 initiatives ont été recensées pour un développement démocratique et durable dans les villes européennes : Copenhague, Totness, Fribourg etc.)

Les peuples apprennent à se connaître au quotidien, dans le travail comme dans les loisirs. Implantations d'usines étrangères, travail des transfrontaliers, projets intégrés (Airbus), normes unifiées européennes, instituts de recherche, échanges universitaires, voyages, accueils chez l'habitant, associations mixtes, coopérations dans le cinéma, la télévision, la radio, les musées, rapprochement des syndicats, des partis politiques, jumelages entre communes etc.

Construire l'Europe ne signifie pas détruire la richesse culturelle des pays et des régions, au contraire cette diversité a plutôt été mise en valeur par l'Union européenne (fonds régionaux, restaurations d'édifices etc.).

Cette diversité se retrouve évidemment dans les langues. Faut-il une langue de communication ? Le Français est la langue qui a réussi la synthèse du latin, du germain (franque) et de multiples apports. Elle a été la langue des cours européennes, la langue diplomatique, la langue des élites. Voltaire et Diderot étaient reçus à la cour de Catherine II ou de Frédéric II en français.

Mais il y eut Napoléon. Au nom de la Révolution (cf. la symphonie « Héroïque » de L. V. Beethoven), Napoléon allait envahir l'Europe, la labourer dans tous les sens avec sa Grande Armée, avec les destructions, la méthode des otages contre les patriotes. Le français n'était plus langue de culture et de liberté mais langue d'occupation militaire. Parallèlement, l'anglais était devenu la langue du commerce, notamment en Europe du Nord. A partir du Congrès de Vienne c'est l'anglais qui s'est imposé aussi bien en Europe (l'Anglomania de Napoléon III), qu'à l'échelle mondiale, avec le concours bien évidemment des Etats-Unis.

L'Union Européenne cherche à promouvoir toutes ses langues et à les traiter sur une base d'égalité. Mais dans la pratique l'anglais s'impose, non pas comme langue de l'Union Européenne, mais comme langue de travail et de communication.

Pourtant le sort du français ne relève pas d'une nostalgie mais plutôt de notre dynamisme et de notre créativité. Il dépend aussi largement de jeunes pays (notamment africains) qui l'ont adopté. La langue française est la deuxième langue étrangère la plus apprise (après l'anglais), la troisième langue des affaires (après le chinois et l'anglais), la quatrième langue d'Internet (en nombre d'utilisateurs), la cinquième langue la plus parlée au monde (274 millions de locuteurs).

« Unité dans la diversité » dit-on (c'est aussi l'adage de l'Indonésie). La diversité de l'Europe est incontestable, c'est même sa richesse. Mais une culture européenne est peut-être en train de naître (ou de renaître ?), au fil des échanges et des voyages, des rencontres et des sentiments, dans le travail et les familles, les loisirs ou les arts, au-delà de aléas de la conjoncture. Ces peuples ont peut-être envie de vivre ensemble. Ils sont peut-être en avance sur les institutions. Le projet de démocratie européenne que nous proposons trouverait alors tout son sens.

Cet exemple inachevé de la construction européenne est à rapprocher d'autres expériences régionales : ASEAN en Asie du Sud-Est, OUA en Afrique, ALENA en Amérique latine, Ligue Arabe etc.

Toute coopération des peuples, toute recherche de l'intérêt général peuvent être considérées comme des étapes vers le progrès. Néanmoins, si l'on veut s'attaquer véritablement aux grands enjeux de la planète la question essentielle est celle de la gouvernance mondiale.

*

Une gouvernance mondiale.

Bien des conquérants ont voulu dominer le monde. Bien des humanistes ont souhaité l'unifier. Finalement, c'est le capitalisme qui a réussi cette prouesse…

La mondialisation qui se façonne aujourd'hui n'est pas l'internationale des peuples. C'est la mondialisation des marchés, des capitaux et des marchandises. Ici aussi, le capitalisme se développe à l'envers : pour l'argent et non pour les hommes. C'est sans doute pourquoi cette mondialisation suscite plus le fatalisme que l'enthousiasme. Or cette histoire paraissait écrite d'avance (cf. 1,3. « Le capitalisme est mondial », « La mondialisation »).

Karl Marx considérait que le capitalisme ne pouvait survivre que dans la conquête de nouveaux marchés. Le stade final devait se traduire par une concentration des entreprises, une financiarisation de l'économie, une internationalisation des marchés et des pouvoirs….

Les économistes libéraux, notamment Ricardo, avaient aussi prédit et souhaité cette ouverture mondiale des marchés qui permettrait à chaque territoire de se spécialiser dans son secteur de compétence.

Cette théorie de l'avantage comparatif a été appliquée à merveille, à l'échelle planétaire, sous la houlette des multinationales. L'économie mondiale a ainsi tendance à être concentrée entre les mains de grands groupes qui confient la production à des entreprises performantes sur tel produit. La concurrence sur ces « niches » très spécialisées se limite souvent à quelques fabricants réputés (cf. Charles-Albert Michelet).

Les révolutions technologiques du transport maritime par container et Internet ont permis aux multinationales de mettre en concurrence toutes les entreprises par segment et de décomposer à l'extrême les étapes du processus de production : c'est l'éclatement des « chaînes de valeur ».

Cette organisation permet d'abaisser le prix final pour le consommateur et de dégager des marges maximales pour la multinationale.

Les inconvénients et contradictions sont souvent occultés. Ce système a tendance à faire disparaître les originalités régionales et à standardiser les marchandises. Le choix des lieux de production et des entreprises sous-traitantes est souvent dicté par la possibilité d'abuser des travailleurs et des populations les plus vulnérables, de ne pas respecter les règles sociales ni environnementales et enfin de frauder le fisc (« optimisation fiscale » par des artifices comptables entre filiales, tricheries comptables, paradis fiscaux et parfois même blanchiment de l'argent sale). Par ailleurs, la multiplication des transports de marchandises et de sous-produits présente un coût environnemental grandissant.

Ce transfert d'activités vers des salariés exploités, des populations misérables, des Etats peu regardants se fait au détriment des anciens lieux de production, souvent de façon brutale (délocalisation, chômage, misère régionale).

Derrière la théorie de l'avantage comparatif se cache une réalité proche de l'économie du XIXe siècle : populations rurales exploitées dans des usines chinoises, absence de contrôle de santé des travailleurs dans les chantiers navals indiens, bâtiments vétustes qui s'écroulent sur les travailleurs au Bangladesh, absence de sanction face à la pollution provoquée par le recyclage du matériel informatique en Afrique, aucun contrôle fiscal…

Certes, cette mondialisation des marchés a permis à des pays émergents (notamment les BRICS : Brésil, Russie, Inde, Chine et Afrique du Sud) de prendre une place importante dans l'économie mondiale mais une analyse plus fine montre que ce transfert d'activités des pays occidentaux vers le pays émergents s'est fait au prix d'une accentuation des inégalités. En Occident, opposition des actionnaires et cadres dirigeants aux ouvriers, agriculteurs, travailleurs précaires et chômeurs. Dans les pays émergents, antagonisme des entreprises bénéficiaires de joint-ventures, des zones portuaires, des nouveaux capitalistes face aux masses rurales, aux ouvriers, femmes et enfants exploités.

Le fait majeur est que les multinationales sont de plus en plus puissantes vis-à-vis de leurs sous-traitants (partage des bénéfices, rémunérations des salariés, conditions de travail, etc.) comme face aux Etats (fiscalité, règlements sociaux et environnementaux etc.).

Les politiques ultra libérales conduites depuis la fin des années 70 ont facilité les pratiques opaques de ces groupes : optimisation fiscale par le jeu d'écritures entre filiales (Google, Amazon, Apple, Facebook, Starbucks, Procter and Gamble, Total etc.), trucage des comptes à grande échelle (Enron) etc. Les agences de notation, juges des comptes mais clientes de ces entreprises, ont trop souvent fermé les yeux (Lehman and Brothers).

Les sommes ainsi dégagées ont été investies sur des produits à haute rentabilité immédiate (produits dérivés, produits toxiques) et ont provoqué des bulles spéculatives (NTIC en 1998-2000, subprimes en 2007-2008).

Il faut ajouter à cette question majeure de la fuite devant l'impôt, tout le maelstrom de l'argent sale (drogue, prostitution, trafics d'organes, jeux etc.) dans les paradis fiscaux.

Le déséquilibre des finances publiques résulte avant tout de cette immense fuite fiscale à l'échelle mondiale. Or ce qui ne sera pas payé par les multinationales devra l'être par les entreprises et les ménages.

Le monde se trouve dans une situation digne de la France en 1789 lorsque seul le Tiers Etat payait l'impôt…

La crise de 2008 a conduit les Etats à s'intéresser enfin à cette réalité de la finance internationale opaque (évitement fiscal, paradis fiscaux etc.).

Les enquêtes publiques (notamment l'OCDE) ou journalistiques ont révélé le caractère gigantesque et parfaitement organisé de cette fraude (selon l'enquête « Offshore leaks » de grands journaux, Le Monde, Washington Post, The Guardian, Die Süddeutsche Zeitung, il existerait environ 120.000 « sociétés-écrans »).

Ces révélations confirment l'existence d'un pouvoir mondial, organisé en réseaux, regroupant les hauts dirigeants des multinationales, influençant les institutions internationales, les Etats, les grands cabinets de notation et d'audit etc.

La banque américaine Goldman Sachs a été un des symboles des dérives financières, diffusant des subprimes à sa clientèle, tout en liquidant les siens, maquillant les comptes de la Grèce à l'époque du gouvernement conservateur pour échapper aux sanctions, plaçant ses hommes à des postes-clefs publics… Son grand patron Lloyd Blankfein considérait que les collaborateurs de Goldman Sachs étaient des moines-soldats et qu'ils « faisaient le travail de Dieu » (encore Lui…). Oubliés les clients spoliés, les conflits d'intérêts, les comptabilités truquées, les contribuables victimes. Il existe des puissances qui ne peuvent pas disparaître : « too big to fall ». Lorsque le président Obama a mis en place les réformes pour protéger les épargnants (la règle Volcker ou la loi Dodd-Frank de 2010) le PDG de la Banque J.P. Morgan Chase, J. Jamie Dimon, a recruté une armée de lobbyistes pour contester ces réformes qualifiées de puériles et pour contourner leur application, avec le concours du candidat républicain, Mitt Romney, qui a accusé Obama de multiplier les entraves à la bonne marche des affaires…

Cet immense pouvoir des multinationales a une apparence. Ce sont elles qui décident des recherches à lancer, des produits à promouvoir, des lieux de production à privilégier, des marchés à investir.

Ce pouvoir présente aussi un côté opaque. Evitement de l'impôt, paradis fiscaux, shadow banking, argent sale et bien sûr lobbying pour contester la nocivité du tabac, de l'alcool, du sucre, des armes, de l'énergie nucléaire, ou pour mettre en doute les travaux du GIEC sur le réchauffement climatique.

Enfin, ce pouvoir impose sa vision ultra-libérale comme une culture dominante dans les institutions internationales et les Etats, dans les universités, dans les médias[1].

Les économistes et les penseurs ultra-libéraux se sont regroupés dès 1938 lors du Colloque Lippmann (« La Cité Libre »), puis ont créé la « Société du Mont-Pèlerin » pour se coordonner et influencer les lieux de pouvoir.

C'est ce système de pensée qui s'est imposé : une dizaine de prix Nobel d'économie ont été attribués à des membres de la Société du Mont-Pèlerin, même si de nombreux chercheurs avaient démontré la vision simplificatrice du marché efficient et ses contradictions. Peu importe, une seule vérité s'imposait et était diffusée.

Donnons un exemple. Le thème de la compétitivité des pays est de plus en plus mis en valeur pour expliquer le succès ou l'échec économique d'un pays. A l'occasion du Forum de Davos de 2014 un rapport est ainsi établi qui classe les pays en bons ou en mauvais élèves… Soyons curieux. Il ne s'agit nullement d'une analyse complète et rigoureuse confiée à un cabinet indépendant. Non, il s'agit d'une simple enquête auprès des chefs d'entreprise de chaque pays… Et ces patrons ne se privent pas.

---

[1] Voir en France « Les imposteurs de l'économie », Laurent Mauduit ou aux Etats-Unis le film « Inside Job ».

Dans le cas de la France (rétrogradée de la 21ème place en 2012 à la 23ème place en 2013) : les charges sociales sont excessives, les impôts aussi, les relations avec les salariés sont conflictuelles, les règles de licenciement sont trop strictes… en revanche les managers excellent dans leur culture d'entreprise, leur innovation, leurs nouvelles technologies…

C'est une façon de se rendre justice soi-même et de mettre en cause les travailleurs et l'Etat en omettant tous les travers du capitalisme français : absence d'investissement, faible innovation, management archaïque, formation insuffisante, déficiences à l'exportation, coût excessif du capital etc.

Peu importe, c'est la parole des patrons qui sera présentée par les médias comme un constat objectif (cf. Michel Husson, Fondation Copernic).

Pour couronner le système de l'argent roi, il apparait de plus en plus que même les élections dites démocratiques reposent sur la collecte de fonds. Aux Etats-Unis, les élections de 2008 avaient coûté 5,3 milliards de dollars, la facture pour 2012 est estimée à près de 8 milliards. Or la Cour Suprême a autorisé le 21 janvier 2010 les entreprises à financer les campagnes publiques. Ce sont donc les milliardaires américains qui peuvent décider de la bonne fortune des candidats : Sheldon Adelson (casinos de Las Vegas), Foster Friess, Hôtels Mariott, Bob Perry, parfois même des hedges funds. La vie politique deviendrait un placement financier comme un autre (cf. l'écrivain américain Russel Banks).

Susan Strange a étudié le « decision making » dans des secteurs importants de l'économie et a aussi révélé la concentration des pouvoirs privés face à des Etats affaiblis. Elle a ainsi créé au début des années 1970 une nouvelle discipline : l'économie politique internationale.

Le chercheur américain Gary Becker (Prix Nobel 1992) a révélé l'endogamie sociale entre ces milieux dirigeants des multinationales, des Etats, des institutions internationales, des agences de notation etc.

Dans le même esprit, le chercheur canadien, Robert Cox considère que la mondialisation est conduite par une « nébuleuse », une classe transnationale dirigeante qui impose ses choix et son idéologie.

Le grand penseur italien, Toni Negri, a aussi étudié le renforcement et la concentration du pouvoir mondial, soudé autour d'une idéologie. Il qualifie ce pouvoir d'Empire.

Nous préférons le terme d'oligarchie mondiale qui s'applique mieux à l'état actuel d'un réseau multiforme à la fois souple et opaque, d'un groupe de puissants qui ne sont pas reconnus pour leur valeur (c'est la différence de principe entre oligarchie et aristocratie).

Cette domination mondiale n'est pas unifiée, n'est pas centralisée, ce n'est ni un Etat, ni un parti. Elle s'adapte à toutes les situations, à tous les régimes. Elle est souple et elle est même traversée d'oppositions internes, de contradictions entre entreprises multinationales, Etats et institutions internationales. Elle parvient à faire de « l'entrisme » dans les pouvoirs publics (lobbying), de même qu'elle est perméable à des réseaux criminels (mafias).

Mais à la fin c'est l'argent qui gagne.

Les réflexions sur ce système sont presque toutes venues de l'extérieur : universitaires, anthropologues, sociologues etc. Les professionnels qui ont voulu prendre du recul ont souvent dû abandonner leurs organismes.

Face à ces désordres, à cette ouverture brutale des marchés, à l'absence de régulation, à cette prédominance des multinationales, certains préconisent le protectionnisme, voire la démondialisation.

Il faut d'abord rappeler que le protectionnisme n'est pas forcément l'apanage de penseurs nationalistes ou réactionnaires. Dès les XVIIIe et XIXe siècles des économistes aussi différents que Friedrich List (plutôt socialiste) et John Stuart Mill (plutôt libéral) ont compris qu'une économie vulnérable ou un secteur naissant ne pouvaient se développer face à la puissance des pays qui dominaient le marché. C'est ainsi qu'a été conçue la théorie de la protection des industries naissantes. L'Allemagne puis le Japon ont développé une industrie nouvelle en se protégeant d'un marché contrôlé par les industries anglaise, américaine ou française. On peut donc comprendre qu'aujourd'hui les économies émergentes cherchent aussi à se protéger dans un premier temps avant de se confronter aux économies dominantes. Le libre-échange est toujours imposé par les grandes puissances. L'Angleterre a milité en faveur du libre-change à partir de la seconde partie du XIXe siècle, les Etats-Unis un siècle plus tard, ainsi que les institutions internationales du commerce (GATT puis OMC)...

Au-delà de cette étape de protection des jeunes industries (« nursery »), un certain protectionnisme peut présenter des avantages : éviter les délocalisations brutales, le boom éphémère de certains secteurs ou produits, la misère de certaines industries ou régions, le chômage, la trop grande spécialisation économique, la trop grande concentration aussi d'industries polluantes (électronique au Ghana, chimie lourde à Java, usines de type Seveso en Inde etc.).

Les expériences historiques de mono-culture ou mono-industrie se sont traduites par des phases glorieuses, suivies parfois de crises brutales.

Une économie mondiale plus équilibrée ne reposerait pas forcément sur l'extrême spécialisation par pays, mais sur des économies plus diversifiées, plus indépendantes, moins polluantes en termes de transports, plus stables et plus proches de leurs consommateurs.

Toutefois, les inconvénients du protectionnisme ne sont pas négligeables : les instruments utilisés (droits de douane, quotas, normes sanitaires et techniques, subventions, taux de change) faussent la concurrence et protègent artificiellement une économie qui peut avoir tendance à stagner alors que le monde progresse. C'est ce que l'on pourrait appeler l'exemple albanais. Mais surtout cette fusion entre l'Etat et les grandes entreprises pour protéger le marché national, parfois avec le concours des syndicats de travailleurs, conduit souvent à une sorte de lutte nationaliste qui peut déboucher sur des guerres, comme on a pu le voir en Europe entre le Congrès de Berlin (1885) et la guerre de 1914-1918.

Une nouvelle forme de nationalisme économique a fait son apparition. De grandes entreprises, s'identifiant à un pays et souvent soutenues par l'Etat sont ainsi devenues des sortes de « champions ». L'économie mondiale retrouve alors une forme de féodalisme, dans le champ clos de combats entre seigneurs.

Face à la pression de la mondialisation et aux excès de la gestion purement financière (« corporate governance ») les Etats peuvent aussi chercher à protéger leur économie par la voie de la nationalisation. En France, dès la Libération, le général de Gaulle a nationalisé les grandes banques afin de mieux maîtriser le financement de l'économie. François Mitterrand a nationalisé et recapitalisé de grands groupes industriels qui se trouvaient dans une situation précaire, après le double choc pétrolier des années 70. En période de crise, les Etats Unis n'ont pas hésité à intervenir en faveur de Fannie Mae et Freddie Mac (crédit hypothécaire « subprime »), puis AIG (assureur) et plus tard General Motors. L'Angleterre a nationalisé RBS et la Lloyd's Bank.

Toutes ces dispositions de protectionnisme, de soutiens à des « champions », voire de nationalisations sont rarement inspirées par des politiques globales à long terme, elles sont plutôt présentées comme des remèdes, des solutions provisoires, des périodes d'adaptation.

Le repli sur soi paraît archaïque. L'autre réponse à la mondialisation est donc la constitution d'ensembles régionaux.

L'histoire du capitalisme montre d'ailleurs que le « centre du monde » n'a cessé de se déplacer.

Les Provinces Unies ont diffusé les méthodes modernes d'agriculture et de commerce à toute l'Europe, l'Angleterre industrielle a constitué le plus grand empire de tous les temps, enfin les Etats-Unis d'Amérique, après la Première Guerre mondiale, ont dominé d'abord l'Occident (« pax america ») puis le monde.

Les Etats-Unis demeurent toujours la première puissance mondiale par leur avance technologique dans de nombreux secteurs (économie numérique, énergies, aviation, commerce etc.), l'importance d'un marché unifié de hauts revenus, le poids des multinationales (selon le Financial Times, en 2012, sur les 500 premières multinationales, 160 sont américaines), le rôle du dollar comme réserve de change à l'échelle mondiale, le rayonnement scientifique et culturel du pays (universités, brevets, prix Nobel, langue américaine, conquête spatiale, cinéma, Internet etc. .) et enfin l'importance du secteur militaire (les dépenses militaires américaines sont presque aussi élevées que les dépenses militaires de tous les autres pays).

Toutefois, depuis plusieurs décennies on constate que de grands pays dits émergents ont un taux de croissance annuel bien supérieur à celui de l'Europe ou des Etats-Unis et la crise de 2008 a accéléré ce basculement du monde, notamment vers l'Asie. Au début des années 1990 la croissance mondiale était tirée à près de 70% par les pays occidentaux, en 2010 cette croissance est tirée à 70% par les pays émergents…[1]

La cause première de ce basculement est démographique. En 1950, le continent européen représentait le quart de la population mondiale, soit plus que la Chine, nettement plus que l'Inde ou que l'Afrique. Dans les années 2030, trois entités pèseront environ 1,5 milliard d'habitants chacune : la Chine, l'Inde et l'Afrique alors que le monde occidental ne devrait guère dépasser 1 milliard d'habitants, sur un total d'un peu plus de 8 milliards de Terriens.

Dès à présent, l'OCDE évalue la part de production de ses pays membres (occidentaux) à 60% du PIB mondial en 2000 et 43% en 2013.

Vers 2030, près de la moitié du PIB mondial serait réalisé par ces jeunes géants (Chine 25%, Inde : 10%, Afrique : 12%).

---

[1] Daniel Cohen, « Homo economicus, prophète (égaré) des temps nouveaux », Albin Michel.

Il s'agit de tendances lourdes qui incluent l'utilisation et l'insertion de masses rurales sous-payées dans l'économie mondiale, l'apparition de classes moyennes dynamiques dans les villes et l'explosion des fortunes.

Les objectifs du millénaire en matière de développement (réduire la pauvreté de moitié dans le monde) fixés à 2015 ont été atteints dès 2012. Les gains de productivité se diffusent dans ces jeunes économies. De nouveaux produits se développent : micro finance, téléphonie mobile, médicaments génériques, artisanat et usines locales, recyclage etc.[1]

Ces pays ont d'abord connu une croissance extravertie, organisée par les multinationales, pour répondre aux besoins des consommateurs occidentaux. Celle-ci se conjugue aujourd'hui avec une croissance « inclusive » afin de répondre aux besoins des classes moyennes locales, notamment urbanisées. Le commerce n'est plus seulement nord-sud, il est aussi sud-sud.

Ces bouleversements économiques pourraient s'appuyer sur une libéralisation des mœurs (cf. « What Young India Wants » de l'écrivain Chetan Bhagat) et sur une libéralisation des institutions politiques (cf. l'économiste Dani Rodrik).

Si le basculement (ou le rééquilibrage) du monde vers le sud est probable, il ne se fera peut-être pas de façon régulière et paisible. Ces pays autrefois ruraux risquent d'entrer dans les cycles propres au système capitaliste : crises économiques, crises financières, crises de devises etc. Les contradictions sociales s'exacerbent. L'obsession de l'argent accentue les crises environnementales. Les risques de conflits (manque d'eau, terres abîmées, forêts surexploitées, migrations brutales etc.) ne peuvent être ignorés.

Examinons les spécificités de ces trois grandes entités régionales.

La Chine est considérée aujourd'hui comme l'usine du monde et pourrait devenir première puissance mondiale, alors que pendant bien des décennies les hommes politiques comme les chefs d'entreprise européens ont refusé de voir l'émergence prochaine de l'Asie.

Le plus curieux dans le « miracle » chinois c'est que le concepteur libéral du capitalisme, Adam Smith, contestait la voie artificielle des Provinces Unies (fondée sur le commerce), mais mettait plutôt en avant la Chine qui avait su développer d'abord son agriculture, puis son artisanat et son industrie et enfin son commerce, ce qui représentait « l'ordre naturel »…

---

[1] Cf. « Chindiafrique », Boillot et Dembinski, Odile Jacob, 2013.

D'ailleurs des auteurs contemporains comme Braudel et Giovanni Arrighi[1], ont su montrer que le capitalisme asiatique du XVIIe ou XVIIIe siècle n'avait rien à envier au capitalisme européen mais qu'il restait extérieur à l'Etat. A l'inverse, le capitalisme chinois actuel s'appuie sur un Etat fort qui utilise le marché comme un instrument de gouvernement.

Toutefois, il faut rappeler que ce ne sont pas les capitalistes chinois qui sont venus envahir le monde et ont délocalisé nos industries. Ce sont bien nos propres industriels occidentaux qui ont choisi de s'installer en Chine, pour un profit immédiat lié à une monnaie sous-évaluée, des salaires très faibles et des règles sociales et environnementales peu contraignantes. Elles ont fait fabriquer leurs produits en Chine pour les revendre en Occident avec des surprofits.

La Chine amorce aujourd'hui une stratégie plus offensive. Elle peut s'appuyer sur une consommation intérieure croissante, la classe moyenne haute représente environ 170 millions de personnes sur une population totale de 1,3 milliard d'individus, ainsi la Chine est-elle devenue le premier constructeur automobile au monde en 2010. Mais elle prépare aussi l'avenir avec la constitution de conglomérats géants qui vont maintenant concurrencer les groupes occidentaux grâce aux efforts considérables dans la recherche, la qualité des universités, la formation des travailleurs, la multiplication des brevets et le choix de secteurs de pointe à privilégier. Enfin, la Chine détient un quasi-monopole des terres rares (ce qui commence à inquiéter les Etats-Unis), elle cherche à étendre sa zone d'influence en Asie et elle s'engage dans un effort militaire inquiétant.

Toutefois, la Chine présente aussi des faiblesses : vieillissement de sa population (notamment à partir de 2030), maladies, tarissement des populations campagnardes utilisées à bas coût, absence de vie démocratique, montée des revendications sociales, locales, parfois religieuses (à l'ouest), aspiration de la jeunesse à un mode de vie laissant plus de place à la liberté et aux loisirs, parité monétaire artificielle et surtout pollutions de toutes natures liées à la suractivité économique non contrôlée.

Une autre puissance, **l'Inde**, a déjà dépassé la Chine en termes démographiques et possède aussi de grands atouts : population jeune et industrieuse, classe moyenne qualifiée et en expansion (plus de 180 millions de personnes), disponibilité de populations rurales, multiplicité de petites entreprises locales, puissance de grands groupes nationaux, tissu urbain dense et dynamique, qualité des universités, système démocratique unique à une telle échelle démographique, dans un pays encore pauvre.

[1] « Adam Smith à Pékin ».

Mentionnons l'originalité des « jugaad », ces innovations locales et frugales qui permettent aux entrepreneurs de produire des objets simples, peu coûteux, bien adaptés. Cette économie novatrice est permise grâce aux initiatives de terrain « bottom up ».

Toutefois, l'Inde connaît une croissance économique plus faible et plus désordonnée que son voisin du nord.

Le cas de **l'Afrique** est particulièrement intéressant, même si ses handicaps sont considérables.

A la différence des grands ensembles, Chine, Inde, Etats-Unis ou même Europe, l'Afrique n'est pas un pays, ni même un marché unifié. C'est un continent extrêmement divers et éclaté en de multiples Etats, parfois anciens (Ethiopie, Ghana, Maroc, Madagascar etc.) mais souvent créés artificiellement par les puissances coloniales (Côte d'Ivoire, Togo, Burundi, Sierra Leone etc.), le sentiment national, le sens de la citoyenneté sont récents. L'Afrique a longtemps souffert d'une insuffisance démographique, aggravée par la traite des noirs. Enfin les terres arables, souvent pauvres et superficielles (à l'exception des régions volcaniques), n'ont pas permis la naissance d'une agriculture prospère, point de départ du développement économique.

Longtemps colonisée, l'économie africaine a été mise au service des puissances coloniales. Le développement des cultures de rente (coton, cacao, café, thé, palmier, cocotier, arachide, hévéa etc.) a souvent été réalisé au détriment des cultures vivrières (les famines du XIXe siècle ont bien peu été abordées dans nos livres d'histoire). L'exploitation des richesses du sous-sol (cuivre, uranium, or, diamants, pétrole, gaz etc.) par des compagnies étrangères n'a guère eu de retombées pour les populations.

La décennie 1960 a marqué l'heure des indépendances et a suscité de grands espoirs, dans le prolongement de la conférence de Bandung. Mais comme le célèbre agronome René Dumont a pu l'écrire avec courage en 1962 : « L'Afrique noire est mal partie », ouvrage dans lequel il dénonce le néo-colonialisme extérieur, ainsi que le colonialisme de classe, les régimes autoritaires, népotistes et corrompus, les infrastructures de prestige inadaptées et dispendieuses, l'accaparement des terres, l'abandon des masses rurales.

A ces handicaps, s'ajoutent de graves pandémies traditionnelles (paludisme, fièvre jaune, dengue, maladie du sommeil, onchocercose) ou nouvelles (Sida, Virus Ebola).

Les grands groupes internationaux comme une partie de l'opinion publique avaient alors tendance à rejeter l'Afrique à la lisière de la mondialisation économique.

Or c'est tout l'inverse qui est en train de se produire. Certes, les handicaps de l'Afrique n'ont pas disparu mais ses atouts l'emportent de plus en plus.

Une véritable révolution démographique est en cours. La lutte contre la malnutrition et les pandémies permet à la population africaine de se reconstituer et de rajeunir. Globalement, la population africaine atteint 1 milliard d'habitants en 2010 et devrait doubler d'ici 2050. Cette population, plus dense, plus jeune va pouvoir occuper l'espace (on ne construit pas une route ou une usine pour desservir quelques villages de quelques centaines d'habitants), créer une dynamique urbaine (parfois avec des bidonvilles, mais aussi avec un artisanat diversifié et une nouvelle industrie), une production et une consommation accrues. Or cette jeune population est extrêmement ouverte et réceptive aux courants internationaux (anciennes puissances coloniales européennes, mais aussi Etats-Unis, Chine, Russie, monde arabe etc.) et aux nouvelles technologies. L'Afrique compte aujourd'hui 650 millions de téléphones portables, soit plus que les Etats-Unis ou l'Europe. Ces téléphones sont utilisés pour de multiples tâches : virements financiers (au Kenya, en Ouganda, au Soudan, en Tanzanie par exemple), utilisation collective entre villages, partage des médicaments (au Ghana par exemple) et même pour des mouvements sociaux (Egypte, Tunisie…).

La jeunesse africaine crée aujourd'hui une culture libertaire et ouverte (cinéma, musique, danse, vêtements, voyages etc.) dans laquelle beaucoup de jeunes du monde entier se reconnaissent.

A ce dynamisme démographique répond un dynamisme économique : bien sûr l'exploitation des ressources minérales et énergétiques, les cultures de rente, mais aussi les jeunes industries, brasseries, cycles, automobiles, textiles, électroniques etc., auxquels il faut ajouter la vitalité des très petites entreprises et le dynamisme des femmes dans le commerce local.

C'est en 2010 que le cabinet Mc Kinsey publiait un rapport « L'heure des lions : l'Afrique à l'aube d'une croissance pérenne ». Depuis le début des années 2000 la croissance économique du continent africain est de l'ordre de 5% par an, donc bien supérieure à la croissance mondiale (il est vrai que la bonne tenue des cours des matières premières a contribué à cette croissance). Entre les décennies 1990-2000 et 2000-2010, l'inflation globale africaine est tombée de 22% à 8%, la dette publique a été réduite de 82% du PIB à 59%, le déficit budgétaire de 4 ,6% du PIB à 1,8%, les financements extérieurs ont quadruplé. Entre 2010 et 2015, sept des dix économies à plus forte croissance dans le monde seraient africaines.

Depuis la période des indépendances, l'Afrique a pu compter sur l'aide publique au développement des pays occidentaux, cette aide insuffisante mais constante a été complétée par les interventions plus récentes de la Chine et du monde arabe. Aujourd'hui les financements privés prennent le relais, même si l'Afrique « exporte » toujours plus de capitaux qu'elle n'en reçoit…

En dépit de ses divisions et de ses handicaps, l'Afrique devrait bénéficier en profondeur d'un dynamisme démographique, économique et culturel.

L'apparition de ce monde multipolaire permet une meilleure répartition des richesses et des pouvoirs entre les différentes régions du monde mais cristallise à son tour de nouveaux risques. Guerres de religion et de civilisation entre de grands ensembles chrétiens, musulmans, hindouistes, bouddhistes etc. Renaissance d'anciens conflits nationalistes, frontaliers (l'ancien empire russe, les zones d'influence chinoises, les frontières mal définies des pays africains etc.). Domination économique par les multinationales. Domination culturelle par les médias, Internet, le numérique. Surveillance de l'information par des agences de type NSA. Course aux armements, bases stratégiques etc.

Les risques de conflits entre ces grands ensembles combinent des éléments de domination économique, de puissance régionale, de culture, de religion, de racisme etc.

Aujourd'hui, un conflit mineur, frontalier, local peut prendre une acuité nouvelle par l'existence d'une solidarité au sein de chaque groupe. Les deux guerres mondiales ont été déclenchées et se sont propagées par le jeu des alliances.

Ainsi la création de ces grandes entités constitue à la fois une chance économique, un dépassement du nationalisme mais aussi le risque d'une nouvelle forme de nationalisme à une puissance supérieure.

Enfin, ce monde multipolaire ne résout pas la question lancinante du pouvoir des peuples face à l'oligarchie mondiale. En effet, les Etats nationaux, comme les entités régionales en cours de constitution, comme les Nations Unies encore balbutiantes, paraissent de peu de poids face à une oligarchie mondiale qui décide de l'avenir de la planète et de sa population, sans véritable légitimité.

L'organisation actuelle des Nations Unies permet-elle de faire prévaloir l'intérêt de la planète et des peuples sur les intérêts particuliers ?

L'idée d'un gouvernement universel émane de grands esprits (Thomas Moore, Victor Hugo, Albert Einstein etc.) mais a longtemps paru « utopique », puis le courant marxiste a concrétisé le projet d'une internationale ouvrière, enfin l'expérience de la Première Guerre mondiale a conduit des « hommes de bonne volonté », essentiellement européens (pacte Briand-Stresemann), à créer une Société des Nations à Genève. Si le président américain Wilson a contribué à cette création, les Etats-Unis comme l'URSS ont finalement refusé d'adhérer à cette institution qui n'empêcha pas la Seconde Guerre mondiale.

L'Organisation des Nations Unies installée à New-York en 1945 est fondée sur une Déclaration Universelle des droits de l'homme (René Cassin, Prix Nobel de la paix 1968) et sur une Charte qui a pour objectif de proscrire la guerre. L'ONU est plus universelle que la SDN, surtout depuis l'entrée de la République populaire de Chine en 1971, mais elle a été le lieu d'opposition entre blocs de l'ouest, de l'est et non alignés. La disparition du bloc soviétique a été relayée par la constitution de zones d'influence qui se neutralisent et rendent les actions de paix difficiles à mettre en œuvre.

L'ONU s'appuie sur des agences sectorielles (Bureau International du Travail, UNESCO, Unicef, OMS, PNUD) qui créent des liens entre tous les pays. L'OMC (ancien GATT) a pour objectif d'unifier le marché mondial et de faire tomber les barrières douanières par conférences successives (« rounds »).

Elle est complétée par deux institutions économiques et financières fondamentales (Conférence de Bretton Woods de 1944) qui avaient été voulues par J.M. Keynes (même si les ambitions de ce dernier ont été parfois oubliées). Le Fonds Monétaire International a pour objectif d'assurer un système monétaire stable grâce à une définition de chaque monnaie par rapport à l'or, ce qui donnait ainsi un système de change fixe dit « étalon de change-or » (Gold Exchange Standard). En cas de difficulté d'un Etat à équilibrer ses comptes et sa balance extérieure le FMI peut accorder des aides ponctuelles (stand-by) ou des prêts structurants, subordonnés à des conditions de décaissement et à des contrôles sévères. En 1971 les Etats-Unis ont suspendu la convertibilité du dollar et l'ont dévalué de 8% par rapport à l'or. Afin de ne plus dépendre totalement du dollar le FMI a créé une nouvelle devise fondée sur un panier de monnaie : « les Droits de Tirages Spéciaux » qui permettent aux pays de cotiser au FMI ou de recevoir des aides, sur une base plus stable. Le G20 d'avril 2009 a décidé de tripler les ressources du FMI.

La Banque Mondiale (Banque Internationale pour la Reconstruction et le Développement. BIRD) avait d'abord pour objectif de financer la reconstruction de l'Europe, en liaison avec le plan Marshall. Mais à partir des années 60 son nouvel objectif fut le développement du Tiers-Monde. Elle accorde des financements bonifiés aux pays en développement, soit sous forme de prêts-projets (une opération cotonnière, des pistes rurales, une usine textile, un port etc.), de prêts sectoriels (un réseau routier, une filière cacao, un système éducatif etc.), ou des prêts globaux aux Etats (en devises). Elle s'appuie sur sa filiale la SFI (Société Financière Internationale) pour le financement du secteur privé. Elle s'associe souvent aux organismes de financement régionaux ou bilatéraux (Banque Europe d'Investissement, Agence Française de Développement, KFW allemande, CDC anglaise, USAID, Fonds arabes etc.) pour cofinancer de grands projets, notamment d'infrastructures (ports, télécommunication, aéroports, chemins de fer, routes, barrages etc.).

Ces différents types de concours financiers et de conseils ont sans doute permis de réduire certaines crises financières (crise boursière de 1987, crise asiatique de 1997, dette des pays d'Amérique latine, dette du Tiers-Monde, bulle Internet et Nasdaq de 2000 etc.). Mais les recettes ont toujours été fondées sur l'orthodoxie libérale (relancer les exportations, privatiser le secteur public, limiter les dépenses sociales, équilibrer les comptes publics etc.) et ces programmes dits d'ajustement structurels ont souvent eu pour conséquences de dégrader les services publics, l'état sanitaire et scolaire de la population et les chances de développement à long terme de ces pays. D'où la contestation d'hommes comme N. Stern ou J. Stiglitz qui avaient participé à la mise en œuvre de ces politiques mais en avaient constaté les dégâts sociaux.

Les financements internationaux pour le développement ont permis d'accélérer la recherche (notamment agronomique), de favoriser les échanges d'expériences entre pays développés et en voie de développement, de créer une infrastructure et de stimuler le secteur productif. Les balances des paiements montrent que malgré ces flux positifs, globalement les pays en voie de développement continuent de financer les pays riches (investissements, placements, dividendes etc.). En outre, ce mode de développement a bien souvent été conçu de façon extravertie, sans tenir compte des aspirations des populations locales.

La gouvernance mondiale actuelle (ONU, OMC, FMI, BIRD etc.) est soumise à la domination des grands Etats et des multinationales. Ses actions, ses moyens, ses contrôles sont relativement faibles par rapport aux enjeux de la mondialisation.

Face à la lourdeur et aux blocages de ces institutions, les grands Etats ont créé des sortes de clubs, certes plus réactifs mais qui représentent surtout les intérêts des participants. Le G7 était constitué des sept plus grandes puissances, le G20 s'est élargi aux pays émergents. Ses initiatives ont plus porté sur le sauvetage des banques après la faillite de Lehman and Brothers que sur des réformes en profondeur sur les causes de la crise. Dans le domaine financier, le club de Paris (dette publique) et le club de Londres (dette privée) ont été constitués pour éviter les crises et rééchelonner les dettes. Il s'agit en quelque sorte d'une forme de gouvernement censitaire à l'échelle mondiale.

L'existence même de l'ONU constitue donc un progrès, une étape institutionnelle, mais est bien loin de représenter un gouvernement mondial par le peuple et pour le peuple.

Les insuffisances du système actuel.

Face à la crise économique de 2008, le FMI est intervenu de concert avec les banques centrales, le G7 et le G20, les agences de notation et les grandes banques. Cette concertation, qui ne s'était pas produite lors de la crise de 1929, a permis de prendre des mesures d'urgence (notamment le plan Gordon Brown, Premier Ministre britannique) pour enrayer la crise bancaire.

Les sommes immenses (environ 12.000 milliards de dollars) qui ont été injectées par les Etats et les banques centrales dans les banques ont placé en quelque sorte l'économie financière sous perfusion. La liquidité mondiale est passée de 7.500 milliards de dollars en 2008 à plus de 16.600 milliards de dollars en 2013. Ainsi la faillite de la banque d'affaires Lehman Brothers n'a pas eu « d'effet domino », à quelques exceptions près (Dexia, Hypo Real Estate). Mais le coût de cette opération bancaire n'a pas permis de relancer le système économique, bien au contraire il a été transféré sur les Etats, sur la dette publique, donc sur les contribuables. En outre, les « fauteurs de trouble » n'ont guère été sanctionnés, ni à titre institutionnel (banques qui multipliaient les produits toxiques, agences de notation qui décernaient de bonnes notes injustifiées), ni à titre personnel (les dirigeants de ces établissements sont restés en place ou ont trouvé de beaux postes prometteurs…).

Enfin et surtout, ce lourd dispositif international ne s'est pas véritablement attaqué aux causes de la crise : la grande vague de dérégulation financière des décennies 1990 et 2000. Certes, certains pays ont pris des décisions pour protéger les épargnants et tenter de séparer les activités de marché et les activités de dépôt (Etats-Unis, lois Volcker et Dodd-Frank, GB loi Vickers, France loi bancaire de juillet 2013). La Banque des Règlements Internationaux a renforcé les instruments de couverture des risques (Bâle

III). Toutefois, les « stress tests » pour vérifier la solidité des banques ne sont pas rassurants et le risque « systémique » d'une déflagration sectorielle à partir d'un établissement important en faillite ne peut être exclu. La mise en place de l'Union bancaire en Europe a été précédée d'une analyse approfondie des 130 plus grandes banques européennes par la BCE. Enfin l'OCDE a préconisé l'échange automatique d'informations bancaires entre les Etats pour lutter contre le secret bancaire et les paradis fiscaux[1].

Ces efforts pour protéger les épargnants, mieux contrôler les risques et consolider les bilans des banques sont méritoires et sont souvent présentés comme une capacité du système à sortir de la crise et à se renforcer.

C'est oublier l'essentiel. En marge du système bancaire « officiel », il existe une finance de l'ombre, « shadow banking », qui progresse très vite et qui échappe aux contrôles et aux contraintes réglementaires. Ce shadow banking est hétéroclite, il comporte aussi bien les hedge-funds, les SIV (véhicules de titrisation), les « pensions livrées » (une société de gestion met en pension des titres pour ensuite obtenir de nouveaux crédits et ainsi de suite), mais aussi des OPCVM, des fonds monétaires.

Ce système opaque offre des crédits moins chers que les banques traditionnelles mais ces opérations sont souvent croisées et dépendent alors des banques classiques, enfin les sommes en jeu sont considérables. Le risque systémique est incontestable, mais le conglomérat international (FMI, G20, banques centrales, Etats etc.) ne paraît pas en mesure de faire plier la puissance de l'oligarchie capitaliste.

La crise financière a révélé un autre mécanisme : la création d'un réseau souterrain qui échappe aux contrôles et aux règles. Dès 1996, les magistrats européens luttant contre la corruption avaient lancé l'appel de Genève et révélé que les sociétés-écrans des paradis fiscaux n'étaient plus l'apanage des milieux mafieux mais concernaient toute l'économie. Les placements off-shore atteindraient, selon les estimations entre 7.000 milliards et 25.000 milliards d'euros. Ce fait majeur confirme l'analyse de nombreux penseurs (comme Braudel) qui considèrent que le capitalisme est l'utilisation du marché au profit des plus puissants. Le capitalisme a dénaturé l'économie de marché.

Que peuvent faire les Etats contre les « dark pools », ces plate-formes de l'ombre qui représentent plus de 40% des transactions totales ? Que font les marchés contre les « flash orders », ces informations précieuses sur les mouvements boursiers qui sont communiquées aux « bons clients » trois

---

[1] Cf. Pierre Lascoumes et Thierry Godefroy « Le capitalisme clandestin », La Découverte, 2004.

centièmes de seconde avant leur publication officielle? Ce laps de temps est suffisant pour que les algorithmes permettent de prendre des décisions en nano-secondes par les systèmes informatiques, sur des montants considérables.

Les sommes gigantesques accordées par les Etats et les banques centrales (« quantitative easing », rachat de titres de dette publique etc.) ont assuré la liquidité des banques, satisfait les marchés financiers mais elles n'ont pas entraîné une véritable reprise des investissements, au contraire elles paraissent provoquer de nouvelles opérations spéculatives, de nouvelles bulles…

Les liquidités coulent à flots. Leur niveau dépasse 25% du PIB mondial contre 15% en 2007 ! Il faut vite placer ces capitaux, même dans des secteurs à risque. Globalement ces émissions de dette d'entreprise sont en forte hausse et les fusions-acquisitions se multiplient. Les procès et les scandales financiers aussi : J. P. Morgan Chase, manipulation du taux Libor, HSBC, UBS, Société Générale, BNP etc.

Les marchés qui condamnaient l'Irlande, la Grèce, le Portugal, l'Espagne ou l'Italie et les forçaient à des cures d'austérité il y a encore deux ans, ont été échaudés par les rendements insuffisants des pays émergents. Depuis fin 2013 les mêmes investisseurs sont donc revenus vers la zone euro et se bousculent pour acheter les obligations souveraines de ces pays naguère pestiférés. « Marchés efficients » ou simple « yo-yo », en fonction des rendements immédiats les plus juteux ?

La crise n'est pas résorbée que les conduites à risque et les spéculations repartent de plus belle.

De même, « l'optimisation fiscale » a été longtemps tolérée par les Etats, ainsi les grands groupes en ont-ils largement profité en localisant leurs profits dans les pays les plus « accueillants » (Apple, Google, Amazon, Facebook, Ikea, Starbuks, Procter and Gamble, Total en sont quelques exemples). Le taux « mondial » d'imposition a été ainsi réduit à environ 3% de leur chiffre d'affaires, contre 20 à 40% pour les entreprises locales. Question morale vis-à-vis des contribuables qui vont payer à leur place. Question de concurrence vis-à-vis des entreprises locales qui ne jouent pas à armes égales. Le système est injuste, le marché est faussé, qui réagit ?

Les Etats condamnent ces « mauvaises pratiques » mais n'osent pas prendre de décisions qui risqueraient de contrarier l'oligarchie et de faire fuir les capitaux…

L'économiste français Thomas Piketty présente une somme extrêmement fouillée sur l'évolution du patrimoine au cours des siècles. Il constate que le capital se transmet par rente, par héritage, plus qu'il ne se conquiert par le travail, notamment depuis le virage ultra-libéral des années 70-80. Il relève par ailleurs que sur le long terme le rendement du capital est de l'ordre de 4 à 5% par an alors que la croissance économique est de l'ordre de 1 à 2% (dans les pays développés). L'instauration d'un « marché pur », sans contrôle ni redistribution, conduit à créer des distorsions économiques et sociales majeures, donc des crises. Il propose l'instauration d'un cadastre financier mondial et l'instauration d'un impôt progressif sur le capital mondial pour relancer l'investissement et la prise de risque.

Cette proposition qui paraît raisonnable venant d'un économiste fiscaliste reconnu a été immédiatement « taxée » en France de marxiste et d'utopiste… En revanche, les économistes américains ont salué la qualité de ces ouvrages[1].

En matière de fraude fiscale, les pays du G20 et de l'OCDE ont élaboré une liste des pays « coopératifs » ou « non coopératifs » afin de permettre des échanges d'informations. La Suisse a trouvé une solution bilatérale en mettant en place un impôt libératoire en échange de la préservation du secret bancaire (2009, Projet « Rubik ») et le Luxembourg a mis en place les « tax rulings » (accords secrets avec les multinationales).

Le spécialiste des paradis fiscaux, Gabriel Zucman, constate que la finance opaque se développe et constitue une pratique anti-concurrentielle.

A titre d'exemple, il note que le secret bancaire suisse prive la France, l'Allemagne et l'Italie d'environ 15 milliards de recettes fiscales chaque année.

Lui aussi propose l'établissement d'un registre mondial des titres de propriété financière en circulation (actions, obligations, dérivés etc.) afin de mieux identifier et suivre les propriétaires, d'éviter les fuites vers les paradis fiscaux et de lever un impôt mondial sur le capital (2% de la valeur du titre)[2].

Pour le criminologue français, ancien membre de la DST, Jean-François Gayraud, la fraude financière a constitué une incitation au crime et a pris une dimension « systémique ». Les politiques de dérégulation conduites depuis une trentaine d'année ont permis aux différentes mafias (drogue, prostitution, jeux, commerce d'organes etc.) de s'introduire sur les marchés,

---

[1] Cf. Thomas Piketty « Le capital au XXIe siècle, Seuil, 2014 ; « Les Hauts revenus en France au XXe siècle», Grasset, 2001 ; « Pour une révolution fiscale », Seuil, 2011.
[2] Cf. « La Richesse cachée des Nations », Le Seuil, 2013.

grâce aux lobbies, au shadow banking, aux paradis fiscaux. Mêmes les autorités de contrôle des marchés s'étonnent de l'opacité de ces marchés et de leur dimension criminogène. Les nombreuses crises de ces trente dernières années ont été assorties d'un aspect mafieux : mafia et blanchiment d'argent dans les crises latino-américaines, récession « yakuza » (mafia) au Japon, mafia italo-américaine dans les crises du Nasdaq, tricheries comptables (caisses d'épargne américaines, Euron etc.).[1]

L'humanité est confrontée à des enjeux majeurs : le dérèglement climatique, les risques de guerres, la transition énergétique, l'exploitation des travailleurs, la famine qui frappe près d'un milliard d'habitants, la santé des populations les plus pauvres, l'existence d'un système financier opaque etc. L'ONU, seule ou en liaison avec les grandes puissances, ne paraît avoir ni la volonté, ni la force de contrôler l'oligarchie capitaliste. La mondialisation s'est faite par cette oligarchie et le pouvoir politique n'intervient que pour solder les crises et corriger les excès les plus visibles.

Peut-on discerner une aspiration à une gouvernance mondiale de la part des populations ?

Les aspirations à la démocratie, au respect des droits de l'homme, à la justice sociale, à la protection de l'environnement fleurissent partout dans le monde, sous des formes variées.

Les révoltes contre les dictatures politiques et les régimes religieux (monde arabe), contre les injustices faites aux travailleurs (Chine, Inde, Bangla Desh etc.), contre les abus commis sur les femmes (Inde), contre le prix excessif des denrées alimentaires (Afrique), contre l'austérité et l'injustice sociale (Europe du Sud), contre la prédominance du système ultra libéral (les « Indignés » de Stéphane Hessel qui se sont invités à la Bourse de New-York, au Canada, en Europe), contre l'exploitation abusive de la planète (gaz de schistes, minerais, forêts etc.) sont autant d'illustrations d'une prise de conscience.

Des associations ou ONG sont maintenant reconnues et mènent des actions spectaculaires et significatives : Greenpeace, Amnesty International, Transparency International, Handicap International, Médecins sans frontières, World Wild Fund, Finance Watch etc.

Même si certaines ONG peuvent être suspectes de servir des intérêts particuliers, globalement elles participent à une prise de conscience mondiale et interviennent souvent par procuration des peuples pour combattre les mines unipersonnelles, la torture, l'esclavage moderne,

[1] Cf. « Le nouveau capitalisme criminel », Odile Jacob, 2014.

l'exploitation des femmes et des enfants, les viols, la corruption, la chasse à la baleine etc.

Un point particulier doit être porté à Internet dans la diffusion de ces thèmes et actions. La question est complexe car en première analyse Internet n'est qu'un simple instrument technique. Seul le contenu a de l'importance, l'information ne circule pas de façon abstraite, dans le vide, elle est le reflet d'un monde existant. La toile véhicule aussi bien des mouvements de générosité et de solidarité que des opinions racistes, sexistes, xénophobes, violentes etc. En outre, il s'agit là d'un « militantisme » facile : il est plus aisé de cliquer (« clickactivision »), que de participer à de longues réunions ou de coller des affiches. Enfin Internet peut être contrôlé par les internautes eux-mêmes, comme en Chine ou des millions de citoyens surveillent la toile et rendent compte au régime. Il ne faudrait donc pas se faire trop d'illusion sur un outil purement technique (d'origine militaire) et participer à une sorte de naïveté qu'Internet pourrait abattre les dictatures (cf. Evgeny Morozov « The Net Delusion »).

Pour autant, il faut bien admettre qu'Internet comble un vide. Face à un monde politique et économique qui réduit souvent le citoyen à la passivité et limite son rôle aux élections, Internet permet aux citoyens de prendre la parole.

C'est le « speaker 's corner », c'est le préau des écoles, à une autre échelle. Quel que soit le contenu du discours, un espace s'est créé. Or les internautes utilisent de plus en plus cet espace comme un instrument de contrôle des pouvoirs, de vigilance à l'égard des élus et des entreprises, de contestations, de propositions, de débats. D'ailleurs, les internautes font preuve d'indépendance, d'esprit d'impertinence à l'égard des pouvoirs et ils reconnaissent l'égalité de tous les citoyens.

Il s'agit alors d'une esquisse de démocratie participative, une forme de « contre-démocratie » (Pierre Rosanvallon).

Avec ses contraintes (Internet ne fait que véhiculer une culture existante), avec ses exigences (apprendre à dialoguer), avec ses imperfections (facilité de recourir aux extrémités, aux simplifications, au subjectivisme), Internet constitue un nouveau véhicule de communication et de constitution d'une opinion mondiale, plus libre, plus avertie.

Enfin, au-delà de l'outil spécifique Internet il faut voir l'apparition d'une forme d'information, une nouvelle culture dite numérique. Cette culture horizontale (en rhizome ?) de la génération Y (« digital natives ») est le symbole d'une société collaborative. De nouvelles pratiques économiques et sociétales apparaissent pour acheter, louer ou vendre entre particuliers, pour partager un véhicule, un équipement et même pour réunir des fonds (« crowdfunding »).

Dans une telle société, le lien prime le bien, la propriété est dépassée au profit de la fonctionnalité, l'autorité (politique, économique etc.) est contournée par un réseau d'initiatives. C'est tout le pouvoir traditionnel de l'Etat et des entreprises qui est sapé face à cette nouvelle société à la fois individualiste, collaborative, voire libertaire[1].

Il ne s'agit pas d'un vœu pieux, d'une utopie mais d'une réalité qui a concerné d'abord les jeunes générations occidentales puis s'est diffusé à presque toutes les générations, à presque tous les pays.

Cette nouvelle culture permettra-t-elle l'expression des peuples ou sera-t-elle progressivement reprise en main par l'oligarchie ?

Que pourrait-on attendre d'une gouvernance mondiale ?

L'ONU est fondée sur le principe de la représentation de chaque Etat. L'Assemblée générale est ainsi constituée sur une base égalitaire : un Etat, une voix. Cette chambre est complétée par une sorte de directoire, le Conseil de Sécurité composé de membres élus (tournants) et de cinq membres permanents qui ont un droit de véto sur les résolutions. Ces membres permanents sont en fait les grandes puissances « historiques » de 1945 (Etats-Unis, Angleterre, France, Russie, Chine).

Ce partage du pouvoir souffre deux critiques : le grand nombre de pays (près de 200) rend difficile des orientations cohérentes, les membres permanents du Conseil de Sécurité ne sont pas représentatifs du monde actuel. Le système des N.U. est donc à la fois lourd, souvent entravé dans son action et les pays jeunes ne se reconnaissent pas dans cette institution datée.

Globalement, la population mondiale est passée d'environ 2 milliards d'habitants en 1945, à 3 milliards en 1960, près de 7 milliards aujourd'hui et probablement 9 milliards en 2050. [2]

Les deux milliards d'habitants supplémentaires devraient venir d'Asie (+ 1.060 millions) et d'Afrique (+970 millions), alors que l'Amérique du Nord (+100) et l'Amérique du Sud (+90) connaîtraient une croissance très faible et

[1] Cf. « L'âge de la multitude », Nicolas Colin et Henri Verdier, Armand Colin, 2012 ; « Génération Y », Monique Dagnaud, Presses de Sciences Po, 2011 ; « La démocratie Internet », Dominique Cardon, Seuil, 2010.

[2] Les dernières projections de l'ONU (septembre 2014) laissent penser que la population mondiale pourrait avoisiner 10 milliards d'habitants en 2050 et 11 milliards en 2100, ainsi la stabilisation de la population mondiale au cours du XXIe siècle est désormais jugée improbable.

que seule l'Europe verrait sa population décliner (-40). Dès à présent les pays occidentaux ne représentent que 12% de la population mondiale.

Sur le plan économique, les pays occidentaux apportaient encore 70% de la richesse mondiale en 1980, leur part est tombée à moins de 50% en 2013. La croissance économique de l'Asie a été si forte que d'après l'ONU les classes moyennes asiatiques devraient atteindre 1,7 milliard d'individus vers 2020, un chiffre supérieur aux classes moyennes occidentales. Or ces classes sont déterminantes dans le pouvoir économique, les universités, la recherche, la productivité, la consommation, l'implantation des marques etc. Dans le tableau des 10 plus grandes multinationales, en 2007, les Etats-Unis en comptaient 6 et la Chine aucune. En 2013 la Chine en compte 4 et les Etats-Unis 3…

Dans ce nouveau concert des Nations, l'ONU devra tenir compte des évolutions, notamment au sein du Conseil de Sécurité : l'Europe aura de plus en plus de difficulté à détenir deux postes nationaux alors que de nouveaux pays comme l'Inde, le Brésil, l'Afrique du Sud, l'Indonésie revendiqueront un siège.

Toutefois, ces rééquilibrages ne règleront pas le problème fondamental de la lourdeur de l'ONU.

Il faudra sans doute maintenir une assemblée représentant chaque Etat afin que le plus petit d'entre-eux puisse se faire entendre. Mais ce rôle pourrait revenir en quelque sorte à la seconde chambre (une sorte de sénat) lieu de sagesse et de protection des minorités.

L'assemblée principale devrait refléter la totalité de la population mondiale qui s'exprimerait au sein de courants de pensée, de partis et non plus de pays. Ce serait la façon démocratique de faire émerger la volonté de la nation-monde issue de débats et d'élections. Cette représentation de la population mondiale pourrait provenir d'élections directes (plus démocratiques, mais lourdes à organiser à l'échelle planétaire) ou indirectes (par représentation proportionnelle des parlements nationaux).

Le pouvoir exécutif (probablement collégial) serait soumis au contrôle de ces deux assemblées. Dans une phase transitoire, les pays historiques, fondateurs des NU, pourraient occuper une place notable au sein de cet exécutif, mais le pouvoir de véto devrait être proscrit au profit du principe majoritaire.

Une gouvernance mondiale constituerait donc une chance d'aller vers un monde nouveau. A l'inverse elle porterait le risque inhérent de dictature mondiale.

C'est dire que le pouvoir exécutif devrait être subordonné à un contrôle démocratique des assemblées et devrait répondre à des initiatives de citoyens (par voie de votations ?). Les droits de l'homme devraient faire l'objet d'une stricte application, aussi bien au niveau local (surveillance de type scandinave « ombudsman », initiatives citoyennes ?), qu'au niveau central (une sorte de Cour Suprême ?). Tout pouvoir exige un contre pouvoir, a fortiori s'il est mondial.

Il est probable en effet que la gouvernance mondiale ne pourra pas se satisfaire d'un jardin à la française bien ordonnancé entre une Assemblée populaire, un Sénat des Etats, un Exécutif et un Pouvoir judiciaire indépendant.

Les pays occidentaux, au premier chef, se trouvent placés dans une position délicate. Les principes démocratiques qu'ils ont érigés reposent sur des élections libres et égalitaires, un homme, une voix. Appliquer ce principe à l'échelle mondiale c'est admettre que l'Occident ne représente guère plus qu'un dixième de l'humanité…

La France a déjà fait face à une telle question lors de la Révolution. Plutôt que de reconnaître pleinement le Tiers Etat, elle a d'abord institué un régime mixte dans la constitution de 1791 : le roi est chargé de l'exécutif, le régime électoral est « censitaire » : seuls les électeurs qui paient un certain montant d'impôt peuvent voter.

N'est-ce pas ce qui se passe précisément aujourd'hui avec les conférences de type G7 ou G20, nouvelles formes d'un régime censitaire ?

Le pouvoir planétaire devra laisser beaucoup de latitude aux initiatives locales pour tenir compte de la diversité et de la complexité des situations. Le respect du droit et notamment des droits de l'homme dans tous les pays constituera une avancée majeure. A cet égard, la création de la Cour Pénale Internationale a permis de mettre en cause bien des dictatures.

Seule, une gouvernance mondiale fondée sur la légitimité démocratique et disposant de moyens importants, législatifs, juridiques mais aussi budgétaires, militaires, aurait la possibilité de faire prévaloir l'intérêt de la planète et de ses habitants sur les intérêts particuliers.

Les risques de guerre, qu'ils soient d'origines nationalistes, ethniques, religieux ou environnementaux (montée des eaux, accroissement des déserts, manques d'eau, de terre etc.) pèsent sur la survie de l'être humain. Seule, une autorité mondiale disposant d'une force d'intervention pourrait éviter de telles catastrophes.

Les dictatures, la torture, l'esclavage, les atteintes aux droits de l'homme, les manquements aux législations sociales et environnementales, les trafics mafieux sont tolérés par de nombreux Etats. Seule, une gouvernance mondiale aurait la légitimité et les moyens pour intervenir en tous lieux, pour faire respecter les droits de l'homme et appliquer les règles communes de protection de l'environnement et des travailleurs.

Les marchés organisent l'économie mondiale en fonction des intérêts de l'oligarchie. Or la rareté économique a changé de nature. A force de créer des besoins, d'exacerber la compulsion consommatrice, le système a produit une profusion de biens, mais aussi de déchets et il est en train de provoquer une nouvelle rareté, la pénurie de ressources naturelles. Il est facile de changer de voiture ou de téléphone portable tous les ans. En revanche, que ferons-nous face au dérèglement climatique, à la réduction de la bio-diversité, à l'épuisement des ressources naturelles ? Peut-on envisager une agriculture sur des sols dégradés ? Une pêche avec de moins en moins de poissons ? Une industrie sans minerais ?

Seule, une gouvernance mondiale aurait autorité pour dresser un inventaire mondial des richesses minérales, végétales, animales et pour protéger les ressources rares, par voies réglementaires, fiscales etc. Seule, elle pourrait constituer un cadastre des richesses financières pour surveiller les mouvements de capitaux et lutter contre l'argent sale (cf. G. Zucman). Seule, elle pourrait mettre en œuvre un impôt mondial sur le capital (cf. Th. Piketty). Seule, elle pourrait élaborer une comptabilité globale à l'échelle planétaire qui inscrive l'activité économique dans la biosphère afin de déterminer le vrai bilan, le vrai résultat des entreprises (cf. 3,2. « La finalité : le développement durable et humain », « Pour une comptabilité globale »).

Face à une économie marchande et productiviste dont on constate le coût humain et environnemental, une autorité mondiale pourrait encourager le développement d'une économie hybride, plus innovante, plus démocratique aussi.

De même, le marché du travail crée une contradiction. A l'échelle globale, les économistes constatent une « baisse tendancielle du taux de travail » grâce à la productivité, à la technologie etc. Voir les travaux de Bruno Colmant et Paul Jorion, les études récentes du MIT (Etats-Unis), comme de l'université d'Oxford (Royaume-Uni).

Les travailleurs se trouvent ainsi prisonniers de cette baisse globale du travail avec des effets d'accordéon, selon les régions, les conjonctures. Si l'on veut prendre en compte une telle évolution, réduire progressivement le temps de travail, harmoniser les marchés du travail (en supprimant le dumping social, les parités de devises artificielles etc.), cela ne peut s'envisager qu'à l'échelle mondiale.

*

Un tel pouvoir mondial, émanation des peuples, pourrait préserver la paix, protéger la planète, conduire les grands investissements d'intérêt mondial, harmoniser et moderniser les législations et les comptabilités, favoriser l'émergence d'une économie hybride et contrôler la puissance occulte de l'oligarchie.

Mais l'espérer ne prouve pas que cela se fera. Une telle mutation ne viendra peut-être pas des Etats et elle sera contrecarrée par les multinationales. Tout procède des citoyens, des initiatives individuelles, des expériences collectives, des associations, des ONG, des syndicats, des partis.

L'histoire montre que l'esprit démocratique, la conscience de classe des travailleurs, la libération du Tiers-Monde, le mouvement féministe, la culture écologique etc. sont d'abord venus d'individus qui ont proposé des avancées, puis des groupes qui ont tenté des expériences, puis des réseaux qui ont diffusé ces conquêtes et enfin de l'opinion publique[1].

Cette opinion mondiale commence à se cristalliser autour de certaines causes qui ne peuvent plus être ignorées des pouvoirs publics : protection de l'environnement, promotion de l'économie sociale et solidaire ou du commerce équitable, lutte contre la fraude fiscale et les paradis fiscaux etc.

Les formes de cette gouvernance mondiale peuvent être variées, évolutives. L'essentiel réside dans sa légitimé et sa capacité à faire prévaloir l'intérêt général.

Les étapes de la construction de cette gouvernance sont venues des crises majeures, voire de catastrophes qui ont contraint les Etats à se concerter et à abandonner une partie de leurs prérogatives pour éviter le renouvellement de ces tragédies (ce sont les guerres qui ont permis la création de la SDN, de l'ONU ou de la Cour pénale internationale).

Mais l'initiative doit venir des citoyens dans leur lutte contre la pollution, les maladies, les dictatures, les injustices sociales, les paradis fiscaux etc. Ces

---

[1] Margaret Mead « Ne doutez jamais qu'un petit groupe de citoyens engagés et réfléchis puisse changer le monde. En réalité, c'est ce qui s'est toujours passé ».

initiatives débouchent alors sur des débats, des propositions, des expériences qui constituent non seulement l'ébauche d'une opinion mondiale mais aussi l'esquisse d'un nouveau monde (« bottom up »).

En tout état de cause la gouvernance mondiale devrait combiner des politiques faisant prévaloir l'intérêt général et une très grande souplesse, une très grande décentralisation des initiatives locales.

Elle résultera probablement d'une pensée logique, cohérente, politique mais aussi de l'éclosion de multiples expériences locales susceptibles d'être reprises et diffusées. Une telle gouvernance est aussi complexe à mettre en œuvre qu'elle est impérieuse pour la survie de la planète et des espèces vivantes.

Conclusion

*

Perspectives

Le sens de l'économie est au fond de l'être humain. Le don, le troc, l'échange, le marché apparaissent dès les premières rencontres entre chasseurs, pêcheurs ou cueilleurs. Le calcul et la comptabilité sont inventés avant l'écriture. Voici près de 5.000 ans que les hommes se font crédit…

Le capitalisme apparaît en Europe à l'aube de la Renaissance, il naît de l'économie de marché, il suscite un fourmillement d'initiatives, il récompense l'effort, la prise de risque, il produit des révolutions technologiques et transforme le monde.

Le capitalisme résulte de l'association des grandes fortunes et des princes, il permet la concentration des pouvoirs, il domine l'économie de marché, il l'asservit.

L'obsession du profit conduit à des crises économiques à répétition provoquées par des spirales spéculatives. Les inégalités sociales sont exacerbées et sont la source de nouvelles crises. Des menaces grandissantes pèsent sur le vivant et sur l'environnement.

Les grandes décisions qui déterminent notre avenir sont prises par un pouvoir oligarchique aussi puissant qu'opaque. Les intérêts privés, les profits immédiats priment sur l'intérêt général.

Or, ce pouvoir n'a jamais pu se réformer de lui-même. Ce sont les grandes crises, donc ses moments de faiblesse, qui ont permis à ses opposants de conduire des réformes salutaires. Mais le système tend toujours à revenir à ses sources : un capitalisme pur et dur.

L'individu lui-même est traversé par ces contradictions. Il aspire à un cadre stable qui récompense le travail et le mérite. Il se réjouit de la propriété de biens qui expriment sa réussite et son pouvoir. Et pourtant il est conscient des injustices du système qui provoquent des crises, voire des révolutions. Il comprend que l'argent-roi peut détruire l'être humain et l'environnement. Il s'insurge contre un pouvoir planétaire qui décide de tout et n'est responsable devant personne. Nous avons évoqué un pacte faustien : « j'abandonne mon rôle de citoyen, à condition de jouir pleinement de ma position de consommateur ».

L'individu est ainsi soumis à une culture dominante d'un capitalisme naturel, efficace, universel. Il faut presque être un rebelle, un trublion pour contester ces fondements idéologiques aussi bien dans l'entreprise, que dans les médias ou à l'université. Notre horizon se rétrécit.

Ce système devient effectivement un « monstre doux » (cf. Raffaele Simone), doux parce qu'il répond à certaines attentes de la population, monstre parce que ce système est dominant, parce qu'il façonne les êtres humains, exploite les ressorts les plus primaires de l'individu et standardise progressivement les populations comme il a standardisé les vêtements ou les tomates…

Les idéaux républicains fondés sur l'égalité des citoyens, la justice, la solidarité, la culture pour tous, la promotion sociale par l'école, la créativité paraissent ringardisés tant ils reposent sur l'éthique et l'effort.

Ainsi l'individu, notamment occidental, n'est pas véritablement confronté à un régime dictatorial qui provoquerait la révolte, la révolution, il se trouve intégré, phagocyté dans un système tout puissant qui répond à ses besoins, à ses pulsions mais qui devient de plus en plus envahissant, aliénant.

C'est peut-être là que réside l'erreur des révolutionnaires (notamment « communistes ») que d'avoir cru que le capitalisme était une sorte de mal absolu, d'ennemi extérieur, ils ont oublié que le capitalisme était lié à l'histoire de l'humanité et qu'il était inscrit au fond de l'individu. La solution ne réside donc pas dans la prise d'une bastille, d'un palais , ni dans l'exécution d'un tyran mais dans la transformation radicale, progressive et consciente de toute une société. On ne fait pas « table rase du passé ». L'histoire est une continuité, même faite de contradictions et de révolutions. Le monde nouveau naît du monde ancien.

Le système ultra-libéral produit un immense désordre mondial : déréglementations, délocalisations, exploitation des plus démunis, contournement des règles sociales et environnementales, optimisation fiscale, produits toxiques aussi bien financiers qu'industriels, scandales et corruptions, crises financières économiques et sociales, déficits budgétaires des Etats, accroissement des impôts (sauf pour les multinationales), catastrophes environnementales, dégradation de la biodiversité, dérèglements climatiques etc. Tout est lié.

Le système capitaliste a atteint son stade ultime avec la mondialisation, mais il est à bout de souffle.

L'économie a perdu son sens. Elle a été retournée. Le marché n'est plus le lieu d'échange neutre entre acteurs libres et indépendants. L'accumulation du capital prime sur la satisfaction des besoins humains. Le pouvoir exorbitant des plus riches ne représente pas l'intérêt général. L'environnement est sacrifié.

De nombreux citoyens prennent conscience de ces enjeux, de ces périls. Certains proposent et expérimentent des projets, des pistes pour dépasser ce système. Nous avons esquissé le tableau d'un monde possible, les lignes de force d'une telle mutation.

Cette aspiration à l'initiative, à la satisfaction des besoins humains, au respect des biens communs et de l'environnement pourrait se réaliser par plus de démocratie. La démocratie est en crise parce qu'elle est étouffée. Il faut lui redonner son sens, son dynamisme.

Mais quelles sont les chances de succès d'une telle mutation face à un système mondialisé qui domine l'économie, les médias et infiltre les pouvoirs publics ?

Essayons de nous projeter dans l'avenir en analysant les forces en présence, les processus en cours et explorons le champ des possibles.

1- Le triomphe de l'oligarchie

« L'ancien se meurt, le nouveau est empêché de naître et dans ce crépuscule prolifèrent les monstres ». Gramsci.

*

C'est la perspective la plus probable.

La crise de 1929 avait révélé au grand public les contradictions du système capitaliste. La révolution soviétique avait donné au prolétariat une « patrie » qui forçait le système capitaliste à des compromis. La Seconde Guerre mondiale avait marqué la chute du fascisme. Les nécessités de la reconstruction avaient conduit à des politiques d'inspiration sociale-démocrates et aux Trente glorieuses. Mai 68 avait esquissé de nouvelles ambitions de démocratie participative, de prise de conscience environnementale, de solidarité mondiale et de libération des mœurs.

Tous ces événements pouvaient concourir à de nouveaux progrès et à une évolution du capitalisme vers une « économie sociale de marché ». C'est le contraire qui s'est produit. A partir des années 70-80 un formidable courant conservateur venu des Etats-Unis a voulu en finir avec l'Etat providence, les concessions sociales, le partage équitable des résultats entre salaires et dividendes. Ce mouvement a testé ses instruments dans le Chili de Pinochet et s'est étendu à l'Angleterre, puis aux Institutions internationales et finalement à une grande partie du monde.

Nous avons vécu l'époque d'un « coup d'Etat silencieux » (Simon Johnson), d'un retour des luttes de classes au profit de la bourgeoisie (Warren Buffet).

Ce mouvement avait ses penseurs (Friedrich von Hayek, Milton Friedman etc.), ses vulgarisateurs (les romans d'Ayn Rand : « Atlas », « La Grève » etc.), ses clubs (Société du Mont Pélerin, Davos etc.), les grands médias à sa disposition, mais elle était surtout pilotée à l'échelle mondiale par une oligarchie toute puissante et c'est cela qui en fit le succès.

Lorsque la crise de 2008 éclata, les théoriciens conservateurs firent momentanément le « gros dos » car l'urgence était d'obtenir des Etats, donc des contribuables, les immenses ressources nécessaires au

sauvetage du système bancaire, ce que fit promptement le G20 (pour un coût total d'environ 12.000 milliards de dollars US).

Les interventions massives des Etats et les refinancements des banques par les banques centrales à des taux quasi-nuls permirent au système bancaire de se rétablir et le coût fut ainsi transféré vers la dette publique... Ce qui permit aux conservateurs de reprendre, sans scrupule aucun, leur antienne favorite : « les Etats sont en déficit parce qu'ils sont trop dispendieux en termes de services publics et d'aides sociales... ».

Quel économiste ou journaliste audacieux rappellera que les Etats sont en difficulté parce que les entreprises multinationales ne paient pas (ou si peu) l'impôt et parce que la crise financière a été soldée par la puissance publique ? Pourtant les institutions internationales (FMI, OCDE) reconnaissent elles-mêmes que les finances publiques des pays occidentaux seraient équilibrées si les transnationales payaient l'impôt comme les entreprises ordinaires...

Un tel discours de vérité n'est plus audible dans un climat idéologique conservateur digne du XIXe siècle. Nous sommes soumis à un discours dominant qui s'apparente à une propagande.

C'est ce que l'économiste américain du MIT, Simon Johnson, appelle « capture cognitive » : les dirigeants politiques sont soumis à cette idéologie et sont persuadés que la dérégulation des marchés et l'aide massive aux banques redresseront l'économie. Comme avant. Avant la crise. L'analyse critique est rendue impossible.

L'histoire contemporaine est ainsi révélatrice. Lorsque le système capitaliste est en crise aiguë (crise de 1929, collaboration avec le fascisme, nécessités de la reconstruction, crise de 2008), il accorde quelques concessions, mais très rapidement il reprend le dessus et impose son discours dominant. Comment expliquer une telle puissance qui permet de nier, d'occulter les contradictions du système ?

Nous avons montré la concentration économique et financière à l'échelle mondiale (cf.1, 3. « La mondialisation »).

Les marchés sont de plus en plus contrôlés par des groupes dominants qui, dans chaque secteur, chaque segment, imposent les choix, les prix. Les autres entreprises, les sous-traitants ne peuvent que s'aligner.

Du côté de la demande, les grands groupes ont toujours cherché à « conditionner » les consommateurs, à orienter leurs choix (publicité dominante, modes pressantes, omniprésence de leurs réseaux de distribution etc.) mais ils devaient tout de même tenir compte de la diversité de cette demande (goût inattendu des consommateurs pour tel produit, innovation d'une petite entreprise qui bousculait le marché etc.).

La révolution actionnariale des années 70-80 va encore plus loin. La priorité absolue est le dividende versé à l'actionnaire. Les profits doivent croître même si la demande stagne et l'investissement décline. Cette économie actionnariale, dite pompeusement de l'offre, conduit à la stagnation puis à la déflation : la consommation se ralentit, les consommateurs sont attentistes, les prix se figent, la production se contracte, les rentrées d'impôts se réduisent et l'Etat ne peut plus relancer l'économie. Enfin la dette publique, comme la dette privée croissante des ménages (notamment aux Etats-Unis et en Angleterre) représentent une épée de Damoclès pour les années à venir.

L'efficacité de cette politique actionnariale n'a pas été prouvée dans la réalité, elle a même été à l'origine de la crise de 2008, l'affirmation si souvent entendue que « l'offre crée sa propre demande » n'a pas non plus été confirmée dans les faits[1].

L'élève la plus brillante de Keynes, Joan Robinson a pu dire que la faiblesse de son mentor résidait dans son idéalisme. Il considérait qu'une théorie intelligente s'imposerait face à une théorie aussi stupide que le néolibéralisme. Or les grandes décisions ne sont pas prises au nom de l'intelligence ou de la justice, mais au nom des intérêts dominants. Elle soulevait le point cardinal de la vie économique.

L'avenir de la population est ainsi subordonné aux intérêts immédiats des rentiers.

La puissance de cette oligarchie n'est pas seulement capitalistique. Elle ne se contente pas de dominer le marché, sa puissance est aussi politique. Elle a investi les Etats et les organisations internationales, d'abord par une forme d'endogamie (mêmes milieux d'origine, même idéologie, mêmes références, mêmes clubs etc.), ensuite par les pressions, le lobbying, la corruption. Les grands scandales que nous avons décrits (santé, médicaments, pesticides, tabac, pétrole, nucléaire, climat etc.) montrent à quel point ces grands groupes peuvent investir des centres de recherche, financer des études, utiliser des experts pour contester les conclusions officielles et retarder les prises de décisions, puis intervenir auprès des politiques pour amender les textes et les rendre inopérants. Ces exemples sont trop nombreux et trop importants pour les prendre à la légère. Il existe bien un pouvoir occulte qui contredit les études scientifiques et contrarie les prises de décision. L'intérêt des populations est bafoué en permanence.

[1] Cf. Steeve Keen « L'imposture économique », Editions de l'Atelier, 2014.

L'étape suivante est de contrôler les médias et de diffuser cette culture dominante pour conquérir l'opinion publique. Le journalisme indépendant et d'investigation qui a conquis ses lettres de noblesse est aujourd'hui de peu de poids face à l'industrie médiatique. Prenons le cas français, lors du mandat présidentiel de N. Sarkozy. Ceux qui se présentaient comme les « frères », les « parents », les « témoins de mariage », les « amis intimes » du Président détenaient l'essentiel des médias : Serge Dassault, sénateur UMP, avec le Figaro et la presse de province associée ; Martin Bouygues avec TF1, LCI et des participations dans Métro, TMC, RTL9 ou NT1 ; Arnaud Lagardère avec les magazines Paris Match, Le Journal du Dimanche, Elle, Télé 7 jours, les radios (Europe 1, RFM), les chaînes de télévision (MCM, Europe 2 etc.) ; Bernard Arnault avec La Tribune ; Vincent Bolloré avec Direct 8, Direct Soir, le groupe publicitaire Havas etc.

Certes, les exemples de la France de N. Sarkozy et l'Italie de Berlusconi sont extrêmes, presque caricaturaux. Certes, bien des journalistes courageux ont résisté à ces pressions. Mais de façon générale l'oligarchie impose son idéologie sur les pouvoirs publics par consanguinité, sur les grands médias par la puissance financière et enfin sur l'opinion publique par un conditionnement de tous les instants.

Cette idéologie dominante, partout présente, incite d'abord à la haine de l'Etat (cf. Martin Wolf). L'Etat n'est pas présenté comme émanation des citoyens, défenseur de l'intérêt général, régulateur de l'économie, redistributeur au profit des plus faibles mais comme un pouvoir étranger, centralisé, socialisant qui étouffe les entreprises et se nourrit des impôts.

Lorsque le président Obama a présenté son système de santé national et qu'il a montré le coût du système de santé américain (16% du PIB, plus de 10% de coûts de gestion) à comparer avec un système « socialiste » comme la sécurité sociale française (seulement 12% du PIB, environ 5% de coûts de gestion) et son inefficacité relative (un Français vit deux ans de plus qu'un Américain), il n'a pas été véritablement entendu et l'image de « président socialiste » lui a été accolée comme une infamie.

Il faut donc réduire le rôle de l'Etat, diminuer les moyens des services publics (avec des conséquences catastrophiques dans les hôpitaux et les écoles), restreindre les aides sociales aux « assistés », limiter la culture et même la recherche fondamentale.

Il faut par ailleurs « libérer les forces productives » en réduisant les contrôles sociaux, fiscaux ou environnementaux, il faut attirer les actionnaires par des dividendes accrus et une pression sur les salariés[1].

La compétition mondiale s'exerce en fonction du coût du travail. La pression doit porter sur le travailleur pour qu'il accepte des sacrifices, sans lesquels il sera déclaré responsable de la crise, du chômage, des délocalisations etc. Les salaires doivent être comprimés, les prestations sociales réduites, le temps de travail accru, la productivité forcée (par toutes sortes de moyens de contrôle et de pression).

En contrepartie, le pays et les entreprises se font fort de relancer les investissements d'avenir, la recherche, la formation et bien sûr les emplois. Ainsi les pays occidentaux ne devraient pas perdre leurs positions dominantes s'ils misent sur leurs grandes entreprises, leurs champions.

Ce raisonnement d'adaptation au marché mondial est présenté comme « réaliste » et il est compris d'un vaste public. Il souffre pourtant de plusieurs contradictions. (2,1. « La crise actuelle »).

La compétitivité internationale ne se limite pas à la rémunération des travailleurs. D'abord la formation, la qualification et la productivité des travailleurs est un élément important dans la compétitivité d'une usine. Il faut ensuite examiner la totalité des coûts des facteurs pour une entreprise. Un pays bien équipé en ports, en routes, en télécommunications, en services bancaires et financiers obtiendra de meilleurs résultats économiques qu'un pays dont les ports sont surchargés et soumis à la corruption, les routes parfois impraticables, les télécommunications souvent en panne, les services bancaires, assurances insuffisantes. De même, un pays qui peut distribuer de l'énergie et de l'eau de façon régulière et à un prix compétitif conservera des atouts. En somme, les équipements publics réalisés par les pouvoirs publics et financés par des impôts, procurent un avantage comparatif majeur.

La deuxième contradiction est qu'il est demandé aux travailleurs de toujours maintenir le regard « vers le bas », de se comparer aux travailleurs les « moins chers » et de s'aligner progressivement sur ces derniers. En revanche, les grands patrons, les cadres dirigeants, les agents financiers, les actionnaires, eux, peuvent regarder « vers le haut ». Ce sont des aigles qui vont abandonner le pays et voler vers des cieux plus prospères s'ils ne sont pas traités avec respect. Or les sommes accordées à la caste dirigeante sont considérables. Lorsqu'un patron coûte autant que tous les travailleurs d'une usine (un rapport de 1 à 300 est souvent constaté), la question n'est plus

---

[1] Cf. Edward Luce « Time to start thinking : America in the age of descent », Atlantic Monthly Press, 2012.

seulement morale, elle est aussi économique. Il s'agit en réalité de dirigeants qui accaparent plus de richesses que ce qu'ils contribuent à créer. Certains économistes américains (Daron Acemoglu et James Robinson « Pourquoi les nations échouent ») parlent de « groupes extractifs », de prédateurs. Et c'est là que le raisonnement est faussé : si les efforts demandés aux travailleurs sont compensés par les avantages démesurés accordés à une petite catégorie de personnes, l'entreprise ou le pays n'améliorent pas globalement les termes de leur compétitivité. C'est déshabiller Robert pour habiller Louis-Pierre…

On ne peut donc mettre en cause le « coût du travail » sans examiner le « coût du capital » et le coût de la classe dirigeante.

Ceci nous conduit à la dernière contradiction : le « tricle down », le ruissellement ; c'est l'enrichissement des capitalistes qui permettrait de créer des usines, donc de l'emploi, donc du pouvoir d'achat. Or, c'est l'inverse qui s'est produit au cours des dernières décennies. L'explosion du nombre de milliardaires et de nouveaux riches à l'échelle mondiale s'est accompagnée d'une stagnation du niveau de vie des travailleurs et parfois même d'une précarisation. La plus-value dégagée par l'économie a bien été absorbée en priorité par des groupes extractifs (cf. Rapport du FMI de juin 2015).

L'oligarchie mondiale déplace les unités de production en fonction de ses intérêts immédiats. Un pays qui n'est pas trop « regardant », qui tolère que des enfants ou des prisonniers travaillent, que des salariés soient exploités sans contrat, sans hygiène, que l'air, l'eau, la terre soient pollués, que la comptabilité des entreprises soit truquée, l'optimisation fiscale favorisée, les trafics de devises permis… un tel pays est sans conteste parfaitement compétitif.

L'économie n'est plus au service des populations, c'est une économie de guerre. Dans cette perspective, il faut encourager l'esprit de conquête par tous les moyens, car c'est la lutte de l'entreprise qui fait rentrer de l'argent. Il faut d'abord instaurer une culture de l'entreprise : son originalité, sa personnalité, son management, ses produits, ses atouts, ses compétitions. Il faut que les travailleurs s'identifient à leur entreprise et se reconnaissent dans son logo, comme au Moyen-Âge les manants se reconnaissaient dans le blason du seigneur. Puis, insensiblement, il faut passer de la culture d'entreprise au culte de l'entreprise. L'entreprise a un chef, une direction, une ligne, une méthode, des objectifs que nul ne saurait contester sauf à être un traître, un syndicaliste… La soumission à l'entreprise est la condition de la conquête des marchés, donc de l'emploi. En période de guerre, la contestation relève de la trahison. Bien sûr qu'il existe des entreprises différentes, ouvertes, conviviales, humaines, mais la pression générale de guerre et de « patriotisme » économique va bien dans ce sens.

Cette pression sur l'entreprise se transmet sur le salarié, sur le citoyen. La lutte impose la disponibilité de chacun. Les travailleurs sont mis en concurrence, entre services, par l'informatique, les contrôles de résultats, l'avis des clients.

La médecine du travail en constate les effets catastrophiques (maladies professionnelles, « burn out », paranoïa, dépression, usage abusif de médicaments et drogues, suicides etc.). Les thérapies contemporaines (notamment aux Etats-Unis depuis les années 1990 : thérapies cognitivo-comportementales, TCC) s'inspirent du Manuel d'Epictète en le replaçant dans le contexte moderne. Epictète est né au Ier siècle dans une province de L'Empire romain, il a pu s'affranchir et est devenu une figure du stoïcisme. Dans son Manuel il distingue ce qui ne dépend pas de moi et sur lequel je ne peux rien faire (les affaires de tous) et ce qui dépend de moi (jugement, impulsion, désir). Une interprétation purement individualiste conduit cette thérapeutie à inciter le patient à ne rien remettre en cause du monde existant mais au contraire à s'adapter à ce monde. Hegel avait déjà relevé le caractère conservateur du stoïcisme : le monde social est à l'image de la nature, immuable, intangible. L'utilisation du stoïcisme par cette thérapeutie moderne doit conduire l'être humain à s'adapter au monde et certainement pas à le transformer.

L'endoctrinement repose aussi sur le « terrorisme publicitaire ». La publicité a été conçue par une armée de spécialistes pour envahir la vie quotidienne des consommateurs : d'abord de façon physique (panneaux le long des routes, dans les gares, les villes etc.), puis dans la communication (journaux, revues, postes, téléphone, cinéma etc.), puis dans les fichiers (Amazon, Microsoft, Apple, Google, Facebook, Yahoo, Twitter etc.). Ces groupes ont obtenu, en toute liberté, des masses d'informations stockées sur les individus, qu'aucun gouvernement n'avait osé exiger. Des outils mathématiques et des machines ultra performantes ont permis de traiter toutes ces informations. Les liens entre ces groupes et des organismes de renseignements ont été établis. Il est même apparu que les syndicats du crime (argent de la drogue, commerce d'armes etc.) s'étaient infiltrés dans le système. Pour Mark Zuckerberg (Facebook) l'époque de la sphère privée est révolue.

L'image traditionnelle de la surveillance des citoyens (les fichiers sous Napoléon, les délateurs, les gardiens d'immeubles, les écoutes téléphoniques de la STASI) paraît artisanale et désuète face à ce formidable système qui surveille les individus en permanence et exploite toutes les données.

Ce régime « post-démocratique » est insidieux car il permet le contrôle de la population sans violence, ni police apparente (cf. Hans Magnus Enzensberger « Le Perdant radical : essai sur les hommes de la terreur », 2006, Gallimard).

L'affaire de la NSA, révélée grâce au lanceur d'alerte, Edward Snowden, a confirmé les craintes d'Enzensberger. A titre d'exemple, la NSA a enregistré plus de 70 millions d'appels téléphoniques en France sur un mois (décembre 2012). Le programme « Prism » a révélé les liens entre la NSA et les géants du Web. Cette affaire a créé un malaise diplomatique mais n'a pas suscité de réflexion majeure sur le système qui nous contrôle et nous dirige.

L'économie numérique est extrêmement concentrée. Google contrôle 90% des moteurs de recherche et encaisse 50 milliards de dollars de revenus annuels. Amazon et eBay dominent le commerce Internet. Dans ce système, le consommateur n'est pas un individu mais un produit qui fournit des informations, lesquelles sont traitées et vendues à des entreprises de commerce.[1]

Notre économie présentée comme libérale, décentralisée est en fait hiérarchisée, centralisée. Vous croyez disposer d'instruments nouveaux qui vous offrent de nouvelles opportunités, alors que ces instruments sont au service de groupes puissants qui vous surveillent.

L'être humain doit perdre son caractère prométhéen, il doit abandonner tout sens critique, tout esprit de contestation, toute imagination. Il doit se soumettre au système et en contrepartie il en reçoit les avantages. Une société de consommation qui se renouvelle à l'infini. Elle est née du besoin de biens matériels nécessaires à la survie (nourriture, logement, habillement, santé etc.). Elle s'est renouvelée avec la mode, le conditionnement social, la compulsion de l'achat, le besoin de paraître, le neuromarketing. Elle est aujourd'hui réactivée avec les découvertes technologiques qui créent de nouvelles pressions, de nouvelles obligations pour rester « d'avant-garde ». Mais la finalité de cette société est toujours la même, j'achète un objet, auquel je m'identifie car il me permet de croire que je suis supérieur à mon voisin.

On assiste ainsi à l'apparition d'un monde dans lequel l'intérêt général, les biens communs sont délaissés au profit de la société marchande et de la consommation.

Dans un tel monde, les idées de progrès, de démocratie, de coopération, de solidarité seront de moins en moins entendues.

---

[1] Cf. Pierre Desjardins, Université de Laval, Québec, Canada.

Ce monde est replié sur lui-même, méfiant, soumis à toutes sortes de peur, la peur de l'étranger, de l'autre, de l'immigré, la peur de la crise, du chômage, de la décadence, la peur de la science.

La peur interdit toute rationalité et exige la protection, la sécurité, l'autorité, à n'importe quel prix. Le risque est grand que les rapports humains se contractent, se détériorent.

Jean Twenge « L'Epidémie de narcissisme » esquisse une évolution inquiétante.

L'individu ne recherche plus le dépassement de soi dans un projet collectif et utile, il cherche avant tout à « se vendre » dans la vie, comme dans le travail, même de façon cynique, même pour un résultat provisoire. L'amour collectif est oublié, l'amour dans le couple est alors dévoyé. Le sentiment amoureux s'estompe au profit d'une évaluation permanente du partenaire : ce qu'il ou elle peut apporter (sexualité, argent, image de marque etc.). Le couple est en balance et devient plus instable, en fonction du « marché ».

L'individu ne s'intéresse plus au monde réel, il préfère plutôt se valoriser sur les réseaux sociaux pour gagner une « micro-célébrité », à la recherche de « followers ».

L'enfant est éduqué dans le narcissisme du « moi, je, tout de suite », encouragé à devenir consommateur, vivant dans la facilité des jeux virtuels, la violence coutumière, l'enfermement dans son groupe social, dans sa classe d'âge.

Le modèle dominant se reproduit et se renforce.

L'être humain doit être mis au service de ce système, de cette guerre de domination. La science et la technologie sont alors utilisées pour créer des sortes de « surhommes » capables de vaincre les rivaux.

Le capitalisme technoscientifique (informatique, télécommunication, biotechnologique, génie génétique, sciences de la nature, nanotechnologie, espace etc.) est à la pointe du système. Chaque secteur est dominé par un petit nombre de firmes. Ainsi les décisions majeures concernant le vivant, la nature, la terre sont prises par un petit nombre d'entreprises très puissantes.

L'individu est de plus en plus « appareillé », les prothèses se multiplient. De la caméra miniaturisée détectant une maladie à l'appareil auditif, du pace maker à la jambe artificielle, de la lunette informatique délivrant de multiples messages à la montre GPS, la science et la technologie viennent au secours de l'être humain.

La compétition économique s'empare de ces progrès scientifiques : c'est le cadre d'affaire qui vole d'un écran à l'autre sans répit, sans jamais être déconnecté ; ce sont les décisions informatisées en nanosecondes de virer des sommes énormes d'un compte à un autre, d'un pays à un autre ; c'est le militaire suréquipé qui peut attaquer l'ennemi en pleine nuit grâce à des drones.

Ces progrès technologiques incontestables sont-ils toujours voulus par les êtres humains et mis à leur disposition ou sont-ils décidés par des groupes puissants pour servir leur dessein ?

L'être humain se trouve placé dans une étrange contradiction. Il lui est demandé d'être transparent, « informatisé », toujours connecté, mesurable. Il est ainsi soumis à de multiples contrôles (professionnels, commerciaux, associatifs, politiques et il en ajoute même pour mesurer ses activités, « quantified self »). Or toutes ces données sont transférées vers des « data-centers », totalement opaques. Cette asymétrie est dénoncée par un spécialiste des nouvelles technologies Evgeny Morozov[1].

« La meilleure façon de prédire l'avenir est de l'inventer soi-même ! » dit-on dans ces milieux.

L'objectif est donc, dans un environnement considéré comme hostile (compétition économique, guerres etc.), d'exploiter les nouvelles technologies qui pourraient « améliorer » l'homme, créer une sorte de « surhomme » invincible.

Ainsi est né aux Etats-Unis le courant de pensée du « Transhumanisme » qui prévoit une « convergence » de toutes ces nouvelles sciences et technologies au service d'un homme artificiel, le « ciborg ». Le terme de « transhumanisme » a été créé par le biologiste Julian Huxley, théoricien de l'eugénisme… L'homme est limité, ne serait-ce que par le nombre de ses neurones (pas plus de 100 milliards). Le jour où une machine sera supérieure au cerveau humain est appelé « singularité » (Vernor Vinge). Il convient donc d'équiper et de transformer l'être humain.

Une « Université de la Singularité » a été créée en Californie, par Google, sous l'impulsion de Ray Kurzweil (inventeur de la reconnaissance optique et vocale), pour stimuler ces recherches et sélectionner les meilleurs candidats. De nombreux chercheurs et start-up se sont installés dans la Silicon Valley pour collaborer avec cette université et « évangéliser » (terme utilisé) le monde à cette révolution.

---

[1] Cf. « Pour tout résoudre cliquez ici », Fyp Editions, 2014.

Ce courant de pensée est largement instruit et financé par des mouvements conservateurs. Il s'agit pour eux de gagner une guerre technologique et économique, d'asseoir la supériorité américaine et de créer par sélection une sorte de race supérieure.

Ainsi les progrès de la science sont mis à la disposition d'une classe dominante, d'une élite « d'hommes augmentés » qui constitueraient le bras armé de l'oligarchie mondiale. C'est la compétition économique qui se poursuit avec des moyens guerriers.

Nombre de philosophes et de savants s'inquiètent de cette dérive. La doctrine du « transhumanisme » repose sur un concept de force, de domination et non de coopération et de paix entre les peuples. Elle accentuerait la tendance, déjà existante, d'une société « duale ». Des individus aisés financièrement, bien formés, sélectionnés, assistés d'équipements et de robots, deviendraient des « surhommes » formatés et conformistes, face au reste d'une population délaissée, abandonnée, voire asservie (cf. Pierre Dardot).

Or, les spécialistes de l'intelligence artificielle (IA) chez Google, Apple, Facebook, Amazon (GAFA) ou IBM constatent que la puissance des serveurs informatiques a été multipliée par un milliard en une trentaine d'année… La société de demain pourrait devenir une société de profusion, de communisme « à chacun selon ses besoins » comme l'avaient prédit Karl Marx ou J.M. Keynes. Il est évident que l'oligarchie doit contrôler ces recherches et les orienter.

Nous sommes à nouveau confrontés à un formidable retournement de sens.

Tout au long de cet essai, nous n'avons cessé de souligner l'importance des progrès humains (santé, éducation, culture, mais aussi recherche), par rapport aux biens de consommation courants. Nous devrions donc nous féliciter de cette révolution cognitive… Mais ici encore nous devons nous poser la question de la finalité.

Le spécialiste américain de la « high-tech », Jaron Lanier[1] constate que cette concentration financière et technologique se fait au détriment de la démocratie. Le chercheur Peter Shanks s'inquiète que « ce que nous prenons pour des merveilles high-tech soit en fait l'instrument du pouvoir exercé par quelques-uns sur le reste d'entre nous ».

[1] Cf. « Who owns the future ? », Simon & Schuster, 2013.

Ces recherches seraient donc orientées, confisquées. « Big data » serait au service de « big money »[1].

En outre, les questions éthiques ne semblent pas posées. L'astrophysicien Stephen Hawking doute que l'intelligence artificielle puisse toujours être contrôlée. Jaron Lanier ironise que l'être humain pourrait devenir « l'animal de compagnie » de ces machines singulières. Une pétition de 5.000 signataires (Future of Life Institute) affirme que l'intelligence artificielle a le même potentiel de destruction que le nucléaire.

Mais c'est bien cela le sujet, la puissance.

Une telle perspective repose sur les tendances existantes. Pouvoirs politiques de plus en plus soumis aux forces de l'argent (coût des élections, lobbying etc.). Communication et informations contrôlées par des groupes puissants (NSA, multinationales du Net, grands médias etc.). Insensiblement, l'individu se trouve enfermé dans la logique de l'argent, de l'individualisme, de la compétition, de la guerre. Il ne revendique que ce que le Pouvoir accepte de lui octroyer : un emploi, un salaire, une consommation de biens matériels et de plaisirs faciles.

Or, cette « tentation totalitaire » peut se développer sur un terreau favorable.

D'abord un individualisme exacerbé ; l'obsession narcissique, le besoin de paraître, de devenir un « people » ; le consumérisme compulsif, là encore pour satisfaire le « moi » et écraser les voisins. Tout cela a été étudié par les philosophes (cf. « La privatisation de l'individu » selon Cornelius Castoriadis).

Mais cet individualisme exacerbé par le système capitaliste peut se conjuguer avec une face plus secrète de repli sur soi, sur sa famille, sur sa communauté, sur son pays, sur sa race, sur sa religion. Le système dominant n'est pas seulement économique, il est aussi social, culturel.

C'est la volonté des mêmes personnes de vivre dans les mêmes quartiers (parfois même fermés : « gatered area »), de s'habiller de la même façon (avec des codes), de fréquenter les mêmes écoles (privées), de croire dans la même religion (avec des signes distinctifs), d'inculquer des règles sociales et religieuses aux enfants dès le plus jeune âge (catéchisme, école coranique), de les intégrer à cet ordre collectif (scoutisme, internats), de s'inspirer du modèle militaire, non dans ce qu'il a d'essentiel (la défense de la nation) mais surtout dans ses aspects d'obéissance, de discipline, et enfin de se

[1] Cf. Corine Lesnes.

soumettre à l'autorité d'un parti dominant et au mythe du chef. Ce « collectivisme conservateur » qui conduit l'individu à se replier sur ses « valeurs » pourrait constituer un terreau favorable pour cette nouvelle idéologie totalitaire d'un ordre tout puissant, d'une société fermée, d'une économie de guerre et d'un individu soumis.

Il a fallu des siècles pour que naissent les idées de droits de l'homme, de démocratie, de laïcité etc. Mais en parallèle a toujours existé une société qui a entretenu les guerres de religions, les guerres coloniales et les guerres nationales, qui a réduit les femmes à un rang inférieur (depuis les femmes brûlées comme sorcières, jusqu'à la mise à l'index du livre de Simone de Beauvoir « Le deuxième sexe ») et qui a réprimé la science, (Giordano Bruno, Copernic, Kepler, Galilée, mais aussi Pasteur qui inoculait le « mal » ou Freud qui se mêlait de la conscience réservée aux curés etc.).

Joseph de Maistre méprisait les droits de l'homme, au regard des inégalités tenues pour naturelles et légitimes, le comte de Gobineau célébrait l'inégalité des races humaines, Maurras accueillait la chute de la République face au nazisme comme une « divine surprise ». Et combien de contemporains nient toujours l'évolution darwinienne des espèces, contestent même l'existence des chambres à gaz dans les camps de concentration, ou ironisent sur les « droits de l'hommisme »…

Le théoricien italien, Antonio Gramsci, avait bien montré l'importance du discours dominant, de l'hégémonie culturelle sur la société. L'extrême-droite a compris l'intérêt de conquérir les esprits, non par l'imagination, comme en Mai 68, mais par des slogans et des arguments qui font appel au repli sur soi.[1]

Une telle culture de soumission à un pouvoir fort facilite la tâche de l'oligarchie mondiale.

Cette concentration des pouvoirs, ce risque totalitaire sont-ils irrésistibles ?

Le fascisme n'a t'il été qu'un simple accident de l'histoire ou a-t-il préfiguré une mondialisation totalitaire ? Les germes autoritaires et guerriers que nous avons décrits dans la compétition économique, dans le culte de l'entreprise ont bien trouvé leurs débouchés dans la traite des Noirs, l'exploitation des enfants, les empires coloniaux et les guerres de conquêtes des marchés. La prise de pouvoir de Hitler et du NSDAP a bien été permise grâce au soutien et au financement des grands cartels. Le coup d'Etat de Pinochet au Chili a

[1] Cf. Serge Audier « La Pensée anti-68 », La Découverte, 2008.

bien été organisé avec l'appui de grands groupes américains (comme les archives, aujourd'hui déclassifiées, le confirment)…

Le pouvoir oligarchique qui est aujourd'hui un simple réseau encore informel ne va-t-il pas se fédérer, se renforcer, se concentrer ?

Ne va-t-il pas intervenir de plus en plus dans la vie politique, les élections, les programmes, dans la société civile, les médias, dans la vie des individus, les choix de société. Ce mouvement est déjà bien engagé, pourquoi s'arrêterait-il ?

La répétition des crises économiques entraîne des conséquences sociales catastrophiques : misère, insécurité, désignation de boucs émissaires.

La multiplication des périls environnementaux (notamment les désertifications comme la hausse des océans) vont créer des migrations brutales de populations.

Ces graves désordres sociaux, ces troubles, ces risques de conflits inciteront les populations à exiger des solutions immédiates qu'un pouvoir fort, autoritaire leur promettra. L'oligarchie, principale responsable de ces malheurs, disposera de tous les moyens pour exercer le pouvoir…

Le sociologue allemand Wolfgang Streeck rappelle que l'objectif du capitalisme n'est pas la liberté des peuples mais leur domination, aussi bien en tant que travailleurs, que consommateurs. Un système « post-démocratique » se met en place sur les décombres de la démocratie : baisse de l'esprit civique, de la participation électorale, du syndicalisme, etc.[1]

La démocratie et la civilisation auxquelles nous aspirons peuvent-elles disparaître ?

Oui, les civilisations sont mortelles.

Le plus ancien texte de l'humanité « L'épopée de Gilgamesh » retrace le déclin de la Mésopotamie sous la pression de la démographie, du déboisement, des désordres sociaux. Comment ne pas penser à l'effondrement de l'Empire des Mayas, à la disparition de la culture de l'ile de Pâques, à la chute de l'Empire romain ?

Le biologiste américain Paul Ehrlich et son épouse Anne alarment l'opinion publique depuis quatre décennies des risques qui menacent notre

---

[1] Cf. « Du temps acheté », Gallimard, 2014.

civilisation : pouvoir dominant, productivisme, crise écologique majeure, appauvrissement des populations, désordres[1].

Jared Diamond s'interroge sur l'homme, animal suicidaire. Il a aussi étudié la disparition des civilisations et les raisons des « collapsus » (« chute » en latin). Les causes majeures sont les dommages causés à l'environnement, un changement climatique qui perturbe l'équilibre écologique, l'hostilité entre pays voisins face à ces désordres, l'incapacité du pouvoir à remettre en cause ses privilèges…

Or tous les symptômes sont réunis : crise de l'eau potable qui concerne un milliard d'habitants, destruction des marais, des mangroves, des récifs de corail, disparition de certaines espèces de poissons, dévastation des fonds des océans, désertification des sols, recul des forêts tropicales, massacre des insectes pollinisateurs, gaz à effet de serre, dérèglement climatique, disparition de la banquise arctique (réduite de moitié en 30 ans d'après la NASA) et même antarctique, montée des eaux, pesticides, perturbateurs endocriniens, baisse de fertilité des humains… Chaque élément de la biosphère est utile à l'ensemble. En détruisant ces équilibres, l'homme provoque un effet domino. « C'est comme si on retirait au hasard des petits rivets dans l'assemblage d'un avion ».

L'absence de décisions importantes au niveau mondial (parce que l'oligarchie s'y oppose et parce qu'il n'existe pas de gouvernance mondiale) conduit à être plutôt pessimiste et à prendre au sérieux les avertissements de ces scientifiques[2]. Les climatologues confirment que le réchauffement de la planète est sans précédent depuis 11.000 ans et qu'il est bien d'origine humaine.

L'incapacité à prendre des mesures salutaires et d'intérêt général conduirait l'humanité à sa perte. L'anthropocène serait alors le stade final.

Dans son dernier ouvrage, Naomi Klein prédit que les objectifs des Nations Unies de limiter l'effet de serre et la hausse des températures du globe à 2° ne seront pas atteints car ils se heurtent aux intérêts des grands groupes internationaux. La seule solution réside dans la sortie du capitalisme[3].

Le grand historien anglais, Arnold Toynbee (« A Study of History ») avait étudié les grands cycles et les civilisations et il en avait tiré cette conclusion : « Les civilisations meurent de suicide, pas d'assassinat », du fait de la

[1] Cf. « Can a collapse of global civilization be avoided ? ».
[2] Jared Diamond, « Effondrement, comment les sociétés décident de leur disparition ou de leur survie », Gallimard, 2006.
[3] Cf. « Capitalism Vs the Climate, Simon & Schuster », 2014.

dégénérescence d'élites qui veulent profiter de privilèges qu'elles ne méritent plus.

Nous sommes bien là au cœur du problème. Si les difficultés que nous allons rencontrer étaient purement techniques il faudrait alors espérer dans le génie humain. L'histoire de l'Humanité a été faite d'obstacles finalement surmontés grâce à la science, à la technologie, à l'organisation, à l'anticipation. Mais les problèmes actuels ne sont pas des obstacles techniques, ils résultent de notre système même, ils sont le produit d'un marché capitaliste mondialisé qui a placé le profit comme boussole, la production de marchandises à outrance comme moyen et qui a tout fait pour nier la question humaine comme la question environnementale.

« S'ils pouvaient vendre la Lune, ils le feraient » disait déjà Keynes.

Les écrivains aussi avaient pris conscience de ce risque. Aldous Huxley dans le Meilleur des Mondes (« Brave New World », 1932) dressait une vision inquiétante de l'avenir fondée sur l'américanisation du monde et l'utilisation de la science à des fins privées. George Orwell dans son ouvrage « 1984 » (écrit en 1949) décrivait un monde totalitaire qui reflétait à la fois le fascisme européen, le communisme soviétique, mais aussi le pouvoir de l'argent roi.

L'organisme spatial américain, NASA, s'est intéressé à l'avenir de l'être humain sur cette planète, d'un point de vue scientifique. Son étude « Handy » (Human and Nature Dynamical) est alarmiste et craint tout simplement une disparition de notre civilisation du fait de la surexploitation des ressources naturelles et des écarts excessifs de revenus entre les habitants…

Ce tableau peut paraître enténébré, il est pourtant tristement vraisemblable si l'on s'en tient à la dynamique propre du capitalisme.

Que l'on soit physicien, biologiste, climatologue, anthropologue, sociologue et même économiste, dès lors que l'on prend du recul, on ne peut s'empêcher de craindre le pire.

Il s'agit d'un mouvement insidieux et constant vers une concentration des pouvoirs à l'échelle planétaire, entre les mains de puissants, d'oligarques, obsédés par leurs seuls intérêts immédiats.

Ce pouvoir oligarchique doit imposer son idéologie, ses grands choix pour conserver le pouvoir et continuer à en profiter. Tous les moyens seront bons.

L'économie est alors retournée. Elle devient un instrument de domination. L'entreprise ne cherche plus à satisfaire un besoin, une demande, elle devient un outil de guerre au service de ses actionnaires. Le salarié doit être soumis à cette idéologie, il bénéficie d'avantages matériels substantiels et il peut même être « équipé », « augmenté », devenir une sorte de « surhomme » pour participer à la domination.

Mais alors l'esprit critique, la créativité, la citoyenneté, la solidarité, l'idéal démocratique ne risquent-ils pas de s'estomper, puis de disparaître, au fil des générations ?

2- Le réformisme

« Il nous faut apprendre à vivre comme des frères ou nous préparer à mourir comme des imbéciles ». Martin Lutter King.

*

Les mouvements sociaux-démocrates et socialistes européens ont longtemps été maltraités.

Les conservateurs voyaient en eux d'affreux hérétiques qui attendaient de l'Etat un rôle de régulation et de redistribution et qui voulaient démocratiser l'économie grâce au dialogue social.

Dès lors qu'un gouvernement social-démocratie était élu, ses jours étaient comptés. Tout le système se mettait en branle (médias, lobbying, propagande, rumeurs etc.) pour empêcher ou retarder les réformes, puis pour les disqualifier, les abroger.

De leur côté, les partis communistes vouaient une véritable haine à l'égard de ces partis susceptibles d'améliorer la condition des travailleurs, d'amender le capitalisme et de retarder l'explosion révolutionnaire (« Le renégat Kautsky »). La première chose que les bolcheviks ou les communistes ont faite en arrivant au pouvoir a été d'anéantir les partis réformistes.

Ce courant de pensée a donc eu du mal à exister entre une droite qui disposait de la force financière et institutionnelle et les partis révolutionnaires auréolés du « Grand Soir ».

Or l'expérience des pays scandinaves montre que lorsque des gouvernements sociaux-démocrates restent au pouvoir et ont le temps de conduire des réformes en profondeur, ils créent une société plus juste. C'est en Scandinavie que la démocratie, les droits de l'homme, l'égalité de l'homme et de la femme, les droits sociaux, la justice fiscale et sociale, l'éducation pour tous, la culture populaire, la santé publique, la protection de l'environnement, la recherche sont les mieux respectés, les mieux appliqués (cf. l'économiste suédois Gunnar Myrdal). Toutes les études et enquêtes politiques, économiques, sociales, sociologiques révèlent l'avance de ces pays, la satisfaction des peuples, ce qui n'interdit pas des échecs partiels ou des révisions de politique.

Il serait donc possible d'amender le capitalisme, de le rendre plus social, plus respectueux de la personne humaine et cela sans révolution, ni peloton d'exécution ?

La grande vertu de ces expériences est d'avoir cru que l'être humain n'était pas seulement un être cupide et égoïste mais qu'il était aussi animé par l'empathie, le besoin de vivre « ensemble ».

En outre, les politiques économiques keynésiennes ont montré une certaine efficacité. Lorsque l'amélioration du niveau de vie des populations est privilégiée, les effets induits sont vérifiés : accroissement de la demande pour les produits, les équipements, les activités culturelles, les services, les loisirs etc. et les effets se diffusent par cercles successifs dans le reste de l'économie. Les entreprises embauchent, produisent, investissent. Les rentrées fiscales s'accroissent, les comptes publics s'améliorent. Certes, une partie de ces dépenses va se traduire par des importations mais une réciprocité pourrait être envisagée. A l'inverse, les politiques actionnariales traditionnelles ont conduit à des effets sensiblement moins positifs pour la population puisque la distribution de dividendes dans les grandes entreprises s'est expatriée pour environ 50%, en quelques nano-secondes, notamment vers des hedge-funds, des fonds de pension, parfois situés dans des paradis fiscaux…

D'un point de vue plus structurel, aucune crise majeure n'est survenue pendant la période sociale-démocrate des Trente glorieuses alors que les crises se sont multipliées depuis la mise en œuvre des politiques actionnariales.

Toutefois, ces gouvernements de gauche disposaient d'une très faible liberté de manœuvre et nombre de leurs réformes furent remises en cause. Il suffit de rappeler qu'en France les réformes sociales du Front populaire furent considérées comme révolutionnaires alors qu'elles étaient souvent appliquées en Allemagne depuis l'époque de Bismarck… Le programme de François Mitterrand devait relancer le pouvoir d'achat des travailleurs, renforcer le rôle de l'Etat, instituer de nouveaux droits sociaux, mais il dut surtout juguler l'inflation et instaurer un franc fort dans le cadre d'une harmonisation européenne. Lionel Jospin sut gagner la confiance du pays, relancer les investissements, restaurer les équilibres financiers et accorder des droits aux travailleurs (35 heures) et aux déshérités (CMU), mais il dut aussi se soumettre à la vague des privatisations. François Hollande promit à la fois la justice sociale et le retour à l'équilibre des comptes publics, ce second objectif devînt une obligation (sous la pression du FMI, de Bruxelles et des marchés) et entraîna une politique d'austérité. On ne peut s'empêcher de penser que les sommes considérables qui ont été accordées aux entreprises, sans contrepartie, auraient pu faire l'objet d'investissements structurants dans la recherche-développement, la transition énergétique ou la promotion de nouvelles formes d'entreprises…

De même, aux Etats-Unis, B. Obama est parvenu à mettre en œuvre sa réforme des services de santé, la réforme bancaire, tout en relançant l'activité économique. Pourtant il doit achever son mandat avec un Congrès hostile. Joseph Stiglitz rappelle que pour « stabiliser le système » le président Obama a dû réduire ses ambitions et n'a pas pu modifier les rapports de force économique. Au cours des 20 dernières années la richesse n'a pas « ruisselé » mais au contraire a remonté des Américains moyens et pauvres vers les 1% les plus riches[1].

La crise économique conduit aujourd'hui les mouvements sociaux-démocrates à contester les orientations ultra-libérales qui ont justement été la cause de cette crise. Des propositions nouvelles apparaissent.

Le groupement « Les économistes atterrés » (cf. « Changer d'économie ! », Les Liens qui libèrent, 2012) critiquent cet ultra-libéralisme, proposent de redonner un pouvoir budgétaire à l'U.E., un rôle fédérateur à la BCE, ils fondent leur politique sur une nouvelle orientation écologique et énergétique, ils rappellent l'importance des services publics, ils veulent introduire plus de cogestion dans l'entreprise, ils souhaitent une séparation radicale entre banques de dépôt et banques d'investissement, enfin ils suggèrent l'organisation à l'échelle mondiale d'un contrôle du mouvement des capitaux et une lutte contre les réseaux parallèles (argent sale, défiscalisation etc.).

Certains économistes démontrent la responsabilité de la politique de l'offre dans l'origine de la crise de 2008. Liem Hoang Ngoc (économiste, député européen) rappelle que les entreprises se plaignent de la baisse de leur marge qui les affaiblirait et les empêcherait d'investir.

Or de 1980 à 2010, sur une période de 30 ans, en France, le taux de marge s'est accru (de 23 à 30%) alors que le taux d'investissement productif a baissé (de 30 à 22%), d'après l'INSEE[2]. Durant toute cette période les efforts faits par les gouvernements en faveur des entreprises se sont traduits par une hausse des dividendes aux actionnaires et non par une augmentation des

---

[1] Cf. Stiglitz « Le prix de l'inégalité », Les liens qui libèrent, 2012.
[2] Cf. aussi l'étude de l'Université de Lille I sur une période longue (1950-2010). Voir supra 2,1. La crise actuelle.

investissements. C'est le cercle vicieux de cette politique ultra-libérale fondée sur le profit à court terme.

Il se trouve que depuis la crise de 2008 le taux de marge brut a tendance effectivement à fléchir et les économistes libéraux exigent que le coût du travail soit réduit afin de restaurer la compétitivité... En fait ce n'est pas le coût du travail qui a augmenté mais la faiblesse de la demande qui a réduit les carnets de commande et qui a entraîné mécaniquement une baisse de productivité puisque le même nombre de salariés produisait moins de volume. Le cercle vicieux se poursuit donc.

Jacques Attali constate aussi que l'actionnariat est de plus en plus nomade (la durée moyenne de détention des titres du CAC 40 est de 4 mois), le profit de plus en plus immédiat et la valeur travail de plus en plus sacrifiée. Il souligne par ailleurs que l'économie du futur se détache de l'économie marchande traditionnelle : les activités qui sont aujourd'hui privilégiées (la santé, l'éducation, l'information, les réseaux sociaux etc.) ne peuvent plus être traitées comme la production de voitures ou de machines à laver. J. Attali lance un manifeste pour une « économie positive » qui réunirait les entreprises traditionnelles mais tout autant les coopératives, les associations, la microfinance, le commerce équitable, l'entreprenariat social etc. Il prône la mise en place de nouveaux indicateurs pour favoriser les politiques de long terme (stabilité des actionnaires, formation, recherche, respect de l'environnement etc.).

Cette conception sociale-démocrate mérite la considération car elle a esquissé une transition économique et écologique vers un Etat plus indépendant et plus impartial, une société plus juste, une économie plus durable et cela dans le respect des droits de l'homme.

Mais les tentatives de réformes d'autrefois comme les propositions d'aujourd'hui ne risquent-elles pas de connaître le même sort face à la toute-puissance du capitalisme mondial ?

Lorsqu'un marché du travail, régi par le droit et respectueux des travailleurs, est mis en concurrence avec un marché « libre », primitif, non contrôlé, permettant tous les abus, il est évident que les capitalistes seront enclins à investir dans ce dernier. L'îlot scandinave survit encore grâce à sa solidité démocratique, son avance en termes de recherches, de compétences, d'infrastructures, mais combien de temps tiendra-t-il face à cette concurrence mondiale ?

L'instauration d'un marché du CO2 constitue-t-il la vraie réponse au dérèglement climatique ? La flex sécurité permet-elle au travailleur d'infléchir la politique d'investissement ? Les contrôles de l'Etat empêchent-ils le shadow banking ou les paradis fiscaux ?

En somme, peut-on se contenter d'amender le système, de gommer les aspects les plus injustes, les plus irrationnels, tout en respectant sa logique et sa domination ?

Ne faut-il pas être plus ambitieux et plus imaginatif en s'attaquant aux rapports de force et à la finalité même de l'économie ?

3- Au-delà du capitalisme

« Un système crée ses limites et ses contradictions. Pour en sortir il faut concevoir un autre système. Ce n'est pas en améliorant la bougie qu'on a inventé l'ampoule électrique ».
A. Einstein.

*

Tel le Golem qui échappe à son créateur, le capitalisme a dénaturé le marché, envahi la société, phagocyté l'être humain, dans une obsession unidimensionnelle du profit.

Le marché est de plus en plus contrôlé, orienté par les grands groupes. Cinq ou six banques « font » aujourd'hui le marché financier mondial, les autres suivent[1].

L'argent n'est plus un moyen mais une fin en soi. L'ONG Oxfam révèle que la fortune des 67 personnes les plus riches du monde est désormais égale au revenu de la moitié de l'humanité, soit 3,5 milliards d'individus »[2].

Les inégalités sociales s'accroissent et sont à l'origine des crises économiques à répétition. Les conquêtes démocratiques sont refoulées, remises en cause.

L'exploitation abusive des richesses naturelles, l'accumulation des déchets, l'appauvrissement des espèces conduisent à un véritable péril environnemental.

L'oligarchie mondiale, à l'origine de ces désordres, continue de renforcer ses pouvoirs et d'imposer son idéologie.

Comment imaginer autre chose que ce capitalisme oligarchique, que cette perspective post-démocratique ?

Faut-il exclure une révolution, à l'échelle mondiale ?

L'exploitation des travailleurs dans les pays pauvres, notamment les enfants et les femmes, les conditions inhumaines de travail (pollutions, bâtiments

---

[1] Cf. Valérie Charolles « Le libéralisme contre le capitalisme », Fayard, 2006.
[2] Cf. Patrick Viveret, Laurence Baranski.

dangereux, absence de protections etc.), le non-respect des normes internationales en matière sociale ou environnementale, l'explosion des inégalités (entre nouveaux riches et travailleurs misérables), la multiplication des crises environnementales (montée des eaux, sécheresses, aridité des sols, tempêtes, maladies etc.) ne vont-ils pas provoquer des révoltes, des révolutions ? Les conditions sociales de ces peuples ne sont pas si différentes des conditions de vie des ouvriers européens au XIXe siècle. Les mêmes causes peuvent produire les mêmes effets.

Il est probable que face à une telle exploitation sociale, une révolte éclate un jour sur un site puis se propage à d'autres régions, à d'autres continents, de façon soudaine, imprévue, spontanée. Il est possible qu'en jaillisse un mouvement révolutionnaire plus structuré, plus organisé.

Les petits patrons, les nouveaux riches et les gouvernements locaux seraient les premières cibles de ces révoltes. Mais bien vite les questions essentielles seraient posées : qui a colonisé le Tiers-Monde et continue à puiser ses richesses ? Qui exploite ces travailleurs derrière les faux-nez locaux ? Qui a délocalisé les usines toxiques dans les pays pauvres ? Qui a pollué la planète ? Qui a profité du système ? Les entreprises multinationales seraient alors sur la sellette.

Puis, c'est l'Occident qui serait mis en cause : les conquêtes, l'esclavage, l'acculturation des peuples, les colonies, les guerres, l'exploitation des travailleurs, la corruption des régimes… Face à une telle révolte légitime que resterait-il des apports de l'Occident : les droits de l'homme, la démocratie, la laïcité, l'égalité de l'homme et de la femme etc. ? Tout risquerait d'être balayé, à l'image de la chute du Shah d'Iran et de son remplacement par l'ayatollah Khomeiny.

Une révolution du prolétariat contre le capitalisme occidental pourrait être violente, par sa dimension quasi-planétaire et par ses entrelacs nationaux, ethniques, religieux, culturels.

L'oligarchie mondiale utiliserait les moyens habituels pour briser cette révolution : dresser les peuples les uns contre les autres, travestir et dénaturer les intentions des révolutionnaires, financer des contre-révolutions, des oppositions internes etc.

L'issue d'une telle révolution serait incertaine : un communisme mondial ? Un désordre planétaire ? Un régime autoritaire ? La restauration du système capitaliste ?

N'est-il pas temps de condamner et de remettre en cause ce système oligarchique qui domine le monde, opprime les peuples et nourrit les conflits ?

N'est-il pas temps que les femmes et les hommes de bonne volonté se tendent la main pour essayer de construire un autre monde, plus juste et plus respectueux de l'environnement ?

Des hommes comme M. Gandhi, N. Mandela, L.S. Senghor ou A. Césaire ne nous ont-ils pas tendu cette main ?

Le fondateur du pragmatisme américain, John Dewey (qui a beaucoup inspiré le président Obama) a montré que l'individu n'était pas une entité immuable, il s'adapte et évolue selon son expérience, il agit sur la société comme elle agit sur lui. « Seuls des individus libres peuvent construire une société libre, mais seule une société libre peut produire des hommes libres ». La défense de l'intérêt général et de la liberté passe par un Etat qui s'impose face aux puissants et qui respecte les citoyens.

Le philosophe français Bruno Latour reprend à son compte ces idéaux de volonté générale, de bien commun, d'écologie profonde. Il faut se doter des moyens, des instruments, des enquêtes pour définir et évaluer ces biens communs. L'être humain se trouve confronté à une responsabilité immense, à une « apocalypse » face à cette ère de l'anthropocène[1].

Pierre Rosanvallon analyse les contradictions d'une société inégalitaire et les risques d'éclatement, d'explosion. Seule une véritable démocratie fondée sur la solidarité et le dialogue peut constituer une issue[2].

Tout au long de ses ouvrages Edgar Morin appelle à une mutation, à une métamorphose de notre société, de façon progressive mais radicale, par la coopération, le métissage.

L'objet même de cet essai réside dans une telle dynamique. Nous avons exploré les idées, les projets, les expériences susceptibles de faire évoluer la société vers un plus haut niveau de civilisation. C'est la synthèse de toutes ces pistes qui permet d'esquisser un monde nouveau, plus humain, plus démocratique, même s'il est incertain, fragile.

Nous n'avons pas cherché à opposer le bien et le mal. Le système capitaliste a constitué un indéniable progrès. Il ne s'agit pas de remplacer les entrepreneurs par des fonctionnaires. L'initiative doit être encouragée. Mais

[1] « Enquête sur les modes d'existence. Une anthropologie des modernes », La Découverte, 2012.
[2] « La société des égaux ».

cet esprit d'entreprise doit être compris dans un sens large, au service de la société et non des seuls actionnaires. Il ne s'agit pas de multiplier les règlements. Dans un monde qui se diversifie, qui se complexifie et qui progresse, il devient quasi-impossible d'élaborer des règlements qui puissent s'appliquer à tous les cas de figure. Mais il faut que l'intérêt général s'impose, que l'environnement et les biens communs soient sauvegardés. Pour cela il faut encourager les initiatives (individuelles, associatives, entrepreneuriales etc.) qui vont dans ce sens. Comme il faut organiser des entités politiques nationales, régionales et surtout mondiales capables de s'imposer face aux multinationales.

Le peuple qui conteste le capitalisme n'est peut-être pas prêt à se livrer à une avant-garde révolutionnaire. Il n'a pas besoin de nouveau maître. C'est à lui de réfléchir, de proposer, d'expérimenter. Le temps des révolutions, par procuration, est peut-être révolu. En outre, le capitalisme n'est pas une bastille à assiéger, il est partout et il est même en nous, c'est un ennemi intime. Nous le dépasserons par nos convictions et nos expérimentations, plus que par la propagande. Les grandes évolutions biologiques demandent du temps. Plus qu'une révolution brutale qui peut se retourner contre ses propres idéaux, il faut sans doute préférer un mouvement, une dynamique, une transformation qui soient durables.

Mais il ne faut pas croire pour autant que l'oligarchie mondiale se transformera d'elle-même. Le capitalisme n'a évolué que lorsque le rapport de forces lui était défavorable.

Comment transformer la société, progressivement mais radicalement, alors même que le système capitaliste se mondialise et que l'oligarchie impose son idéologie ?

Peut-on espérer qu'un citoyen de plus en plus conditionné, puisse se révolter, contester, revendiquer ? Nous avons heureusement recensé une multitude d'expériences novatrices de par le monde.

Associations de bénévolat, de partage, share economy, social business, crowd funding, micro-credit, Finance Watch, RSE, autogestion d'entreprises, communes à gestion participative, commerce équitable, mouvements internationaux tels « les indignés », « occupy Wall Street », le printemps arabe, les lanceurs d'alerte etc. Ou encore ces mouvements de journalistes, d'étudiants ou de chercheurs qui dénoncent la mainmise des théories néo-classiques dans l'enseignement économique.

Tous ces mouvements semblent être à la recherche d'une démocratie réelle, non seulement dans leurs objectifs mais aussi dans leur fonctionnement. Les militants sont souvent jeunes et instruits, leur culture numérique facilite le partage, leur idéal de transformation de la société n'est pas seulement théorique, il est immédiat, pratique[1].

A plus long terme, Jeremy Rifkin constate l'apparition d'un nouveau modèle d'organisation sociale fondé sur la participation, la collaboration, la gratuité. La révolution digitale devrait faciliter le développement de l'économie sociale et le partage des biens communs. Il considère que cette 3ème révolution industrielle repose sur « l'âge de l'accès » (accès à des flux de données, abonnement numérique, réseaux etc.), qui se substitue à la propriété de stocks. Lui aussi évoque l'hypothèse d'une économie hybride et considère que le capitalisme est appelé à dépérir[2].

Des universitaires américains, tels que David Harvey ou Kristin Ross[3], rappellent l'importance des villes dans l'émancipation des peuples. Les villes ont constitué des « îles non féodales dans un univers féodal ». Ils s'inspirent des ouvrages d'Henri Lefebvre pour souligner le rôle de Paris, 1848, la Commune, Mai 1968 et pour identifier de nouveaux combats. Et si les villes devenaient des « îles non capitalistes dans l'océan capitaliste » ?

David Graeber pense que les individus doivent créer des espaces de liberté dans lesquels il sera possible de mettre en œuvre des « politiques préfiguratives » de liberté et d'égalité. (ZAD en France, Occupy à New-York, Istanbul, Madrid ou Hong Kong, Zapatistes du Chiapas etc.). Cette auto-organisation, cette nouvelle anarchie serait une réplique à la concentration des pouvoirs[4].

Bien des chercheurs s'intéressent à ces mouvements qui naissent, ne cherchent pas à prendre le pouvoir, mais influencent directement l'opinion publique (mouvements féministes, écologiques, altermondialistes, Indignés, Occupy, Anonymous etc.). Faut-il parler de « liquid democracy », de démocratie d'opinion ?

Toutes ces initiatives, ces réflexions s'inscrivent dans notre propos. L'économie n'est pas d'origine divine ou naturelle. Elle a été créée par les hommes pour répondre à leurs besoins. Elle n'est pas figée, elle peut évoluer, se transformer au rythme de la société et des contraintes environnementales.

---

1 Cf. « Le Principe démocratie », Sandra Laugier et Albert Ogien, La Découverte, 2014.

2 Cf. « La nouvelle société du coût marginal zéro », Jeremy Rifkin, Les liens qui libèrent, 2014.

3 Cf. « Villes Rebelles », David Harvey, Buchet-Chastel ; « L'imaginaire de la Commune », Kristin Ross, La Fabrique.

4 Cf. « Des fins du capitalisme. Possibilités 1 », Payot.

Les institutions internationales, elles-mêmes, commencent à s'interroger sur cette domination des marchés, sur cette instabilité économique et financière, sur la montée du chômage et de la criminalité, sur les catastrophes dues au réchauffement climatique… Le FMI et la Banque mondiale, naguère adeptes du « consensus de Washington » (prééminence du marché), remettent aujourd'hui à l'honneur (rapport 2014) le rôle de l'Etat pour réduire ses risques, quitte à accroître la fiscalité des plus riches…

Tant de messages ont mis en garde contre les périls qui s'accumulent. Seraient-ils enfin entendus : les rapports du GIEC, de la NASA, des ONG écologiques, les travaux de Thomas Piketty sur le capital, de Joseph Stiglitz critiquant le « fondamentalisme marchand », de Paul Krugman qui annonçait la crise, de David Graeber rappelant que les « révolutions naissent de l'envie de renverser les créanciers », de Michel Beaud concluant que la Terre, le vivant, les sociétés humaines forment désormais un ensemble inextricable avec la capitalisme ?

Seule une vision globale, holistique, nous a conduit à restituer les pensées économiques en liaison avec les faits économiques, la société, la culture. C'est par une telle approche globale et pluraliste que nous aurons le plus de chance de comprendre les fils directeurs de l'évolution et les **perspectives possibles de transformation.**

*

Nous n'avons pas décrit le tableau d'un autre monde, nous n'avons pas proposé un modèle accompli. Nous avons seulement recherché des pistes susceptibles d'ouvrir de nouveaux horizons. Nous avons écouté les « signaux » dans le « bruit ambiant », nous avons réuni les idées, les expériences qui présentaient une cohérence et pouvaient créer une dynamique. Ce mouvement, qui nous permettrait de dépasser le système capitaliste, repose sur trois axes : le ressort, la finalité, le cadre. Quels sont les moteurs de la vie économique, quels sont les objectifs, quels sont les moyens ?

Le ressort de la vie économique doit être l'initiative. C'est l'initiative individuelle ou collective qui permet l'innovation, l'expérimentation, le progrès.

Cet esprit d'initiative concerne le consommateur qui peut cesser d'être passif ou compulsif pour devenir responsable, c'est-à-dire vigilant et solidaire. Dès le XVIIIème des consommateurs se sont regroupés pour boycotter le sucre produit grâce à l'esclavage. Au fil des décennies des penseurs et des organisations ont milité pour mettre l'économie au service de la société : Mai 68, Ralph Nader, Karl Polanyi, Elinor Ostrom, Lizabeth Cohen, John Dewey, André Orléan, John Elster, Bernard Stiegler, Amap, No Logo, Alternative Trade Organisation, Commerce Equitable, Oxfam, Sherpa, Finances Watch etc.

De même, le citoyen n'est pas obligé de limiter son rôle à celui d'électeur. Il peut devenir actif (associations, ONG, Whistleblowers : lanceurs d'alerte) et lutter contre les abus du monde actuel (dictatures, tortures, mines unipersonnelles, pollutions etc.). Il peut participer à la vie publique. La démocratie n'est pas un acquis, elle n'est pas statique, elle se conquiert et s'élargit. Le renouvellement du rôle de l'Etat passe par un enrichissement de la société civile et par un renforcement de la participation citoyenne. La vie publique ne doit pas se satisfaire d'une professionnalisation des hommes politiques. C'est par leur participation ponctuelle ou locale, puis plus engagée, que les citoyens renouvelleront les idées et le personnel politiques.

Enfin, l'entreprise ne doit plus être soumise à un maître et au profit comme au XIXe siècle. La démocratisation de l'entreprise est possible et donne de bons résultats. En outre, il faut encourager une nouvelle forme d'entreprenariat (ESS, coopératives, micro-crédit, social-business, SCOP, SCIC, biens communs, autogestion etc.) qui innove à la fois dans le mode de gouvernance et le type de produit.

Favoriser une telle « économie hybride » c'est établir une véritable concurrence entre économie marchande et économie solidaire, c'est créer une dynamique. Les consommateurs pourront enfin choisir.

La finalité de la société est de privilégier le développement durable et humain. Il s'agit de remettre l'économie sur ses pieds en repensant les priorités. La société humaine dépend du monde naturel qui apporte à la fois des ressources et des contraintes. La priorité humaine est de satisfaire les besoins essentiels de la vie : santé, alimentation, éducation, logement, sécurité, biens communs, culture, recherche, vie affective... Puis les conditions du développement : infrastructures, transports, énergies, système bancaire etc. Enfin et seulement, les biens de consommation.

Une telle hiérarchie peut être adaptable en fonction des pays et des situations mais elle révèle la contradiction de notre société. Les biens de consommation sont sources de profit, ils sont donc au cœur de notre système économique, au détriment de biens fondamentaux comme le développement humain ou l'environnement.

La mise en place d'une « comptabilité globale » qui encastre l'activité économique dans son milieu social et environnemental, au niveau de l'entreprise comme de la comptabilité nationale, permettrait d'évaluer véritablement l'utilité d'une activité économique.

Le patrimoine d'une entreprise ne peut se limiter à la valeur « capital », il faut y faire entrer d'autres valeurs essentielles à l'avenir de l'entreprise : la valeur « travail » (formation, qualification des salariés etc.), la valeur « organisationnelle » (participation, initiative), la valeur « cognitive » (information, recherche-développement, brevets etc.).

Le résultat d'une entreprise ou d'un projet ne peut se réduire au critère de rentabilité financière qui est étriqué, partiel, parfois illusoire (la rentabilité d'une activité peut masquer des pollutions qui seront à la charge de la collectivité). Il convient de privilégier le critère d'utilité (satisfaction d'un besoin social réel, effets sur le milieu économique, externalités sur l'environnement, faisabilité technique et financière) pour cerner l'utilité globale d'un projet.

La comptabilité nationale doit obéir au même souci d'enrichir les ratios économiques en les combinant aux évaluations humaines (type IDH) et environnementales (inventaire des richesses, externalités, empreinte écologique etc.).

L'objectif du développement durable constitue une prise de conscience de notre responsabilité dans l'anthropocène » (P.J. Crutzen) et **impose une mutation sociale**. Nous ne pouvons utiliser davantage que ce que produit la planète. Notre avenir repose sur la préservation de ces ressources et nos biens collectifs (air, eau, biodiversité, culture etc. cf. Elinor Ostrom). Un tel développement repose sur de nouveaux modes de production et de consommation, de nouveaux modes de vie : inventaire des richesses, grands équilibres planétaires, calcul des externalités, transitions écologiques et énergétiques, économies circulaires, de la fonctionnalité, collaborative, RSE, urbanisme frugal, habitat productif, transports économes etc.

Le développement humain est évidemment prioritaire par rapport aux biens de consommation, en outre il constitue un investissement essentiel s'il permet la naissance d'une société cognitive. Une telle société fondée sur la recherche, les sciences, les communications, le savoir se substituerait à la société marchande et apporterait de nouveaux modes de vie : initiative, liberté, gratuité, échange, réseau.

Une telle société cognitive ouvre de nouvelles perspectives et ne pollue pas.

Enfin le cadre de cette nouvelle économie doit permettre de **repenser le marché et l'intérêt général.**

C'est un **marché « hybride »** qui peut rompre avec la pensée unique et mettre en concurrence deux modes de production, deux types de produits. Le consommateur pourra ainsi choisir entre deux modes de vie, marchand ou solidaire.

L'intérêt général doit être porté par un Etat plus ouvert à la participation des citoyens. Ceux-ci ne se satisfont plus d'un simple rôle d'électeur, parfois même ils s'en désintéressent. La démocratie n'est pas statique, elle doit progresser avec la participation des citoyens dans les débats publics, à tous les niveaux.

Les missions de l'Etat doivent être reconsidérées dans un sens plus essentiel en termes d'orientations, plus arbitral, plus fort face aux marchés, au détriment des fonctions de gestion.

Si l'Europe entend jouer pleinement son rôle, elle doit devenir une entité nouvelle qui représente vraiment l'intérêt général des populations et qui ne soit pas seulement l'addition (ou la soustraction) d'intérêt nationaux. Une telle évolution implique une démocratisation, une responsabilisation et une simplification des organes européens.

Ainsi l'Exécutif devrait être responsable devant le Parlement et serait composé en fonction du résultat des élections.

Seul un pouvoir fédéral, disposant d'une légitimité populaire, pourrait s'imposer face aux intérêts divergents des Etats, face aux autres entités régionales et surtout face aux multinationales.

Cette Europe ne se fait pas seulement par les institutions, elle se fait aussi par les peuples et les pratiques. Une culture européenne se forge progressivement.

L'Europe va devoir jouer un rôle essentiel, à la fois pour protéger ses habitants et pour esquisser un nouveau modèle de développement. Ce rôle sera particulièrement crucial dans les années à venir, tant qu'une véritable gouvernance mondiale n'aura pas été instaurée.

Seule, une gouvernance mondiale pourra imposer l'intérêt général de la population et de la planète face aux intérêts de l'oligarchie. Le pouvoir mondial des multinationales est à la fois apparent et souterrain, diffus et fonctionnant en réseau. Grâce aux travaux de nombreux chercheurs (notamment Susan Strange) il est maintenant mieux défini et sa puissance est inquiétante.

Nous avons relevé que les mesures de protectionnisme ne peuvent être que provisoires et que le régionalisme économique n'est qu'une étape. Mais l'organisation actuelle des Nations Unies est trop fragmentaire, trop limitée pour s'imposer face à l'oligarchie. Il s'agit là d'un débat de légitimité entre des groupes économiques qui se sont arrogés la domination du monde et la volonté des peuples qui ne parvient pas à s'exprimer pour le moment. Une démocratie planétaire n'est pas une chose si facile à organiser mais elle deviendra possible avec la naissance d'une opinion mondiale.

Seule une institution mondiale légitime pourrait répondre aux grands défis de l'humanité (guerre et paix, luttes de religions, migrations, respect des droits de l'homme, police internationale, dérèglement climatique, pandémies etc.). Elle seule pourrait s'opposer à l'oligarchie (monopoles, ententes, lobbying, paradis fiscaux, shadow banking, optimisation fiscale, mafias de l'argent sale, respect des règles sociales et environnementales etc.). Seule, elle pourrait permettre à l'humanité de préparer son avenir (grands investissements, grands travaux, coordination des politiques sanitaires, lutte contre le sous-développement, aides aux pays en difficulté, recherches, universités, conquête spatiale etc.).

Un tel chemin vers l'unité mondiale est semé d'embuches. Il est menacé par une oligarchie qui n'entend pas perdre ses positions, par de nombreux gouvernements nationalistes, par les conflits entre blocs, entre ethnies, entre religions etc.

Mais à mesure que cette nation-monde se constituera, apparaîtront les convergences. Un paysan burkinabé ou un agriculteur français aspirent aux mêmes objectifs de stabilisation des cours, de qualité des produits et de contrôle des intermédiaires. Un ouvrier américain et un ouvrier coréen souhaitent le même type de protection syndicale et de conditions de travail et d'hygiène. Un épargnant canadien et son homologue argentin exigent les mêmes fonds de garantie, en cas de crise bancaire. Un chercheur indonésien et un étudiant norvégien souhaitent une harmonisation des diplômes, des brevets etc.

*

Comment espérer passer d'une mondialisation oligarchique à une mondialisation démocratique ?

Il paraît difficile de décréter à l'échelle mondiale la disparition de l'oligarchie.

En revanche, il est possible de promouvoir des initiatives, des réformes qui modifient les rapports de force et créent une dynamique nouvelle.

Nous voyons apparaître, avec espoir, deux types de courants qui peuvent se conjuguer, s'enrichir.

D'une part, une contestation sociale, une aspiration à plus de démocratie. Le capitalisme actionnarial de ce XXIe siècle retrouve ses sources du XIXe. Or les mêmes causes produisent les mêmes effets. La concentration financière, l'exploitation sociale suscitent des mouvements de défense des travailleurs, des citoyens : les Indignés, le printemps arabe, les révoltes en Chine, Podemos, Syriza, Labor anglais…

D'autre part, l'éclosion d'une nouvelle économie, d'une nouvelle façon de vivre. Les progrès technologiques permettent à des individus de s'affranchir des marchés, de contourner (plus ou moins) les puissances d'argent et de créer une nouvelle forme d'économie originale et libertaire : sociale, participative, collaborative…

Cette conjonction de mouvements sociaux et d'initiatives économiques peut conduire à une renaissance démocratique qui englobe l'économie et lui donne un sens.

Pourtant rien n'est acquis.

Le monde de demain devra faire vivre une population croissante, de façon décente et pacifique, en respectant les grands équilibres naturels, donc les générations futures. Cela implique de choisir un mode de vie moins matérialiste, moins pollueur, mais fondé plutôt sur le développement humain, sur la qualité de la vie et sur la participation des citoyens à la vie publique.

Mais la période que nous vivons est plutôt à l'opposé de cet espoir « citoyen ». La crise économique et environnementale exacerbe les tensions du système capitaliste : chômage, austérité, insécurité, égoïsme, chauvinisme, racisme, conflits religieux, désignation de boucs émissaires, pollutions, dérèglements climatiques, conflits…

Les pistes que nous proposons dans cet essai, pour sortir de nos contradictions et aller vers un plus haut degré de civilisation, seront remises en cause comme toutes les réformes progressistes. Elles seront niées, déformées, brocardées. Elles seront critiquées par des lobbies, retardées dans le processus de décision, contournées dans leur application.

Toutes les mesures que nous préconisons reposent sur des analyses, des propositions, des expérimentations, elles sont réalisables. C'est le tableau d'ensemble qui peut présenter un caractère « utopique ».

Mais pour esquisser une dynamique, une perspective il fallait faire ce choix de la globalisation et de la cohérence.

Les chances de succès sont assez minces face à la puissance d'une oligarchie qui se renforce continûment.

Ce monde nouveau, en dépassement du système capitaliste, ne procèdera ni d'un homme providentiel, ni d'un parti, ni même de la fée clochette. Il émanera des citoyens dans la diversité de leurs initiatives, de leurs expériences, de leurs débats. Cet objectif de remettre l'économie sur ses pieds au service des êtres humains ne peut venir que d'eux. Les mesures radicales ne pourront être prises, même de façon progressive, que grâce à un rapport de force suffisant de l'opinion publique.

C'est bien là que réside l'interrogation finale.

Sommes-nous enfin capables de penser global, de devenir des citoyens du monde ?

Lorsque K. Marx invitait les travailleurs à s'unir, lorsque Anatole France écrivait : « On croit mourir pour la patrie, on meurt pour des marchands de canons ! » et lorsque J. Jaurès appelait les peuples à la fraternité… quels dangereux utopistes !

Les peuples ont finalement suivi les réalistes, les nationalistes (parfois même les fascistes), les marchands de canons et il en est résulté deux guerres mondiales…

Fort de cette expérience, Winston Churchill a pu écrire : « Un peuple qui oublie son passé est condamné à le revivre ».

Et pourquoi une vision internationaliste serait-elle utopique pour les êtres humains alors qu'elle est parfaitement réaliste pour les marchés et l'oligarchie ?

Le réalisme, aujourd'hui, à l'heure de la mondialisation capitaliste est justement de réfléchir et d'agir de façon mondiale. Un « modèle » purement national serait vulnérable, insulaire et résisterait difficilement aux pressions globales.

Tout ce qui concourt à la prise de conscience internationale, à l'opinion publique mondiale constitue un pas en avant.

Il est là le chemin de crête.

Si les citoyens du monde, qui pensent que la diversité des peuples est une richesse et qu'elle n'empêche pas l'unité, pouvaient mieux se concerter…

Si un mouvement mondial pouvait se développer pour faire partout respecter les droits de l'homme et de la femme, l'intégrité de l'enfant, la laïcité, la diversité biologique, la sensibilité des animaux…

Si les partis progressistes, les syndicats, les ONG, les mouvements sociaux et environnementaux pouvaient mieux se coordonner…

Si les nombreux initiateurs d'expériences novatrices en matière de démocratie participative, d'économie solidaire, d'écologie pouvaient se réunir, comparer leurs résultats, diffuser leurs idées…

Et si jour après jour, ces initiatives d'une nouvelle société, d'une économie du vivant débouchaient sur des résultats tangibles, durables… Si on pouvait dire « ça marche ! », ce déclic, cet euréka ! provoqueraient une prise de conscience, un basculement.

Les populations découvriraient que les utopies, les mots, peuvent devenir des expériences, puis des réalités. De telles mutations rassureraient et inspireraient l'espoir. L'économie marchande apparaîtrait alors pour ce qu'elle est, archaïque. Un nouveau rapport de force s'instaurerait dans la pensée, les mouvements sociaux, les élections.

On vous dira de craindre l'utopie.

Craignez plutôt la barbarie.

Table des Matières

Introduction. La bourse ou la vie ? 9

1ère Partie. Comment sommes-nous devenus capitalistes ? 21

Chapitre 1-1. Le capitalisme est « naturel » 24

- L'économie remonte à la nuit des temps. 24
- Déjà, les philosophes grecs avaient ouvert le débat économique.. 27

Chapitre 1-2. Le capitalisme est « efficace » 34

- La Renaissance et le Mercantilisme. 35
- Révolution industrielle, capitalisme et marxisme. 39
- Les crises, les guerres mondiales et les Trente glorieuses............ 54

Chapitre 1-3. Le capitalisme est mondial 73

- Mai 1968. « Un passé imprévisible ». 73
- La reprise en main idéologique et la chute de l'URSS.................. 81
- La Mondialisation.. 88

Conclusion 1ère Partie **98**

2ème Partie. Pourquoi vouloir dépasser le système? 103

Chapitre 2-1. Les crises du capitalisme.. 104

- La répétition des crises. 104
- La crise actuelle. 111

Chapitre 2-2. Les contradictions sociales... 130

- L'analyse de ces contradictions. 130
- Les formes nouvelles de ces contradictions. 137

Chapitre 2-3. Le péril environnemental... 151

- Les causes et les effets.. 151
- Pourquoi une si lente prise de conscience ? 157

Conclusion 2ème Partie **168**

3ème Partie. Vers une économie du vivant ? 171

Chapitre 3-1. Le ressort : l'initiative 175

- Un consommateur responsable. 175
- Un citoyen participatif. 183
- Une entreprise démocratisée. 191

Chapitre 3-2. La finalité : le développement durable et humain.. 208

- Pour une comptabilité globale. 209
- Pour un développement durable. 221
- Pour une mutation sociale. 229

Chapitre 3-3. Le cadre : le marché hybride et l'intérêt général... 239

- Un marché hybride. 239
- Un Etat plus démocratique. 245
- Une Europe en mouvement. 260
- Une gouvernance mondiale. 273

Conclusion. Perspectives 301

1- Le triomphe de l'oligarchie **304**

2- Le réformisme **321**

3- Au-delà du capitalisme **326**

Économie et Entreprise aux éditions L'Harmattan

Dernières parutions

THOMAS PIKETTY, LA MÉCANIQUE DES INÉGALITÉS EN FRANCE
Injustice fiscale, crise de l'enseignement, contre-réforme sociale, (dé)colonisation
Jalley Emile
Les deux symptômes majeurs de la maladie française sont l'injustice fiscale et la crise de l'enseignement. La première tient à l'hypofiscalisation et l'hyperfiscalisation relatives des deux grandes classes, celle «d'en haut» et celle «d'en bas». L'inégalité scolaire tient à ce que le dispositif institutionnel de l'Education nationale a pour fonction réelle d'ouvrir le chemin, vers «le haut» et vers «le bas», à la distribution inégalitaire des revenus et des patrimoines.
(29.00 euros, 286 p.)
ISBN : 978-2-336-30262-1, ISBN EBOOK : 978-2-336-36505-3

THOMAS PIKETTY «MARX DU XXIe SIÈCLE» ?
Jalley Emile
Le livre de Thomas Piketty sur *Le Capital au XXIe* siècle renouvelle de façon originale, dans le contexte de notre époque, l'ouvrage classique de Karl Marx. Le capital national est distribué en proportion fortement décroissante sur la moitié supérieure de la population, cependant que la moitié inférieure n'en possède à peu près rien. Une nouveauté par rapport au XIXe siècle : la consolidation d'une large classe moyenne qui aspire à recevoir une partie plus grande du revenu du capital.
(29.00 euros, 284 p.)
ISBN : 978-2-343-04439-2, ISBN EBOOK : 978-2-336-36504-6

MISÈRE ET OPULENCE
Chroniques d'austérité globalisée
Santi Michel
Sous sa forme actuelle, la monnaie unique est un vecteur de schizophrénie économique, une machine à créer du chômage et des inégalités. Que l'euro soit donc déconstruit ! Ce ne sont pas les dépenses sociales qui sont coupables d'avoir creusé nos déficits, mais les sauvetages bancaires d'établissements ayant amassé des fortunes par la grâce de la financiarisation, elle-même destinée à anesthésier une population européenne dont les revenus étaient inversement proportionnels à la productivité des entreprises.
(Coll. L'Esprit Économique, série Le Monde en Questions, 30.00 euros, 298 p.)
ISBN : 978-2-343-05332-5, ISBN EBOOK : 978-2-336-36742-2

TEMPS (LE) DE LA RIGUEUR
Fiscalité, protection sociale, mondialisation
Lambert Pierre-André
Il n'est plus possible aujourd'hui de tergiverser. Nous avons vécu à crédit pendant 33 ans, il faut cesser d'alourdir la charge pour nos descendants. Et comme l'opinion refuse la disparition de la protection sociale et le rétrécissement du rôle de l'Etat, il faut bien en venir à des mesures douloureuses. Point n'est besoin de révolution, les solutions existent. Elles sont politiquement jouables, sous réserve que la rigueur s'accompagne de justice.
(L'esprit économique, série L'économie formelle, 17.50 euros, 158 p.)
ISBN : 978-2-343-05199-4, ISBN EBOOK : 978-2-336-36472-8

PERSONNALISATION (LA) DE MASSE
Comment le système industriel peut individualiser son offre au moindre coût
Ambada François
Nous sommes passés de la production de masse à un désir de plus en plus affirmé des utilisateurs/consommateurs pour la personnalisation des produits et services qui leur sont offerts, sans toutefois sacrifier l'efficience industrielle, ce qui a favorisé l'émergence d'un nouveau paradigme : la personnalisation de masse. Comment le système industriel peut-il répondre aux exigences de la personnalisation de masse ?
(L'Esprit Économique, série Économie et Innovation, 35.00 euros, 336 p.) ISBN : 978-2-343-05178-9, ISBN EBOOK : 978-2-336-36728-6

INTÉGRATIONS RÉGIONALES ET PROSPECTIVE DES TERRITOIRES
Comparaisons internationales
Sous la direction de Philippe Clerc, Driss Guerraoui et Xavier Richet
La mondialisation en crise est en train de produire des impacts inédits sur la hiérarchisation des espaces économiques, ainsi que la montée des pays émergents. De telles évolutions incitent à reposer en termes nouveaux les dynamiques actuelles des intégrations régionales, à partir d'une prospective des territoires que la recomposition des alliances géostratégiques et géoéconomiques dans le monde impose. Une problématique cruciale pour le développement futur du système de l'économie mondiale.
(34.00 euros, 376 p.)
ISBN : 978-2-336-30553-0, ISBN EBOOK : 978-2-336-36769-9

PROMENADE ROMANTIQUE À PÔLE EMPLOI
Coutarel Colette
Il y a un mythe Pôle Emploi. Trop de désillusions génèrent de l'agressivité. Et voilà qu'une conseillère sort du rang pour nous en dire aussi du bien. De l'intérieur, elle dévoile des vécus : joies et failles vues des deux côtés du guichet. Né de la fusion avec l'ANPE, Pôle Emploi n'apporte pas de remède universel, restant un mode de traitement du chômage. Sujet récurrent s'il en est : le rapport au travail.
(Coll. Rue des écoles, série Champ Libre, 11.50 euros, 86 p.)
ISBN : 978-2-343-04887-1, ISBN EBOOK : 978-2-336-36364-6

RECHERCHE (LA) D'EMPLOI, UN TRAVAIL À PART ENTIÈRE !
Aux marches de l'emploi
Leconte Béatrice, Eray Philippe
Préfaces d'Alain Coffineau et Michel Barabel
Alors même qu'une certaine stigmatisation des chercheurs d'emploi s'esquisse, ce livre présente la recherche d'emploi comme un travail à part entière. Et comme pour de nombreuses situations de travail, cette activité est complexe, difficile. Partant de témoignages illustrant des situations du quotidien, les auteurs proposent un éclairage nouveau sur le travail et ses situations, en commençant par l'amont : la recherche d'emploi...
(Coll. Expériences, Travail et Société : comprendre et agir, 13.00 euros, 130 p.)
ISBN : 978-2-343-04497-2, ISBN EBOOK : 978-2-336-36302-8

TRAVAIL DISSIMULÉ ET ESTIME DE SOI
Une sociologie du rapport moral face aux règles formelles
Heim Jérôme
Loin de se réduire à une stratégie rationnelle de fraude économique, le travail au noir s'explique davantage par la saisie d'opportunités de rémunération, non déclarées et donc illégales. En améliorant la performance sur le marché du travail, ces pratiques confèrent une certaine estime sociale à ceux qui y recourent. Elles s'exposent toutefois à des sanctions pénales et à une plus grande vulnérabilité en l'absence de protections sociales.
(Coll. Conception et dynamique des organisations, 32.00 euros, 322 p.)
ISBN : 978-2-343-04728-7, ISBN EBOOK : 978-2-336-36330-1

IMAGINAIRE (L') ET L'ORGANISATION
La stimulation de l'innovation technoscientifique par la science-fiction
Michaud Thomas
L'imaginaire joue un rôle important dans le fonctionnement des organisations. S'il contribue à stimuler la créativité et à mettre en place des stratégies, il peut aussi être considéré comme un péril que les managers doivent apprendre à gérer. La gestion de l'imaginaire organisationnel est un enjeu de pouvoir. La lutte pour la domination sur les marchés ou en politique passe par le contrôle d'imaginaires en permanente mutation.
(Coll. Logiques sociales, 21.00 euros, 208 p.)
ISBN : 978-2-343-04820-8, ISBN EBOOK : 978-2-336-36370-7

MARX, DU TRAVESTISSEMENT STALINIEN À L'ÉCHEC
Vers un nouvel essor ?
Bublex Georges
Le stalinisme, selon l'auteur, n'est pas une forme de communisme mais un travestissement des thèses de Marx. Totalitaire et liberticide, il pérennisait les «stigmates de la société capitaliste», il était composé d'une stratégie et d'une idéologie spécifiques qui ont mené l'URSS, et tous les partis communistes à sa suite, à l'échec et à la ruine. L'analyse politique du stalinisme, proposée dans cet ouvrage, est nécessaire à la renaissance de ces partis à la hauteur des enjeux.
(23.50 euros, 232 p.)
ISBN : 978-2-343-04797-3, ISBN EBOOK : 978-2-336-36448-3

ANALYSE ÉCONOMIQUE DE L'INVESTISSEMENT EN CAPITAL HUMAIN
Ndiaye Babacar
Comment le capital humain constitue-t-il, d'une part, une motivation individuelle dans le cadre de la théorie de l'école classique, mais aussi un facteur de croissance économique du point de vue de l'approche keynésienne ? L'itinéraire de la problématique amène à justifier les causes de l'imperfection des marchés et le rôle de l'État pour corriger ces imperfections.
(Coll. L'Esprit Économique, série Cours Principaux, 12.50 euros, 110 p.)
ISBN : 978-2-343-04767-6, ISBN EBOOK : 978-2-336-36331-8

ÉCONOMIE (L') DU DÉVELOPPEMENT
Trajectoire, analyse et stratégie de développement
Modibo Traoré
Instrument d'analyse et de gestion du développement économique, cet ouvrage a recours à deux grandes innovations : l'utilisation de la microanalyse et la définition d'une procédure permettant d'effectuer un choix «réaliste» de stratégie de développement en fonction des ressources disponibles dans le pays. Il met l'accent sur le rôle des acteurs privés du développement ; ceux du marché et de l'action collective, à côté de l'action publique qui assure la coordination au niveau méso et macroéconomique.
(Coll. Pour Comprendre, 36.00 euros, 254 p.)
ISBN : 978-2-343-04365-4, ISBN EBOOK : 978-2-336-36289-2

GESTION DE PROJET ET INNOVATION
Sous la direction de Cédric Baudet ; préface de Pienne Bonnal
L'innovation, déstructurée par essence, peut-elle être appréhendée à l'aide de la très structurée «gestion de projet» ? L'histoire des projets nous démontre que la trop grande régulation est un échec à l'innovation. Ainsi, les organisations adaptent la gestion de projet à leur besoin. Pour un projet compliqué de construction, on répond par une structure précise et organisée de projets. A un projet complexe d'innovation, on privilégie la souplesse, la créativité...
(Coll. Conception et dynamique des organisations, 21.00 euros, 214 p.)
ISBN : 978-2-343-04326-5, ISBN EBOOK : 978-2-336-36011-9

CAPITAL HUMAIN *VERSUS* HUMAIN CAPITAL
Schoun Gérard
Accepter que l'humain ne soit pas seulement un capital à exploiter mais un patrimoine à faire fructifier change radicalement notre façon de penser les valeurs, l'innovation, le *leadership* et la

gouvernance. Dans la compétition internationale, la France a une formidable carte à jouer. Son déclin est d'autant moins une fatalité que l'esprit français pourrait se révéler parfaitement adapté aux temps nouveaux.
(Coll. Ad valorem, 16.50 euros, 162 p.)
ISBN : 978-2-343-04483-5, ISBN EBOOK : 978-2-336-36013-3

AUTOUR DE L'ANTHROPOLOGIE ÉCONOMIQUE
Actualité des écrits du professeur André Nicolaï
Coordonné par Mahieu François-Régis, Suchère Thierry
Le bon économiste serait celui qui raisonne à partir de trois hypothèses de base que sont l'individualisme méthodologique, la rationalité des acteurs et le marché qui produit de la complémentarité. En formalisant ces hypothèses, l'auteur entend ici rappeler qui était André Nicolaï : un hétérodoxe ancré dans le courant dit de la socio-économie et qui s'est intéressé à des thèmes tels que le pouvoir, le ludique, l'épistémologie et la sociologie de la connaissance.
(Coll. Éthique Économique, 30.00 euros, 292 p.)
ISBN : 978-2-343-04709-6, ISBN EBOOK : 978-2-336-36061-4

DU PROJET AUX «PROCESS»
Un vade-mecum de la gestion du Risque
L'exemple de la fonction fiscale
Jx' Beaumont Stéphane
Avec ce Vade-Mecum, troisième ouvrage de l'auteur, ce dernier partage sa démarche opérationnelle autour de ces Process qui permettront aux fonctions supports d'améliorer leurs performances, de valoriser leurs «Best Practices» et, après standardisation, de se transformer en centres de profits. Un outil indispensable de la prise de décision face au risque-projet et de sa portabilité interne et externe.
(12.00 euros, 52 p.)
ISBN : 978-2-343-04409-5, ISBN EBOOK : 978-2-336-36066-9

MONNAIE ET FINANCE
Du boom au krach
Sari Camille
Incapable de brider une finance dont le seul objectif est le faire à court terme, les États déclarent leur impuissance face aux forces des marchés. Afin de comprendre le présent et se projeter dans le futur, il est nécessaire de recourir à des outils d'analyse en rupture avec les paradigmes dominants et de tirer les enseignements de ce qui s'est réellement passé, avant d'en arriver au désastre actuel qui risque de compromettre l'avenir de plusieurs générations.
(28.00 euros, 274 p.)
ISBN : 978-2-343-04601-3, ISBN EBOOK : 978-2-336-36231-1

RÉINVENTER L'ENTREPRENEURIAT POUR REFONDER L'ENTREPRISE
Adam Michel - Préface de Claude Alphandéry
Créer son entreprise, fonder une coopérative, lancer une entreprise d'insertion... Quelles ressemblances, mais aussi quelles différences ? Comment distinguer, repérer, modéliser, relier les trois logiques de ces engagements, leurs évolutions possibles voire leurs dérives évitables, mais aussi leurs coopérations réelles et leurs hybridations innovantes ? Et si ces trois dimensions tant éthiques que juridiques structuraient les relations à l'intérieur même de toute entreprise ?
(21.00 euros, 208 p.)
ISBN : 978-2-343-04621-1, ISBN EBOOK : 978-2-336-36182-6

L'HARMATTAN ITALIA
Via Degli Artisti 15; 10124 Torino

L'HARMATTAN HONGRIE
Könyvesbolt ; Kossuth L. u. 14-16
1053 Budapest

L'HARMATTAN KINSHASA
185, avenue Nyangwe
Commune de Lingwala
Kinshasa, R.D. Congo
(00243) 998697603 ou (00243) 999229662

L'HARMATTAN CONGO
67, av. E. P. Lumumba
Bât. – Congo Pharmacie (Bib. Nat.)
BP2874 Brazzaville
harmattan.congo@yahoo.fr

L'HARMATTAN GUINÉE
Almamya Rue KA 028, en face
du restaurant Le Cèdre
OKB agency BP 3470 Conakry
(00224) 657 20 85 08 / 664 28 91 96
harmattanguinee@yahoo.fr

L'HARMATTAN MALI
Rue 73, Porte 536, Niamakoro,
Cité Unicef, Bamako
Tél. 00 (223) 20205724 / +(223) 76378082
poudiougopaul@yahoo.fr
pp.harmattan@gmail.com

L'HARMATTAN CAMEROUN
BP 11486
Face à la SNI, immeuble Don Bosco
Yaoundé
(00237) 99 76 61 66
harmattancam@yahoo.fr

L'HARMATTAN CÔTE D'IVOIRE
Résidence Karl / cité des arts
Abidjan-Cocody 03 BP 1588 Abidjan 03
(00225) 05 77 87 31
etien_nda@yahoo.fr

L'HARMATTAN BURKINA
Penou Achille Some
Ouagadougou
(+226) 70 26 88 27

L'HARMATTAN SÉNÉGAL
10 VDN en face Mermoz, après le pont de Fann
BP 45034 Dakar Fann
33 825 98 58 / 33 860 9858
senharmattan@gmail.com / senlibraire@gmail.com
www.harmattansenegal.com

L'HARMATTAN BÉNIN
ISOR-BENIN
01 BP 359 COTONOU-RP
Quartier Gbèdjromèdé,
Rue Agbélenco, Lot 1247 I
Tél : 00 229 21 32 53 79
christian_dablaka123@yahoo.fr

653103 - Mai 2016
Achevé d'imprimer par

1livre.com
du rêve à la réalité !

www.ingramcontent.com/pod-product-compliance
Lightning Source LLC
LaVergne TN
LVHW011436061026
849535LV00004BA/827